유럽데이터보호법

Handbook on European data protection law

EUROPEAN UNION AGENCY FOR FUNDAMENTAL RIGHTS

EUROPEAN COURT OF HUMAN RIGHTS
COUR EUROPÉENNE DES DROITS DE L'HOMME

COUNCIL OF EUROPE
CONSEIL DE L'EUROPE

EDPS

유럽데이터보호법

Handbook on European data protection law

인쇄 | 2021년 2월 20일
발행 | 2021년 2월 25일

역자 | 함인선
발행인 | 정성택
발행처 | 마로니에

등록 | 1981. 5. 21. 제53호
주소 | 61186 광주광역시 북구 용봉로 77
전화 | (062) 530-0573
팩스 | (062) 530-0579
홈페이지 | http://www.cnup.co.kr
이메일 | cnup0571@hanmail.net

값 26,000원

ISBN 978-89-6849-792-6 (93360)

* 잘못된 책은 바꿔드립니다.

유럽데이터보호법

함인선 역
Ham, In Seon

maronie

역자서문 Translator's Foreword

유럽평의회(Council of Europe ; CoE)와 유럽연합(European Union ; EU)은 유럽을 기반으로 하는 양대 국제조직으로서 유럽은 물론 글로벌 차원에서도 중요한 영향력을 발휘하고 있다. 특히 개인의 기본적 인권 보장과 관련하여, 전자는 유럽인권조약(Convention for the Protection of Human Rights and Fundamental Freedoms ; ECHR)을, 후자는 유럽연합 기본권헌장(Charter of Fundamental Rights of the European Union)을 시행하고 있으며, 이들의 실효성을 담보하기 위한 사법기관으로서, 전자는 유럽인권재판소(ECtHR)를, 후자는 유럽연합사법재판소(CJEU)를 운영하고 있다.

한편, 개인데이터(personal data) 보호와 관련하여, CoE는 1981년 세계 최초의 구속력 있는 국제규범이라고 할 수 있는 조약 제108호와 2018년에 이를 개정한 개정조약 제108호를 시행하고 있으며, EU도 이의 영향을 크게 받은 1995년 정보보호지침을 제정하였고, 2016년에는 이를 폐지하고 새로 성립된 GDPR(일반데이터보호규칙)을 시행하고 있다. 양자는 그 외에도 데이터 보호관련 다양한 법규범 등을 시행하고 있다.

본서는 CoE와 EU의 데이터 보호 관련 조직 및 그 구성원인 전문가들이 공동으로 집필한 "Handbook on European data protection law (2018 edition)"을 번역한 것이다. 최초 출판인 2014년판과 크게 다른 점은 공동집필진에 기존의 유럽연합기본권청(European Union Agency for Fundamental Rights ; FRA), 유럽평의회(CoE) 및 유럽인권재판소(ECtHR) 이외에 유럽데이터보호감독관(European Data Protection Supervisor ; EDPS)이 참여하

였다는 점과 책의 분량이 거의 2배로 늘어났다는 점이다. 여기에서 미루어 짐작할 수 있는 바와 같이, 본서는 유럽데이터보호법과 관련한 실무 전문가들이 관련법제 및 관련판례를 잘 아울러서 펴낸 대표적인 전문도서의 하나라고 할 수 있다. 따라서, 데이터보호문제와 관련이 있는 업무의 종사자들은 물론, 이에 관심이 있는 일반 독자들에게도 일독을 권하는 바이다.

본서의 번역에는 적지 아니한 시간과 노력이 투입되었다. 그 과정에서 유럽데이터보호법에 대한 이해가 약간은 더 깊어졌음을 내 스스로 느낄 수 있었다. 이러한 지적 호기심의 충족이 번역과정에서의 어려움을 극복할 수 있었던 중요한 요인이 아니었나 생각된다. 내 자신의 소소한 수고가 관련 연구의 축적과 공유에 다소라도 보탬이 될 수 있다면 망외의 행복이 될 것이다.

2021년 2월

함 인 선

서문Foreword

우리 사회는 점점 디지털화되고 있다. 기술발전 속도와 개인데이터가 처리되는 방식은 이러한 변화에 비추어 볼 때 우리 각자에게 매일 그리고 모든 면에서 영향을 미친다. 프라이버시 및 개인데이터의 보호를 보장하는 유럽연합(European Union ; EU) 및 유럽평의회(Council of Europe ; CoE)의 법제도가 최근 개정되었다.

유럽은 전 세계 데이터 보호의 최전선에 있다. EU의 데이터 보호기준은 유럽평의회조약 제108호(Council of Europe Convention 108), GDPR (General Data Protection Regulation)과 경찰 및 형사사법기관 데이터보호지침(Data Protection Directive for Police and Criminal Justice Authorities)을 포함하는 EU 법규범은 물론 유럽인권재판소 및 EU사법재판소의 각 판례법에 근거하고 있다.

EU 및 유럽평의회가 수행하는 데이터 보호개혁은 광범위하고 때로는 복잡하며, 개인 및 기업에 광범위하게 이익 및 영향을 미치고 있다. 본서는 특히 업무상 데이터 보호문제를 다루어야 하는 비전문 법률가들 사이에서 데이터보호규정에 대한 인식을 높이고 지식을 향상시키는 것을 목적으로 한다.

본서는 EU기본권청(FRA)이 유럽평의회(유럽인권재판소 사무국과 함께) 및 유럽데이터보호감독관(EDPS)과 함께 작성했다. 본서는 2014년판을 업데이트하고 FRA 및 유럽평의회가 공동 집필한 법입문서 시리즈의 일부이다.

본서의 초안에 대해 유익한 피드백을 해준 벨기에, 에스토니아, 프랑스, 조지아, 헝가리, 아일랜드, 이탈리아, 모나코, 스위스 및 영국의 데이터보호기관에 감사를 표한다. 또한 유럽위원회의 데이터보호과 및 국제데이터유통보호과에도 감사를 표한다. 본서의 준비작업 중에 제공된 문서 지원에 대해 EU사법재판소에 감사드린다.

크리스토스 지아쿠모풀로스(Christos Giakoumopoulos)
유럽평의회 인권 및 법의지배 국장

조바니 부타렐리(Giovanni Buttarelli)
유럽데이터보호감독관

마이클 오플라허티(Michael O'Flaherty)
유럽기본권청장

목차 Contents

약어 및 두문자어Abbreviations and acronyms

BCR	Binding corporate rule(구속적 기업규칙)
CCTV	Closed circuit television(폐쇄회로 텔레비전)
CETS	Council of Europe Treaty Series(유럽평의회조약 시리즈)
Charter	Charter of Fundamental Rights of the European Union (EU기본권헌장)
CIS	Customs information system(세관정보제도)
CJEU	Court of Justice of the European Union(EU사법재판소 ; 2009년 12월 이전에는 유럽사법재판소〈European Court of Justice, ECJ〉라고 불렸음.)
CoE	Council of Europe(유럽평의회)
Convention 108	Convention for the Protection of Individuals with regard to Automatic Processing of Personal Data(Council of Europe) (개인정보의 자동처리와 관련한 개인의 보호를 위한 조약) (유럽평의회) The amending Protocol (CETS No. 223) to Convention 108 was adopted by the Committee of Ministers of the Council of Europe on 18 May 2018 on the occasion of its 128th session held in Elsinore, Denmark. References to the 'Modernised Convention 108' refer to the Convention as amended by Protocol CETS No. 223.(조약 제108호에 대한 개정 의정서〈조약 제223호〉는 덴마크 엘시노어에서 개최된 128차 회기를 계기로 2018년 5월 18일 유럽평의회 각료위원회에 의해 채택되었다. '개정조약 제108호'라고 할 때는 의정서에 의해 개정된 조약 제223호를 의미한다.)
CRM	Customer relations management(고객관계관리)

C-SIS	Central Schengen Information System(중앙센겐정보시스템)
DPO	Data Protection Officer(데이터보호책임자)
DPA	Data Protection Authority(데이터보호기관)
EAW	European Arrest Warrant(유럽체포영장)
EDPB	European Data Protection Board(유럽데이터보호회의)
EC	European Community(유럽공동체)
ECHR	European Convention on Human Rights(유럽인권조약)
ECtHR	European Court of Human Rights(유럽인권재판소)
EDPS	European Data Protection Supervisor(유럽데이터보호감독관)
EEA	European Economic Area(유럽경제지역)
EFTA	European Free Trade Association(유럽자유무역연합)
ENISA	European Network and Information Security Agency (유럽네트워크·정보보안청)
ENU	Europol National Unit(유로폴 국가사무소)
EPPO	European Prosecutor's Office(유럽검찰청)
ESMA	European Securities and Markets Authority(유럽증권시장감독청)
eTEN	Trans-European Telecommunication Networks (유럽횡단전기통신네트워크)
EU	European Union(유럽연합)
EuroPriSe	European Privacy Seal(유럽프라이버시씰)
eu-LISA	EU Agency for Large-scale IT Systems(EU대규모IT시스템관리청)
FRA	European Union Agency for Fundamental Rights(EU기본권청)
GDPR	General Data Protection Regulation(일반데이터보호규칙)
GPS	Global positioning system(위성위치확인시스템)
ICCPR	International Covenant on Civil and Political Rights (시민적·정치적 권리에 관한 국제규약)

ICT	Information and communications technology(정보통신기술)
ISP	Internet service provider(인터넷서비스 제공자)
JSB	Joint Supervisory Body(공동감독기구)
NGO	Non-governmental organisation(비정부조직)
N-SIS	National Schengen Information System(국가센겐정보시스템)
OECD	Organisation for Economic Co-operation and Development (경제협력개발기구)
OJ	Official Journal(공보)
PIN	Personal identification number(개인식별번호)
PNR	Passenger name record(승객이름기록)
SCG	Supervision Coordination Group(감독협력그룹)
SEPA	Single Euro Payments Area(단일유로결제지역)
SIS	Schengen Information System(센겐정보시스템)
SWIFT	Society for Worldwide Interbank Financial Telecommunication (세계은행간금융데이터통신협회)
TEU	Treaty on European Union(유럽연합조약)
TFEU	Treaty on the Functioning of the European Union (유럽연합운영조약)
UDHR	Universal Declaration of Human Rights(세계인권선언)
UN	United Nations(국제연합)
VIS	Visa Information System(비자정보시스템)

본서의 이용법 How to use this handbook

본서는 유럽연합(EU) 및 유럽평의회(CoE)에 의해 설정된 데이터 보호와 관련한 법적 기준들을 개관한다. 이는 변호사, 판사 및 기타 법률 실무자를 비롯하여 데이터 보호분야에서 전문성을 갖지 않는 실무자와 데이터 보호와 관련된 법적 문제에 직면할 수 있는 비정부조직(NGO)과 같은 다른 기관에서 근무하는 개인을 지원하도록 설계되었다.

본서는 관련 EU법 및 유럽인권조약(ECHR)은 물론, 개인데이터의 자동처리와 관련한 개인의 보호를 위한 유럽평의회조약(조약 제108호)과 그 밖의 유럽평의회 규범들에 관해 최우선 참고자료로서의 역할을 한다.

각 장은 그 장에서 다루는 주제와 관련된 법조항을 나타내는 표로 시작한다. 이 표에서는 CoE법 및 EU법 모두가 다루어지고 있으며, 유럽인권재판소(ECtHR) 및 EU사법재판소(CJEU)의 선정된 판례가 포함된다. 그리고, 두 개의 서로 다른 관련 유럽 법질서들이 특정한 주제에 적용될 때 순서대로 제시된다. 독자들은 이를 통해 두 법제도의 유사점과 차이점을 알 수 있게 될 것이다. 또한 독자들이 자신들의 상황과 관련된 주요 정보를 찾는 데 도움이 될 것이다. 특히 CoE법만 적용되는 경우에 더욱 그러하다. 내용을 간결하게 표현하는데 도움이 되는 일부 장에서는 표의 주제 순서가 장 자체의 순서와 약간 다를 수 있다. 또한 본서는 유엔의 제도에 대한 간략한 개요도 제공한다.

CoE의 회원국이며 유럽인권조약(ECHR)과 조약 제108호의 당사국들인 비EU국가들의 실무자들은 CoE에 관한 부분으로 바로 가서, 자신의 국가와 관련되는 정보에 액세스할 수 있다. 비EU국가의 실무자들은 EU

GDPR을 채택한 이후 EU 역내의 데이터주체들의 개인데이터를 처리하고 그들에게 재화 및 서비스를 제공하거나 그들의 행태를 모니터링하는 경우 EU 데이터보호규정들이 EU에 설립되지 않은 조직 및 기타 단체들에게 적용됨을 명심해야 한다.

EU회원국들의 실무자들은 이들 회원국이 양 법질서에 의해 구속을 받기 때문에 양쪽을 모두 참조할 필요가 있을 것이다. CoE(의정서 CETS No. 223에 의해 개정된 개정조약 제108호)와 EU(GDPR 및 지침 2016/680/EU의 채택) 모두의 제도에서 이루어진 유럽의 데이터보호규범의 개혁 및 개정이 동시에 수행된 점을 유념해야 한다. 양 법제도의 규제자들은 두 개의 법체계 간의 일관성 및 양립가능성을 확보하는데 가장 주의를 기울였다. 따라서 개혁으로 CoE 및 EU 데이터보호법은 보다 큰 조화를 이루었다. 특정한 쟁점에 대해 보다 많은 정보를 필요로 하는 개인들은 '참고문헌(Further reading)' 부분에서 보다 전문적인 자료의 리스트를 찾아볼 수 있다. 개정 의정서가 발효될 때까지 계속 적용되는 조약 제108호 및 2001년 추가 의정서의 조항들에 관한 정보에 대해서 독자들은 본서 2014년판을 참조해야 한다.

CoE법은 유럽인권재판소(ECtHR)의 선정된 판례를 간략하게 인용함으로써 제시된다. 이는 데이터 보호문제에 대한 ECtHR의 수많은 판결 및 결정 중에서 선정되었다.

관련 EU법은 CJEU의 판례에서 해석된 바와 같이 채택된 입법적 조치, 조약 및 EU기본권헌장의 관련 조항으로 구성된다. 또한 본서는 데이터보호지침에 따라서 EU 회원국들에게 전문적 조언을 제공하는 임무를 수행하는 자문기구이며, 2018년 5월 25일 이후부터는 유럽데이터보호회의(EDPB)로 대체되는 제29조작업반이 채택한 의견과 가이드라인을 제시한다. 유럽데이터보호감독관(European Data Protection Supervisor)의 의견도 또한 EU법의 해석에 중요한 통찰력을 제공하므로 본서에 포함된다.

본서에서 기술되거나 인용된 판례는 ECtHR 및 CJEU의 판례의 중요부분의 사례들을 제공한다. 본서의 말미에 있는 가이드라인은 독자가 온라인에서 판례를 검색할 때 도움을 주고자 한 것이다. 제시된 CJEU 판례는 구 데이터보호지침과 관련이 있다. 그러나 CJEU의 해석은 GDPR에 의해 설정된 상응하는 권리 및 의무에도 여전히 적용가능하다.

또한, 가정적인 시나리오가 있는 실제 그림이 파란색 배경의 글상자로 제공된다. 여기에서는 특히 ECtHR이나 CJEU의 개별적인 관련 판례가 존재하지 않는 경우에 유럽데이터보호법의 적용을 더욱 자세히 설명하고 있다. 회색 배경의 다른 글상자들은 ECtHR 및 CJEU의 판례 이외의 출처들, 예컨대 입법과 제29조작업반이 공표한 의견들로부터 얻은 사례들을 제공하고 있다.

본서는 ECHR과 EU법에 의해 수립된 두 개의 법제도의 역할에 관한 간략한 기술로부터 시작한다(제1장). 제2장부터 제10장까지는 다음의 쟁점들에 관한 것이다.

- 데이터 보호 용어
- 유럽데이터보호법의 주요원칙들
- 유럽데이터보호법의 제 규정
- 독립적 감독
- 데이터주체의 권리와 그 실행
- 개인데이터의 국경을 넘는 이전 및 유통
- 경찰 및 형사사법에서의 데이터 보호
- 그밖에 특정한 영역에서의 유럽데이터보호법
- 개인데이터 보호에서의 현대적 과제

제1장
유럽데이터보호법의 문맥 및 배경

EU	관련쟁점	CoE
데이터보호권		
유럽연합운영조약 제16조 EU기본권헌장('헌장') 제8조(개인데이터보호권) 개인데이터의 처리와 관련한 개인의 보호와 개인데이터의 자유로운 이동에 관한 지침 95/46/EC('데이터보호지침'), OJ 1995 L 281(2018년 5월까지 유효) 형사문제에서의 경찰 및 사법적 협력의 관점에서 처리된 개인데이터의 보호에 관한 이사회구조결정 2008/977/JHA, OJ 2008 L 350 (2018년 5월까지 유효) 개인데이터의 처리와 관련하여 자연인의 보호와 이러한 데이터의 자유로운 이동에 관한, 그리고 지침 95/46/EC를 폐지하는 규칙(EU) 2016/679('GDPR'), OJ 2016 L 119 관할기관의 범죄의 예방, 수사, 적발이나 기소 또는 형벌의 집행을 위한 개인데이터의 처리와 관련한 자연인의 보호와 그러한 데이터의 자유로운 이동에 관한, 그리고 이사회구조결정 2008/977/JHA를 폐지하는 지침(EU) 2016/680('경찰 및 사법기관 데이터 보호'), OJ 2016 L 119		ECHR 제8조(사생활 및 가족생활, 가정과 교신에 대한 존중권) 개인데이터의 자동처리와 관련한 개인의 보호를 위한 개정조약('개정조약 제108호')

EU	관련쟁점	CoE
전자통신분야에서의 개인데이터의 처리와 프라이버시 보호에 관한 지침 2002/58/EC('프라이버시 및 전자통신에 관한 지침'), OJ 2002 L 201 공동체 기관들 및 기구들에 의한 개인데이터의 처리와 관련한 개인의 보호와 이러한 데이터의 자유로운 이동에 관한 규칙(EC) No.45/2001('EU기관데이터보호규칙'), OJ 2001 L 8		
개인데이터보호권에 대한 제한		
헌장 제52조제1항 GDPR 제23조 CJEU, Joined cases C-92/09 and C-93/09, *Volker und Markus Schecke GbR and Hartmut Eifert v. Land Hessen* [GC], 2010		ECHR, 제8조제2항 개정조약 제108호 제11조 ECtHR, *S. and Marper v. the United Kingdom* [GC], Nos. 30562/04 and 30566/04, 2008
권리의 형량		
CJEU, Joined cases C-92/09 and C-93/09, *Volker und Markus Schecke GbR and Hartmut Eifert v. Land Hessen*, 2010	**일반**	
CJEU, C-73/07, *Tietosuojavaltuutettu v. Satakunnan Markkinapörssi Oy and Satamedia Oy* [GC], 2008 CJEU, C-131/12, *Google Spain SL, Google Inc. v. Agencia Española de Protección de Datos (AEPD), Mario Costeja González* [GC], 2014	**표현의 자유**	ECtHR, *Axel Springer AG v. Germany* [GC], No. 39954/08, 2012 ECtHR, *Mosley v. the United Kingdom*, No. 48009/08, 2011 ECtHR, *Bohlen v. Germany*, No. 53495/09, 2015
CJEU, C-28/08 P, *European Commission v. The Bavarian Lager Co. Ltd* [GC], 2010 CJEU, C-615/13P, *ClientEarth, PAN Europe v. EFSA*, 2015	**문서에의 액세스**	ECtHR, *Magyar Helsinki Bizottság v. Hungary* [GC], No. 18030/11, 2016

EU	관련쟁점	CoE
GDPR 제90조	직업적 비밀유지	ECtHR, *Pruteanu v. Romania*, No. 30181/05, 2015
GDPR 제91조	종교 또는 신념의 자유	
	예술 및 학문의 자유	ECtHR, *Vereinigung bildender Künstler v. Austria*, No. 68345/01, 2007
CJEU, C-275/06, *Productores de Música de España (Promusicae) v. Telefónica de España SAU* [GC], 2008	재산권의 보호	
CJEU, C-131/12, *Google Spain SL, Google Inc. v. Agencia Española de Protección de Datos (AEPD), Mario Costeja González* [GC], 2014 CJEU, C-398/15, *Camera di Commercio, Industria, Artigianato e Agricoltura di Lecce v. Salvatore Manni*, 2017	경제적 권리	

1.1. 개인데이터보호권(The right to personal data protection)

요점

- ECHR 제8조에 따라서, 개인데이터의 처리와 관련한 사람의 보호권은 사생활 및 가족생활, 가정과 교신에 대한 존중권의 일부를 형성한다.
- CoE조약 제108호는 데이터 보호를 다루는 최초의 그리고 현재까지는 유일한 법적 구속력 있는 국제규범이다. 동 조약은 개정 의정서 CETS No. 223의 채택과 함께 완료되는 현대화 과정을 거쳤다.
- EU법에서는 데이터 보호가 별개의 기본권으로 인식되어 왔다. 그것은 EU기본권헌장 제8조뿐만 아니라 EU기능조약 제16조에서도 확인된다.

- EU법에서는 데이터 보호가 1995년에 데이터보호지침에 의하여 최초로 규율되었다.
- 급속한 기술발전을 감안하여, EU는 데이터보호법규들을 디지털 시대에 적합하게하기 위해 새로운 입법을 채택했다. GDPR은 2018년 5월에 적용가능하게 되었으며, 데이터보호지침은 폐지되었다.
- GDPR과 함께, EU는 법집행 목적을 위해 국가기관들의 개인데이터 처리에 관한 입법을 채택하였다. 지침(EU) 2017/680은 범죄의 예방, 수사, 적발 및 기소 또는 형벌의 집행을 목적으로 개인데이터 처리에 적용되는 데이터 보호 규정 및 원칙을 설정한다.

1.1.1. 사생활 존중권과 개인데이터보호권 : 개설

사생활 존중권과 개인데이터보호권은 밀접한 관련이 있지만 별개의 권리들이다. 유럽법에서 사생활 존중권이라고 하는 프라이버시권은 근본적으로 보호되는 인권 중 하나로 1948년에 채택된 세계인권선언(UDHR)의 국제인권법에서 등장했다. UDHR을 채택한 직후 유럽은 또한 체약 당사국에 법적 구속력이 있고 1950년에 작성된 조약인 유럽인권조약(ECHR)에서 이 권리를 확인했다. ECHR은 모든 사람이 사생활 및 가족생활, 가정과 교신에 대한 존중권을 갖는다고 규정한다. 그 간섭이 법에 따르며, 중요하고 정당한 공익을 추구하고, 민주사회에서 필요한 경우를 제외하고는 공적 기관에 의한 이 권리의 간섭은 금지된다.

UDHR과 ECHR은 컴퓨터와 인터넷이 발전하고 정보사회가 부상하기 훨씬 전에 채택되었다. 이러한 발전은 개인 및 사회에 상당한 이점을 가져 왔으며, 삶의 질, 효율성 및 생산성을 향상시킨다. 동시에, 사생활 존중권에 대한 새로운 리스크를 제기한다. 개인정보의 수집 및 이용에 관한 구체적인 규범의 필요성에 대응하여, 일부 관할지역에서는 '정보 프라이버시'로, 다른 지역에서는 '정보자기결정권[1]'으로 알려진 새로운 프라이버시 개념이 등장했다. 이 개념은 개인데이터 보호를 규정하는 특별법의 발전으로 이어졌다.

유럽의 데이터 보호는 몇몇 국가들에서 공적 기관 및 대기업에 의한 개인정보의 처리를 통제하는 입법을 채택함으로써 1970년대에 시작되었다.[2] 그 후, 데이터보호규범은 유럽 차원[3]에서 제정되었고, 수년에 걸쳐 데이터 보호는 사생활 존중권에 포함되지 않는 별개의 가치로 발전되었다. EU 법질서에서는 데이터 보호가 사생활 존중에 대한 기본권과 별개로 하나의 기본권으로 인식된다. 이러한 분리는 이들 두 권리의 관계와 차이에 대한 문제를 제기한다.

사생활 존중권과 개인데이터보호권은 밀접한 관련이 있다. 양자 모두 비슷한 가치, 즉 개인들의 자율성과 인간존엄성을 보호하려고 노력하며, 개인들이 자유롭게 개성을 계발하며, 생각하고, 그들의 의견을 형성할 수 있는 개인적 영역을 부여한다. 그러므로 그것들은 표현의 자유, 평화적인 집회 및 결사의 자유, 종교의 자유 등과 같은 다른 근본적인 자유를 행사하기 위한 필수적인 전제조건이다.

두 권리는 형식 및 범위가 다르다. 사생활 존중권은 간섭에 대한 일반적인 금지를 구성하며, 특정한 경우에 간섭을 정당화할 수 있는 일부 공익기준의 적용을 받는다. 개인데이터의 보호는 현대적이고 적극적인 권

---

1 독일 연방헌법재판소는 1983년 판결(Volkszählungsurteil, BVerfGE Bd. 65, S.)에서 정보자기결정권을 확인하였다. 헌법재판소는 정보자기결정을 독일헌법에서 보호되는 인격존중의 기본권에서 파생되는 것으로 간주하였다. ECtHR는 ECHR 제8조가 "정보자기결정권을 규정한다"고 인정하였다. ECtHR, *Satakunnan Markkinapörssi Oy and Satamedia Oy v. Finland*, No. 931/13, 27 June 2017, para. 137 참조.

2 독일 헤센주는 1970년에 최초의 데이터보호법을 채택하였는데, 이 법은 그 주에서만 적용되었다. 1973년 스웨덴은 세계 최초의 국가 데이터보호법을 채택했다. 1980년대 말까지, 몇몇 유럽 국가들(프랑스, 독일, 네덜란드, 영국)도 데이터 보호에 관한 법률을 채택했다.

3 개인데이터의 자동처리와 관련한 개인의 보호를 위한 유럽평의회조약(조약 제108호)은 1981년에 채택되었다. EU는 1995년에 최초의 포괄적인 데이터보호규범(개인데이터의 처리와 관련한 개인의 보호와 그러한 데이터의 자유로운 이동에 관한 지침 95/46/EC)을 채택하였다.

리로 간주되어,[4] 개인데이터가 처리될 때마다 개인들을 보호하기 위한 견제 및 균형의 시스템을 마련한다. 처리는 개인데이터 보호의 필수적 구성요소, 즉 독립적인 감독과 데이터주체의 권리에 대한 존중을 준수해야 한다.[5]

EU기본권헌장('헌장') 제8조는 개인데이터보호권을 확인할 뿐만 아니라 이 권리와 관련된 핵심 가치를 명시하고 있다. 개인데이터의 처리는 구체적인 목적을 위해 공정해야 하며, 관계인의 동의나 법률에 의해 규정된 합법적 근거에 기초해야 한다고 규정하고 있다. 개인은 자신의 개인데이터에 액세스하고 이를 정정할 권리를 가져야 하며, 이러한 권리의 준수는 독립적 기관의 통제를 받아야 한다.

개인데이터보호권은 개인데이터가 처리될 때마다 적용되기 때문에 사생활 존중권보다 범위가 넓다. 개인데이터의 모든 처리작업은 적절한 보호의 대상이 된다. 데이터 보호는 프라이버시에 대한 관계 및 영향에 관계없이 모든 종류의 개인데이터와 데이터 처리에 관련된다. 개인데이터의 처리도 아래 예시와 같이 또한 사생활에 대한 권리를 침해할 수 있다. 그러나, 데이터보호규범이 발동되기 위해서는 사생활 침해를 입증할 필요는 없다.

프라이버시권은 개인의 사익, 또는 '사생활'이 침해된 상황과 관련된 것이다. 본서에서 기술하였듯이, '사생활' 개념은 친밀한 상황, 민감하거나 기밀적인 정보, 개인에 대한 대중의 인식에 편견을 줄 수 있는 정보, 그리고 심지어 개인의 직업적 삶과 공적 행동의 측면까지 포괄하는 것으로 판례에서는 광범위하게 해석되어 왔다. 그러나 '사생활'에 대한 간섭이 있는지 또는 있었는지 여부에 대한 평가는 각 사안의 맥락 및 사실관

---

4 샵스톤 재판연구관(Advocate General)은 판례에서 두 개의 별개의 권리, 즉 "전통적인" 프라이버시권과 보다 "현대적인" 권리인 데이터보호권을 포함하는 것으로 기술하였다. CJEU, Joined cases C-92/09 and C-93/02, *Volker und Markus Schecke GbR v. Land Hessen*, Opinion of Advocate General Sharpston, 17 June 2010, para. 71 참조.

5 Hustinx, P., EDPS Speeches & Articles, *EU Data Protection Law: the Review of Directive 95/46/EC and the Proposed General Data Protection Regulation*, July 2013.

계에 달려 있다.

이와는 대조적으로, 개인데이터의 처리를 포함하는 어떠한 활동도 데이터보호규범의 범위에 속할 수 있고 개인데이터보호권을 발동시킬 수 있다. 예를 들어, 고용인이 피고용인의 이름 및 보수에 관한 정보를 기록하는 경우, 이 정보를 기록하는 것만으로는 사생활에 대한 간섭으로 간주될 수 없다. 그러나 예를 들어, 고용인이 피고용인의 개인정보를 제3자에게 이전하는 경우, 이러한 간섭은 논쟁의 대상이 될 수 있다. 피고용인의 정보를 기록하는 것은 데이터의 처리에 해당하므로 고용인은 어떠한 경우에도 데이터보호규범을 준수해야 한다.

사례 : *Digital Rights Ireland* 사건[6]에서, CJEU는 EU기본권헌장에서 확인된 개인데이터 보호 및 사생활 존중의 기본권의 관점에서 지침 2006/24/EC의 효력에 대해 결정해 줄 것을 청구 받았다. 이 지침은 중대범죄의 예방, 수사 및 기소를 위하여 데이터를 이용할 수 있다는 것을 보장하기 위하여 공중이용 전자통신서비스 또는 공공통신망 제공자들이 시민들의 통신데이터를 최대 2년간 보존할 것을 요구했다. 이 조치는 메타데이터, 위치데이터 및 가입자 또는 이용자를 식별하는 데 필요한 데이터에만 관련되었다. 전자통신 내용에는 적용되지 않았다.

CJEU는 지침이 "개인데이터의 처리를 규정하고 있기 때문에[7]" 개인데이터 보호의 기본권에 대한 간섭이라고 판단했다. 게다가, 지침은 사생활 존중권을 간섭한다고 판결하였다.[8] 전체적으로 볼 때, 관할

6 CJEU, Joined cases C-293/12 and C-594/12, *Digital Rights Ireland Ltd v. Minister for Communications, Marine and Natural Resources and Others and Kärntner Landesregierung and Others* [GC], 8 April 2014.

7 *Ibid.*, para. 36.

8 *Ibid.*, para. 32-35.

기관들이 액세스 가능한 지침에 따라 보존한 개인데이터는 "예컨대 일상생활의 습관, 영구 또는 임시 거주지, 일상적인 또는 기타 이동, 수행한 활동들, 그 사람들의 사회적 관계와 그들이 자주 찾는 사회적 환경 등 데이터가 보존된 개인의 사생활에 관한 매우 정확한 결론을 도출[9]"할 수 있다. 두 권리에 대한 간섭은 광범위하였으며 특히 심각했다.

CJEU는 지침 2006/24/EC가 정당한 목적을 추구했음에도 불구하고 개인데이터 보호 및 사생활의 권리에 대한 간섭이 심각하였으며 엄격히 필요한 것에 국한되지 않았음을 판결하고, 지침 2006/24/EC의 무효를 선언했다.

1.1.2. 국제법체계 : 유엔

프라이버시권이 국제법질서에서 오랫동안 확립된 기본권임에도 불구하고, 유엔 체계는 개인데이터 보호를 기본권으로 인정하지 않는다. 사생활 및 가족생활 존중에 관한 UDHR[10] 제12조는 타인들, 특히 국가로부터의 침해에 대해 사적 영역의 보호에 대한 개인의 권리를 규정한 최초의 국제규범으로 기록되었다. UDHR은 비록 구속력 없는 선언이지만 국제인권법의 기초 규범으로서 상당한 지위를 가지고 있으며, 유럽의 다른 인권규범의 발전에 영향을 미쳤다. 시민적·정치적 권리에 관한 국제규약(ICCPR)은 1976년에 발효되었다. 이는 누구라도 프라이버시, 가정이나 교신, 또한 명예와 명성에 대한 자의적이거나 불법적인 공격의 대상이 될 수 없음을 선언한다. ICCPR은 169개 당사국이 프라이버시를 포함한 개인의 시민권의 행사를 존중하고 보장하는 국제조약이다.

---

9 *Ibid.*, para. 27.

10 United Nations (UN), Universal Declaration of Human Rights (UDHR), 10 December 1948.

유엔은 2013년부터 새로운 기술의 발전과 일부 국가에서 이루어진 대규모 감시에 대한 폭로(Snowden 폭로)에 대응하여 "디지털 시대의 프라이버시권[11]"이라는 제목의 프라이버시 문제에 관한 두 개의 결의안을 채택했다. 이들 결의안은 대중감시를 강력히 비난하고, 그러한 감시가 프라이버시와 표현의 자유에 대한 기본권과 활기차고 민주적인 사회의 기능에 미칠 수 있는 영향을 강조한다. 법적 구속력은 없지만, 프라이버시, 신기술 및 감시에 관한 국제적이며 고도의 정치적 논쟁을 촉발시켰다. 또한 프라이버시권을 홍보하고 보호하는 권한을 가진 특별보고관(Special Rapporteur)을 설립하도록 이끌었다. 특별보고관의 구체적인 임무는 프라이버시와 신기술에서 발생하는 과제와 관련한 국가의 관행 및 경험에 대한 정보의 수집, 모범사례(best practice)의 교환 및 홍보, 그리고 잠재적 장애물의 파악 등을 포함한다.

초기 결의안은 대규모 감시의 부정적인 영향과 정보기관들의 권한을 제한하는 국가의 책임에 중점을 두었지만, 최근의 결의안은 유엔의 프라이버시에 관한 논쟁에서의 주요 발전을 반영한다.[12] 2016년과 2017년에 채택된 결의안은 정보기관들의 권한을 제한하고 대규모 감시를 비난할 필요성을 재확인한다. 그러나 이들 결의안은 또한 "기업들이 개인데이터를 수집, 처리 및 이용하는 능력이 증가함에 따라, 디지털 시대에서의 프라이버시권의 향유에 대한 위험을 제기할 수 있다"고 명시적으로 기술한다. 따라서 결의안들은 국가기관의 책임 외에 민간부문의 인권존중 책임을 지적하고, 기업이 개인데이터의 수집·이용·공유·보존에 대해 이용자에게 알리고 투명한 처리정책을 수립할 것을 촉구하고 있다.

---

11 UN, General Assembly, Resolution on the right to privacy in the digital age, A/RES/68/167, New York, 18 December 2013; and UN, General Assembly, Revised draft resolution on the right to privacy in the digital age, A/C.3/69/L.26/Rev.1, New York, 19 November 2014 참조.

12 UN, General Assembly, Revised draft resolution on the right to privacy in the digital age, A/C.3/71/L.39/Rev.1, New York, 16 November 2016; UN, Human Rights Council, The right to privacy in the digital age, A/HRC/34/L.7/Rev.1, 22 March 2017.

1.1.3. 유럽인권조약(The European Convention on Human Rights)

유럽평의회는 제2차 세계대전의 영향으로 유럽국가들이 법의 지배, 민주주의, 인권과 사회발전을 향상시키기 위하여 결성되었다. 이러한 목적을 위하여, 유럽평의회는 1950년에 유럽인권조약(ECHR)을 채택하여, 1953년에 시행되었다.

체약 당사국들은 ECHR을 준수할 국제적 의무를 지고 있다. CoE 모든 회원국들은 현재 국가법에 ECHR을 도입하였거나 실효성을 부여하였으며, 따라서 조약규정에 따라서 행위할 것이 요구된다. 체약 당사국들은 어떠한 활동이나 권한을 행사할 때 조약에 규정된 권리들을 존중해야한다. 여기에는 국가안보를 위해 수행된 활동이 포함된다. 유럽인권재판소(ECtHR)의 획기적인 판결들은 국가안보 법 및 실무의 민감한 영역에서의 국가활동들과 관련되었다.[13] 재판소는 감시활동들이 사생활 존중에 대한 간섭을 구성한다고 확인하는 것을 주저하지 않았다.[14]

체약 당사국들이 ECHR에 따른 의무를 준수할 것을 보장하기 위하여, 유럽인권재판소(ECtHR)가 1959년 프랑스 스트라스부르에 설립되었다. ECtHR는 조약 위반을 주장하는 개인, 개인의 그룹, NGO 또는 법인들이 제기한 소송을 심리함으로써 조약에 따른 의무의 준수를 보장한다. ECtHR는 또한 둘 이상의 CoE 회원국들이 다른 회원국을 상대로 하여 제기한 국가간 소송을 심리할 수 있다.

2018년 현재 유럽평의회는 47개 회원국으로 구성되었으며, 그 중 28개국은 또한 EU 회원국들이기도 한다. ECtHR에 제소하는 청구인은 주장하는 위반사실이 체약 당사자국 중 하나의 관할권 내에서 발생하여야 하지만 체약 당사국들의 하나의 국민일 필요는 없다.

---

13 예컨대, ECtHR, *Klass and Others v. Germany*, No. 5029/71, 6 September 1978; ECtHR, *Rotaru v. Romania* [GC], No. 28341/95, 4 May 2000 and ECtHR, *Szabó and Vissy v. Hungary*, No. 37138/14, 12 January 2016 참조.

14 *Ibid.*

개인데이터보호권은 ECHR 제8조에 따라 보호된 권리들의 일부를 형성하는데, 동 조는 사생활 및 가족생활, 가정과 교신의 존중권을 보장하고 있으며, 이 권리의 제약이 허용되는 조건을 규정하고 있다.[15]

ECtHR는 데이터 보호 쟁점을 포함하는 다수의 상황들을 심리하여 왔다. 여기에는 통신의 도청,[16] 공적 및 사적 영역 모두에 의한 여러 가지 유형의 감시[17]와 공적 기관들에 의한 개인데이터의 저장에 대한 보호문제[18]들이 포함된다. 사생활 존중은 절대적 권리는 아니다. 프라이버시권의 행사가 표현의 자유와 정보에 대한 액세스와 같은 다른 권리를 손상시킬 수 있기 때문이다(그 역의 경우도 같다.). 따라서 재판소는 쟁점이 되는 권리들 사이의 균형을 찾으려고 노력한다. ECtHR는 ECHR 제8조에 따라서 국가들은 동 조약상의 권리를 침해하는 어떠한 행위도 금지하도록 의무를 부담하고 있을 뿐만 아니라, 국가들은 일정한 상황에서 효과적으로 사생활 및 가족생활의 존중을 적극적으로 보장할 의무도 부담하고 있다는 점을 명확히 하였다.[19] 이들 판례 중 다수가 관련 장에서 자세히 설명될 것이다.

1.1.4. 유럽평의회조약 제108호(Council of Europe Convention 108)

1960년대에 정보기술의 등장과 함께, 개인데이터를 보호함으로써 개인들을 보호할 보다 상세한 규정의 필요성이 커지고 있었다. 1970년대 중반

15 CoE, European Convention on Human Rights, CETS No. 005, 1950.

16 예컨대, ECtHR, *Malone v. the United Kingdom*, No. 8691/79, 2 August 1984; ECtHR, *Copland v. the United Kingdom*, No. 62617/00, 3 April 2007, or ECtHR, *Mustafa Sezgin Tanr ı kulu v. Turkey*, No. 27473/06, 18 July 2017 참조.

17 예컨대, ECtHR, *Klass and Others v. Germany*, No. 5029/71, 6 September 1978; ECtHR, *Uzun v. Germany*, No. 35623/05, 2 September 2010. 참조.

18 예컨대, ECtHR, *Roman Zakharov v. Russia*, No. 47143/06, 4 December 2015; ECtHR, *Szabó and Vissy v. Hungary*, No. 37138/14, 12 January 2016 참조.

19 예컨대, ECtHR, *I. v. Finland*, No. 20511/03, 17 July 2008; ECtHR, *K.U. v. Finland*, No. 2872/02, 2 December 2008 참조.

까지, 유럽평의회 각료위원회는 ECHR 제8조를 참고하여, 개인데이터의 보호에 관한 여러 결의안을 채택하였다.[20] 1981년에, 개인데이터의 자동처리와 관련한 개인의 보호를 위한 조약(조약 제108호)[21]이 서명을 위해 개방되었다. 조약 제108호는 데이터 보호분야에서 법적 구속력을 가진 유일한 국제규범이었으며, 현재도 그러하다.

조약 제108호는 사법기관 및 법집행기관에 의한 데이터 처리를 포함하여 사적 및 공적 영역에 의해 수행된 모든 데이터 처리에 적용된다. 동 조약은 개인데이터의 처리에 수반될 수 있는 남용에 대해 개인을 보호하며, 그와 동시에 국경을 넘는 개인데이터의 유통을 규제하고자 하는 것이다. 개인데이터의 처리에 관하여, 동 조약에 규정된 원칙들은 구체화된 정당한 목적을 위해 특히 데이터의 공정하고 적법한 수집 및 자동 처리와 관련된 것이다. 이는 데이터가 이들 목적과 양립될 수 없는 목적으로 사용되어서는 안 되며, 필요 이상의 기간 동안 보전되어서는 안 된다는 것을 의미한다. 또한 이들 원칙은 데이터의 품질, 특히 적절하며 관련성이 있고 과도해서는 안 되며(비례성) 정확해야 한다는 것과 관련된다.

동 조약은 개인데이터의 처리에 관한 보장을 규정하는 이외에도, 적절한 법적 안전장치가 없는 경우에, 어떤 사람의 인종, 정치, 건강, 종교, 성생활 또는 범죄기록에 관한 것과 같은 '민감한' 데이터의 처리를 불법으로 하고, 필요한 경우에, 그 정보를 정정하게 할 권리를 보장하고 있다. 조약에서 규정된 권리에 대한 제약은 국가안보 또는 국방과 같은 우월적 이익이 문제되는 경우에만 가능하다. 또한 조약은 체약 당사국들 간의 개인데이터의 자유로운 유통을 규정하고 있으며, 법적 규제가 동등한 보호

20 CoE, Committee of Ministers (1973), Resolution (73) 22 on the protection of the privacy of individuals *vis-à-vis* electronic data banks in the private sector, 26 September 1973; CoE, Committee of Ministers (1974), Resolution (74) 29 on the protection of the privacy of individuals *vis-à-vis* electronic data banks in the public sector, 20 September 1974.

21 CoE, Convention for the Protection of Individuals with regard to Automatic Processing of Personal Data, Council of Europe, CETS No. 108, 1981.

를 제공하고 있지 않는 국가에의 유통에 대해서는 다소의 제약을 부과하고 있다.

조약 제108호는 비준한 국가들에 대해 구속력이 있다는 점을 유의해야 한다. 조약은 ECtHR의 사법적 감독의 대상은 아니지만, ECHR 제8조의 맥락 안에서 ECtHR의 판례에서 고려되어 왔다. 수년간 재판소는 개인데이터 보호가 사생활 존중권(제8조)의 중요한 일부라고 판결했으며, 이 기본권에 대한 간섭이 있었는지 여부를 판단함에 있어 조약 제108호의 원칙에 의해 지도되어 왔다.[22]

조약 제108호에서 규정된 일반원칙과 규정들을 보다 발전시키기 위하여, 법적 구속력이 없는 몇 가지 권고가 CoE 각료위원회에 의해 채택되었다. 이들 권고는 유럽데이터보호법의 발전에 영향을 미쳤다. 예를 들어, 수년 동안 경찰분야의 개인데이터의 이용에 관한 지침을 제공하는 유럽의 유일한 규범은 경찰권고(Police Recommendation)[23]였다. 권고에 포함된 원칙들, 예를 들어 데이터 파일을 보관하는 수단과 그러한 파일에 대한 액세스가 허용된 사람들에 대한 명확한 규정을 실시할 필요성은 더욱 발전되어 후속 EU 입법[24]에 반영되었다. 보다 최근의 권고는 디지털 시대의 과제, 예를 들어 고용에서의 데이터 처리와 관련된 과제를 해결하고자 한다(제9장 참조).

EU 모든 회원국들은 조약 제108호를 비준했다. 1999년에, 조약 제108호는 EU가 당사자가 될 수 있도록 개정이 제안되었으나 발효되지 못했다.[25] 2001년에 조약 제108호 추가의정서가 채택되었다. 이것은 비당사국,

22 예컨대, ECtHR, *Z v. Finland*, No. 22009/93, 25 February 1997 참조.

23 Council of Europe, Committee of Ministers (1987), Recommendation Rec(87)15 to member states regulating the use of personal data in the police sector, Strasbourg, 17 September 1987.

24 Directive 95/46/EC of the European Parliament and the Council of 24 October 1995 on the protection of individuals with regard to the processing of personal data and on the free movement of such data, OJ L 281, 23 November 1995.

25 Council of Europe, Amendments to the Convention for the protection of individuals with regard to automatic processing of Personal Data (ETS No. 108) adopted by the

이른바 제3국에 대한 국경을 넘는 데이터 유통과 국가데이터보호감독기관의 의무적 설립에 관한 규정들을 도입하였다.[26]

조약 제108호는 비체약 당사국들의 가입에 개방되어 있다. 보편적 표준으로서의 이 조약의 잠재력은 개방적 성격과 함께 글로벌 수준의 데이터 보호를 촉진하는 기반이 된다. 현재까지 51개국이 조약 제108호의 당사국들이다. 여기에는 유럽평의회의 모든 회원국(47개국)과 2013년 8월 비유럽국가 중 최초로 가입한 우루과이와, 2016년과 2017년에 가입한 모리셔스, 세네갈 및 튀니지가 포함된다.

이 조약은 최근에 현대화 과정을 거쳤다. 2011년에 실시된 의견제출절차는 디지털 분야의 프라이버시 보호 강화와 조약의 후속 메커니즘 강화라는 두 개의 주요 목표를 확인하였다. 현대화 과정은 이러한 목표에 초점을 맞추었으며, 조약 제108호를 개정하는 의정서(의정서 CETs No. 223)의 채택과 함께 완료되었다. 이 작업은 국제 데이터보호규범들에 대한 다른 개혁들과 병행하여 수행되었고, 2012년에 시작된 EU 데이터보호규범들의 개혁과 함께 수행되었다. 유럽평의회 및 EU 레벨의 규제기관들은 양 법체계 사이의 일관성 및 양립가능성을 보장하기 위해 최대한 주의를 기울였다. 현대화는 조약의 일반적이고 유연한 성격을 보존하고 데이터보호법에 관한 보편적 규범으로서의 잠재력을 강화한다. 그것은 중요한 원칙을 재확인하고 안정화시키며 개인들에게 새로운 권리를 제공하는 동시에, 개인데이터를 처리하는 단체들의 책임을 증가시키고 더 큰 책임을 보장한다. 예를 들어, 개인데이터가 처리되고 있는 개인들은 그러한 데이터 처리의 논거를 알 수 있는 권리와 그러한 처리에 반대할 권리가 있다. 온라인 세계에서 프로파일링의 사용이 증가하는 것에 대응하기 위

Committee of Ministers, in Strasbourg, on 15 June 1999.

26 CoE, Additional Protocol to the Convention for the protection of individuals with regard to automatic processing of personal data, regarding supervisory authorities and transborder data flows, CETS No. 181, 2001. 조약 제108호의 개정으로, 이 의정서는 그 조항들이 개정조약 제108호에 업데이트되고 통합되었기 때문에 더 이상 적용되지 않는다.

해, 이 조약은 또한 개인의 견해를 고려하지 않고 자동화된 처리에만 근거한 의사결정의 대상이 되지 않을 권리를 확립한다. 체약 당사국들의 독립감독기관에 의한 데이터보호규범의 효과적인 시행은 조약의 실질적인 이행의 핵심으로 간주된다. 이를 위해 개정조약은 감독기관들이 임무를 수행할 때 효과적인 권한 및 기능을 부여받고 진정한 독립을 누릴 필요성을 강조한다.

1.1.5. EU데이터보호법(European Union data protection law)

EU법은 제1차 및 제2차 EU법으로 구성되어 있다. 조약들, 즉 유럽연합조약(TEU)과 유럽연합운영조약(TFEU)은 EU 모든 회원국들에 의해 비준되었으며, '제1차 EU법'을 형성한다. EU의 규칙(regulation), 지침(directive) 및 결정(decision)은 조약들에 따라서 권한을 부여받은 EU기관들에 의해 채택되었으며, 흔히 '제2차 EU법'을 구성한다.

제1차 EU법의 데이터 보호(Data protection in primary EU law)

유럽경제공동체가 처음에는 경제 통합과 공통시장 설립에 초점을 맞춘 지역 조직으로 구상되었다는 점에서 유럽공동체의 원래 조약들에는 인권이나 그 보호에 대한 언급이 포함되어 있지 않았다. 유럽공동체의 생성과 발전을 뒷받침하는 기본원칙- 그리고 오늘날에도 똑같이 유효한 원칙 - 은 개별수권의 원칙(principle of conferral)이다. 이 원칙에 따라, EU는 EU 조약에서 반영되는 바와 같이 회원국들에 의해 부여된 권한의 범위 내에서만 행동한다. 유럽평의회와는 대조적으로, EU 조약은 기본권 문제에 대한 명시적인 권한을 포함하지 않는다.

그러나 EU법의 적용범위에 속하는 지역의 인권침해를 주장하는 사건이 CJEU에 제소되었기 때문에, CJEU는 조약에 대한 중요한 해석을 제공했다. 개인에게 보호를 부여하기 위해서, CJEU는 기본권들을 이른바 유럽법의 일반원칙으로 만들었다. CJEU에 따르면, 이러한 일반원칙은 회원국 헌법과 인권조약, 특히 ECHR에서 발견된 인권 보호의 내용을 반영한다. CJEU는 EU법이 이러한 원칙들을 준수하도록 보장할 것이라고 말했다.

EU는 그 정책이 인권에 대해 영향을 미칠 수 있다는 점을 인식하고, 또한 시민들이 EU에 대해 '보다 친밀감'을 느끼도록 하는 노력으로써, 2000년에 EU기본권헌장('헌장')을 공포하였다. 헌장은 회원국들에게 공통되는 헌법적 전통과 국제적 의무를 통합함으로써, 유럽시민들의 민사적, 정치적, 경제적 및 사회적 권리 전반을 구체화하고 있다. 헌장에 기술된 권리들은 6개 부문, 즉, 인간의 존엄, 자유, 평등, 연대, 시민의 권리 및 재판으로 나뉜다.

헌장은 원래는 단지 정치적 문서에 불과하였지만, 2009년 12월 1일의 리스본조약의 시행과 더불어 제1차 EU법(TEU 제6조제1항 참조)으로서 법적 구속력[27]을 갖게 되었다.[28] 헌장의 조항은 EU 기관 및 기구에게 적용되어, EU 기관 및 기구들은 의무를 이행하는 동안 거기에 열거된 권리를 존중할 의무를 부담한다. 헌장의 조항은 또한 회원국들이 EU법을 시행할 때 구속력을 가진다.

헌장은 사생활 및 가족생활의 존중(제7조)을 보장할 뿐만 아니라 데이터보호권(제8조)을 설정한다. 헌장은 명시적으로 이러한 보호의 수준을 EU법상의 기본권 수준으로 높이고 있다. EU의 기관과 기구는 회원국들이 EU법을 시행할 때처럼 이러한 권리를 보장하고 존중해야 한다(헌장 제51조). 헌장 제8조는 데이터보호지침 제정 수년 후에 입법되었지만, 기존의 EU 데이터보호법을 구체화하는 것으로 이해되어야 한다. 따라서, 헌장은 제8조제1항에서 데이터보호권을 명시적으로 언급할 뿐만 아니라, 제8조제2항에서 핵심적인 데이터보호원칙들을 언급하고 있다. 마지막으로, 헌장 제8조제3항은 독립기관이 이들 원칙의 실행을 통제할 것을 요

27 EU (2012), Charter of Fundamental Rights of the European Union, OJ 2012 C 326.

28 consolidated versions of European Communities (2012), Treaty on European Union, OJ 2012 C 326; and of European Communities (2012), TFEU, OJ 2012 C 326 참조.

구하고 있다.

리스본조약의 채택은 헌장을 제1차법 차원의 구속력 있는 법률문서의 위상으로 격상시키는 것뿐만 아니라 개인데이터보호권을 규정하는 것으로서도 데이터보호법 발전의 획기적인 사건이다. 이 권리는 EU의 일반원칙을 포섭하고 있는 조약의 일부에 따라 TFEU 제16조에 구체적으로 규정되어 있다. 제16조는 또한 새로운 법적 근거를 만들어, EU가 데이터 보호문제에 대해 입법할 수 있는 권한을 부여하고 있다. 이는 중요한 발전이다. 왜냐하면 EU의 데이터보호규범들– 특히 데이터보호지침 –은 처음에는 역내시장의 법적 근거에 기초하였으며, EU 역내에서 데이터의 자유로운 이동이 금지되지 않도록 회원국들의 법률을 접근시킬 필요성에 기초하였기 때문이다. TFEU 제16조는 이제 현대적이고 포괄적인 데이터 보호 액세스를 위한 독립적인 법적 근거를 규정하고 있으며, 이러한 데이터 보호 액세스는 범죄문제에서의 경찰 및 사법 협력을 포함한 EU의 모든 권한사항을 대상으로 한다. TFEU 제16조는 또한 이에 따라 채택된 데이터보호규범의 준수는 독립적 감독기관의 통제를 받아야 한다고 확인하고 있다. 제16조는 2016년 데이터보호규범의 포괄적 개편, 즉 GDPR과 경찰 및 형사사법기관 데이터보호지침(아래 참조)을 채택하는 법적 근거가 됐다.

일반데이터보호규칙(The General Data Protection Regulation ; GDPR)

1995년부터 2018년 5월까지, 데이터 보호에 관한 EU의 주요 법규범은 개인데이터의 처리와 관련하여 개인의 보호와 이러한 데이터의 자유로운 이동에 관한 1995년 10월 24일 유럽의회 및 이사회의 지침 95/46/EC였다(데이터보호지침).[29] 이것은 여러 회원국이 이미 국가 데이터보호법을

29 Directive 95/46/EC of the European Parliament and of the Council of 24 October 1995 on the protection of individuals with regard to the processing of personal data and on the free movement of such data, OJ 1995 L 281.

채택하고 있었던 1995년에 채택되었고,[30] 다른 회원국들 사이에서 높은 수준의 보호와 개인데이터의 자유로운 유통을 보장하기 위해 이러한 법률을 조화시킬 필요성에서 생겨났다. 역내시장에서의 재화, 자본, 서비스 및 인력의 자유로운 이동을 위해서는 데이터의 자유로운 유통이 필요했으며, 이는 회원국들이 통일된 높은 수준의 데이터 보호에 의존할 수 없는 한 실현될 수 없었다.

데이터보호지침은 회원국법과 조약 제108호에 이미 포함되어 있는 데이터보호원칙을 반영하는 한편, 그러한 원칙을 확대하는 경우가 많았다. 이것은 조약 제108호에서 규정하는 보호규범에 대한 추가 가능성을 끌어냈다. 특히, 데이터보호규범의 준수를 향상시키기 위한 수단으로서 독립적 감독지침의 도입은 유럽 데이터보호법의 실효적인 기능에 중요한 기여를 하는 것으로 입증되었다. 결과적으로, 이 기능은 2001년 조약 제108호의 추가의정서에 의해 CoE법으로 통합되었다. 이는 수년 동안 두 법규범이 서로에 미치는 밀접한 상호작용과 긍정적인 영향을 뚜렷이 보여준다.

데이터보호지침은 EU에 상세하고 포괄적인 데이터 보호시스템을 구축했다. 그러나, EU 법제도에 따라서, 지침은 직접적으로 적용되지 않으며, 회원국의 국가법으로 법제화되어야 한다. 불가피하게, 회원국들은 지침의 조항을 법제화함에 있어서 재량권을 가지고 있다. 지침은 완전한 조화[31] (및 충분한 보호수준)를 규정하도록 의도되었음에도 불구하고, 실제로는 회원국들에서 다르게 법제화되었다. 이로 인해 EU 전체에 걸쳐 다양한 데이터보호규범이 수립되었고, 국가법에서는 개념정의 및 규정이 다르게

30 독일 헤센 주는 1970년에 세계 최초의 데이터보호법을 채택했으며 이는 해당 주에만 적용되었다. 스웨덴은 1973년에 Datalagen을 채택했고, 독일은 1976년에 연방데이터보호법(Bundesdatenschutzgestez)을 채택했으며, 프랑스는 1977년에 컴퓨터, 파일 및 자유에 관한 법률(Loi relatif à l' informatique, aux fichiers et aux libertés)을 채택했다. 영국에서는 1984년에 데이터보호법(Data Protection Act)이 채택되었다. 마지막으로, 네덜란드는 1989년에 개인등록법(Wet Persoonregistraties)을 채택했다.

31 CJEU, Joined cases C-468/10 and C-469/10, *Asociación Nacional de Establecimientos Financieros de Crédito (ASNEF) and Federación de Comercio Electrónico y Marketing Directo (FECEMD) v. Administración del Estado*, 24 November 2011, para. 29.

해석되었다. 집행의 수준과 제재의 정도도 회원국마다 달랐다. 마지막으로 1990년대 중반 지침 작성 이후 정보기술에 중대한 변화가 있었다. 이러한 이유들을 종합해 볼 때, EU 데이터보호법의 개혁이 추진되었다.

이 개혁은 수년간의 치열한 논의 끝에 2016년 4월에 GDPR을 채택하게 되었다. EU 데이터보호규범의 현대화 필요성에 대한 논의는 2009년 유럽위원회가 개인데이터 보호의 기본권을 위한 미래 법체계에 대해 의견수렴절차(public consultation)에 착수하면서 시작되었다. 규칙안은 2012년 1월에 유럽위원회에 의해 공표되었고, 유럽의회와 EU이사회 간에 오랜 입법적 협상과정이 시작되었다. 채택 후, GDPR은 2년의 경과기간을 규정하였다. 그것은 2018년 5월 25일에 완전히 적용 가능해졌으며, 데이터보호지침은 폐지되었다.

2016년 GDPR의 채택은 EU 데이터보호법을 현대화하여 디지털 시대의 경제적·사회적 당면 과제의 맥락에서 기본권들을 보호하는 데 적합하게 한다. GDPR은 데이터보호지침에서 규정된 핵심 원칙과 데이터주체의 권리들을 보존하고 발전시킨다. 또한, 조직들이 디자인 및 디폴트에 의한 데이터 보호를 실행하며, 일정한 상황에서 데이터보호책임자를 임명하고, 새로운 데이터이동권을 준수하며, 책임원칙을 준수해야 하는 새로운 의무를 도입했다. EU법에 따르면, 규칙(regulation)은 직접적으로 적용 가능하며, 회원국의 이행을 필요로 하지 않는다. 따라서 GDPR은 EU 전체에 걸쳐 단일 데이터보호규범을 제공한다. 이것은 EU 전체에 걸쳐 일관된 데이터보호규범을 만들어내며, "데이터주체"로서의 경제 운영자와 개인이 이익을 얻을 수 있는 법적 확실성의 환경을 확립한다.

그러나, GDPR이 직접 적용되더라도 회원국들은 기존 국가데이터보호법을 해당 규칙에 완전히 부합하도록 개정하는 한편, 주석(recital) 10의 특정 규정에 대한 재량권을 반영할 것으로 예상된다. 규칙에서 확립된 주요 규정과 원칙, 그리고 이것이 개인에게 부여하는 강력한 권리는 본서의 큰 부분을 구성하며, 다음 장들에서 제시된다. 규칙은 영토 범위에 관한 포괄적인 규정들을 가지고 있다. 이것은 EU에 설립된 기업에 적용되며,

EU에 설립되지 않은 컨트롤러 및 프로세서가 EU의 데이터주체에게 재화나 서비스를 제공하거나 또는 그들의 행태를 모니터링하는 데에도 적용된다. 몇몇 해외 기술기업들이 유럽시장에서 주요 점유율을 차지하고 있고 수백만 명의 EU 고객들을 보유하고 있기 때문에, 이러한 조직들이 EU 데이터보호규범의 적용을 받게 하는 것은 개인들의 보호를 보장하고 공정한 경쟁의 장을 보장하기 위해 중요하다.

법집행에서의 데이터 보호 - 지침 2016/680

폐지된 데이터보호지침은 포괄적인 데이터 보호체제를 규정했다. 이 체제는 이제 GDPR의 채택으로 더욱 강화되었다. 폐지된 데이터보호지침의 적용범위는 포괄적이었지만, 역내시장에서 이루어지는 활동과 법집행 이외의 공공기관의 활동으로 제한되었다. 따라서 데이터 보호와 그밖의 정당한 이익 사이의 필요한 명확성 및 균형을 달성하고 특히 특정 분야에 관련된 과제를 해결하기 위해 특별법의 채택이 요구되었다.

이 문제를 규제한 최초의 EU법규범은 형사사건에서의 경찰 및 사법 공조체계에서 처리된 개인데이터의 보호에 관한 이사회구조결정 2008/977/JHA였다. 경찰 및 사법 데이터가 회원국들 간에 교환될 때에만 그 규정들이 적용되었다. 법집행에 의한 개인데이터의 국내 처리는 그 적용범위에서 제외되었다.

범죄의 예방, 수사, 적발이나 기소 또는 형벌의 집행을 목적으로 하는 관할기관의 개인데이터 처리와 관련된 자연인의 보호와 이러한 데이터의 자유로운 이동에 관한 지침 2016/680[32](이는 경찰 및 형사사법기관 데이

---

32 Directive (EU) 2016/680 of the European Parliament and of the Council of 27 April 2016 on the protection of natural persons with regard to the processing of personal data by competent authorities for the purposes of the prevention, investigation, detection or prosecution of criminal offences or the execution of criminal penalties, and on the free movement of such data, OJ L 119, 4 May 2016.

터보호지침으로 인용됨.)이 이 상황을 해결했다. 이 지침은 GDPR과 병행하여 채택된 것으로 구조결정 2008/977/JHA를 폐지하였으며, 법집행에서의 종합적인 개인데이터 보호제도를 구축하는 한편, 공공의 안전 관련 데이터 처리의 특수성도 인정하였다. GDPR은 개인데이터의 처리와 관련하여 개인을 보호하고, EU 역내에서 그러한 데이터의 자유로운 이동을 보장하기 위해 일반적인 원칙들을 규정하는 반면, 이 지침은 형사문제 및 경찰협력의 사법공조 분야에서의 데이터 보호를 위한 특별한 규정들을 설정한다. 관할기관이 범죄의 예방, 수사, 적발 또는 기소를 목적으로 개인데이터를 처리하는 경우에는 지침 2016/680이 적용된다. 관할기관이 상기 목적 이외의 목적으로 개인데이터를 처리하는 경우에는 GDPR에 따른 일반체제가 적용될 것이다. 구법(이사회구조결정 2008/977/JHA)과 달리, 지침 2016/680의 적용범위는 법집행기관에 의한 개인데이터의 국내처리로까지 확장되며, 회원국 간의 이러한 데이터의 교환에 국한되지 않는다. 또한, 이 지침은 개인의 권리와 보안 관련 처리의 정당한 목적 사이의 균형을 이루려고 한다.

이를 위해, 지침에서는 개인데이터보호권과 데이터 처리에 관한 핵심 원칙을 확인하고, GDPR에서 정한 규정과 원칙을 철저히 따른다. 개인의 권리와 컨트롤러에게 부과되는 의무- 예를 들어, 데이터 보안, 디자인 및 디폴트에 의한 데이터 보호, 데이터 침해 통지 -는 GDPR에서의 권리 및 의무와 유사하다. 이 지침은 또한 법집행기관들의 프로파일링 기법의 사용과 같이 개인에게 특히 부담이 될 수 있는 심각한 새로운 기술적 과제를 고려하고 해결하려고 노력한다. 프로파일링을 포함하여 자동화된 처리에만 근거한 결정은 원칙적으로 금지되어야 한다.[33] 또한 민감데이터에 기초해서는 안 된다. 이러한 원칙은 지침에 규정된 일정한 예외를 따른다. 또한 이러한 처리는 어떤 사람에 대한 차별도 초래해서는 안 된다.[34]

33 Data Protection Directive for Police and Criminal Justice Authorities, Art. 11 (1).
34 *Ibid.*, Art. 11 (2) and (3).

또한 이 지침에는 컨트롤러의 책임을 확보하기 위한 규정들이 포함되어 있다. 컨트롤러는 데이터보호규범의 준수를 모니터링하고, 의무의 처리를 수행하는 설립체와 직원에게 알리고 조언하며, 감독기관과 협력할 데이터보호책임자를 지정해야 한다.

경찰 및 형사사법 분야에서의 개인데이터의 처리는 이제 독립적 감독기관의 감독을 받아야 한다. 일반데이터보호법체계와 법집행 및 형사문제의 특별데이터보호체계 모두 EU기본권헌장의 요건을 동등하게 준수해야 한다.

경찰 및 형사사법기관 데이터보호지침에 의해 수립된 경찰 및 사법 공조의 맥락에서 데이터 처리를 위한 특별제도는 제8장에서 상세히 기술된다.

프라이버시 및 전자통신에 관한 지침 (Directive on privacy and electronic communications)

전자통신 분야에서도 특별한 데이터보호규범의 제정이 필요하다고 판단되었다. 인터넷, 유선, 모바일 전화의 발달로, 프라이버시 및 기밀성에 대한 이용자의 권리가 존중될 수 있도록 하는 것이 중요했다. 전자통신에서의 개인데이터의 처리와 프라이버시 보호에 관한 지침 2002/58/EC[35] (프라이버시 및 전자통신에 관한 지침 또는 e-Privacy지침)는 이들 네트워크에서의 개인데이터의 보안, 개인데이터 침해의 통지 및 통신의 기밀성에 관한 준칙을 규정한다.

보안과 관련하여, 전자통신서비스 제공자는 무엇보다도 개인데이터에 대한 액세스 권한이 있는 사람만 액세스할 수 있도록 보장하고, 개인데이터가 파괴, 분실 또는 우발적으로 손상되지 않도록 조치를 취해야 한다.[36]

---

35 Directive 2002/58/EC of the European Parliament and of the Council of 12 July 2002 concerning the processing of personal data and the protection of privacy in the electronic communications, OJ L 201 (Directive on privacy and electronic communications or e-Privacy Directive).

36 Directive on privacy and electronic communications, Art. 4 (1).

공공통신망의 보안이 침해될 특별한 위험이 있는 경우, 제공자는 가입자에게 그 위험을 알려야 한다.[37] 제공자는 이행된 보안조치에도 불구하고 보안 침해가 발생할 경우, 지침의 이행 및 집행을 위탁받은 관할 국가기관에게 개인데이터 침해에 대해 통보해야 한다. 제공자는 즉 그 침해가 개인데이터나 프라이버시에 부정적인 영향을 미칠 수 있는 경우에도 개인에게 개인데이터 침해를 통지해야 한다.[38] 통신의 기밀성을 위해서는 통신 및 메타데이터의 청취, 도청, 저장이나 모든 유형의 감시 또는 가로채기가 원칙적으로 금지되어야 한다. 이 지침은 또한 사용자가 동의하지 않는 한 원치 않는 통신(흔히 "스팸"이라고 함)을 금지하고, 컴퓨터 및 장치에 "쿠키"를 저장하는 규정들을 포함하고 있다. 이러한 핵심적인 부정적 의무는 통신의 기밀성이 헌장 제7조에서 규정된 사생활 존중권 및 헌장 제8조에서 규정된 개인데이터보호권의 보호와 유의미하게 연관되어 있음을 명백히 보여준다.

2017년 1월 유럽위원회는 e-Privacy지침을 대체하기 위한 전자통신에서의 사생활 존중과 개인데이터 보호에 관한 규칙안을 공표하였다. 이 개혁은 전자통신을 규율하는 법규범을 GDPR에 따라 수립된 새로운 데이터 보호제도와 합치시키는 것을 목표로 한다. 새로운 규칙은 EU 전체에 직접 적용될 것이다. 모든 개인들은 동일한 수준의 전자통신 보호를 향유할 것이며, 통신제공자와 기업은 EU 전체에 걸친 명확성, 법적 확실성 및 단일 법규범의 존재로부터 이익을 얻을 것이다. 전자통신의 기밀성에 관한 규정안들은 e-Privacy지침이 적용되지 않는 전자통신 서비스를 제공하는 새로운 플레이어들에게도 또한 적용될 것이다. 후자는 전통적인 통신서비스 제공자만을 대상으로 했다. Skype, WhatsApp, Facebook Messenger, Viber와 같은 서비스를 이용하여 메시지를 보내거나 전화를 걸면, 이러한 OTT 서비스들은 이제 규칙의 범위에 속하게 되고, 데이터 보호, 프라이

37 *Ibid.*, Art. 4 (2).

38 *Ibid.*, Art. 4 (3).

버시 및 보안에 관한 요건을 준수해야 할 것이다. 본서가 발행될 당시, e-Privacy 법안들에 대한 입법절차는 여전히 진행 중이었다.

규칙 No. 45/2001(Regulation No. 45/2001)

데이터보호지침은 EU 회원국들에게만 적용될 수 있기 때문에, EU 기관과 기구의 개인데이터 처리를 위해 데이터 보호를 확립하기 위한 추가적인 법규범이 필요했다. 공동체의 기관 및 기구의 개인데이터 처리와 관련된 개인의 보호 및 이러한 데이터의 자유로운 이동에 관한 규칙(EC) No. 45/2001(EU기관데이터보호규칙)이 이 과제를 수행한다.[39]

규칙 No. 45/2001은 일반 EU 데이터 보호체제의 원칙을 면밀히 준수하며, 이러한 원칙을 EU 기관 및 기구가 그 기능을 행사하면서 수행하는 데이터 처리에 적용한다. 또한, 그 규정의 적용을 모니터링하기 위한 독립적 감독기관인 유럽데이터보호감독관(EDPS)을 설립한다. EDPS는 감독권한과 EU 기관 및 기구의 개인데이터 처리를 감시하고, 데이터보호규정 위반이라는 주장에 대한 민원을 청취하고 조사할 의무를 부여받고 있다. 또한 새로운 입법안에서부터 데이터 처리와 관련된 내부규정의 작성에 이르기까지 개인데이터 보호에 관한 모든 사항에 대해 EU 기관 및 기구에 자문을 제공한다.

2017년 1월 유럽위원회는 EU 기관의 데이터 처리에 관한 새로운 규칙안을 제출하였으며, 이것이 현행 규칙을 폐지하게 될 것이다. e-Privacy지침의 개혁과 마찬가지로, 규칙 No. 45/2001의 개혁은 GDPR에 따라 수립된 새로운 데이터 보호체제와 그 규정을 현대화하고 합치시킬 것이다.

---

39 Regulation (EC) No. 45/2001 of the European Parliament and of the Council of 18 December 2000 on the protection of individuals with regard to the processing of personal data by the institutions and bodies of the Community and on the free movement of such data, OJ 2001 L 8.

CJEU의 역할(The role of the CJEU)

CJEU는 회원국이 EU데이터보호법에 따른 의무를 이행했는지 여부를 결정하고, 회원국 전체에 실효적이고 통일적인 적용을 보장하기 위한 EU 입법을 해석하는 데 있어서 관할권을 갖는다. 1995년 데이터보호지침을 채택한 이후, 상당수의 판례가 축적되어 데이터보호원칙의 범위 및 의미와 헌장 제8조에서 규정된 개인데이터 보호의 기본권을 명확히 하고 있다. 지침이 폐지되고 새로운 법규범인 GDPR이 현재 시행 중이지만, 기존 판례법은 데이터보호지침의 핵심 원칙과 개념이 GDPR에서 유지됐을 정도로 EU 데이터보호원칙의 해석 및 적용에 있어서 적절하고 유효하다.

1.2. 개인데이터보호권에 대한 제한 (Limitations on the right to personal data protection)

요점

- 개인데이터보호권은 절대적 권리가 아니다. 일반적 이익 또는 타인의 권리 및 자유를 보호하기 위해 필요한 경우 제한될 수 있다.
- 사생활 존중 및 개인데이터 보호에 대한 권리들을 제한하기 위한 조건은 ECHR 제8조 및 헌장 제52조제1항에 열거되어 있다. 이들 권리는 ECtHR 및 CJEU의 판례를 통해 발전되고 해석되어 왔다.
- CoE데이터보호법에 따르면, 개인데이터 처리는 사생활 존중권에 대한 적법한 간섭에 해당하며, 다음과 같은 경우에만 수행될 수 있다.
  - 법에 따르는 경우
  - 정당한 목적을 추구하는 경우
  - 기본적 권리 및 자유의 본질을 존중하는 경우
  - 민주사회에서 정당한 목적을 달성하기 위해 필요하고 비례적인 경우

- EU 법질서는 헌장에 의해 보호되는 기본권의 행사에 대한 제한에 대해서도 비슷한 조건을 설정하고 있다. 개인데이터보호권을 포함하여 모든 기본권에 대한 제한은 다음과 같은 경우에만 합법적일 수 있다.
  - 법에 따르는 경우
  - 권리의 본질을 존중하는 경우
  - 비례성의 원칙에 따라 필요한 경우
  - EU가 인정하는 일반적 이익의 목적 또는 다른 사람의 권리 보호의 필요성을 추구하는 경우

헌장 제8조에 따른 개인데이터 보호의 기본권은 절대적 권리가 아니라 "사회에서의 기능과 관련하여 고려되어야 한다[40]"는 것이다. 따라서 헌장 제52조제1항은 다음의 경우에 헌장 제7조 및 제8조에서 규정한 권리의 행사에 대해 제한을 부과할 수 있음을 인정한다. 즉, 그 제한이 법률에 의해 규정되어 있고, 그들 권리 및 자유의 본질을 존중하며, 비례성의 원칙에 따라 필요하고, EU가 인정한 일반적 이익의 목적 또는 다른 사람의 권리 및 자유를 보호할 필요성이 진정으로 충족되는 경우이다.[41] 마찬가지로 ECHR 시스템에서는 제8조에 의해 데이터 보호가 보장되며, 정당한 목적을 추구하기 위하여 필요한 경우 그 권리의 행사를 제한할 수 있다. 이 절은 ECtHR의 판례에서 해석한 바와 같이 ECHR에 따른 간섭에 관한 조건과 헌장 제52조에 따른 적법한 한계의 조건을 말한다.

1.2.1. ECHR에 따른 정당한 간섭의 요건 (Requirements for justified interference under the ECHR)

개인데이터를 처리하는 것은 ECHR 제8조의 보호를 받는 데이터주체

40 예컨대, CJEU, Joined cases C-92/09 and C-93/09, *Volker und Markus Schecke GbR and Hartmut Eifert v. Land Hessen* [GC], 9 November 2010, para. 48 참조.

41 *Ibid.*, para. 50.

의 사생활 존중권에 대한 간섭을 구성할 수 있다.[42] 위에서 설명한 바와 같이(1.1.1 및 1.1.4 참조) EU 법질서와 달리 ECHR은 개인데이터의 보호를 별개의 기본권으로 확인하지 않는다. 오히려 개인데이터의 보호는 사생활 존중권에 따라 보호되는 권리의 일부를 형성한다. 따라서, 개인데이터의 처리를 포함하는 어떠한 활동도 ECHR 제8조의 적용범위에 해당되지 않을 수 있다. 제8조가 발동되기 위해서는 먼저 사익 또는 개인의 사생활이 침해되었는지 여부가 결정되어야 한다. ECtHR은 판례를 통해 "사생활"이라는 개념을 직업생활과 공적 행위의 측면까지도 포함하는 넓은 개념으로 다루어 왔다. 또한 개인데이터의 보호는 사생활 존중권의 중요한 부분이라고 판결하였다. 그러나, 사생활에 대한 넓은 해석에도 불구하고, 모든 유형의 처리가 그 자체로 제8조에 따라 보호되는 권리를 침해하는 것은 아니다.

ECtHR은 문제의 처리작업이 개인의 사생활 존중권에 영향을 미치는 것으로 보는 경우 간섭이 정당화되는지 여부를 심사한다. 사생활 존중권은 절대적인 권리가 아니라 다른 정당한 이익 및 권리- 이것은 타인(사익)이나 사회 전체(공익)의 것이 될 수 있다 -와 형량을 하고 조화를 이루어야 한다.

간섭이 정당화 될 수 있는 누적 조건은 다음과 같다.

법에 부합하여(In accordance with the law)

ECtHR의 판례에 따르면, 일정한 품질을 갖춘 국내법조항에 근거한 경우 간섭은 법에 준거한 것이다. 그 법은 "관계자에게 액세스 가능하고 그 효과에 대해 예측 가능한[43]" 것이어야 한다. 규정은 "어떤 개인이- 필요

---

42 ECtHR, *S. and Marper v. the United Kingdom* [GC], Nos. 30562/04 and 30566/04, 8 December 2008, para. 67.

43 ECtHR, *Amann v. Switzerland* [GC], No. 27798/95, 16 February 2000, para. 50; see also ECtHR, *Kopp v. Switzerland*, No. 23224/94, 25 March 1998, para. 55 and

한 경우 적절한 조언을 포함하여 - 자신의 행동을 규율할 수 있도록 충분히 정밀하게 작성된 경우[44]" 예측 가능하다. 또한 "이와 관련하여 '법'에 요구되는 정밀도는 특정 주제에 따라 달라질 것이다.[45]"

> 사례 : *Rotaru v. Romania* 사건[46]에서, 청구인은 루마니아 정보기관이 그의 개인정보가 담긴 파일을 소지하고 이용했다는 이유로 사생활 존중권의 침해를 주장했다. ECtHR은 국내법이 국가안보에 영향을 미치는 비밀 정보파일에 수집, 기록, 보관하는 것을 허용했지만, 기관의 재량에 따라 그러한 권한의 행사에 제한을 두지 않았다고 판결했다. 예컨대, 국내법은 처리할 수 있는 정보의 유형, 감시조치를 취할 수 있는 대상자의 범주, 그러한 조치를 취할 수 있는 상황이나 따라야 할 절차를 규정하지 않았다. 따라서 재판소는 국내법이 ECHR 제8조에 따른 예측가능성 요건을 준수하지 않았으며, 이 조항에 위반되었다고 결정했다.
>
> *Taylor-Sabori v. the United Kingdom* 사건[47]에서, 청구인은 경찰의 감시 대상이 되어왔었다. 경찰은 청구인의 호출기의 '복제품'을 사용해 그에게 전송된 메시지를 가로챌 수 있었다. 청구인은 마약공급 공

ECtHR, *Iordachi and Others v. Moldova*, No. 25198/02, 10 February 2009, para. 50.

44 ECtHR, *Amann v. Switzerland* [GC], No. 27798/95, 16 February 2000, para. 56; see also ECtHR, *Malone v. the United Kingdom*, No. 8691/79, 2 August 1984, para. 66; ECtHR, *Silver and Others v. the United Kingdom*, Nos. 5947/72, 6205/73, 7052/75, 7061/75, 7107/75, 7113/75, 25 March 1983, para. 88.

45 ECtHR, *The Sunday Times v. the United Kingdom*, No. 6538/74, 26 April 1979, para. 49; see also ECtHR, *Silver and Others v. the United Kingdom*, Nos. 5947/72, 6205/73, 7052/75, 7061/75, 7107/75, 7113/75, 25 March 1983, para. 88.

46 ECtHR, *Rotaru v. Romania* [GC], No. 28341/95, 4 May 2000, para. 57; see also ECtHR, *Association for European Integration and Human Rights and Ekimdzhiev v. Bulgaria*, No. 62540/00, 28 June 2007; ECtHR, *Shimovolos v. Russia*, No. 30194/09, 21 June 2011; and ECtHR, *Vetter v. France*, No. 59842/00, 31 May 2005.

47 ECtHR, *Taylor-Sabori v. the United Kingdom*, No. 47114/99, 22 October 2002.

모협의로 체포되어 기소되었다. 그에 대한 기소사건 중 일부는 경찰이 필사한 호출기 메시지의 동시 서면 메모로 구성되었다. 그러나 청구인의 재판 당시에 민간 통신시스템을 통해 전송되는 통신의 가로채기를 규율하는 영국법조항은 없었다. 그러므로 청구인의 권리에 대한 간섭은 "법에 부합하게" 되지 않았다. ECtHR은 이는 ECHR 제8조를 위반했다고 결정했다.

Vukota-Bojić v. Switzerland 사건[48]에서는 자신의 보험회사가 의뢰한 민간 조사관에 의한 사회보험 청구인에 대한 비밀감시와 관련된 것이었다. ECtHR은 민원에서 쟁점이 된 감시조치는 민간보험사에 의해 명령되었지만, 이 회사는 국가로부터 의무적 의료보험에서 발생하는 혜택을 제공하고 보험료를 징수할 수 있는 권리를 부여받았다고 판결했다. 국가는 민간기구나 개인에게 의무를 위임함으로써 조약에 따른 책임에서 면제될 수 없었다. 국내법은 ECHR 제8조에 따른 권리에 대한 간섭이 "법에 부합하게" 되기 위해서 남용에 대한 충분한 안전장치를 제공해야 했다. 해당 사건에서, ECtHR은 국내법이 피보험자에 대한 비밀감시를 위해 보험 분쟁에서 공적 기관의 역할을 하는 보험사에 부여된 재량권의 범위 및 행사방식을 충분히 명확하게 명시하지 않아 ECHR 제8조 위반이 있었다고 결정했다. 국내법은 특히 남용에 대한 충분한 안전장치를 포함하지 않았다.

정당한 목적의 추구(Pursuing a legitimate aim)

정당한 목적은 열거된 공익 중의 하나이거나 또는 타인의 권리 및 자유의 보호일 수 있다. 간섭을 정당화할 수 있는 정당한 목적은 ECHR 제8조제2항에 따라 국가안보, 공공의 안전 또는 국가의 경제적 복지, 무질서

48 ECtHR, *Vukota-Bojić v. Switzerland*, No. 61838/10, 18 October 2016, para. 77.

나 범죄의 예방, 보건이나 도덕의 보호, 그리고 다른 사람의 권리 및 자유의 보호이다.

> 사례 : *Peck v. the United Kingdom* 사건[49]에서, 청구인은 CCTV 카메라가 자신을 촬영하고 있다는 사실을 모른 채 길거리에서 손목을 절단해 자살을 시도했다. CCTV 카메라를 지켜보던 경찰은 그를 구조한 뒤 CCTV 영상을 언론에 넘겼고, 언론은 청구인의 얼굴을 가리지 않고 이 영상을 보도했다. ECtHR은 기관이 청구인의 동의를 얻지 않거나 마스크 처리를 하지 않고 이 영상을 대중에게 직접 공개하는 것을 정당화할 만한 적절하거나 충분한 이유가 없다고 판단했다. 재판소는 ECHR 제8조의 위반이 있었다고 결정했다.

민주사회에서 필요한(Necessary in a democratic society)

ECtHR은 "필요성의 개념은 간섭이 긴급한 사회적 요구에 대응하고, 특히 그것이 추구되는 정당한 목적에 비례한다는 것을 의미한다[50]"고 기술했다. 긴급한 사회적 요구를 해결하기 위해 조치가 필요한지 여부를 평가할 때, ECtHR은 추구된 목적과 관련하여 그 관련성 및 적합성을 심사한다. 이를 위해, 다루지 않을 경우 그 간섭이 사회에 해로운 영향을 미칠 수 있는 문제를 다루려고 하는지, 그 간섭이 그러한 해로운 영향을 완화시킬 수 있다는 증거가 있는지, 그리고 쟁점사항에 대한 보다 넓은 사회적 관점이 무엇인지 등을 고려할 수 있다.[51] 예를 들어, 테러리스트 움직임과 관련이 있는 것으로 밝혀진 특정 개인의 개인데이터를 보안 서비스

---

49 ECtHR, *Peck v. the United Kingdom*, No. 44647/98, 28 January 2003, para. 85.

50 ECtHR, *Leander v. Sweden*, No. 9248/81, 26 March 1987, para. 58.

51 Article 29 Data Protection Working Party (Article 29 Working Party) (2014), *Opinion on the application of the necessity and proportionality concepts and data protection within the law enforcement sector*, WP 211, Brussels, 27 February 2014, pp. 7-8.

가 수집하고 저장하는 것은 개인들의 사생활 존중권에 대한 간섭이 될 것이지만, 그럼에도 불구하고 이는 국가안보와 테러와의 싸움이라는 심각하고 긴급한 사회적 요구에 기여한다. 필요성 테스트를 충족하기 위해서는 간섭도 비례해야 할 것이다. ECtHR의 판례에서, 비례성은 필요성의 개념 안에서 다루어진다. 비례성은 ECHR에 따라 보호되는 권리에 대한 간섭이 추구되는 정당한 목적을 달성하는데 필요한 것 이상을 넘어서는 안 된다. 비례성 테스트를 수행할 때 고려해야 할 중요한 요인은 간섭의 범위, 특히 영향을 받는 사람의 수, 그리고 그 범위를 제한하거나 개인의 권리에 해로운 영향을 제한하기 위해 시행되는 안전장치 또는 절차이다.[52]

> 사례 : *Khelili v. Switzerland* 사건[53]에서, 경찰은 경찰단속 중에 청구인이 다음과 같은 전화카드를 들고 다니는 것을 발견했다. "30대 후반의 예쁜 여자는 같이 술을 마시기 위해 남자를 만나거나 가끔 외출하고 싶어 한다. 전화번호 [...]". 청구인은 그 발견 이후 자신이 일관되게 부인을 했던 직업인 매춘부로 경찰이 기록부에 이름을 기재를 했다고 주장했다. 청구인은 경찰 컴퓨터기록에서 '매춘부'라는 단어를 삭제해 줄 것을 요청했다. ECtHR은 개인이 다른 범죄를 저지를 수 있다는 이유로 그 개인의 개인데이터를 보관하는 것이 일정한 상황에서 비례적일 수 있다는 것을 원칙적으로 인정했다. 그러나, 청구인의 사건에서는, 불법 성매매 혐의가 너무 모호하고 일반적인 것으로 나타났으며, 불법 성매매 혐의로 유죄판결을 받은 적이 없기 때문에 구체적인 사실에 의해 뒷받침되지 않았으며, 따라서 ECHR 제8조의 의미 내에서의 '긴급한 사회적 필요성'을 충족한다고 볼 수 없었

52 *Ibid.*, pp. 9-11.

53 ECtHR, *Khelili v. Switzerland*, No. 16188/07, 18 October 2011.

다. 경찰기관이 청구인에 대한 저장된 데이터의 정확성을 입증하고, 청구인의 권리에 대한 간섭의 심각성을 입증하는 문제로 간주하고, 재판소는 수년간 경찰파일에서 '매춘부'라는 단어를 보관하는 것은 민주사회에서 필요가 없었다고 판결하였다. 재판소는 ECHR 제8조의 위반이 있었다고 결정했다.

사례 : *S. and Marper v. the United Kingdom* 사건[54]에서, 두 청구인들은 체포되어 형사 범죄혐의로 기소되었다. 경찰은 경찰 및 범죄증거법(Police and Criminal Evidence Act)에 규정된 대로 이들의 지문과 DNA 샘플을 채취했다. 청구인들은 범죄에 대해 유죄판결을 받지 않았다. 한 명은 법정에서 무죄를 선고받았고, 두 번째 청구인에 대한 형사소송은 중단되었다. 그럼에도 불구하고, 그들의 지문, DNA 프로파일 및 세포 샘플은 경찰에 의해 데이터베이스에 보존되고 저장되었으며, 국가법에 따라 적절한 시간제한 없이 그것들의 보존이 승인되었다. 영국은 이 보존이 미래의 범죄자를 식별하는 데 도움이 되고 범죄 예방 및 적발이라는 정당한 목적을 추구했다고 주장했지만, ECtHR은 청구인들의 사생활 존중권에 대한 간섭이 부당한 것으로 간주했다. 데이터 보호의 핵심 원칙들은 수집 목적과 관련하여 개인데이터의 보존이 비례적일 것을 요구하고 있으며 보존기간은 제한되어야 한다는 것을 ECtHR은 상기시켰다. 재판소는 이 데이터베이스를 유죄판결을 받은 사람들뿐만 아니라, 혐의가 있지만 유죄판결을 받지 않은 모든 개인들의 DNA 프로파일을 포함하도록 확장하는 것이 영국에서 범죄를 적발하고 예방하는 데 기여할 수 있었다는 점을 인정했다. 그러나, 그것은 "보존 권력의 전반적이고 무차별적인 성격

54 ECtHR, *S. and Marper v. the United Kingdom* [GC], Nos. 30562/04 and 30566/04, 4 December 2008.

에 사로잡혔다".[55]

세포 샘플에 포함된 유전정보와 건강정보가 풍부하다는 점을 감안할 때, 청구인의 사생활권에 대한 간섭은 특히 침해적이었다. 지문과 샘플은 체포된 사람으로부터 채취할 수 있었고, 범죄의 성격과 중대성에 관계없이, 그리고 심지어 징역으로 처벌할 수 없는 경미한 범죄에 대해서도 경찰 데이터베이스에 무기한 보존될 수 있었다. 더욱이 무죄판결을 받은 개인이 데이터베이스에서 이들 데이터를 삭제하게 할 가능성은 제한적이었다. 마지막으로, ECtHR은 체포 당시 청구인 한 명이 11세라는 점을 특별히 고려했다. 유죄판결을 받지 않은 미성년자의 개인데이터를 보유하는 것은 이들의 취약성과 사회에서의 발전 및 통합의 중요성을 고려할 때 특히 해로울 수 있다.[56] 재판소는 만장일치로 그 보존이 민주사회에서 필요하다고 볼 수 없는 사생활권에 대한 불비례적인 간섭을 구성한다고 판결했다.

사례 : *Leander v. Sweden* 사건[57]에서, ECtHR은 국가안보를 위한 중요 직책에 취업하려는 사람을 비밀리에 조사하는 것 자체가 민주사회에서 필요한 것이라는 요건과 배치되는 것은 아니라고 판단했다. 예를 들어, 의회와 법무장관이 행사하는 통제와 같이 데이터주체의 이익을 보호하기 위해 국가법에 규정된 특별한 안전장치로 스웨덴 인사통제시스템은 ECHR 제8조제2항의 요건을 충족했다는 ECtHR의 결론이 도출되었다. 이에 대해 이용할 수 있는 광범위한 판단여지를 고려하여, 피고 국가는 청구인의 사건에서 국가안보의 이익이 개인 이익보다 우월하다는 점을 고려할 권리가 있었다. 재판소는 ECHR 제8조의 위반은 없었다고 결정했다.

55 *Ibid.*, para. 119.

56 *Ibid.*, para. 124.

57 ECtHR, *Leander v. Sweden*, No. 9248/81, 26 March 1987, paras. 59 and 67.

1.2.2. EU기본권헌장에 따른 적법한 제한의 조건(Conditions for lawful limitations under the EU Charter of Fundamental Rights)

헌장의 구조와 문언은 ECHR의 그것과 다르다. 헌장은 보장된 권리에 대한 간섭이라는 개념을 사용하고 있지 않지만, 헌장에 의해 인정된 권리 및 자유의 행사에 대한 제한규정을 포함하고 있다.

제52조제1항에 따르면 헌장이 인정한 권리 및 자유의 행사, 따라서 개인데이터보호권의 행사에 관한 제한은 다음 각 호의 경우에 한하여 허용된다.

- 법률로 규정된 경우
- 데이터보호권의 본질을 존중하는 경우
- 비례성의 원칙에 따라서 필요한 경우[58]
- EU가 인정하는 일반이익의 목적이나 타인의 권리 및 자유를 보호할 필요성을 충족하는 경우

개인데이터 보호는 헌장 제8조에 따라 보호되는 EU 법질서에서 별개의 독립적인 기본권이기 때문에, 개인데이터의 모든 처리 그 자체는 이 권리에 대한 간섭에 해당한다. 문제의 개인데이터가 개인의 사생활과 관련이 있는지, 민감한지, 또는 데이터주체가 어떤 식으로든 불편을 겪었는지는 중요하지 않다. 간섭이 합법적이 되려면, 헌장 제52조제1항에서 열거된 모든 조건들을 준수해야 한다.

법률로 규정된 경우(Provided for by law)

개인데이터보호권에 대한 제한은 법률로 규정되어야 한다. 이 요건은

58 개인데이터 보호의 기본권을 제한하는 조치의 필요성을 평가할 때, EDPS (2017), *Necessity Toolkit*, Brussels, 11 April 2017 참조.

제한이 적절히 액세스 가능하며 예측 가능하고 개인이 자신의 의무를 이해하고 행동을 규제할 수 있도록 충분히 정밀하게 형성된 법적 근거를 바탕으로 이루어져야 함을 의미한다. 법적 근거는 또한 자의적인 간섭으로부터 개인을 보호하기 위해 관할기관이 권한을 행사하는 범위 및 방법을 명확히 규정해야 한다. 이 해석은 ECtHR 판례법에서의 "적법한 간섭" 요건과 유사하다.[59] 그리고 헌장에서 사용된 "법률로 규정된"이라는 표현의 의미는 ECHR과 관련하여 언급된 것과 같아야 한다는 주장이 제기되어 왔다.[60] ECtHR의 판례, 특히 여러 해에 걸쳐 발전시켜온 "법의 품질" 개념은 헌장 제52조제1항의 범위를 해석할 때 CJEU가 고려해야 할 관련 사항이다.[61]

권리의 본질을 존중하는 경우(Respect the essence of the right)

EU의 법질서에서는 헌장에 따라 보호되는 기본권에 대한 어떠한 제한도 그러한 권리의 본질을 존중해야 한다. 이는 너무 광범위하고 침해적이어서 기본권에서 그 기본적 내용을 박탈하는 제한은 정당화될 수 없다는 것을 의미한다. 권리의 본질이 침해된 경우, 일반이익의 목적에 이바지하고 필요성 및 비례성 기준을 충족하는지 여부를 더 이상 평가할 필요 없이, 제한은 불법으로 간주되어야 한다.

---

59 EDPS (2017), *Necessity Toolkit*, Brussels, 11 April 2017, p. 4; see also CJEU, *Opinion 1/15 of the Court (Grand Chamber)*, 26 July 2017.

60 CJEU, Joined cases C-203/15 and C-698/15, *Tele2 Sverige AB v. Post- och telestyrelsen and Secretary of State for the Home Department v. Tom Watson, Peter Brice, Geoffrey Lewis, Opinion of Advocate General Saugmandsgaard Øe*, delivered on 19 July 2016, para. 140.

61 CJEU, C-70/10, *Scarlet Extended SA v. Société belge des auteurs compositeurs et éditeurs (SABAM), Opinion of Advocate General Cruz Villalón*, delivered on 14 April 2011, para. 100.

사례 : *Schrems* 사건[62]은 제3국(이 경우 미국)으로 개인데이터가 이전되는 것과 관련된 개인의 보호에 관한 것이었다. 수년 동안 페이스북을 이용해 온 오스트리아 시민 Schrems는 자신의 개인데이터가 자회사인 페이스북 아일랜드로부터 페이스북 주식회사(Facebook Inc.)와 미국에 위치한 서버들로 이전되어 처리된 것을 고발하기 위해 아일랜드 데이터보호감독기관에 쟁송을 제기했다. 그는 미국의 내부고발자 에드워드 스노든이 2013년 미국 감시기관들의 감시활동과 관련해 폭로한 내용에 비춰볼 때 미국의 법 및 관행은 미국 영토로 이전된 개인데이터를 충분히 보호하지 못한다고 주장했다. 스노든은 국가안보국(NSA)이 페이스북과 같은 기업의 서버를 직접 도청했고 채팅 및 개인 메시지의 내용을 읽을 수 있다고 폭로했었다.

미국으로의 데이터 이전은 2000년에 채택된 유럽위원회의 적합성 결정에 근거하여, EU로부터 이전된 개인데이터를 보호하고 이른바 "세이프하버 원칙"을 준수할 것을 자가 인증한 미국 회사로의 이전을 허용했다. 사건이 CJEU에 제기되었을 때, CJEU는 헌장에 비추어 유럽위원회 결정의 유효성을 검토했다. CJEU는 EU에서의 기본권 보호는 엄격하게 필요한 경우에만 그러한 권리에 대한 적용제외와 제한을 적용할 것을 요구한다고 상기시켰다. CJEU는 일반적으로 전자통신의 내용을 공적 기관이 열람할 수 있도록 허용하는 법률을 "헌장 제7조에서 보장되는 사생활 존중의 기본권의 본질을 침해하는 것"으로 보았다. 특정 개인이 관련된 국가안보나 범죄 예방에 관한 구체적인 고려사항에 근거한 객관적 정당성 없이, 그리고 그러한 감시 관행이 권력의 남용에 대한 적절한 조치를 수반하지 않고, 미국 공적 기관이 약식의 근거에 따라 통신에 액세스할 수 있도록 허용된다면, 그 권리는 무의미해질 것이다.

---

62 CJEU, C-362/14, *Maximillian Schrems v. Data Protection Commissioner* [GC], 6 October 2015.

또한, CJEU는 "개인이 자신과 관련된 개인데이터에 액세스하거나 그러한 데이터를 정정 또는 삭제하기 위해 법적 구제책을 추구할 수 있는 가능성을 규정하지 않는 법률"은 실효적인 사법적 보호의 기본권(헌장 제47조)과 양립할 수 없다고 기술하였다. 따라서, 세이프하버 결정은 헌장에 비추어 지침에 따라서 EU 역내에서 보장된 것과 본질적으로 동등한 미국에 의한 기본권 보호수준을 보장하지 못했다. 따라서 CJEU는 그 결정을 무효화시켰다.[63]

사례 : *Digital Rights Ireland* 사건[64]에서, CJEU는 지침 2006/24/EC(데이터보존지침)와 헌장 제7조 및 제8조의 양립가능성을 심사했다. 이 지침은 전자통신서비스 제공자에게 트래픽 및 위치 데이터를 최소 6개월에서 최대 24개월 동안 보존하도록 하고, 중대범죄를 예방, 수사, 적발 및 기소할 목적으로 관할 국가기관이 해당 데이터에 액세스할 수 있도록 의무화했다. 이 지침은 전자통신의 내용을 보존하는 것을 허용하지는 않았다. CJEU는 통신사가 지침에 따라 보유해야 하는 데이터에는 통신의 출처와 목적지, 통신의 날짜, 시간 및 기간, 발신번호, 착신번호, IP주소 등을 추적하고 식별하는 데 필요한 데이터가 포함되어 있다고 지적했다. 이들 데이터는 "전반적으로 볼 때, 일상생활의 습관, 영구적 또는 임시적 거주지, 일상적 또는 기타 이동, 수행된 활동, 그러한 사람들의 사회적 관계 및 그들이 자주 찾는 사회적

63 유럽위원회 결정(Commission Decision) 520/2000/EC를 무효화시킨 CJEU 결정은 본서의 다른 부분에서 검토될 다른 논거에 또한 근거하였다. 특히 CJEU는 국가데이터보호감독기관의 권한을 불법적으로 제한하였다고 간주하였다. 또한 Safe Harbour 체제에서는 자기 개인데이터에 액세스하고/하거나 그 정정이나 삭제를 원하는 경우에 개인이 이용할 수 있는 사법적 구제가 없었다. 따라서, 헌장 제47조에서 보장된 실효적인 사법적 보호에 대한 기본권의 본질이 또한 침해되었다.

64 CJEU, Joined cases C-293/12 and C-594/12, *Digital Rights Ireland Ltd v. Minister for Communications, Marine and Natural Resources and Others and Kärntner Landesregierung and Others* [GC], 8 April 2014.

환경 등과 같은 데이터가 보존된 개인의 사생활에 관해 매우 정밀한 결론을 도출할 수 있다."

따라서, 지침에 따른 개인데이터의 보존은 프라이버시권 및 개인데이터보호권에 대한 특히 심각한 간섭에 해당하였다. 그러나, CJEU는 그 간섭이 그러한 권리의 본질에 부정적인 영향을 미치지는 않았다고 판결하였다. 프라이버시권과 관련하여, 그 본질이 지침으로 인해 전자통신의 내용에 대해 아는 것을 허용하지 않았기 때문에 침해되지 않았다. 마찬가지로, 지침은 전자통신서비스 제공자가 데이터 보호 및 데이터 보안의 특정 원칙을 존중하고 이를 위해 적절한 기술적·조직적 조치를 이행할 것을 요구했기 때문에, 개인데이터보호권의 본질은 침해되지 않았다.

필요성과 비례성(Necessity and proportionality)

헌장 제52조제1항은 비례성의 원칙에 따라 헌장에서 인정하는 기본적 권리 및 자유의 행사에 대한 제한은 필요한 경우에만 할 수 있다고 규정하고 있다.

추구하는 공익목적을 위한 조치를 채택할 필요가 있는 경우 제한이 **필요할** 수 있지만, CJEU가 해석한 바와 같이, 필요성은 채택된 조치가 동일한 목적을 달성하기 위한 다른 옵션에 비해 덜 침해적이어야 한다는 것을 의미하기도 한다. CJEU는 사생활 존중권 및 개인데이터보호권에 대한 제한에 대해 엄격한 필요성 테스트를 적용하여 "엄격하게 필요한 범위 내에서만 적용제외 및 제한을 적용해야 한다"고 판시하고 있다. 제한이 엄격하게 필요하다고 간주되는 경우 그것이 비례적인지 여부도 또한 평가할 필요가 있다.

비례성은 제한으로 인한 이익이 제한이 해당 기본권의 행사에 대해 초래하는 불이익보다 더 커야 한다는 것을 의미한다.[65] 프라이버시권 및 데이터보호권의 향유에 대한 불이익과 위험을 줄이려면 제한에 적절한 안전장치가 포함되는 것이 중요하다.

> 사례 : *Volker und Markus Schecke* 사건[66]에서, CJEU는 특정 농업기금으로부터 지원의 수혜자였던 각 자연인과 관련된 개인데이터를 이러한 지원을 받은 기간, 이러한 지원의 빈도, 또는 이러한 지원의 성격 및 금액과 같은 관련 기준에 근거하여 구별하지 않고 공표할 의무를 부과함으로써, 이사회와 유럽위원회는 비례성의 원칙에 의해 부과된 한계를 초과했다고 결정했다.
>
> 따라서, CJEU는 이사회 규칙(EC) No. 1290/2005의 일부 조항을 무효로 선언하고 규칙 No. 259/2008 전체를 무효로 선언할 필요가 있다고 판결하였다.[67]
>
> 사례 : *Digital Rights Ireland* 사건[68]에서, CJEU는 데이터보존지침에 의해 야기된 프라이버시권에 대한 간섭은 지침이 전자통신 내용의 보존을 금지했기 때문에 프라이버시권의 본질을 침해하지 않는다고 판결했다. 그러나 이 지침은 헌장 제7조 및 제8조와 양립할 수 없다고 결론짓고 지침의 무효를 선언했다. 전체적으로 집계되고 수집된 트래

65 EDPS (2017), *Necessity Toolkit*, p. 5.

66 CJEU, Joined cases C-92/09 and C-93/09, *Volker und Markus Schecke GbR and Hartmut Eifert v. Land Hessen* [GC], 9 November 2010, paras. 89 and 86.

67 Council Regulation (EC) No. 1290/2005 of 21 June 2005 on the financing of the common agricultural policy, OJ 2005 L 209; Commission Regulation (EC) No. 259/2008 of 18 March 2008 laying down detailed rules for the application of Council Regulation (EC) No. 1290/2005 as regards the publication of information on the beneficiaries of funds deriving from the European Agricultural Guarantee Fund (EAGF) and the European Agricultural Fund for Rural Development (EAFRD), OJ 2008 L 76.

68 CJEU, Joined cases C-293/12 and C-594/12, *Digital Rights Ireland Ltd v. Minister for Communications, Marine and Natural Resources and Others and Kärntner Landesregierung and Others* [GC], 8 April 2014.

픽 및 위치 데이터는 분석될 수 있고 개인의 사생활에 대한 상세한 그림을 묘사할 수 있기 때문에, 그것은 이러한 권리에 대한 심각한 간섭을 구성했다. CJEU는 지침이 유선전화, 이동전화, 인터넷 액세스, 인터넷 전자메일 및 인터넷 전화에 관한 모든 메타데이터의 보존을 요구하며, 전자통신의 모든 수단에 적용되는 점, 즉 전자통신의 사용이 사람들의 일상생활에 매우 광범위하게 퍼져 있다는 점을 고려했다. 사실상, 그것은 전체 유럽인구에 영향을 미치는 간섭을 구성했다. 이러한 간섭의 정도와 심각성을 고려할 때, CJEU에 따르면, 트래픽 및 위치 데이터 보존은 오직 중대한 범죄와 싸우기 위한 목적으로만 정당화될 수 있다. 또한, 이 지침은 관할 국가기관의 보존된 데이터에 대한 액세스가 엄격히 필요한 것으로 제한되도록 보장하는 객관적 기준을 규정하지 않았다. 더욱이 지침은 법원이나 다른 독립기구의 사전심사를 받지 않는 국가기관이 보존된 데이터에 액세스하고 사용하는 것을 규율하는 실체적 및 절차적 조건을 포함하지 않았다.

CJEU는 *Tele2 Sverige AB v. Post- och telestryrelsen*과 *Secretary of State for the Home Department v. Tom Watson and Others* 병합사건[69]에서 비슷한 결론을 내렸다. 이들 사건은 "추구된 목적에 따른 차별화, 제한 또는 예외" 없이 "모든 가입자 및 등록 이용자와 모든 전자통신 수단과 메타데이터"의 트래픽 및 위치 데이터의 보존과 관련된 것이었다.[70] 본 사건에서, 사람이 직접적이든 간접적이든 중대한 범죄와 연관되어 있는지 여부, 또는 그 사람의 통신이 국가안보와 관련이 있는지 여부는 데이터를 보존하게 할 수 있는 조건이 아니었다. 보존된 데이터와 공공의 안전에 대한 위협 간의 요구된 연관성이나 또는 기간이나 지리적 지역 제한이 없다는 점에 비추어, CJEU는 국

69 CJEU, Joined cases C-203/15 and C-698/15, *Tele2 Sverige AB v. Post- och telestryrelsen and Secretary of State for the Home Department v. Tom Watson and Others* [GC], 21 December 2016, para. 105-106.

70 *Ibid.*, para. 105.

> 가법이 중대한 범죄와의 전쟁을 목적으로 엄격하게 필요한 것의 한계를 초과했다고 결정했다.[71]

필요성과 관련하여 유럽데이터보호감독관(European Data Protection Supervisor)은 필요성 도구키트(Necessity Toolkit)에서 유사한 접근법을 취한다.[72] 이 도구키트는 제안된 조치가 데이터 보호에 관한 EU법의 준수를 평가하는 데 도움을 주는 것을 목표로 한다. 이는 개인데이터의 처리를 포함하고 헌장에 규정된 개인데이터보호권과 다른 권리 및 자유를 제한하는 조치를 준비하거나 면밀히 검토할 책임이 있는 EU 정책입안자와 입법자에게 보다 잘 갖추도록 하기 위해 개발되었다.

일반이익의 목적(Objectives of general interest)

헌장이 인정한 권리의 행사에 대한 제한이 정당화되기 위해서는 EU가 인정하는 일반이익의 목적이나 다른 사람의 권리 및 자유를 보호해야 할 필요성을 또한 진정으로 충족해야 한다. 개인데이터보호권은 타인의 권리 및 자유를 보호할 필요성과 관련하여, 종종 다른 기본권들과 상호작용한다. 1.3은 그러한 상호작용에 대한 상세한 분석을 제공한다. 일반이익의 목적에는 유럽연합조약(TEU) 제3조에서 확인된 EU의 일반적 목적, 즉 평화 및 인민 행복의 증진, 사회정의 및 사회보장, 그리고 범죄를 예방하고 싸우기 위한 적절한 조치와 함께 사람들의 자유로운 이동이 보장되는 자유, 안보 및 사법의 영역 설정뿐만 아니라, 조약들의 특별조항에 의해 보호되는 다른 목적 및 이익도 포함된다.[73] GDPR은 이와 관련하여 헌장

---

71 *Ibid.*, para. 107.

72 EDPS (2017), *Necessity Toolkit*, Brussels, 11 April 2017.

73 Explanations relating to the Charter of Fundamental Rights (2007/C 303/02), OJ 2007 No. C 303, pp. 17–35.

제52조제1항을 추가로 규정한다. 즉, GDPR 제23조제1항은 제한이 개인데이터보호권의 본질을 존중하고 필요하며 비례적이라면 개인의 권리를 제한하는 것에 대해 정당하다고 간주되는 일련의 일반이익의 목적들을 열거하고 있다. 국가안보 및 국방, 범죄예방, EU나 회원국들의 중요한 경제적·재정적 이익의 보호, 공중보건 및 사회보장은 거기서 언급된 공익 목적들에 속한다.

제한이 추구하는 일반이익의 목적을 충분히 상세하게 정의하고 설명하는 것이 중요한데, 이는 제한의 필요성이 그 배경과 관련하여 평가되기 때문이다. 제한의 목적과 제안된 조치에 대한 명확하고 상세한 설명은 제한이 필요한지에 대한 평가를 허용하기 위해 필수적이다.[74] 추구하는 목적, 그리고 제한의 필요성 및 비례성은 밀접하게 연관되어 있다.

사례 : *Schwarz v. Stadt Bochum* 사건[75]은 회원국 기관들이 여권을 발급할 때 지문을 채취하고 저장함에 따라 발생하는 사생활 존중권과 개인데이터보호권에 대한 제한과 관련된 것이었다.[76] 청구인은 보훔시(Stadt Bochum)에 여권을 신청했지만 지문 채취를 거부했고, 이에 따라 보훔시는 여권 신청을 거부했다. 그 후 그는 독일 법원에 지문을 채취하지 않고 여권을 발급하라는 소송을 제기했다. 독일 법원은 이 문제를 CJEU에 제청하여, 회원국이 발행한 여권과 여행문서의 보안사항 및 생체측정 기준에 관한 규칙 2252/2004 제1조제2항이 유효한 것으로 간주되는지 여부에 대해 제청했다.

CJEU는 정밀하게 인식할 수 있는 개인에 대한 고유한 정보가 객관적으로 담겨 있기 때문에 지문은 **개인데이터를 구성**하는 한편, 지문을 채취하고 저장하는 것은 처리를 구성한다고 지적하였다. 규칙

74 EDPS (2017), *Necessity Toolkit*, Brussels, 11 April 2017, p. 4.

75 CJEU, C-291/12, *Michael Schwarz v. Stadt Bochum*, 17 October 2013.

76 *Ibid.*, paras. 33-36.

2252/2004 제1조제2항이 규율하는 후자의 처리는 사생활 존중권 및 개인데이터보호권에 대한 위협을 구성한다.[77] 그러나, 헌장 제52조제1항은 이러한 제한이 법률에 규정되어 있고, 그들 권리의 본질을 존중하며, 비례성의 원칙에 따라 필요하며, 유럽연합이 인정하는 일반이익의 목적 또는 타인의 권리 및 자유를 보호할 필요성을 충족하는 한, 그러한 권리의 행사에 대한 제한을 허용한다.

이 사건에서, 첫째, CJEU는 여권 발급 시 지문을 채취하고 저장함에 따른 제한은 규칙 2252/2004 제1조제2항에 규정되어 있기 때문에 **법률에 의해 규정**되는 것으로 간주되어야 한다는 점에 주목했다. 둘째, 후자의 규칙은 여권의 위·변조와 부정사용을 방지하기 위해 만들어졌다. 따라서 제1조제2항은 무엇보다도 EU에 불법으로 진입하는 것을 방지하기 위하여 제정된 것이고, 유럽연합이 인정하는 일반이익의 목적을 추구한다. 셋째, 이 사건에서 이들 권리의 행사에 부가된 제한이 이들 권리의 본질을 존중하지 않는다는 점이 CJEU가 이용할 수 있는 증거로부터는 명백하지 않았고, 또한 주장된 바도 없었다. 넷째, 그 조항이 규정한 바와 같이 매우 안전한 저장매체에 지문을 저장하는 것은 정교한 기술이 필요하다. 이러한 저장은 여권이 위·변조될 위험을 줄이고 EU 국경에서 여권의 진정성을 체크하는 책임을 지는 기관의 업무를 용이하게 할 것으로 보인다. 그 방법이 전적으로 신뢰할 수 있는 것은 아니라는 사실이 결정적인 것은 아니다. 비록 이 방법이 허가받지 않은 사람이 진입하는 것을 전부 막지는 못하지만, 그러한 진입 가능성을 현저히 감소시키기에 충분하다. 전술한 바에 비추어, CJEU는 규칙 2252/2004 제1조제2항에서 언급된 지문의 채취 및 저장이 해당 규정이 추구하는 목적을 달성하는 데 적절하고, 나아가 EU로의 불법 진입을 방지한다는 목적을 달성하는 데 적절하

77 *Ibid.*, paras. 27-30.

다고 판결하였다.[78]

CJEU는 다음으로 이러한 처리가 **필요한지** 여부를 평가하면서, 문제의 조치는 단지 두 손가락의 인화 채취에 지나지 않으며, 더구나 이는 일반적으로 다른 사람들이 볼 수 있는 것으로, 따라서 이것은 내밀한 성질의 작업이 아니다. 또한 이것은 그 사람의 얼굴 이미지를 찍을 때보다 그 사람에게 어떠한 신체적 또는 정신적 불편함을 더 이상 야기하지 않는다. 또한 CJEU 소송에서 제기된 지문 채취에 대한 유일한 실질적인 대안은 홍채 스캔뿐이라는 점도 유념해야 한다. CJEU에 제출된 사건 파일 중 후자의 절차가 지문을 채취하는 것보다 헌장 제7조 및 제8조에 의해 인정된 권리들을 덜 간섭할 것이라고 시사한 것은 아무것도 없었다. 더욱이, 그 두 가지 방법의 효과에 관해서는, 홍채인식 기술이 지문인식 기술만큼 아직 발달하지 않았고, 현재 지문을 비교하는 절차보다 현저하게 비싸고, 그 때문에 일반적인 사용에 적합하지 않다는 것이 공통적인 근거다. 따라서, 지문의 사용에 기초한 방법에서 도출된 조치보다 여권 부정사용에 대해 보호한다는 목적 달성에 도움이 되게 충분히 효과적이며 헌장 제7조 및 제8조에 의해 인정된 권리들에 대한 위협을 감소시키는 어떤 조치도 CJEU는 알지 못했다.[79]

CJEU는 규칙 2252/2004 제4조제3항은 지문이 여권의 진위여부와 소지인의 신원을 확인하는 데에만 사용될 수 있다고 명시하고 있는 반면, 규칙 제1조제2항은 소지인에게만 속하는 여권 내부 이외에는 지문을 저장할 수 있도록 규정하고 있지 않다는 점에 주목했다. 따라서, 규칙은 유럽연합으로의 불법적인 진입을 방지한다는 목적 이외의 목적으로 수집된 데이터의 중앙집중식 저장이나 그러한 데이터를 사

78 *Ibid.*, paras. 35-45.

79 CJEU, C-291/12, *Michael Schwarz v. Stadt Bochum*, 17 October 2013, paras. 46-53.

용하기 위한 법적 근거를 규정하지 않았다.[80] 앞서 언급한 모든 고려 사항들에 비추어, CJEU는 언급된 질문을 심사한 결과 규칙 2252/2004 제1조제2항의 유효성에 영향을 줄 수 있는 어떠한 것도 나타나지 않았다고 결정하였다.

헌장과 ECHR 간의 관계
(Relationship between the Charter and the ECHR)

서로 다른 문언을 포함함에도 불구하고, 헌장 제52조제1항의 권리들에 대한 적법한 제한조건은 사생활 존중권에 관한 ECHR 제8조제2항을 연상시킨다. CJEU 및 ECtHR의 판례에서는 데이터보호규정들에 대한 조화로운 해석을 모색하기 위해 양 재판소 간 끊임없는 대화의 일환으로 종종 서로의 판결을 인용한다. 헌장 제52조제3항은 "이 헌장이 인권 및 기본적 자유 보호를 위한 조약에서 보장된 권리들에 상응하는 권리들을 포함하는 한, 그들 권리의 의미 및 범위는 전술한 조약에서 규정한 권리들과 같아야 한다"고 명시하고 있다. 그러나 헌장 제8조에 직접 해당하는 ECHR의 조항은 없다.[81] 헌장 제52조제3항은 이들 권리의 제한조건이라기보다 각 법질서에 의해 보호되는 권리들의 내용 및 범위에 관한 것이다. 그러나, 양 재판소 간의 대화 및 협력의 광범위한 맥락에서, CJEU는 ECtHR이 해석한 바와 같이 ECHR 제8조에 따른 적법한 제한의 기준을 분석할 때 고려할 수 있다. 반대의 시나리오, 즉 ECtHR이 헌장에 따른 적법한 제한조건을 인용하는 것도 또한 가능하다. 어떤 경우에도, 또한 개인데이터의 보호, 특히 데이터주체의 권리, 처리의 정당한 근거 및 독립기관의 감독에 관해 언급하는 헌장 제8조와 완벽히 동등한 조항이 ECHR에는 없

80 *Ibid.*, paras. 56-61.
81 EDPS (2017), *Necessity Toolkit*, Brussels, 11 April 2017, p. 6.

다는 점을 고려하여야 한다. 헌장 제8조의 일부 구성요소는 ECHR 제8조에 따라 발전되었으며 조약 제108호와 관련되는 ECtHR 판례에 기반될 수 있다.[82] 이러한 연계는 데이터 보호와 관련된 사항에 대해 CJEU와 ECtHR 간의 상호 영감의 존재를 보장한다.

1.3. 다른 권리와 정당한 이익과의 상호작용 (Interaction with other rights and legitimate interests)

요점

- 데이터보호권은 표현의 자유, 정보 수신·전달권과 같은 다른 권리와 상호작용하는 경우가 많다.
- 이러한 상호작용은 종종 양면적이다. 즉, 개인데이터보호권이 특정 권리와 긴장관계에 있는 상황도 있지만, 개인데이터보호권이 동일한 특정 권리의 존중을 효과적으로 보장하는 상황도 있다. 예를 들어, 직업상 비밀유지의무가 사생활 존중권의 구성요소라는 점에서 표현의 자유에 관한 경우가 이에 해당한다.
- 타인의 권리 및 자유를 보호할 필요성이 개인데이터보호권의 적법한 제한을 평가하는 데 사용되는 기준 중 하나이다.
- 서로 다른 권리가 쟁점이 될 때 법원은 이들 권리를 조화시키기 위해 형량작업을 실시해야 한다.
- GDPR은 회원국이 개인데이터보호권과 표현 및 정보의 자유와 조화시킬 것을 요구한다.
- 회원국들은 또한 개인데이터보호권과 공문서에 대한 일반의 액세스 및 직업상 비밀유지의무를 조화시키기 위해 국가법에서 특별법령을 채택할 수 있다.

82 Explanations relating to the European Charter of Fundamental Rights (2007/C 303/02), Art. 8.

개인데이터보호권은 절대적 권리가 아니다. 이 권리의 적법한 제한조건은 위에서 자세히 설명되어 있다. CoE법 및 EU법 양자에 따라 인정된 권리에 대한 적법한 제한기준 중 하나는 타인의 권리 및 자유를 보호하기 위해 데이터 보호에 대한 간섭이 필요하다는 것이다. 데이터 보호가 다른 권리와 상호작용하는 경우 ECtHR 및 CJEU 양자는 ECHR 제8조 및 헌장 제8조를 적용·해석할 때 다른 권리들과의 형량작업이 필요하다는 점을 거듭 밝혀왔다.[83] 몇 가지 중요한 사례들은 이러한 형량이 어떻게 도달되는지를 설명할 것이다.

이들 재판소가 수행하는 형량작업 이외에도, 국가는 필요한 경우 개인데이터보호권과 다른 권리들을 조화시키는 입법을 채택할 수 있다. 이러한 이유로, GDPR은 다수의 국가적 적용제외 영역을 규정하고 있다.

표현의 자유와 관련하여, GDPR은 회원국들이 법에 따라 "이 규칙에 따른 개인데이터보호권과 보도 목적 및 학술적, 예술적 또는 문학적 표현 목적의 처리를 포함하여 표현 및 정보의 자유에 대한 권리[84]"를 조화시킬 것을 요구한다. 회원국들은 또한 사생활 존중권의 한 형태로 보호되는 공문서에 대한 일반의 액세스 및 직업상 비밀준수의무와 데이터 보호를 조화시키는 법률을 채택할 수 있다.[85]

1.3.1. 표현의 자유(Freedom of expression)

데이터보호권과 가장 현저하게 상호작용하는 권리 중 하나는 표현의 자유권이다.

83 ECtHR, *Von Hannover v. Germany* (No. 2) [GC], Nos. 40660/08 and 60641/08, 7 February 2012; CJEU, Joined cases C-468/10 and C-469/10, *Asociación Nacional de Establecimientos Financieros de Crédito(ASNEF) and Federación de Comercio Electrónico y Marketing Directo (FECEMD) v. Administración del Estado*, 24 November 2011, para. 48; CJEU, C-275/06, *Productores de Música de España (Promusicae) v. Telefónica de España SAU* [GC], 29 January 2008, para. 68.

84 General Data Protection Regulation, Art. 85.

85 *Ibid.*, Art. 86 and 90.

표현의 자유는 헌장 제11조('표현 및 정보의 자유')에 의해 보호된다. 이 권리는 "공권력의 간섭 없이 그리고 국경을 막론하고 의견을 보유하며 정보 및 아이디어를 입수하고 전달할 자유"를 포함한다. 헌장 제11조 및 ECHR 제10조에 따르면, 정보의 자유는 정보를 전달할 뿐만 아니라 받을 권리도 보호한다.

표현의 자유에 대한 제한은 위에서 설명한 헌장 제52조제1항에서 규정된 기준을 준수해야 한다. 또한, 제11조는 ECHR 제10조에 해당한다. 헌장 제52조제3항에 따라서, ECHR이 보장한 권리들에 해당하는 권리들을 포함하는 한, "이들 권리의 의미 및 범위는 전술한 조약에서 규정한 권리들과 같아야 한다". 따라서 헌장 제11조에 의해 보장된 권리에 대해 적법하게 부과될 수 있는 제한은 ECHR 제10조제2항에서 규정된 제한을 초과하지 않을 수 있다. 다시 말하면, 그들 제한은 법률로 규정되어야 하며 민주사회에서 "타인의 평판이나 권리의 보호를 위하여" 필요하여야 한다. 그러한 권리는 특히 사생활 존중권 및 개인데이터보호권을 포함한다.

개인데이터의 보호와 표현의 자유 사이의 관계는 "처리와 표현 및 정보의 자유"라는 제목의 GDPR 제85조에 의해 규율된다. 이 조항에 따르면, 회원국들은 개인데이터보호권과 표현 및 정보의 자유권을 조화시켜야 한다. 특히, GDPR 특정 장에 대한 면제 및 적용제외는 개인데이터보호권과 표현 및 정보의 자유를 조화시키기 위하여 필요한 한 보도 목적 또는 학술적, 예술적이나 문학적 표현의 목적을 위하여 이루어져야 한다.

사례 : *Tietosuojavaltuutettu v. Satakunnan Markkinapörssi Oy and Satamedia Oy* 사건[86]에서, CJEU는 데이터 보호와 언론의 자유 간의 관계를 정의해줄 것을 제청받았다.[87] 핀란드 세무기관으로부터 합법

86 CJEU, C-73/07, *Tietosuojavaltuutettu v. Satakunnan Markkinapörssi Oy and Satamedia Oy* [GC], 16 December 2008, paras. 56, 61 and 62.

87 본 사건은 데이터보호지침 제9조-현재는 GDPR 제85조로 대체됨-의 해석과 관련된

적으로 취득한 약 120만 명의 자연인에 대한 조세데이터를 SMS 서비스를 통해 회사가 배포하는 것을 심사해야 했다. 핀란드 데이터보호감독기관은 회사가 이러한 데이터의 배포를 중단하도록 요구하는 결정을 내렸다. 이 회사는 이 결정을 다투어 국가법원에 제소했는데, 국가법원은 데이터보호지침의 해석에 대해 CJEU가 명확히 해줄 것을 제청하였다. 특히 CJEU는 휴대전화 이용자들이 다른 자연인과 관련된 조세데이터를 받을 수 있도록 세무기관이 이용 가능하도록 한 개인데이터의 처리가 보도 목적으로만 수행되는 활동으로 봐야 하는지 여부를 검증해야 했다. CJEU는 회사의 활동이 데이터보호지침 제3조 제1항의 의미 내에서의 '개인데이터의 처리'라고 결정한 후, 지침 제9조(개인데이터의 처리 및 표현의 자유에 관한)를 분석했다. CJEU는 먼저 모든 민주사회에서 표현의 자유권의 중요성에 주목하였고, 저널리즘과 같이 그러한 자유와 관련되는 관념들은 광범위하게 해석되어야 한다고 판시했다. 그리고서 두 기본권 사이의 균형을 이루기 위해서는 데이터보호권의 적용제외와 제한은 엄격히 필요한 경우에만 적용되어야 한다고 보았다. 그러한 상황에서, CJEU는 국가입법에 따라 공적 영역에 있는 문서의 데이터에 관하여 계쟁 회사들이 수행하는 것과 같은 활동이 그들 회사의 목적이 데이터를 전송하기 위해 사용되는 매체와 관계없이 정보, 의견 또는 아이디어를 일반에게 공개하는 것이라면 '저널리즘 활동'으로 분류될 수 있다고 판시하였다. 또한 이러한 활동은 미디어 업무에만 국한되지 않으며 영리 목적을 위해 수행될 수 있다고 판결하였다. 그러나 CJEU는 이 사건의 구체적인 사실 여부를 결정하는 것은 이를 국가법원에 맡겼다.

것으로, 동 규정은 다음과 같다. "회원국들은 프라이버시권과 표현의 자유를 규율하는 규정을 조화시킬 필요가 있는 경우에만 오로지 보도 목적을 위하여 또는 예술이나 문학적 표현 목적을 위하여 본장, 제4장 및 제6장의 조항들에 대한 적용제외 또는 특례를 규정하여야 한다."

국가법원이 CJEU의 지침을 근거로 감독기관의 모든 세금정보 공개 중단명령은 회사의 표현의 자유에 대한 정당한 간섭이라고 결정한 후, ECtHR도 또한 동일한 사건을 심사했다. ECtHR는 이러한 접근법을 지지했다.[88] ECtHR은 회사의 정보 전달권에 대한 간섭이 있었다고 할지라도, 그 간섭은 법에 따른 것이고 정당한 목적을 추구하며 민주사회에서 필요한 것이라고 판결하였다.

재판소는 표현의 자유와 사생활 존중권을 형량할 때 국가기관들과 ECtHR 자신을 지도해야 하는 판례 기준을 상기시켰다. 공익 사안에 대한 정치적 발언이나 논쟁이 쟁점이 되는 경우에, 대중은 정보를 받을 권리를 가지며, 이는 "민주사회에서 필수적인 권리이기[89]" 때문에 정보를 수신하고 전달할 권리를 제한할 여지가 거의 없다. 그러나 개인의 사생활의 세부사항에 대한 특정 독자의 호기심을 충족시키는 것만을 목적으로 하는 언론기사는 공익성 논쟁에 기여한다고 볼 수 없다. 저널리즘 목적으로 하는 데이터보호규범의 적용제외는 저널리스트가 저널리즘 활동을 수행할 수 있기 위해 데이터에 액세스, 수집 및 처리할 수 있도록 하기 위한 것이다. 따라서, 청구인 회사들이 문제의 대규모 과세 데이터의 열람을 제공하고, 수집하며 처리할 수 있도록 허용하는 데에 실제 공익이 있었다. 이와는 대조적으로, 재판소는 어떠한 분석적 노력도 없이, 변경되지 않은 형태로, 신문에 의한 이러한 원시 데이터의 대량 배포에는 공익이 없다고 판시하였다. 과세에 관한 정보는 호기심 많은 대중들이 경제적 지위에 따라 개인들을 분류하고 타인의 사생활에 대한 대중의 정보 갈증을 충족시킬 수 있게 했을 수 있다. 이는 공익 논쟁에 기여한다고 볼 수 없다.

88 ECtHR, *Satakunnan Markkinapörssi Oy and Satamedia Oy v. Finland*, No. 931/13, 27 June 2017.

89 *Ibid.*, para. 169.

사례 : *Google Spain* 사건[90]에서, CJEU는 구글이 청구인의 재정곤란에 대한 오래된 정보를 검색 목록에서 삭제할 의무가 있는지 여부를 검토했다. 구글 검색엔진에서 청구인 이름을 이용한 검색이 이뤄졌을 때, 검색 결과는 그가 파산절차와 연관되었음을 언급하는 오래된 신문기사로의 링크를 제공했다. 청구인은 수년 전에 절차가 종결되었으며 이러한 참조는 적절치 않기 때문에, 이는 사생활 존중권 및 개인데이터보호권에 대한 침해라고 간주하였다.

CJEU는 우선 개인데이터를 제공하는 인터넷 검색엔진과 검색결과가 개인의 상세한 프로파일을 설정할 수 있다는 점을 명확히 했다. 점점 디지털화되는 사회에 비추어 볼 때, 개인데이터가 정확해야 하고, 그 공개는 필요한 것을 넘어서는 안된다는 것, 즉 일반에게 정보를 제공하는 요건은 개인에게 높은 수준의 데이터 보호를 보장하는데 기본적이다. 확립된 법적 보증이 완전한 효력을 갖도록 하기 위해 "그러한 처리와 관련하여 컨트롤러는 그 책임, 권한 및 능력의 범위 내에서 그러한 처리가 EU법의 요건을 충족할 것을 보장해야 한다". 이것은 처리가 더 이상 필요하지 않거나 낡은 것일 때 개인데이터를 삭제하게 할 수 있는 권리는 단순한 프로세서가 아닌 컨트롤러로 판명된 검색엔진도 또한 그 대상으로 한다는 것이다(2.3.1 참조).

CJEU는 구글이 청구인과 관련된 링크를 제거할 것이 요구되는지 여부를 심사하면서 특정 조건 하에서 개인들은 인터넷 검색엔진의 검색 결과에서 개인데이터를 삭제할 권리가 있다고 판결했다. 이 권리는 개인과 관련된 정보가 데이터 처리 목적으로 부정확하거나 부적절하거나 관련성이 없거나 과도한 경우에 발동될 수 있다. CJEU는 이 권리가 절대적이지 않다는 것을 인정했다. 즉, 이것은 다른 권리, 특히 일반인이 정보에 액세스하는 이익 및 권리와 균형을 이룰 필요가

---

90 CJEU, C-131/12, *Google Spain SL, Google Inc. v. Agencia Española de Protección de Datos (AEPD), Mario Costeja González* [GC], 13 May 2014, paras. 81-83.

있다. 삭제 요청 시마다 한편으로 데이터주체의 개인데이터 보호 및 사생활에 대한 기본권과, 다른 한편으로 모든 인터넷 이용자의 정당한 이익 사이의 균형을 모색하기 위한 사례별 평가가 필요하다. CJEU는 형량 작업 중에 고려해야 할 요소에 대한 가이드라인을 제공했다. 문제의 정보의 본질은 특히 중요한 요소다. 정보가 개인의 사생활에 민감하고, 정보의 활용 가능성에 아무런 공익이 없는 경우에, 데이터 보호 및 프라이버시는 일반이 그 정보에 액세스할 수 있는 권리보다 중요한 것이 될 것이다. 반대로, 데이터주체가 공적 인물이거나, 정보가 일반에게 액세스를 허용하는 것을 정당화하는 성격의 것으로 보인다면, 데이터 보호 및 프라이버시에 대한 기본권에 대한 간섭은 정당화된다.

제29조작업반은 이 판결에 따라 CJEU 판결의 이행에 관한 가이드라인을 채택했다. 가이드라인에는 개인의 삭제 요청과 관련된 민원을 처리할 때 감독기관들이 사용하며 권리행사의 이러한 형량에서 그것들을 지도할 공통기준의 리스트가 포함되어 있다.[91]

데이터보호권과 표현의 자유권의 조화로운 해석에 관하여, ECtHR은 몇 가지 획기적인 판결을 내렸다.

사례 : *Axel Springer AG v. Germany* 사건[92]에서, ECtHR은 청구인 회사가 한 유명배우의 체포 및 유죄판결에 관한 기사의 발간을 금지

91 Article 29 Working Party (2014), *Guidelines on the implementation of the CJEU judgment on "Google Spain and Inc v. Agencia Española de Protección de Datos (AEPD) and Mario Costeja González" C-131/12*, WP 225, Brussels, 26 November 2014.

92 ECtHR, *Axel Springer AG v. Germany* [GC], No. 39954/08, 7 February 2012, paras. 90 and 91.

한 가처분 신청이 ECHR 제10조를 위반했다고 판결했다. ECtHR은 판례에서 확립된 바와 같이 사생활 존중권과 표현의 자유권을 형량할 때 고려되어야 할 기준을 다음과 같이 거듭 강조했다.

- 발간된 기사가 관련된 사건이 일반이익인지 여부
- 관계인이 공적 인물인지 여부
- 그 정보가 어떻게 입수되었으며 신뢰할 수 있는지 여부.

ECtHR은 이 배우의 체포 및 유죄판결은 공적인 사법적 사실이며 따라서 공익적이었으며, 이 배우는 공적 인물로서의 자격을 갖출 만큼 충분히 유명했으며, 그 정보는 검찰청이 제공한 것이고 그 정확성은 당사자들에 의해 다퉈지지 않았다고 판결했다. 따라서, 회사에 부과된 발간 제한은 청구인의 사생활 보호라는 정당한 목적과 합리적으로 비례하지 않았다. 재판소는 ECHR 제10조의 위반이 있었다고 결정했다.

사례 : *Coudec and Hachette Filipacchi Associés v. France* 사건[93]은 모나코의 앨버트 왕자가 자기 아들의 아버지라고 주장한 코스테 여사와의 프랑스 주간지 인터뷰의 발행과 관련된 것이었다. 인터뷰에서는 코스테 여사와 왕자의 관계, 그리고 왕자가 아이와 함께 찍은 사진과 함께 아이의 탄생에 대한 반응 방식도 묘사됐다. 앨버트 왕자는 자신의 사생활 보호권을 침해했다는 이유로 출판사를 상대로 소송을 제기했다. 프랑스 법원은 기사 발행이 앨버트 왕자에게 돌이킬 수 없는 손해를 입혔다고 보고 출판사에 손해배상금을 지급하고 판결 내용을 잡지 전면 표지에 게재할 것을 명령했다.

93 ECtHR, *Coudec and Hachette Filipacchi Associés v. France* [GC], No. 40454/07, 10 November 2015.

이 잡지의 출판사들은 프랑스 법원의 판결이 표현의 자유권을 부당하게 침해했다고 주장하여 이 사건을 ECtHR에 제소했다. ECtHR은 앨버트 왕자의 사생활 존중권과 출판사의 표현의 권리 및 일반대중의 정보보유권과 형량을 하여야 했다. 코스테 여사가 자신의 이야기를 대중과 공유할 수 있는 권리와 부자관계를 공식적으로 확립함에 있어서 아이의 이익도 중요한 고려사항이었다.

ECtHR은 인터뷰의 발행이 왕자의 사생활에 대한 간섭을 구성하였다고 판단하고, 그 간섭이 필요한지 여부를 이어서 심사했다. 세습 군주제의 미래가 "본질적으로 후계자의 존재와 연결"돼 있으며 따라서 대중의 관심사항이어서 모나코 시민들은 왕자의 아이의 존재에 대해 아는 것에 이익을 가지고 있다고 보았다.[94] 재판소는 또한 이 기사가 코스테 여사와 그녀의 자녀에게 표현의 자유권을 행사할 수 있도록 허용했다는 점에 주목했다. 국내법원은 사생활 존중권과 표현의 자유권의 형량에 대해 ECtHR 판례를 통해 발전된 원칙 및 기준을 적절히 고려하지 못했다. ECtHR은 프랑스가 표현의 자유에 관한 ECHR 제10조를 위반했다고 결정했다.

ECtHR 판례에서, 이들 권리의 형량에 관한 중요한 기준 중 하나는 문제의 표현이 일반적 공익성 논쟁에 기여하는지 여부이다.

사례 : *Mosley v. the United Kingdom* 사건[95]에서는, 한 전국 주간지가 청구인의 내밀한 사진들을 게재했는데, 그 청구인은 그 후 출판사를 상대로 하여 민사소송을 성공적으로 제기하여, 손해배상을 받은

94 *Ibid.*, paras. 104-116.

95 ECtHR, *Mosley v. the United Kingdom*, No. 48009/08, 10 May 2011, paras. 129 and 130.

유명 인물이었다. 그는 금전적 보상금이 지급됐음에도 불구하고 신문이 사전 게재 통지를 해야 하는 법적 요건이 존재하지 않아서 문제의 사진이 게재되기 전에 가처분을 신청할 기회가 거부되었기 때문에 프라이버시를 침해당했다고 주장했다.

ECtHR은 그러한 자료의 배포가 일반적으로 교육보다는 오락 목적을 위한 것이었지만, ECHR 제10조의 보호로부터 의심할 여지없이 이익을 얻었으며, 정보가 사적이고 내밀한 성질의 것이며 그 배포에 공익이 존재하지 않는 경우에 ECHR 제10조는 ECHR 제8조의 요건으로 대체될 수 있다고 말했다. 그러나, 발행 전에 검열의 한 형태로 작동할 수 있는 제약조건을 심사할 때 특히 주의를 기울여야 했다. 사전통지 요건이 발생할 수 있는 위축효과, 그 유효성에 대한 의구심, 그리고 그 영역에서의 광범위한 재량여지에 비추어 볼 때, ECtHR은 제8조에 따라 법적 구속력이 있는 사전통지 요건의 존재가 필요하지 않다고 결정했다. 이에 따라, 재판소는 제8조 위반은 없었다고 결정했다.

사례 : *Bohlen v. Germany* 사건[96]에서, 유명한 가수이자 예술 프로듀서인 청구인은 자서전을 출판했고, 이후 법원 판결에 따라 일부 구절을 삭제해야 했다. 이 이야기는 전국 매체를 통해 널리 보도되었고, 한 담배회사가 청구인의 동의 없이 그의 이름을 사용하여 이 사건을 언급하며 익살스러운 광고 캠페인을 시작했다. 청구인은 ECHR 제8조에 따른 권리침해를 주장하였으나 광고회사를 상대로 한 손해배상청구에 패소했다. ECtHR은 사생활 존중권과 표현의 자유권 간의 형량을 지도하는 기준을 거듭 강조하면서 제8조 위반은 없다고 보았다. 청구인은 공적 인물이었고 광고는 사생활의 세세한 부분까지 언급하는 것이 아니라 이미 언론에 보도되어 공론의 일부가 된 공개된 사건이었다. 또 광고는 유머러스한 성격의 것으로 청구인에 대한 비하나

96 ECtHR, *Bohlen v. Germany*, No. 53495/09, 19 February 2015, paras. 45-60.

부정적인 내용이 담겨 있지 않았다.

사례 : *Biriuk v. Lithuania* 사건[97]에서 청구인은 한 메이저 신문사에 의해 프라이버시에 대한 심각한 침해행위가 발생했음에도 불구하고, 이 사건을 심사하는 국가법원으로부터 아주 적은 금전적 손해배상만을 받았기 때문에 리투아니아는 사생활 존중권을 보장할 의무를 다하지 못했다고 ECtHR에서 주장했다. 국가법원은 비금전적 손해배상을 할 때 일반에 대한 정보제공에 관한 국가법을 적용하였다. 이 법은 언론이 개인의 사생활에 관한 정보를 불법으로 유포함으로써 발생한 비금전적 손해배상의 한도를 낮게 부과하였다. 이 사건은 리투아니아 최대 일간지가 청구인이 HIV 양성반응을 보인다는 기사를 1면에 게재한 데서 비롯됐다. 이 기사는 또한 청구인의 행동을 비난하고 그녀의 도덕적 기준에 의문을 제기했다.

ECtHR은 개인데이터, 특히 의료데이터의 보호가 ECHR에 따라 사생활의 존중권에 근본적으로 중요하다는 점을 상기시켰다. 의료데이터(이 사건에서는 청구인의 HIV 상태)의 공개는 개인의 사생활 및 가족생활, 고용상황, 사회 참여에 큰 영향을 미칠 수 있기 때문에 건강데이터의 기밀성은 특히 중요하다. 이 신문의 보도에 따르면, 병원의 의료진이 의료 비밀준수의무를 명백히 위반하여 청구인의 HIV 상태에 대한 정보를 제공했다는 사실에 재판소는 특히 유의했다. 따라서 청구인의 사생활권에 대한 정당한 간섭은 없었다.

그 기사는 언론에 의해 발행되었고, 표현의 자유 또한 ECHR에 따른 기본권이다. 그러나, 공익의 존재가 청구인에 대한 그러한 유형의 정보의 발행을 정당화하는지 여부를 심사할 때, 재판소는 그 발행의 주된 목적이 독자의 호기심을 충족시켜 신문의 판매를 증가시키는 것이라고 보았다. 그러한 목적은 사회에 대한 일반이익의 논쟁에 기여

97 ECtHR, *Biriuk v. Lithuania*, No. 23373/03, 25 November 2008.

한다고 볼 수 없다. 이는 '언론자유에 대한 터무니없는 남용' 사건이었기 때문에, 손해배상에 대한 엄격한 제한과 국가법에 따라 제공되는 낮은 비금전적 손해배상액은 리투아니아가 청구인의 사생활권을 보호해야 할 적극적인 의무를 이행하지 못했다는 것을 의미했다. ECtHR은 ECHR 제8조 위반이 있었다고 판결했다.

표현의 자유권과 개인데이터보호권은 항상 충돌하는 것은 아니다. 개인데이터의 실효적인 보호가 표현의 자유를 보장하는 사례들이 있다.

사례 : *Tele2 Sverige* 사건에서 CJEU는 헌장 제7조 및 제8조에서 규정된 기본권에 대해 지침 2006/24(데이터보존지침)에 의해 야기된 간섭은 "광범위한 것이며, 특히 심각한 것으로 간주되어야 한다고 기술했다. 게다가 가입자나 등록 이용자가 정보를 받지 않고 데이터를 보존하고서 사용한다는 사실은 관계인들의 마음에 사생활이 지속적인 감시 대상이라는 느낌을 만들어낼 것 같다." CJEU는 또한 트래픽 및 위치 데이터의 일반화된 보존이 전자통신 이용에 영향을 미칠 수 있으며, "헌장 제11조에서 보장된 이용자에 의한 표현의 자유의 행사에 대해서도" 영향을 미칠 수 있다고 판결하였다.[98] 그런 의미에서, 데이터 보존을 일반화된 방식으로 수행하지 않을 엄격한 안전장치를 요구함으로써, 데이터보호법규들은 궁극적으로 표현의 자유의 행사에 기여한다.

98 CJEU, Joined cases C-203/15 and C-698/15, *Tele2 Sverige AB v. Post- och telestyrelsen and Secretary of State for the Home Department v. Tom Watson and Others* [GC], 21 December 2016, para. 37 and 101; CJEU, Joined cases C-293/12 and C-594/12, *Digital Rights Ireland Ltd v. Minister for Communications, Marine and Natural Resources and Others and Kärntner Landesregierung and Others* [GC], 8 April 2014, para. 28.

표현의 자유의 일부를 또한 형성하는 정보를 받을 권리와 관련하여, 민주사회의 기능을 위한 정부 투명성의 중요성에 대한 인식이 커지고 있다. 투명성은 1.2.에서 설명한 바와 같이 필요하며 비례적인 경우 데이터보호권에 대한 간섭을 정당화할 수 있는 일반이익의 목적이다. 결과적으로, 지난 20년 동안 공적 기관들이 보유하는 문서에 액세스할 수 있는 권리는 모든 EU 시민들과 회원국에 거주하거나 등록 사무소를 가지고 있는 자연인이나 법인의 중요한 권리로 인정되어 왔다.

CoE법에서는 공문서 액세스에 관한 권고에 포함된 원칙을 참조할 수 있으며, 이 권고는 공문서 액세스에 관한 조약(조약 제205호)의 입안자들에게 영감을 주었다.[99]

EU법에서 문서액세스권은 유럽의회, 이사회 및 유럽위원회 문서에 대한 공공의 액세스에 관한 규칙 1049/2001(문서액세스규칙)[100]에 의해 보장된다. 헌장 제42조 및 TFEU 제15조제3항은 이 액세스권을 "양식에 관계없이 유럽연합의 기관, 기구, 행정기관들의 문서에까지" 확장했다.

이 권리는 문서 액세스가 다른 사람의 개인데이터를 노출시킬 경우 데이터보호권과 충돌할 수 있다. GDPR 제86조는 공적 기관이나 기구들이 보유한 공문서에서의 개인데이터는 일반의 공문서 열람과 GDPR에 따른 데이터보호권을 조화시키기 위하여 EU법[101]이나 회원국법에 따라서 관계있는 기관이나 기구에 의해 공개할 수 있다고 명시하고 있다.

따라서 공공기관이 보유한 문서 또는 정보에 대한 액세스 청구는 그 데이터가 청구된 문서에 포함되어 있는 사람들의 데이터보호권과 형량을

99 Council of Europe, Committee of Ministers (2002), Recommendation Rec (81) 19 and Recommendation Rec (2002) 2 to member states on access to official documents, 21 February 2002; Council of Europe, Convention on Access to Official Documents, CETS No. 205, 18 June 2009. The Convention has not yet entered into force.

100 Regulation (EC) No. 1049/2001 of the European Parliament and of the Council of 30 May 2001 regarding public access to European Parliament, Council and Commission documents, OJ 2001 L 145.

101 Article 42 of the Charter, Article 15 (3) of the TFEU and Regulation 1049/2009.

할 필요가 있을 수 있다.

사례 : *Volker und Markus Schecke and Hartmut Eifert v. Land Hessen* 사건[102]에서, CJEU는 EU법이 요구하는 EU 농업보조금의 수혜자 이름 및 수령액 공개의 비례성을 재판해야 했다. 이 공개는 투명성을 제고하고 행정에 의한 공적 자금의 적절한 사용의 공공 통제에 기여하는 것을 목적으로 하였다. 몇몇 수혜자들이 이러한 공개의 비례성을 다퉜다.

CJEU는 데이터보호권이 절대적인 것은 아니라고 지적하면서, 두 개의 EU 농업지원기금의 수혜자와 정확한 수령액을 나타내는 데이터를 웹사이트에 공개하는 것은 일반적으로는 그들의 사생활, 특별하게는 그들의 개인데이터 보호에 대한 간섭에 해당한다고 판시했다.

CJEU는 헌장 제7조 및 제8조에 대한 이러한 간섭이 법률에 의해 규정되었으며 EU가 인정하는 일반이익, 즉 공동체기금 사용의 투명성을 제고한다는 목적을 충족했다고 판결하였다. 그러나, CJEU는 이들 두 기금에서 EU 농업지원의 수혜자인 자연인의 이름과 정확한 수령액을 공표한 것은 불비례적 조치에 해당하며, 헌장 제52조제1항을 고려할 때 정당화되지 않는다고 판결했다. CJEU는 민주사회에서 공적 기금 사용에 대해 납세자들에게 알리는 것이 중요하다는 점을 인정했다. 그러나, "개인데이터보호권에 대한 투명성이라는 목적에 대해서는 자동적으로 우선순위가 부여될 수 없기[103]" 때문에, EU 기관들은 투명성에서의 EU의 이익과 공개의 결과로 수혜자가 겪는 프라이버시권 및 데이터보호권에 대한 제한 간에 형량을 해야 했다.

102 CJEU, Joined cases C-92/09 and C-93/09, *Volker und Markus Schecke GbR and Hartmut Eifert v. Land Hessen* [GC], 9 November 2010, paras. 47-52, 58, 66-67, 75, 86 and 92.

103 *Ibid.*, para. 85.

CJEU는 EU 기관들이 이러한 형량작업을 적절하게 수행하지 않았다고 판단했다. 왜냐하면, 이는 공개가 추구하는 투명성 목적에도 또한 실효적으로 기여하면서 개인의 기본권에 덜 부정적인 영향을 미치는 조치들을 상정할 수 있었기 때문이다. 예를 들어, 모든 수혜자들에게 영향을 미치며, 그들의 이름과 각 수혜자가 받은 상세한 금액을 제공하는 일반적인 공개 대신에, 수혜자들이 받은 기간, 지원의 빈도 또는 그 금액 및 성격과 같은 관련 기준에 기초하여 구별할 수 있었다.[104] 따라서 CJEU는 유럽농업기금 수혜자와 관련된 정보의 공개에 관한 EU 입법의 일부 무효를 선언했다.

사례 : *Rechnungshof v. Österreichischer Rundfunk and Others* 사건[105]에서, CJEU는 특정 오스트리아 법률이 EU데이터보호법과 양립가능한지를 심사했다. 이 법은 국가기관이 다양한 공공기관의 직원의 이름과 소득을 일반대중이 이용할 수 있는 연차 보고서에 게재할 목적으로 소득에 관한 데이터를 수집하고 전송하도록 요구하였다. 일부 개인들은 데이터 보호를 이유로 데이터 제출을 거부했다.

CJEU는 그 의견에서 그 당시 헌장이 구속력이 없었다는 점을 상기시키며 EU법의 일반원칙으로서의 기본권의 보호와 ECHR 제8조에 의존했다. 개인의 직업적 수입에 대한 데이터의 수집과, 특히 그것을 제3자에게 제출하는 것은 사생활 존중권의 범위에 해당하며, 이 권리를 침해하는 것에 해당한다고 주장했다. 간섭이 법에 따르고, 정당한 목적을 추구하며, 그러한 목적을 달성하기 위해 민주사회에서 필요했다면 정당화될 수 있었다. CJEU는 오스트리아의 법률은 그 목적이

---

104 *Ibid.*, para. 89.

105 CJEU, C-465/00, C-138/01 and C-139/09, *Rechnungshof v. Österreichischer Rundfunk and Others and Christa Neukomm and Jospeh Lauermann v. Österreichischer Rundfunk*, 20 May 2003.

또한 국가의 경제적 복지와도 관련이 있는 고려사항인 공무원 급여를 합리적인 한도 내에서 유지하는 것이었기 때문에, 정당한 목적을 추구했다고 언급했다. 그러나 공적 기금의 최선의 사용을 보장함에 있어서의 오스트리아의 이익은 관계인의 사생활 존중권에 대한 간섭의 심각성과 형량이 이루어져야 했다.

CJEU는 개인의 소득에 관한 데이터의 공개가 그 법률이 추구하는 목적에 필요하며 비례적인지 여부를 확인하는 것을 국가법원에 맡기는 한편, 그러한 목적이 덜 침해적인 수단으로 동등하게 효과적으로 달성될 수 없었는지 여부를 국가법원이 심사할 것을 요청했다. 예를 들어 개인데이터는 일반대중이 아닌 모니터링하는 공공기관에만 전송된다.

이후의 판례에서, 데이터 보호와 문서 액세스 간의 형량이 세부적인 사례별 분석이 필요하다는 것이 명백해졌다. 어떠한 권리도 자동적으로 다른 권리보다 우월할 수는 없다. CJEU는 두 개의 판례에서 개인데이터가 포함된 문서 액세스권을 해석할 수 있는 기회를 가졌다.

사례 : *European Commission v. Bavarian Lager* 사건[106]에서, CJEU는 EU 기관의 문서에 대한 액세스와, 규칙 제1049/2001호(문서액세스규칙)와 규칙 제45/2001호(EU기관데이터보호규칙) 간의 관계의 맥락에서 개인데이터 보호의 범위를 정의했다. 1992년에 설립된 바바리안 라거(Bavarian Lager)는 주로 선술집(public houses)과 바를 위해 독일 병맥주를 영국으로 수입한다. 그러나 영국의 법률이 사실상 국내 제조자들을 우대했기 때문에 바바리안 라거는 어려움에 직면했다. 바바

106 CJEU, C-28/08 P, *European Commission v. The Bavarian Lager Co. Ltd.* [GC], 29 June 2010.

리안 라거의 민원에 대응하여, 유럽위원회는 영국의 의무불이행에 대해 소송을 제기했고, 그 결과 대상조항을 개정하여 EU법에 조화하게 되었다. 그 후, 바바리안 라거는 특히 유럽위원회, 영국 기관, 그리고 CBMC(Confédération des Brassération du Marché Communic, CBMC)의 대표들이 참석한 회의록의 사본을 유럽위원회에 청구했다. 유럽위원회는 회의와 관련된 일부 문서를 공개하기로 합의하였으나, 회의록에 등장하는 5명의 이름을 삭제하였는데, 이는 신분 공개에 명백히 반대했던 2명과 위원회가 접촉할 수 없었던 3명이었다. 유럽위원회는 2004년 3월 18일의 결정으로, 회의록 전체를 얻기 위한 바바리안 라거의 새로운 청구를 특히 EU기관데이터보호규칙으로 보장된 이들의 사생활 보호를 이유로 기각하였다.

이러한 입장에 불복한 바바리안 라거가 제1심재판소(Court of First Instance)에 소송을 제기하였다. 재판소는 2007년 11월 8일의 판결(case T-194/04, *The Bavarian Lager Co. Ltd v. Commission of the European Communities*)로 유럽위원회의 결정을 무효로 하여, 유럽공동체 위원회는 자신이 대표하는 기구를 대신하여 회의에 참석하는 사람 목록에 관계되는 사람들의 이름을 기재하는 것만으로는 사생활이 침해되지 않으며, 그 사람들의 사생활이 위험에 처하지 않는다고 판결했다.

CJEU는 유럽위원회가 상소한 상고심에서 제1심재판소의 판결을 무효로 했다. CJEU는 문서액세스규칙은 "특정한 경우에 개인데이터가 일반인에게 전달될 수 있는 개인에 대한 구체적이고 강화된 보호체계"를 확립한다고 판결했다. CJEU에 따르면, 문서액세스규칙에 근거한 청구가 이에 따라 개인데이터를 포함하는 문서에 대한 액세스를 얻으려고 하는 경우, EU기관데이터보호규칙의 조항이 전반적으로 적용된다. 그리고서 CJEU는 유럽위원회가 1996년 10월 회의의 전체 회의록에 대한 액세스 청구를 기각한 것은 정당하다고 결정하였다. 그 회의에 참석한 5명의 동의가 없는 경우, 유럽위원회는 그들 이름을 삭제하여 당해 문서를 제공함으로써 공개의 의무를 충분히 준수하였다.

또한 CJEU에 따르면, "바바리안 라거는 그들 개인데이터의 이전 필요성을 입증하기 위해 어떠한 명시적이고 정당한 이유나 설득력 있는 주장을 제시하지 않았기 때문에, 유럽위원회는 당사자들의 다양한 이해관계를 평가할 수 없었다. 또한 EU기관데이터보호규칙에서 요구하는 바와 같이, 데이터주체의 정당한 이익이 침해되었다고 추정할 수 있는 이유가 있는지 여부도 확인할 수 없었다.

사례 : *Client Earth and PAN Europe v. EFSA* 사건[107]에서, CJEU는 청구인이 문서에 완전히 액세스하지 못하도록 한 유럽식품안전청(EFSA)의 결정이 문서에 언급된 개인의 프라이버시 및 데이터보호권을 보호하기 위해 필요한지 여부를 심사했다. 이 문서는 EFSA 실무진이 외부 전문가와 협력하여 작성한 식물보호제품의 시판에 관한 지침 보고서 초안에 관한 것이다. 처음에 EFSA는 청구인들에게 부분 액세스를 허용했고, 지침안 문서의 일부 작업 버전에 대한 액세스를 거부했다. 이후, 외부 전문가의 개별 의견을 포함하는 초안에 대한 액세스를 허가했다. 그러나 EU 기관 및 기구의 개인데이터 처리에 관한 규칙 45/2001 제4조제1항제b호와 외부 전문가의 프라이버시 보호의 필요성을 들어 전문가들의 이름을 삭제하였다. 제1심에서, EU 일반재판소(General Court of the EU)는 EFSA의 결정을 지지했다.

청구인들이 상소한 상고심에서, CJEU는 1심 판결을 파기했다. CJEU는 이 사건에서 개인데이터의 이전은 과학자로서 임무를 수행하는 외부 전문가 개개인의 공정성을 확인하고 EFSA의 의사결정 과정이 투명하게 유지되는지 보장하기 위해 필요하다고 결정했다. CJEU

107 CJEU, C-615/13P, *ClientEarth, Pesticide Action Network Europe (PAN Europe) v. European Food Safety Authority (EFSA), European Commission*, 16 July 2015.

에 따르면, EFSA는 지침 초안에 대해 특정한 언급을 한 외부 전문가들의 이름을 노출시키는 것이 어떻게 전문가들의 정당한 이익을 침해할 것인지에 대해서는 구체적으로 밝히지 않았다. 공개가 프라이버시를 침해할 가능성이 있다는 일반적인 주장은 각 사례에 특유한 증거에 의해 뒷받침되지 않는다면 충분하지 않다.

이들 판결에 따르면, 문서에 대한 액세스에서의 데이터보호권에 대한 간섭은 구체적이고 정당한 이유가 필요하다. 문서 액세스권은 자동으로 데이터보호권에 우월할 수 없다.[108]

이 접근방식은 다음 판결이 보여주는 바와 같이, 프라이버시 및 문서에 대한 액세스와 관련하여 ECtHR과 유사하다. *Magyar Helsinki* 판결에서 ECtHR은 제10조가 공적 기관이 보유한 정보에 대한 액세스권을 개인에게 부여하거나 또는 정부가 해당 정보를 개인에게 전달할 의무를 부여하지 않았다고 기술했다. 그러나 그러한 권리나 의무는 다음의 경우에 발생할 수 있다. 첫째로, 법적 힘을 얻은 사법적 명령에 의해 정보의 공개가 부과되는 경우, 둘째로, 정보에 대한 액세스가 개인의 표현의 자유권, 특히 정보를 받고 전달할 수 있는 자유를 행사하는 데 중요한 역할을 하는 경우, 그리고 그것을 부인하는 것이 그 권리에 간섭이 될 수 있는 경우.[109] 정보에 대한 액세스 거부가 청구인의 표현의 자유에 대한 간섭을 구성하는지의 여부 및 어느 정도 구성하는지가 (i) 정보 청구의 목적, (ii) 청구된 정보의 특성, (iii) 청구인의 역할과, (iv) 정보가 준비되어 있고 이용 가능한지 여부를 포함하여 각 개별 사례에서 그 특정 상황에 비추어 평가되어야 한다.

---

108 EDPS (2011), *Public access to documents containing personal data after the Bavarian Lager ruling*, Brussels, 24 March 2011.

109 ECtHR, *Magyar Helsinki Bizottság v. Hungary* [GC], No. 18030/11, 8 November 2016, para. 148.

사례 : *Magyar Helsinki Bizottság v. Hungary* 사건[110]에서, 인권 NGO인 청구인은 헝가리에서의 국선변호사제도의 기능에 관한 연구를 완성하기 위해 직무상 변호인의 업무와 관련된 정보를 경찰에 청구했다. 경찰은 이 정보가 공개 대상이 아닌 개인데이터에 해당한다고 주장하여 정보 제공을 거부했다. ECtHR은 위의 기준을 적용하여, 제10조에 따라 보호받는 권리에 대한 간섭이 있었다고 판결했다. 더 정확히 말하면, 청구인은 공익문제에 관한 정보를 전달할 권리를 행사하기를 원했고, 그 목적을 위해 정보에 대한 액세스를 청구했었으며, 그 정보는 청구인의 표현의 자유권을 행사하기 위해 필요했다. 국선변호사의 임명에 관한 정보는 대중의 관심사였다. 해당 조사에는 청구인이 대중에게 전달하기 위해 수행한 정보와 대중이 받을 권리가 있는 정보가 담겨 있음을 의심할 이유가 없었다. 따라서 재판소는 청구인이 직무를 완수하기 위해서는 청구된 정보에 대한 액세스가 필요함을 인정하였다. 마지막으로, 그 정보는 준비되었고 이용할 수 있었다.

ECtHR은 그 사건에서 정보에 대한 액세스 거부가 정보를 수신할 수 있는 자유의 실질을 손상시켰다고 결정했다. ECtHR은 이러한 결정에 도달하는 과정에서 특히 청구된 정보의 목적과 중요한 공개토론에 대한 기여, 청구된 정보의 성격과 그것이 공익성이 있는지 여부, 그리고 청구인이 사회에서 수행하는 역할을 심사하였다.

재판소는 논리 전개에서 NGO가 수행한 연구는 사법의 운영과 ECHR에 따라 무엇보다 중요한 권리인 공정한 청문권과 관련된 것이라고 언급했다. 청구된 정보는 공적 영역 밖의 데이터를 포함하지 않았기 때문에, 경찰이 청구인에게 정보에 대한 액세스를 허용했더라도, 관련 데이터주체(직무상 국선변호인)의 프라이버시권은 훼손되지 않았을 것이다. 청구인이 청구한 정보는 공적 형사소송에서 피고인을

110 *Ibid.*, paras. 181, 187-200.

변호하기 위해 직무상 변호사가 선임된 횟수와 관련된 통계적 성격의 것이었다.

재판소로서는 이 연구가 일반이익에 대한 중요한 논쟁에 기여하는 것을 목표로 했다는 점을 감안할 때, NGO가 청구한 공개에 대한 어떠한 제한도 최대한의 정밀 조사를 받아야 했다. 공익은 "상당한 논쟁을 일으킬 수 있거나, 중요한 사회적 문제와 관련되거나, 대중이 정보를 제공받는 데 관심을 가질 만한 문제를 포함하는 사안들[111]"이 해당되기 때문에, 해당 정보는 공익적이었다. 따라서 그것은 청구인의 연구주제였던 사법 및 공정한 재판의 수행에 대한 논의를 확실히 포함할 것이다. ECtHR은 쟁점이 되는 서로 다른 권리들을 형량하고 비례성 원칙을 적용하여, ECHR 제10조에 따른 청구인의 권리를 부당하게 침해하였다고 판결했다.

1.3.2. 직업상 비밀유지(Professional secrecy)

회원국법에 따르면, 특정 통신은 직업상 비밀유지의무가 부과될 수 있다. 직업상 비밀유지는 신념과 신뢰에 바탕을 둔 특정 직업과 직무에 내재된 법적 의무를 발생시키는 특별한 윤리적 의무로 이해할 수 있다. 이러한 직무를 수행하는 개인 및 기관은 직무수행 과정에서 자신이 받은 기밀을 공개하지 않을 의무가 있다. 직업상 비밀유지는 의료직 및 변호사-의뢰인 특권에 가장 두드러지게 적용되며, 또한 금융분야에서 직업상 비밀유지의무를 인정하는 관할권이 다수 있다. 직업상 비밀유지는 기본권이 아니고 사생활 존중권의 한 형태로 보호된다. 예를 들어, CJEU은 특정한 사례에서, "ECHR 제8조와 헌장 제7조에서 보장되는 설립체의 사생활 존중의 기본권을 보호하기 위하여 비밀로 분류된 일정한 정보의 공개를

111 *Ibid.*, para. 156.

금지하는 것이 필요할 수 있다[112]"고 판결했다. ECtHR도 또한 직업상 비밀유지에 대한 제한이 사례에서 적시한 바와 같이 ECHR 제8조의 침해를 구성하는지 여부에 대해 판결할 것이 요청되었다.

사례 : *Pruteanu v. Romania* 사건[113]에서, 청구인은 회사의 변호사로 활동했는데, 이 변호사는 사기 혐의로 은행거래가 금지되었었다. 사건 수사과정에서 루마니아 법원은 일정 기간 동안 회사 파트너의 통화 내용을 도청하고 녹음할 수 있도록 검찰기관에 허가했다. 녹음과 도청에는 그가 변호사와의 연락도 포함되었다.

Mr Pruteanu는 이는 자기의 사생활 존중 및 교신에 대한 권리를 침해했다고 주장했다. ECtHR은 판결에서 의뢰인과 변호사의 관계의 현황 및 중요성을 강조했다. 의뢰인과 변호사의 대화를 도청한 것은 의심할 여지없이 두 사람 사이의 관계의 기초가 되는 직업상의 비밀유지를 침해한 것이었다. 이러한 경우에 변호인은 자신의 사생활 존중권 및 통신권 침해에 대해서도 제소할 수 있다. ECtHR은 ECHR 제8조의 위반이 있었다고 판결했다.

사례 : *Brito Ferrinho Bexiga Villa-Nova v. Portugal* 사건[114]에서 변호사인 청구인은 직업상의 기밀 및 은행 비밀유지를 이유로 세무기관에 개인의 은행 입출금내역서의 공개를 거부했다. 검찰은 조세사기 혐의로 수사를 개시하고, 직업상 비밀유지의 정지 권한을 요청했다. 국가법원은 청구인의 사익보다 공익을 우선해야 함을 인정하여, 비밀유지 및 은행비밀보호규정의 정지를 명령했다.

112 CJEU, Case T-462/12 R, *Pilkington Group Ltd v. European Commission*, Order of the President of the General Court, 11 March 2013, para. 44.

113 ECtHR, *Pruteanu v. Romania*, No. 30181/05, 3 February 2015.

114 ECtHR, *Brito Ferrinho Bexiga Villa-Nova v. Portugal*, No. 69436/10, 1 December 2015.

사건이 ECtHR에 제소되자, 재판소는 청구인의 은행 입출금명세서에 액세스하는 것이 사생활의 범위에 속하는 직업상 비밀 존중권에 대한 간섭을 구성한다고 판결했다. 그 간섭은 형사소송법에 근거한 것이며, 정당한 목적을 추구했기 때문에 법적 근거를 가졌다. 그러나, ECtHR은 간섭의 필요성 및 비례성을 심사하고서 비밀해제절차가 청구인의 참여 없이 또는 그 부지 하에 진행된 사실을 지적했다. 따라서 청구인은 자기의 주장을 제출할 수 없었다. 게다가 국가법은 이런 절차에서 변호사협회와 협의해야 한다고 규정했음에도 협회와의 협의는 이뤄지지 않았다. 마지막으로, 청구인은 비밀 해제를 효과적으로 다툴 수 있는 선택권도 없었고, 조치를 다툴 수 있는 구제수단도 없었다. 비밀유지의무를 정지하는 조치에 대한 절차적 보장과 실효적인 사법통제가 결여되었음을 이유로 ECtHR은 ECHR 제8조의 위반이 있었다고 결정하였다.

직업상 비밀유지와 데이터 보호 사이의 상호작용은 종종 양면적이다. 한편으로, 법률에서 확립된 데이터보호규범과 안전장치는 직업상 비밀유지를 보장하는데 도움이 된다. 예를 들어, 컨트롤러 및 프로세서가 강력한 데이터 보안조치를 이행하도록 요구하는 규범은 무엇보다도 직업상의 비밀유지에 의해 보호되는 개인데이터의 기밀성 상실을 방지하고자 한다. 또한, EU GDPR은 보다 강한 보호를 받는 특별한 범주의 개인데이터를 구성하는 건강데이터의 처리를 가능하게 하지만, 데이터주체의 권리, 특히 직업상 비밀유지를 보장하는 적합하고 구체적인 조치의 존재를 전제로 한다.[115]

다른 한편으로, 특정 개인데이터와 관련하여 컨트롤러 및 프로세서에게 부과되는 직업상 비밀유지의무는 데이터주체의 권리, 특히 정보를 받

115 General Data Protection Regulation, Art. 9 (2) (h) and 9 (3).

을 권리를 제한할 수 있다. GDPR은 개인데이터가 데이터주체로부터 획득되지 않은 경우에 원칙적으로 데이터주체에게 제공되어야 하는 정보의 광범위한 목록이 포함되어 있음에도 불구하고, 국가법이나 EU법에 의해 요구되는 직업상 비밀유지의무로 인해 개인데이터가 비밀로 유지되어야 하는 경우에는 이러한 공개요건은 적용되지 않는다.[116]

GDPR은 회원국이 직업상이거나 그밖의 동등한 비밀유지의무를 보호하고 개인데이터보호권과 직업상 비밀유지의무를 조화시키기 위한 특별규범을 법률로 채택할 수 있도록 규정하고 있다.[117]

GDPR은 회원국들이 직업상 비밀유지의무를 준수해야 하는 컨트롤러나 프로세서와 관련하여 감독기관의 권한에 관한 특별 규범을 채택할 수 있다고 규정하고 있다. 이러한 특별 규범은 그러한 개인데이터가 비밀유지의무의 대상이 되는 활동 중에 받은 경우에 컨트롤러나 프로세서의 구내, 그 데이터 처리시설과 보유하고 있는 개인데이터에 대한 액세스를 얻는 권한과 관련된다. 따라서 데이터 보호를 위탁받은 감독기관들은 컨트롤러 및 프로세서를 구속하는 직업상 비밀유지의무를 존중해야 한다. 더구나 감독기관 구성원들 자신도 임기 중이나 임기 이후 직업상 비밀유지의무를 지게 된다. 업무를 수행하는 동안 감독기관의 구성원 및 직원은 기밀정보를 알게 될 수 있다. GDPR 제54조제2항은 이러한 기밀정보에 관하여 직업상 비밀유지의무를 지도록 명시하고 있다.

GDPR은 회원국이 규칙에서 확립된 데이터 보호 및 원칙과 직업상 비밀유지의무를 조화시키기 위해 채택한 규범을 유럽위원회에 통지할 것을 요구한다.

1.3.3. 종교 및 신념의 자유(Freedom of religion and belief)

종교 및 신념의 자유는 ECHR 제9조(사상, 양심 및 종교) 및 EU기본권

116 *Ibid.*, Art. 14 (5) (d).

117 *Ibid.*, Recital 164 and Art. 90.

헌장 제10조에 따라 보호된다. 종교적 또는 철학적 신념을 드러내는 개인 데이터는 EU법 및 CoE법 모두에서 '민감데이터'로 간주되며, 이들의 처리 및 이용은 강화된 보호의 대상이 된다.

> 사례 : *Sinak Isik v. Turkey* 사건[118]의 청구인은 알레비 교단의 일원이었는데, 그들의 신앙은 수피즘과 다른 원시 이슬람 신앙에 의해 영향을 받고 있으며, 일부 학자들은 별개의 종교로, 다른 학자들은 이슬람교의 일부로 간주하고 있다. 청구인은 자신의 희망과 달리 신분증에는 자신의 종교를 '알레비'가 아닌 '이슬람'으로 표시하는 기재난이 포함되어 있다고 제소했다. 국내법원은 그 단어가 별개의 종교가 아니라 이슬람의 하위그룹을 나타낸다는 이유로 신분증을 '알레비'로 바꿔달라는 청구를 기각했다. 그래서 청구인은 자기의 동의 없이 신분증에 개인의 종교를 표시하도록 의무되었기 때문에 신앙을 공개하는 것이 강제되었으며, 이는 특히 신분증상의 '이슬람'의 표시가 부정확하다는 점을 감안하면 종교 및 양심의 자유권을 침해한다고 하여 ECtHR에 제소하였다.
>
> ECtHR은 종교의 자유는 다른 사람들과 공동하여, 공개적으로, 그리고 같은 신앙을 공유하는 사람들의 모임 안에서, 그러나 또한 홀로 그리고 내밀하게 개인의 종교를 표현할 수 있는 자유를 수반한다고 거듭 강조했다. 당시 시행된 국내법은 개인에게 신분증 지참을 의무화하였는데, 신분증은 공적 기관이나 민간기업의 요구에 따라 제시해야 하는 문서로서 종교를 표기하였다. 이러한 의무는 자신의 종교를 표현할 수 있는 권리는 그 반대의 권리, 즉 자신의 신념을 공개할 의무를 지지 않을 권리도 부여한다는 것을 인식하지 못했다. 신분증상의 종교 표기를 공란으로 둘 것을 개인이 청구할 수 있도록 국가법을

118 ECtHR, *Sinan Işık v. Turkey*, No. 21924/05, 2 February 2010.

> 개정했다고 정부가 주장했지만, 법원의 관점에서는 삭제 신청을 해야 한다는 사실만으로도 종교에 대한 태도의 정보공개에 해당할 수 있었다. 또한 신분증에 종교 표기난이 있을 때, 그것을 비워두는 것은 종교에 대한 정보가 없는 신분증 소지자들이 자신의 신념을 표기하는 신분증을 가지고 있는 사람들보다 돋보이기 때문에 특별한 함축적 의미를 갖는다. ECtHR은 국내법이 ECHR 제9조를 위반했다고 결정했다.

그러나, 교회와 종교단체 또는 종교 공동체의 운영은 신도 내부의 의사소통 및 활동조직이 가능하도록 구성원들의 개인정보를 처리하도록 요구할 수 있다. 따라서 교회나 종교단체는 개인정보 처리에 관한 규범을 시행하는 경우가 많았다. GDPR 제91조에 따르면, 이러한 규범이 포괄적일 경우, GDPR 조항들과 일치한다면 그 규범은 계속해서 효력을 가질 수 있다. 이러한 규범을 가진 교회 및 종교단체는 이들 기관들에 대한 GDPR의 요건을 충족하는 경우에 한해, 그들에게 특정될 수 있는 독립적인 감독기관의 감독을 받아야 한다.[119]

종교단체는 여러 가지 이유로, 예를 들어, 신도들과의 접촉을 유지하거나 또는 종교나 자선 행사 및 축제 행사를 조직하는 것에 대한 정보를 전달하기 위해 개인데이터의 처리를 수행할 수 있다. 특정한 국가에서는 종교단체의 회원은 개인이 납부하는 세금에 영향을 미칠 수 있기 때문에, 교회는 세금 때문에 교인들의 등록부를 보관할 필요가 있다. 어떤 경우든 유럽법에 따르면 종교적 신념을 드러내는 데이터는 민감데이터이며, 특히 종교단체가 처리하는 정보는 아동이나 노인, 기타 취약한 사회 구성원과 관련된 경우가 많기 때문에 교회는 이러한 데이터의 취급 및 처리에 대해 책임을 져야 한다.

---

119 General Data Protection Regulation, Art. 91 (2).

1.3.4. 예술 및 학문의 자유(Freedom of the arts and sciences)

사생활 존중권과 데이터보호권에 대해 형량을 할 또 다른 권리는 EU기본권헌장 제13조에 따라 명시적으로 보호되는 예술 및 학문의 자유이다. 이 권리는 주로 사상 및 표현의 자유권으로부터 연역되며 헌장 제1조(인간의 존엄성)를 고려하여 행사될 수 있다. ECtHR은 예술의 자유가 ECHR 제10조에 따라 보호된다고 간주한다.[120] 헌장 제13조에서 보장한 권리도 헌장 제52조제1항에 따라 제한될 수 있으며, 이는 또한 ECHR 제10조제2항의 렌즈를 통해서도 해석될 수 있다.[121]

사례 : *Vereinigung bildender Künstler v. Austria* 사건[122]에서, 오스트리아 법원은 여러 공인들의 머리 사진을 성적 포즈로 담은 그림을 청구인 협회가 계속 전시하는 것을 금지했다. 이 그림에 자기의 사진이 사용된 오스트리아의 한 국회의원은 이 그림 전시를 금지하는 가처분을 신청하여 이 청구인 협회를 상대로 소송을 제기했다. 국내법원은 가처분명령을 내렸다. ECtHR은 ECHR 제10조는 국가나 인구의 어떤 부분을 불쾌하게 하거나 충격을 주거나 혼란시키는 아이디어를 전달하는 데까지 확장된다고 강조했다. 예술작품을 창작, 공연, 배포, 전시하는 사람들은 아이디어 및 의견의 교환에 기여하고, 국가는 그들의 표현의 자유를 과도하게 침해하지 않을 의무가 있다. 그림이 콜라주이고 인물들의 머리만 찍은 사진을 사용한 점, 그리고 그들의 몸이 비현실적이고 과장되게 그려졌고 이는 명백히 현실을 반영하거나 암시하려는 목적도 없었다는 점을 고려하여, ECtHR은 또 "그림이 대상

120 ECtHR, *Müller and Others v. Switzerland*, No. 10737/84, 24 May 1988.

121 Explanations relating to the Charter of Fundamental Rights, OJ 2007 C 303.

122 ECtHR, *Vereinigung bildender Künstler v. Austria*, No. 68345/01, 25 January 2007, paras. 26 and 34.

> 의 사생활의 내용을 다루는 것으로 이해되기 보다는 정치인으로서의 그의 공적인 지위와 관련되는 것으로 이해될 수 있다"고 하면서 "이러한 지위에서는 비판에 대해 보다 넓은 관용을 보여야 했다"고 판시했다. ECtHR은 쟁점이 되는 서로 다른 이익을 형량하여, 그림을 더 이상 전시하는 것을 무제한으로 금지하는 것은 비례적이지 않다고 판결했다. 재판소는 ECHR 제10조를 위반하였다고 결정했다.

유럽데이터보호법은 또한 학문이 사회에 미치는 특별한 가치를 인정하고 있다. GDPR과 개정조약 제108호는 개인데이터가 과학 또는 역사 연구 목적으로만 처리되는 한 보다 장기간 데이터의 보존을 허용한다. 또한, 특정한 처리활동의 원래 목적과 관계없이, 과학 연구를 위한 개인데이터의 후속 사용은 양립할 수 없는 목적으로 간주되어서는 안 된다.[123] 동시에 그러한 처리에 대한 적절한 안전장치가 데이터주체의 권리 및 자유를 보호하기 위해 실행되어야 한다. EU법이나 회원국법은 과학 연구, 역사나 통계 목적을 위해 개인데이터를 처리하게 될 때 예를 들면 액세스권, 정정권, 처리제한권 및 반대권과 같은 데이터주체의 권리들에 대한 적용제외를 규정할 수 있다(또한 6.1 및 9.4 참조).

1.3.5. 지식재산권의 보호(Protection of intellectual property)

재산보호권은 ECHR 제1차 의정서 제1조 및 EU기본권헌장 제17조제1항에도 보장되어 있다. 특히 데이터 보호와 관련된 재산권의 중요한 측면 중 하나는 헌장 제17조제2항에 명시적으로 언급된 지식재산권의 보호이다. EU 법질서의 몇 가지 지침은 지식재산, 특히 저작권을 실효적으로 보호하는 것을 목표로 한다. 지식재산권은 문학 및 예술 재산권뿐만 아니라

---

123 General Data Protection Regulation, Art. 5 (1) (b) and Modernised Convention 108, Art. 5 (4) (b).

특허권, 상표권 및 관련 권리까지 포괄한다.

CJEU 판례가 분명히 밝혔듯이, 재산에 대한 기본권의 보호에는 다른 기본권, 특히 데이터보호권과 형량을 하여야 한다.[124] 저작권보호기관들이 인터넷 접속사업자가 인터넷 파일공유 플랫폼 이용자들의 신원을 공개하도록 요구하는 사례가 있었다. 이러한 플랫폼은 인터넷 이용자들이 저작권의 보호를 받는 음악 타이틀을 무료로 다운로드 받는 것을 가능하게 하는 경우가 많다.

> 사례 : *Promusicae v. Telefónica de España* 사건[125]은 스페인 인터넷 접속사업자인 텔레포니카(Telefónica)가 인터넷 접속서비스를 제공한 일정한 사람들의 개인데이터를 음악 및 AV 리코딩 프로듀서 및 퍼블리셔들의 비영리단체인 프로무시카에(Promusicae)에게 공개하기를 거부한 것과 관련된 것이었다. Promusicae는 Promusicae 회원들이 이용권을 가지고 있는 음원에 액세스할 수 있는 파일교환프로그램을 사용하고 있는 사람들에 대한 민사소송 절차를 개시할 수 있도록 정보공개를 청구했다.
>
> 스페인 법원은 이 문제를 CJEU에 제청하여, 실효적인 저작권 보호를 위해 민사소송절차에서, EU법에 따라, 그러한 개인데이터가 전달되어야 하는지를 물었다. 또한 헌장 제17조 및 제47조에 비추어 지침 2000/31, 2001/29 및 2004/48에 대해서도 제청했다. CJEU는 이들 세 지침뿐만 아니라 e-Privacy 지침(Directive 2002/58)도 회원국들이 실효적인 저작권 보호를 보장하기 위해 민사소송에서 개인데이터를 공개해야 할 의무를 규정하는 것을 금지하지 않는다고 결정했다.

124 CJEU, C-275/06, *Productores de Música de España (Promusicae) v. Telefónica de España SAU* [GC], 29 January 2008, paras. 62-68.

125 *Ibid.*, paras. 54 and 60.

따라서 CJEU는 이 사건이 서로 다른 기본권, 즉 사생활 존중권과 재산보호권 및 실효적인 권리구제권의 보호요건을 조화시킬 필요가 있다는 문제를 제기했다고 지적했다.

CJEU는 "회원국들은 위에서 언급한 지침들을 국내법화할 때 EU 법질서에 의해 보호되는 다양한 기본권 사이에서 공정한 형량을 이룰 수 있는 이들 지침의 해석에 의존하도록 주의해야 한다고 결정했다. 또한, 이들 지침을 국내법화하는 조치를 이행할 때, 회원국들의 기관과 법원은 이들 지침에 부합하는 방식으로 국가법을 해석해야할 뿐만 아니라, 이들 기본권이나 비례성 원칙과 같은 EU법의 다른 일반원칙과 상충되는 해석에 의존하지 않도록 해야 한다".[126]

사례 : *Bonnier Audio AB and Others v. Perfect Communication Sweden AB* 사건[127]은 지식재산권과 개인데이터 보호 사이의 형량과 관련된 것이었다. 청구인들– 27개의 오디오북에 대한 저작권을 가지고 있는 5개의 제작사들 –은 이들 저작권이 FTP 서버(인터넷을 통한 파일 공유와 데이터 전송을 허용하는 파일 전송 프로토콜)에 의해 침해당했다고 주장하며 스웨덴 법원에 소송을 제기했다. 청구인들은 인터넷서비스 제공자(ISP)에게 해당 파일이 전송된 IP주소를 사용하는 사람의 이름 및 주소를 공개해 줄 것을 청구했다. ISP인 ePhone은 지침 2006/24(데이터보존지침 – 2014년 무효화됨)를 위반했다고 주장하며 청구를 다퉜다.

스웨덴 법원은 지침 2006/24가 지침 2004/48(지식재산권 집행지침) 제8조에 근거해 ISP가 저작권 침해에 이용되었다고 추정되는 IP

126 *Ibid.*, paras. 65 and 68; see also CJEU, C-360/10, *Belgische Vereniging van Auteurs, Componisten en Uitgevers CVBA (SABAM) v. Netlog NV*, 16 February 2012.

127 CJEU, C-461/10, *Bonnier Audio AB, Earbooks AB, Norstedts Förlagsgrupp AB, Piratförlaget AB, Storyside AB v. Perfect Communication Sweden AB*, 19 April 2012.

주소의 가입자들에 대한 정보를 저작권 소유자에게 전송하도록 요구하는 가처분을 발할 수 있는 국가법조항의 적용을 금지하는지 여부에 대해 CJEU에 제청했다. 이 질문은 청구인이 특정 저작권의 침해에 대한 명확한 증거를 제시했고 그 조치가 비례적이라는 가정에 근거했다.

CJEU는 지침 2006/24가 중대범죄의 수사, 적발 및 기소와 관할 국가기관에의 연락을 목적으로 전자통신서비스 사업자가 생성한 데이터의 취급 및 보존을 배타적으로 다루었다고 지적했다. 따라서, 지식재산권 집행지침을 국내법화하는 국가법조항은 지침 2006/24의 적용범위 밖에 있기 때문에 그 지침에 의해 금지되지 않는다.[128]

청구인들이 청구한 해당 이름 및 주소의 전달에 관하여, CJEU는 그러한 행위는 개인데이터의 처리에 해당하며 지침 2002/58(e-Privacy 지침)의 적용범위에 속한다고 판결했다. 저작권 보유자의 이익을 위한 민사소송에서 저작권의 실효적인 보호를 보장하기 위하여 이러한 데이터의 전달이 요구되었고, 따라서 이러한 전달이 바로 그 목적에 의해 지침 2004/48의 적용범위에 속한다는 것에도 또한 주목하였다.[129]

CJEU는 국가 입법이 개인데이터 공개명령 청구를 받은 국가법원으로 하여금 각 사건의 사실관계에 기초하여, 그리고 비례성의 원칙의 요건을 적정하게 고려하여 관련된 상호 충돌하는 이익을 형량할 수 있게 하는 한, 지침 2002/58 및 2004/48은 본안소송에서 쟁점이 되는 것과 같은 국가 입법을 금지하지 않는 것으로 해석되어야 한다고 결정했다.

---

128 *Ibid.*, para. 40-41.

129 Ibid., paras. 52-54. See also CJEU, C-275/06, *Productores de Música de España (Promusicae) v. Telefónica de España SAU* [GC], 29 January 2008, para. 58.

1.3.6. 데이터 보호와 경제적 이익 (Data protection and economic interests)

디지털 시대 또는 빅데이터의 시대에 데이터는 혁신 및 창의력을 높이기 위한 경제의 "새로운 오일"로 묘사되어 왔다.[130] 많은 기업들이 데이터 처리를 중심으로 탄탄한 비즈니스 모델을 구축해 왔으며, 그러한 처리에는 자주 개인데이터가 포함된다. 어떤 기업들은 개인데이터 보호와 관련된 특정 규범들이 실제로 자신의 경제적 이익에 영향을 미칠 수 있는 과도하게 부담이 되는 의무를 가져올 수 있다고 생각할 수 있다. 따라서, 컨트롤러 및 프로세서, 또는 일반대중의 경제적 이익이 데이터보호권을 제한하는 것을 정당화할 수 있는지에 대한 의문이 발생한다.

사례 : *Google Spain* 사건[131]에서, CJEU는 일정한 조건에서 개인은 검색엔진에게 검색 색인에서 검색 결과를 삭제하도록 청구할 권리가 있다고 판결했다. CJEU는 논리전개를 함에 있어서 검색엔진의 이용과 검색결과 목록으로 개인의 상세한 프로파일을 설정할 수 있다는 사실을 지적했다. 이 정보는 개인의 방대한 사생활 측면과 관련이 있을 수 있으며 검색엔진이 없었다면 쉽게 발견되거나 상호 연결될 수 없었을 것이다. 따라서 그것은 프라이버시 및 개인데이터 보호에 대한 데이터주체의 기본권에 대해 잠재적으로 심각한 간섭을 구성했다.

이어 CJEU는 간섭이 정당화될 수 있는지를 검토했다. CJEU는 검색엔진 회사의 처리 수행에 대한 경제적 이익과 관련하여 "그러한 처리에서 이러한 엔진의 운영자가 가지는 단순한 경제적 이익만으로 간

130 예컨대, Financial Times (2016), "Data is the new oil… who's going to own it?", 16 November 2016 참조.

131 CJEU, C-131/12, *Google Spain SL, Google Inc. v. Agencia Española de Protección de Datos (AEPD), Mario Costeja González* [GC], 13 May 2014.

섭이 정당화될 수 없다는 것은 명확하며", 그리고 "일반적으로" 헌장 제7조 및 제8조에 따른 기본권들이 그러한 경제적 이익과 데이터주체의 이름과 관련되는 정보를 검색함에 있어서 일반대중의 이익에 우월하게 된다고 기술했다.[132]

유럽데이터보호법의 핵심 고려사항 중의 하나는 개인에게 개인데이터에 대한 보다 큰 통제를 제공하는 것이다. 특히 디지털 시대에는 방대한 양의 개인데이터를 처리하고 액세스할 수 있는 사업체의 힘과 그러한 개인데이터가 속하는 개인들이 자신의 정보를 통제할 수 있는 힘 사이에 불균형이 존재한다. CJEU는 *Manni* 판결에서 판시한 바와 같이, 데이터 보호와 주식회사 및 유한책임회사와 관련된 제3자의 이익과 같은 경제적 이익을 형량할 때 사례별 접근방식을 취한다.

사례 : *Manni* 사건[133]은 개인의 개인데이터가 공적 상업등록부에 포함된 것과 관련된 것이었다. Mr Manni는 잠재적인 고객들이 등록부에 의존할 것이고 그가 10년 전에 파산선고를 받은 회사의 관리자였다는 것을 알게 될 거라는 것을 발견하고서 그 등록부에서 자신의 개인데이터를 삭제해 줄 것을 레체 상공회의소(Lecce Chamber of Commerce)에 청구했었다. 이러한 정보는 그의 잠재적인 고객들에게 편견을 심어주었고 그의 상업적 이익에 부정적인 영향을 미칠 수 있었다.

CJEU는 EU법이 그러한 경우에 삭제권을 인정하는지 여부를 판단할 것이 요청되었다. CJEU는 결론에 이르는 과정에서, EU 데이터보

132 *Ibid.*, paras. 81 and 97.

133 CJEU, C-398/15, *Camera di Commercio, Industria, Artigianato e Agricoltura di Lecce v. Salvatore Manni*, 9 March 2017.

호규범들과 이전 회사의 파산정보를 삭제하는 것에 대한 Mr Manni의 상업적 이익을 그 정보에 대한 액세스에서의 공공의 이익과 형량했다. 회사의 공적 등록부에 대한 공시는 법률에 의해, 특히 회사정보를 제3자가 보다 쉽게 액세스할 수 있도록 하는 것을 목표로 하는 EU 지침에 의해 규정되었다는 사실을 CJEU는 적정하게 유의했다. 주식회사 및 유한책임회사가 제3자에게 제공하는 유일한 안전장치는 자산이기 때문에, 공시는 특정 회사와의 거래를 원할 수 있는 제3자의 이익을 보호하기 위해 중요했다. 따라서 "제3자가 문서의 내용 및 기타 회사에 관한 정보, 특히 회사를 구속할 수 있는 권한이 부여된 자의 세부사항을 확인할 수 있도록 해당 회사의 기본 문서는 공개되어야 한다.[134]"

CJEU는 등록부가 추구하는 정당한 목적의 중요성에 비추어, 주식회사 및 유한책임회사와 관련되는 제3자의 이익을 보호하고, 법적 확실성, 공정거래 및 그에 따른 역내시장의 적절한 기능을 보장할 필요성이 데이터보호법상의 그의 권리들에 우월하기 때문에, Mr Manni가 자신의 개인데이터를 삭제할 권리가 없다고 판결했다. 이는 주식회사 또는 유한책임회사를 통해 거래 참여를 선택하는 개인들이 자신의 신원 및 역할과 관련된 정보를 공개해야 한다는 것을 알고 있다는 사실을 고려할 때 특히 그러했다.

CJEU는 이 사건에서 삭제를 얻을 근거가 없다고 판결하는 한편, 다음과 같은 점에 주목하면서 처리를 반대할 수 있는 권리의 존재를 인정했다. 즉, "당사자의 특정한 사건과 관련된 우월적이며 정당한 이유들이 그 등록부에 입력된 개인데이터에의 액세스가 그 조회에서 특별한 이익을 입증할 수 있는 제3자에게 충분히 장기간의 종기에 대해 제한된다는 것을 예외적으로 정당화시키는 특별한 상황이 있을 수 있

134 *Ibid.*, para. 49.

다는 점이 배제될 수 없다.[135]"

CJEU는 각 사례에서 개인의 모든 관련 상황을 고려하여, 회사 등록부에 포함된 개인데이터에 대해 제3자의 액세스 제한을 예외적으로 정당화할 수 있는 정당하고 우월적인 이유의 존재 또는 부재를 평가하는 것은 국가법원의 몫이라고 판시했다. 그러나, Mr Manni의 경우, 그의 개인데이터가 등록부에 공개되는 것이 그의 고객들에게 영향을 미쳤다고 추정되는 것만으로는 그러한 정당하고 우월적인 이유로 간주될 수 없다는 것을 명확히 했다. Mr Manni의 잠재 고객들은 그의 이전 회사의 파산과 관련된 정보에 정당한 이익을 가지고 있다.

등록부에 포함된 Mr Manni 및 다른 사람들의 헌장 제7조 및 제8조에 의해 보장된 사생활의 존중과 개인데이터의 보호에 관한 기본권에 대한 간섭은 일반적 이익의 목적에 기여했고 필요하였으며 비례적이었다.

따라서, *Manni* 사건에서 CJEU는 데이터보호권 및 프라이버시권이 주식회사 및 유한책임회사와 관련되는 회사 등록부상의 정보에 액세스할 수 있는 제3자의 이익에 대해 우월하지 않다고 판결했다.

135 *Ibid.*, para. 60.

제2장
데이터 보호 용어

EU	관련쟁점	CoE
개인데이터(Personal data)		
일반데이터보호규칙(General Data Protection Regulation ; GDPR) 제4조제1호 GDPR 제4조제5호와 제5조제1호 제e목 GDPR 제9조 CJEU, Joined cases C-92/09 and C-93/09, *Volker and Markus Schecke GbR (C-92/09) and Hartmut Eifert (C-93/09) v. Land Hessen* [GC], 2010 CJEU, C-275/06, *Productores de Música de España (Promusicae) v. Telefónica de España SAU* [GC], 2008 CJEU, C-70/10, *Scarlet Extended SA v. Société belge des auteurs, compositeurs et éditeurs SCRL (SABAM)*, 2011 CJEU, C-582/14, *Patrick Breyer v. Bundesrepublik Deutschland*, 2016 CJEU, Joined cases C-141/12 and C-372/12, *YS v. Minister voor Immigratie, Integratie en Asiel and Minister voor Immigratie, Integratie en Asiel v. M and S*, 2014	**데이터 보호의 법적 개념 정의**	개정조약 제108호(Modernised Convention 108) 제2조제a호 ECtHR, *Bernh Larsen Holding AS and Others v. Norway*, No. 24117/08, 2013 ECtHR, *Uzun v. Germany*, No. 35623/05, 2010 ECtHR, *Amann v. Switzerland* [GC], No. 27798/95, 2000

EU	관련쟁점	CoE
CJEU, C-101/01, *Criminal proceedings against Bodil Lindqvist*, 2003	**특별한 범주의 개인데이터 (민감데이터)**	개정조약 제108호 제6조제1항
CJEU, C-434/16, *Peter Nowak v. Data Protection Commissioner*, 2017	**익명화 및 암호화 개인데이터**	개정조약 제108호 제5조제4항제e호 개정조약 제108호 해석보고서 제50항(Explanatory Report of Modernised Convention 108, Paragraph 50)
데이터 처리(Data processing)		
GDPR 제4조제2호 CJEU, C-212/13, *František Ryneš v. Úřad pro ochranu osobních údajů*, 2014 CJEU, C-398/15, *Camera di Commercio, Industria, Artigianato e Agricoltura di Lecce v. Salvatore Manni*, 2017 CJEU, C-101/01, *Criminal proceedings against Bodil Lindqvist*, 2003 CJEU, C-131/12, *Google Spain SL, Google Inc. v. Agencia Española de Protección de Datos (AEPD), Mario Costeja González* [GC], 2014	**개념정의**	개정조약 제108호 제2조제b호 및 제c호
데이터 이용자(Data users)		
GDPR 제4조제7호 CJEU, C-212/13, *František Ryneš v. Úřad pro ochranu osobních údajů*, 2014 CJEU, C-1318/12, *Google Spain SL, Google Inc. v. Agencia Española de Protección de Datos (AEPD), Mario Costeja González* [GC], 2014	**컨트롤러 (Controller)**	개정조약 제108호 제2조제d호 프로파일링권고(Profiling Recommendation) 제1조제g호*

EU	관련쟁점	CoE
GDPR 제4조제8호 CJEU, C-101/01, *Bodil Lindqvist*, 6 November 2003	**프로세서 (Processor)**	개정조약 제108호 제2조제f호 프로파일링권고 제1조제h호
GDPR 제4조제9호	**수취인 (Recipient)**	개정조약 제108호 제2조제e호
GDPR 제4조제10호	**제3자 (Third party)**	
동의(Consent)		
GDPR 제4조제11호 및 제7조 CJEU, C-543/09, *Deutsche Telekom AG v. Bundesrepublik Deutschland*, 2011 CJEU, C-536/15, *Tele2 (Netherlands) BV and Others v. Autoriteit Consument en Markt (AMC)*, 2017	**유효한 동의의 개념정의 및 요건**	개정조약 제108호 제5조제2항 의료데이터권고 제6조와 다수의 후속 권고들 ECtHR, *Elberte v. Latvia*, No.61243/08, 2015

주 : * *Council of Europe, Committee of Ministers (2010), Recommendation CM/Rec (2010)13 of the Committee of Ministers to member states on the protection of individuals with regard to automatic processing of personal data in the context of profiling (Profiling Recommendation), 23 November 2010.*

2.1. 개인데이터(Personal data)

요점

- 데이터는 식별되거나 식별 가능한 사람, 즉 '데이터주체'와 관련되면 개인데이터이다.
- 자연인이 식별 가능한지 여부를 판단하려면 컨트롤러나 다른 사람이 자연인을 직접 또는 간접적으로 식별하기 위해 사용될 가능성이 있는 모든 합리적인 수단(예: 선별하는 것)을 고려해야 한다.
- 인증이란 어떤 사람이 특정한 신원을 가지고/가지거나 일정한 행위를 할 권한이 있음을 입증하는 것을 의미한다.

- 개정조약 제108호와 EU데이터보호법에 열거된 특별한 범주의 데이터, 즉 이른바 민감데이터가 있는데, 이것은 강화된 보호가 필요하며 따라서 특별한 법제도가 적용된다.
- 데이터는 더 이상 식별되거나 식별 가능한 개인과 관련되지 않는 경우 익명화된 것이다.
- 가명화는 개인데이터가 별도로 보관되는 추가적인 정보 없이는 데이터주체에게 귀속될 수 없는 조치이다. 데이터주체의 재식별을 가능하게 하는 '키'는 분리하여 안전하게 보관해야 한다. 가명화 과정을 거친 데이터는 개인데이터로 남는다. EU법에는 '가명화된 데이터'라는 개념은 없다.
- 데이터 보호의 원칙 및 규범은 익명화된 정보에는 적용되지 않는다. 그러나 이것들은 가명화된 데이터에는 적용된다.

2.1.1. 개인데이터 개념의 주요 측면

CoE법뿐만 아니라 EU법에 따르면 '개인데이터'는 식별되거나 식별 가능한 자연인과 관련된 정보로 정의된다.[136] 이는 신원이 명백하거나 추가 정보로부터 입증될 수 있는 사람에 대한 정보와 관련이 있다. 사람이 식별 가능한지 여부를 판단하기 위해, 컨트롤러나 다른 사람은 예를 들어 한 사람을 다른 사람과 다르게 취급할 수 있게 선별하는 것과 같이 개인을 직접적 또는 간접적으로 식별하기 위해 사용될 가능성이 있는 모든 합리적 수단을 고려해야 한다.[137]

그러한 사람에 대한 데이터가 처리되고 있다면, 이 사람을 '데이터주체(data subject)'라고 부른다.

---

136 General Data Protection Regulation, Art. 4 (1); Modernised Convention 108, Art. 2 (a).

137 General Data Protection Regulation, Recital 26.

데이터주체(data subject)

EU법상 자연인은 데이터보호규범의 유일한 수혜자이며,[138] 살아있는 자만이 유럽데이터보호법에 따라 보호된다.[139] GDPR(General Data Protection Regulation)은 개인데이터가 식별되거나 식별 가능한 자연인과 관련된 정보로 정의한다.

CoE법, 특히 개정조약 제108호도 개인데이터의 처리에 관한 개인의 보호를 언급한다. 또한, 개인데이터는 식별되거나 식별 가능한 개인과 관련된 정보를 의미한다. GDPR 및 개정조약 제108호에서 언급된 이러한 자연인 또는 개인은 데이터보호법에서 데이터주체로 알려져 있다.

법인도 어느 정도 보호를 받는다. ECHR 제8조에 따라 자신의 데이터 사용에 대한 보호권 침해를 주장하는 법인의 청구에 대한 판결을 내리고 있는 ECtHR 판례가 존재한다. ECHR 제8조는 사생활 및 가정생활 존중권과, 그리고 가정 및 교신 존중권을 모두 포함한다. 그러므로 법원은 사생활이 아닌 후자의 사건을 심리할 수 있다.

> 사례 : *Bernh Larsen Holding AS and Others v. Norway* 사건[140]은 세 개의 노르웨이 기업들이 자신들이 공동으로 사용한 컴퓨터 서버에 보관된 모든 데이터의 사본을 세무사들에게 제공할 것을 명령하는 세무기관의 결정에 대해 다툰 쟁송과 관련된 것이었다.
>
> ECtHR은 청구인 기업들에 대한 이러한 의무는 ECHR 제8조에 따른 '가정' 및 '교신' 존중권에 대한 간섭을 구성한다고 인정했다. 그러

138 *Ibid.*, Art. 1.

139 *Ibid.*, Recital 27. See also Article 29 Working Party (2007), *Opinion 4/2007 on the concept of personal data*, WP 136, 20 June 2007, p. 22.

140 ECtHR, *Bernh Larsen Holding AS and Others v. Norway*, No. 24117/08, 14 March 2013. See also, however, ECtHR, *Liberty and Others v. the United Kingdom*, No. 58243/00, 1 July 2008.

> 나 재판소는 세무기관이 남용에 대한 실효적이고 적절한 안전장치를 취했음을 인정했다. 청구인 기업들은 사전에 충분한 통보를 받았으며, 실지조사 중에 출석하여 의견제출할 수 있었고, 세무조사가 완료되면 자료는 파기하도록 되어 있었다. 이러한 상황에서, 한편으로 청구인 기업들의 '가정' 및 '교신' 존중권과 청구인 기업들에서 근무하는 사람들의 프라이버시를 보호함에 있어서의 이익과, 다른 한편으로는 조세평가 목적을 위한 효율적인 검사를 보장함에 있어서의 공익 사이에서 공정한 형량이 이루어졌었다. 따라서, 재판소는 제8조를 위반하지 않았다고 판결했다.

개정조약 제108호에 따르면, 데이터 보호는 주로 자연인의 보호를 다룬다. 그러나 체약 당사국들은 국내법상의 기업 및 협회와 같은 법인들에게까지 데이터 보호를 확대할 수 있다. 개정조약 해설보고서(Explanatory Report to the Modernised Convention)에는 국가법은 조약의 적용범위를 그러한 행위자들에게까지 확대함으로써 법인들의 정당한 이익을 보호할 수 있다고 기술되어 있다.[141] **EU데이터보호법**은 법인과 관련된 데이터 처리를 대상으로 하고 있지 않으며, 특히 법인의 이름 및 형식, 연락처를 포함하여 법인으로 설립된 설립체들과 관련이 없다.[142] 그러나 e-Privacy 지침은 가입자 및 이용자들과 관련된 데이터의 자동 저장 및 처리 능력 증가에 관한 법인 통신의 기밀성 및 정당한 이익을 보호하고 있다.[143] 마찬가지로, e-Privacy 규칙안도 법인에게까지 보호를 확장하고 있다.

141 Explanatory Report of Modernised Convention 108, para. 30.

142 General Data Protection Regulation, Recital 14.

143 e-Privacy Directive, Recital 7 and Art. 1 (2).

사례 : *Volker und Markus Schecke and Hartmut Eifert v. Land Hessen* 사건[144]에서, CJEU는 농업지원 수혜자와 관련된 개인데이터의 공개를 언급하면서 "법인은 법인의 공식 명칭이 한 명 이상의 자연인을 식별하는 경우에 한하여 그러한 식별과 관련하여 헌장 제7조 및 제8조의 보호를 주장할 수 있다"고 판결했다. 헌장 제7조 및 제8조에서 인정한 개인데이터의 처리와 관련한 사생활 존중권은 식별되거나 식별 가능한 개인과 관련된 모든 정보와 관련된다.[145]

한편으로 지원 배분의 투명성을 확보하기 위한 EU의 이익과 다른 한편으로 지원의 혜택을 받은 개인의 프라이버시 및 데이터 보호에 대한 기본권을 형량하여, CJEU는 그러한 기본권에 대한 간섭이 비례적이지 않다고 판단했다. 투명성 목적은 관련 개인의 권리에 대해 덜 침해적인 조치에 의해서도 효과적으로 달성될 수 있었다고 판단했다. 그러나, 지원을 받은 법인들에 관한 정보를 공개하는 것의 비례성을 심사했을 때, CJEU는 그러한 공개가 비례성 원칙의 한계를 벗어나지 않았다고 판결하여, 다른 결론에 도달했다. CJEU는 "개인데이터보호권 침해의 심각성은 한편으로는 법인과 다른 한편으로는 자연인에게 다른 방식으로 나타난다[146]"고 기술했다. 법인들은 자신들과 관련된 정보의 공개에 관한 보다 큰 의무를 부담했다. CJEU는 국가기관들이 데이터를 공개하기 전에 각 수혜법인의 데이터가 관련 자연인을 식별하는지 여부를 조사하도록 요구하는 것은 해당 기관들에게 불합리한 행정적 부담을 부과할 것이라고 판단했다. 따라서, 법인과 관련된 데이터의 일반화된 공개를 요구하는 법률은 쟁점이 되는 경합적 이익들 간에 공정한 균형을 이루었다.

---

144 CJEU, Joined cases C-92/09 and C-93/09, *Volker und Markus Schecke GbR and Hartmut Eifert v. Land Hessen* [GC], 9 November 2010, para. 53.

145 *Ibid.*, paras. 52-53.

146 *Ibid.*, para. 87.

데이터의 성질(Nature of the data)

어떤 종류의 정보라도 그것이 식별되거나 식별 가능한 사람과 관련이 있다면 개인데이터가 될 수 있다.

사례 : 직원의 인사파일에 저장된 직원의 업무수행에 대한 감독자의 평가는 해당 직원의 개인데이터이다. 이는 "직원이 최근 6개월 동안 5주 결근했다"와 같은 확실한 정보가 아니라, "직원은 업무에 전념하지 않는다"와 같은 상사의 개인적인 의견을 일부 또는 전체적으로 반영할 수 있는 것이라 할지라도 그러하다.

개인데이터는 공적 생활뿐만 아니라 직업활동을 포함하는 개인의 사생활에 속하는 정보도 그 대상으로 된다.

Amann 사건[147]에서, ECtHR은 '개인데이터'라는 용어가 개인의 사적 영역의 문제에 국한되지 않는 것으로 해석했다. '개인데이터' 용어의 이러한 의미는 GDPR의 경우에도 타당하다.

사례 : *Volker und Markus Schecke and Hartmut Eifert v. Land Hessen* 사건[148]에서, CJEU는 "발표된 데이터가 직업적인 성격의 활동과 관련된다는 것은 이 점에서 아무런 관련이 없다. 유럽인권재판소는 이 점에 대해 조약 제108호의 해석과 관련하여 '사생활'이라는 용어는 제한적으로 해석되어서는 안 되며, 직업적인 성격의 활동을 사생활의 개념에서 제외하는 것을 정당화할 원칙의 이유가 없다고 판결해왔다"고 기술했다.

147 See ECtHR, *Amann v. Switzerland*, No. 27798/95, 16 February 2000, para. 65.

148 CJEU, Joined cases C-92/09 and C-93/09, *Volker und Markus Schecke GbR and Hartmut Eifert v. Land Hessen* [GC], 9 November 2010, para. 59.

> 사례 : *YS v. Minister voor Immigratie, Integratie en Asiel and Minister voor Immigratie, Integratie en Asiel v. M and S* 병합사건[149]에서, CJEU는 거주허가신청을 다루는 출입국관리국(Immigration and Naturalisation Service)의 결정안에 포함된 법적 분석은 거기에 일부 개인데이터가 포함될 수 있다 할지라도 그 자체로 개인데이터를 구성하지는 않는다고 말했다.

ECHR의 제8조에 관한 ECtHR 판례는 사생활 및 직업생활의 문제를 완전히 분리하는 것이 어려울 수 있음을 확인시켜 준다.[150]

> 사례 : *Bărbulescu v. Romania* 사건[151]에서, 청구인은 내부규정을 위반하여 근무시간에 고용인의 인터넷을 사용했다는 이유로 해고되었다. 고용인은 그의 통신을 감시했고 순수하게 사적인 메시지를 보여주는 기록이 국내 소송절차에서 제시되었다. ECtHR은 제8조가 적용 가능함을 인정하고 고용인의 제한규정이 청구인에게 프라이버시를 합리적으로 기대하게 했는지에 대한 문제를 열어두었지만, 어떤 경우에도 고용인의 지시가 직장의 사적인 사회생활을 영(0)으로 축소시킬 수는 없다는 것을 인정했다. 본안과 관련하여, 체약국들은 고용인이 직장에서 피고용인들의 비직업적 통신(전자적 형태 또는 기타 형태)을 규제할 수 있는 조건을 규율하는 법적 체계를 수립해야 할 필요성을 평가함에 있어 폭넓은 재량의 여지가 부여되어야 했다. 그럼에도

149 CJEU, Joined cases C-141/12 and C-372/12, *YS v. Minister voor Immigratie, Integratie en Asiel and Minister voor Immigratie, Integratie en Asiel v. M and S*, 17 July 2014, para. 39.

150 See, for example, ECtHR, *Rotaru v. Romania* [GC], No. 28341/95, 4 May 2000, para. 43; ECtHR, *Niemietz v. Germany*, No. 13710/88, 16 December 1992, para. 29.

151 ECtHR, *Bărbulescu v. Romania* [GC], No. 61496/08, 5 September 2017, para. 121.

불구하고, 국내 기관들이 고용인이 교신 및 그밖의 통신을 모니터링 하는 조치를 도입함에 있어서는 그러한 조치의 범위와 기간에 관계없이 남용에 대한 적절하고 충분한 안전장치를 수반하도록 보장해야 했다. 비례성과 자의성에 대한 절차적 보장이 필수적이었고 ECtHR은 그 상황에 관련된 많은 요소들을 확인했다. 그러한 요소에는 예를 들어, 고용인의 피고용인에 대한 감시 범위와 피고용인의 프라이버시 침해 정도, 피고용인에 미치는 영향과 적절한 안전장치가 제공되었는지 여부 등이 포함되었다. 또한, 국내기관들은 통신을 모니터링 받는 피고용인이 설명된 그러한 기준이 어떻게 준수되고 논란이 된 조치가 적법한지 적어도 실질적으로 판단하기 위한 재판권을 가진 사법기구에 법적 구제수단을 이용할 수 있도록 보장해야 했다. 이 사건에서, ECtHR은 국내기관들이 청구인의 사생활 및 교신 존중권을 적절히 보호하지 못했고, 따라서 쟁점이 되는 이익들을 공정하게 형량하지 못했다고 하여 제8조를 위반한 것으로 판결했다.

CoE법뿐만 아니라 **EU법**에서도 다음과 같은 경우 정보는 개인에 대한 데이터를 포함하고 있다.

- 이 정보로 개인이 식별되거나 식별 가능한 경우
- 개인이 식별되지는 않았지만, 추가적인 조사를 통하여 데이터주체가 누구인지 알아낼 수 있게 하는 방법으로 이 정보에 의해 식별될 수 있는 경우.

두 유형의 정보는 유럽데이터보호법에 따라 동일한 방식으로 보호된다. 개인이 직접적 또는 간접적으로 식별가능한 지는 “처리 당시의 이용가능한 기술과 기술 발전을 고려하면서[152]” 지속적인 평가를 필요로 한다.

152 General Data Protection Regulation, Recital 26.

ECtHR은 ECHR에 따른 '개인데이터'의 관념은 특히 식별되거나 식별가능한 사람과 관련된 것의 조건에 관하여 조약 제108호와 동일하다는 점을 반복적으로 언급해왔다.[153]

GDPR은 "특히 이름, 식별번호, 위치데이터, 온라인식별자와 같은 식별자 또는 그 사람의 물리적, 생리적, 유전적, 경제적, 문화적이나 사회적 정체성에 특유한 둘 이상의 요소를 참조하여 직접적으로 또는 간접적으로 식별될 수 있을 때[154]" 자연인은 식별가능하다고 규정한다. 따라서 식별은 그 사람을 다른 모든 사람과 구별할 수 있고 개인으로 인식할 수 있는 방식으로 설명하는 요소를 요구한다. 사람의 이름은 이러한 설명요소의 대표적인 예이며, 사람을 직접 식별할 수 있다. 어떤 경우에는 다른 속성이 이름과 유사한 효과를 가져 사람을 간접적으로 식별할 수 있게 하는 경우도 있다. 전화번호, 사회보장번호 및 차량등록번호는 모두 개인을 식별가능하게 할 수 있는 정보의 예이다. 또한 개인의 행동 및 습관을 파악함으로써 개인을 선별해 내는 것도 컴퓨터화된 파일, 쿠키 및 웹트래픽 감시도구와 같은 속성을 이용하는 것도 가능하다. 제29조작업반의 의견에서 설명한 바와 같이, "개인의 이름 및 주소를 묻지도 않고 사회경제적, 심리적, 철학적 또는 그 밖의 기준에 근거하여 이 사람을 분류하고, 개인의 연락창구(컴퓨터)는 좁은 의미에서 신원의 공개를 더 이상 요구하지 않기 때문에 그 사람에게 특정한 결정을 귀속시키는 것이 가능하다.[155]" CoE 및 EU 양자에 따른 개인데이터의 정의는 식별의 모든 가능성(따라서 모든 수준의 식별 가능성)을 포괄할 수 있을 만큼 충분히 광범위하다.

153 See ECtHR, *Amann v. Switzerland* [GC], No. 27798/95, 16 February 2000, para. 65.

154 General Data Protection Regulation, Art. 4 (1).

155 Article 29 Data Protection Working Party, *Opinion 4/2007 on the concept of personal data*, WP 136, 20 June 2007, p. 15.

사례 : *Promusicae v. Telefónica de España* 사건[156]에서, CJEU는 "Promusicae가 [특정 인터넷 파일공유 플랫폼]의 특정 이용자들의 이름 및 주소를 청구한 것은 개인데이터, 즉 지침 95/46 제2조제a호[현행 GDPR 제4조제1호]에 따라 식별되거나 식별 가능한 자연인과 관련된 정보를 이용할 수 있게 하는 것을 포함한다는 것은 논쟁의 여지가 없다고 말했다. Promusicae가 제기하였으나 Telefonica가 다투지 않은 바와 같이 Telefonica에 의해 저장되는 정보의 그러한 전달은 개인데이터의 처리를 구성한다.[157]"

사례 : *Scarlet Extended SA v. Société belge des auteurs, compositeurs et éditeurs SCRL (SABAM)* 사건[158]은 작가, 작곡자 및 편집자들을 대표하는 매니지먼트회사인 SABAM의 저작권을 침해하는 파일공유를 방지하기 위해 파일공유 소프트웨어를 사용하는 전자통신을 필터링하는 시스템의 설치를 인터넷서비스 제공자인 Scarlet이 거부한 것과 관련된 것이었다. CJEU는 이용자의 IP 주소는 "그 이용자들을 정확하게 식별할 수 있기 때문에 개인데이터로 보호된다"고 판시했다.

많은 이름들이 고유하지 않기 때문에, 사람의 신원을 확인하려면 다른 사람과 착각하지 않도록 하기 위해 추가적인 징표가 필요할 수 있다. 때로는 직접적 징표와 간접적 징표가 결합되어 정보와 관련된 개인을 식별해야 할 수도 있다. 생년월일 및 출생지가 자주 사용된다. 또한, 일부 국가에서는 시민들을 더 잘 구별하기 위해 개인화된 번호가 도입되었다.

156 CJEU, C-275/06, *Productores de Música de España (Promusicae) v. Telefónica de España SAU* [GC], 29 January 2008, para. 45.

157 Former Directive 95/46, Art. 2 (b), now General Data Protection Regulation, Art. 4 (2).

158 CJEU, C-70/10, *Scarlet Extended SA v. Société belge des auteurs, compositeurs et éditeurs SCRL (SABAM)*, 24 November 2011, para. 51.

이전된 조세데이터,[159] 행정문서에 포함된 거주허가 신청인에 관한 데이터[160]와, 은행 및 신탁 관계에 관한 문서[161]는 개인데이터일 수 있다. 지문, 디지털 사진 또는 홍채 스캔과 같은 바이오데이터, 위치데이터 및 온라인 속성은 기술시대에서 사람을 식별하는 데 점점 더 많이 사용되고 있다.

그러나 유럽데이터보호법의 적용 가능성에 대해서는 데이터주체를 실제로 식별할 필요성은 없으며, 그 사람이 식별가능하면 충분하다. 사람을 직접적 또는 간접적으로 식별할 수 있는 이용가능한 충분한 요소가 있는 경우, 식별가능한 것으로 간주된다.[162] GDPR 주석(recital) 26에 따르면, 벤치마크는 정보의 예측 가능한 사용자가 합리적인 식별수단을 이용할 수 있고 관리할 수 있을 것인가이다. 이러한 정보에는 제3자 수취인이 보유한 정보가 포함된다(2.3.2 참조).

사례 : 한 지방기관이 지방도로에서의 자동차 속도위반 데이터를 수집하기로 결정한다. 관할기관이 속도 위반자에게 과태료를 부과할 수 있도록 지방기관은 차량을 촬영하고 시간 및 장소를 자동적으로 기록하여 그 데이터를 관할기관에 넘긴다. 한 데이터주체가 지방기관의 이러한 데이터 수집에 대해 데이터보호법에 따른 법적 근거를 가지고 있지 않다고 주장하며 쟁송을 제기한다. 지방기관은 개인데이터를 수집한 것이 아니라고 주장하고 있다. 번호판은 익명이라고 한다. 지방기관은 자동차 소유자나 운전자의 신원을 파악하기 위해 일반차량등록부에 액세스할 수 있는 법적 권한이 없다.

---

159 CJEU, C-201/14, *Smaranda Bara and Others v. Casa Naţională de Asigurări de Sănătate and Others*, 1 October 2015.

160 CJEU, *YS v. Minister voor Immigratie, Integratie en Asiel and Minister voor Immigratie, Integratie en Asiel v. M and S*, 17 July 2014.

161 ECtHR, *M.N. and Others v. San Marino*, No. 28005/12, 7 July 2015.

162 General Data Protection Regulation, Art. 4 (1).

이러한 논리는 GDPR 주석(recital) 26과 부합하지 않다. 데이터 수집의 목적이 속도 위반자를 식별하여 과태료를 부과하는 것임이 명백하다는 점을 고려하면, 신원확인을 시도할 것으로 예측할 수 있다. 지방기관은 직접 이용할 수 있는 신원확인 수단이 없지만, 그러한 수단을 가지고 있는 관할기관인 경찰에게 전달할 것이다. 주석 26은 또한 즉각적인 데이터 이용자가 아닌 보다 먼 데이터 수취인이 개인 식별을 시도할 수 있는 시나리오도 명시적으로 포함하고 있다. 주석 26에 비추어 볼 때, 지방기관의 조치는 식별 가능한 사람에 대한 데이터를 수집하는 것과 동일시되고, 따라서 데이터보호법에 따른 법적 근거가 필요하다.

"자연인을 식별하기 위해 합리적으로 사용될 가능성이 있는 수단인지 여부를 확인하기 위해서는, 처리 당시의 이용 가능한 기술과 기술발전을 감안하여 식별에 소요되는 시간의 비용 및 양 등 모든 객관적 요소를 고려해야 한다.[163]"

사례 : *Breyer v. Bundesrepublik Deutschland* 사건[164]에서, CJEU는 데이터주체의 간접적인 식별 가능성의 개념을 고찰했다. 이 사건은 인터넷에 새로운 연결이 이루어질 때마다 변경되는 동적 IP주소를 다룬 것이었다. 독일 연방기관이 운영하는 웹사이트는 사이버 공격을 방지하고 필요한 경우 형사소송을 개시하기 위해 동적 IP주소를 등록하고 저장했다. Mr Breyer가 이용한 인터넷서비스 제공자만이 그의 신원을 확인하는 데 필요한 추가 정보를 보유하고 있었다.

163 *Ibid.*, Recital 26.

164 CJEU, C-582/14, *Patrick Breyer v. Bundesrepublik Deutschland*, 19 October 2016, para. 43.

CJEU는 온라인 미디어서비스 제공자가 대중에게 액세스할 수 있도록 한 웹사이트에 접속할 때 등록하는 동적 IP주소는 제3자(이 사건에서는 인터넷 서비스 제공자)만이 그 사람을 식별하는 데 필요한 추가 데이터를 보유하는 경우에[165] 개인데이터에 해당한다고 판단했다. 개인데이터를 구성하는 정보에 대해서는 "데이터주체의 식별을 가능하게 하는 모든 정보를 한 사람의 손에 쥐고 있을 필요는 없다"고 판결했다. 인터넷서비스 제공자가 등록한 동적 IP주소의 이용자들은 특정한 상황에서, 예를 들어, 사이버 공격의 경우에 형사소송의 체계 안에서 다른 사람의 도움을 받아 식별될 수 있다.[166] CJEU에 따르면, 제공자가 "그 사람에 대해 보유하고 있는 추가 데이터로 데이터주체를 식별할 수 있게 하는 법적 수단을 가지고 있을" 때, 이는 "데이터주체를 식별하는 데 사용될 수 있는 합리적인 수단"에 해당한다. 따라서 이러한 데이터는 개인데이터로 간주된다.

CoE법에서 식별가능성은 유사한 방식으로 이해된다. 개정조약 제108호 해설보고서에는 유사한 설명이 포함되어 있다. 즉, '식별 가능한'의 개념은 이러한 개인의 시민적 또는 법적 정체성을 의미할 뿐만 아니라, 한 사람을 '개별화'하거나 다른 사람으로부터 선별할 수 있게 하는 것, 그리고 결과적으로 다른 대우를 받을 수 있게 하는 것을 의미한다. 예를 들어, 개인을 구체적으로 조회하거나, 식별번호, 가명, 바이오 데이터 또는 유전자 데이터, 위치데이터, IP주소 또는 다른 식별자에 연결된 장치 또는 장치의 조합(컴퓨터, 휴대폰, 카메라, 게임기 등)을 조회함으로서 이러

165 Former Directive 95/46/EC of the European Parliament and of the Council of 24 October 1995 on the protection of individuals with regard to the processing of personal data and on the free movement of such data, Art. 2 (a).

166 CJEU, C-70/10, *Scarlet Extended SA v. Société belge des auteurs, compositeurs et éditeurs SCRL (SABAM)*, 24 November 2011, paras. 47-48.

한 '개별화'는 이루어질 수 있다.[167] 개인은 자신의 신원확인에 합리적이지 않게 시간, 노력이나 자원을 필요로 하는 경우 '식별 가능한' 것으로 간주되지 않는다. 예를 들어, 데이터주체를 식별하려면 지나치게 복잡하고, 길고, 비용이 많이 드는 작업이 필요한 때가 그러하다. 시간, 노력 또는 자원의 비합리성은 처리 목적, 식별의 비용 및 편익, 컨트롤러의 유형 및 사용되는 기술 등의 요소를 고려하는 사례별 근거에 기초하여 평가되어야 한다.[168]

개인데이터를 저장하거나 이용하는 형식에 대해서는 데이터보호법의 적용가능성과 무관하다는 점에 유의하는 것이 중요하다. 서면 또는 구두 통신은 폐쇄회로 텔레비전(CCTV) 화면[169]이나 소리[170]를 포함하여 영상뿐만 아니라 개인데이터도 포함할 수 있다.[171] 전자적으로 기록된 정보와 종이에 기재된 정보도 또한 개인데이터가 될 수 있다. 심지어 사람의 DNA를 기록하는 인간 조직의 세포 샘플도 바이오데이터를 추출할 수 있는 출처가 될 수 있다.[172] 단, 그 데이터는 개인의 선천적이나 후천적인 유전적 특성과 관련되고, 그 건강이나 생리현상에 관한 고유한 정보를 제공하고, 그 사람으로부터 생물학적 샘플을 분석하여 얻은 결과여야 한다.[173]

---

167 Explanatory Report of Modernised Convention 108, para. 18.

168 *Ibid.*, para. 17.

169 ECtHR, *Peck v. the United Kingdom*, No. 44647/98, 28 January 2003; ECtHR, *Köpke v. Germany* (dec.), No. 420/07, 5 October 2010; EDPS (2010), *The EDPS video-surveillance guidelines*, 17 March 2010.

170 ECtHR, *P.G. and J.H. v. the United Kingdom*, No. 44787/98, 25 September 2001, paras. 59-60; ECtHR, *Wisse v. France*, No. 71611/01, 20 December 2005 (French language version).

171 ECtHR, *Von Hannover v. Germany*, No. 59320/00, 24 June 2004; ECtHR, *Sciacca v. Italy*, No. 50774/99, 11 January 2005; CJEU, C-212/13, *František Ryneš v. Úřad pro ochranu osobních údajů*, 11 December 2014.

172 See Article 29 Working Party (2007), *Opinion 4/2007 on the concept of personal data*, WP136, 20 June 2007, p. 9; Council of Europe, Recommendation No. Rec (2006) 4 of the Committee of Ministers to member states on research on biological materials of human origin, 15 March 2006.

익명화(Anonymisation)

GDPR 및 개정조약 제108호(제3장에서 보다 자세하게 설명한다.)에 포함된 저장 제한의 원칙에 따라, 데이터는 "개인데이터가 처리되는 목적을 위해 필요한 기간보다 길지 않는 기간 동안 데이터주체의 식별을 허용하는 형태[174]"로 보존되어야 한다. 따라서 데이터가 더 이상 필요하지 않고 더 이상 원래의 목적을 수행하지 않은 후에 컨트롤러가 데이터를 저장하기를 원한다면 데이터를 삭제하거나 익명화해야 할 것이다.

데이터의 익명화 과정은 모든 식별요소가 개인데이터 집합에서 제거되어 데이터주체가 더 이상 식별가능하지 않다는 것을 의미한다.[175] 제29조 작업반은 의견 05/2014에서 서로 다른 익명화 기법의 효과와 한계를 분석한다.[176] 그것은 그러한 기법의 잠재적 가치를 인정하지만, 특정 기법이 모든 경우에 반드시 효과가 있는 것은 아니라는 것을 강조한다. 주어진 상황에서 최적의 해결책을 찾으려면 사례별로 적절한 익명화 과정을 결정해야 한다. 사용 기법과 관계없이 식별은 불가역적으로 방지되어야 한다. 이는 데이터가 익명화되기 위해서는 합리적인 노력을 통해 관련자를 재식별하는 데 도움이 될 수 있는 어떤 요소도 정보에 남아 있을 수 없다는 것을 의미한다.[177] 재식별의 위험성은 "데이터의 특성에 비추어 필요로 하는 시간, 노력 또는 자원, 데이터 이용상황, 활용할 수 있는 재식별 기술과 관련 비용[178]"을 고려하여 평가할 수 있다.

데이터가 성공적으로 익명화되면 더 이상 개인데이터가 아니며 데이터

---

173 General Data Protection Regulation, Art. 4 (13).

174 *Ibid.*, Art. 5 (1) (e); Modernised Convention 108, Art. 5 (4) (e).

175 General Data Protection Regulation, Recital 26.

176 Article 29 Working Party (2014), *Opinion 05/2014 on Anonymization Techniques*, WP216, 10 April 2014.

177 General Data Protection Regulation, Recital 26.

178 Council of Europe, Committee of Convention 108 (2017), *Guidelines on the protection of individuals with regard to the processing of personal data in a world of Big Data*, 23 January 2017, para. 6.2.

보호법도 더 이상 적용되지 않는다.

GDPR은 개인데이터 처리를 통제하는 개인 또는 조직은 규정을 준수하는 것을 유일한 목적으로 하여 데이터주체를 식별하기 위한 추가 정보를 유지, 획득 또는 처리해야 할 의무를 질 수 없다고 규정하고 있다. 그러나 이 규정에는 중요한 적용제외가 있다. 즉, 데이터주체가 액세스권, 정정권, 삭제권, 처리제한권 및 데이터이동권의 행사를 위하여 식별을 가능하게 하는 추가 정보를 컨트롤러에게 제공할 때마다 이전에 익명화된 데이터는 다시 개인데이터로 된다.[179]

가명화(Pseudonymisation)

개인정보에는 이름, 생년월일, 성별, 주소 또는 식별을 초래할 수 있는 다른 요소와 같은 속성이 포함되어 있다. 개인데이터를 가명화하는 과정은 이러한 속성이 가명으로 대체된다는 것을 의미한다.

EU법은 '가명화'를 "추가적인 정보가 별도로 보관되고 개인데이터가 식별되거나 또는 식별가능한 자연인에게 속하지 않는 것을 보장하기 위한 기술적·조직적 조치의 대상이 되는 한, 그러한 추가적인 정보의 이용 없이는 개인데이터가 특정한 데이터주체에게 더 이상 속할 수 없다는 방식으로 하는 개인데이터의 처리[180]"로 정의한다. 익명화된 데이터와 달리 가명화된 데이터는 여전히 개인데이터이며, 따라서 데이터보호법의 적용을 받는다. 가명화가 데이터주체에게 보안 리스크를 줄일 수 있지만, GDPR의 적용범위에서 적용제외 되지는 않는다.

GDPR은 데이터 보호를 강화하기 위한 적절한 기술적 조치로서 가명화의 다양한 사용을 인정하고 있으며, 데이터 처리의 설계와 보안에 대해 구체적으로 언급되어 있다.[181] 그것은 또한 처음에 수집된 목적 이외의

179 General Data Protection Regulation, Art. 11.

180 *Ibid.*, Art. 4 (5).

181 *Ibid.*, Art. 25 (1).

목적으로 개인데이터를 처리하는 데 사용될 수 있는 적절한 안전장치이기도 한다.[182]

가명화는 CoE 개정조약 제108호의 법적 개념정의에서 명시적으로 언급되고 있지는 않다. 그러나, 개정조약 제108호 해설보고서에는 "데이터 주체가 여전히 식별 가능하거나 개인으로 특정될 수 있으므로 가명 또는 디지털 식별자/디지털 ID의 사용은 데이터의 익명화를 가져오지 않는다[183]"고 명시되어 있다. 데이터를 가명화하는 한 가지 방법은 데이터 암호화를 통해서이다. 일단 데이터가 가명화되면, ID에 대한 링크는 가명 + 암호 해독키 형태로 존재한다. 그러한 키가 없으면 가명화된 데이터를 식별하기 어렵다. 그러나 암호 해독키를 사용할 자격이 있는 사람들에게는 쉽게 재식별이 가능하다. 인증되지 않은 사람에 의한 암호화키 사용은 특히 주의해야 한다. 따라서 "가명 데이터는 개정조약 제108호의 적용대상이 되는 개인데이터로 간주되어야 한다.[184]"

인증(Authentication)

이것은 개인이 자신이 특정한 신분을 가지고 있다는 것을 증명할 수 있고/있거나 보안 구역에 출입하거나 은행계좌에서 돈을 인출하는 등의 특정한 일을 할 권한이 있음을 입증하는 절차이다. 인증은 여권 내 사진이나 지문 등 바이오데이터를 예컨대 출입국관리소에서[185] 자신을 나타내는 사람의 데이터와 비교하거나, 또는 개인식별번호(PIN)나 비밀번호와 같이 일정한 ID나 허가를 받은 사람에게만 알려져야 하는 정보를 요구함으로써, 또는 특수 칩 카드나 은행금고의 열쇠와 같이 일정한 ID나 허가를 가진 사람이 배타적으로 소유해야 하는 특정한 징표를 제시하도록 요

182 *Ibid.*, Art. 6 (4).

183 Explanatory Report of Modernised Convention 108, para. 18.

184 *bid.*

185 *Ibid.*, paras. 56-57.

구함으로써 획득될 수 있다. 비밀번호나 칩 카드 외에 전자서명- 때때로 PIN도 함께 -은 특히 전자통신에서 사람을 식별하고 인증할 수 있는 도구이다.

2.1.2. 특별한 범주의 개인데이터(Special categories of personal data)

EU법과 **CoE법**에서는, 처리될 때 데이터주체에게 위험을 초래할 수 있어 강화된 보호가 필요한 특별한 범주의 개인데이터가 있다. 이러한 데이터는 금지 원칙에 따르며 그러한 처리가 합법적이 되는 조건의 수가 제한되어 있다.

개정조약 제108호(제6조)와 GDPR(제9조)의 체계 안에서는 다음과 같은 범주가 민감데이터로 간주된다.

- 출신 인종이나 민족을 나타내는 개인데이터
- 정치적 의견, 철학적 신념을 포함하여 종교적 신념이나 그 밖의 신념을 나타내는 개인데이터
- 노동조합원 자격을 나타내는 개인데이터
- 사람을 식별할 목적으로 처리된 유전자 데이터와 바이오 데이터
- 건강, 성생활이나 성적 취향에 관한 개인데이터

사례 : *Bodil Lindqvist* 사건[186]은 인터넷 페이지에서 이름이나 다른 수단으로 다른 사람들을 언급한 것과 관련된 것이었다. CJEU는 "한 개인이 발을 다쳐 의료상의 이유로 휴식 중에 있다는 사실을 언급한 것은 건강에 관한 개인데이터에 해당한다.[187]"고 밝혔다.

186 CJEU, C-101/01, *Criminal proceedings against Bodil Lindqvist*, 6 November 2003, para. 51.

187 Former Directive 95/46/EC, Art. 8 (1), now General Data Protection Regulation Art. 9 (1).

형사 유죄판결 및 범죄와 관련된 개인데이터
(Personal data relating to criminal convictions and offences)

개정조약 제108호는 범죄, 형사소송 및 유죄판결과 관련 보안조치와 관련되는 개인데이터를 특별한 범주의 개인데이터에 포함시키고 있다.[188] GDPR 제도 안에서는 형사 유죄판결 및 범죄와 관련 보안조치와 관련되는 개인데이터는 특별한 범주의 데이터 목록에는 언급되어 있지 않고 별개의 조항에서 다루어진다. GDPR 제10조는 그러한 데이터의 처리는 "공적 기관의 통제 하에서 또는 데이터주체의 권리 및 자유를 위한 적절한 안전장치를 규정하고 있는 EU법이나 회원국법에 의해 처리가 승인된 경우에" 수행될 수 있을 뿐이라고 규정하고 있다. 다른 한편으로 형사 유죄판결에 관한 정보를 보유하고 있는 종합등록부는 특정한 공적 기관의 통제 하에서 보관될 수 있을 뿐이다.[189] EU에서는 법집행의 맥락에서 개인데이터를 처리하는 것은 특별한 법규범인 지침 2016/680/EU[190]에 의해 규율된다. 이 지침에는 범죄를 예방, 수사, 적발 및 기소하기 위해 특별히 개인데이터를 처리할 때 관할 기관들에게 구속력을 갖는 특별한 데이터 보호규칙을 규정한다(8.2.1 참조).

---

188 Modernised Convention 108, Art. 6 (1).

189 General Data Protection Regulation, Art. 10.

190 Directive (EU) 2016/680 of the European Parliament and of the Council of 27 April 2016 on the protection of natural persons with regard to the processing of personal data by competent authorities for the purposes of the prevention, investigation, detection or prosecution of criminal offences or the execution of criminal penalties, and on the free movement of such data, and repealing Council Framework Decision 2008/977/JHA, OJ 2016 L 119.

2.2. 데이터 처리(Data processing)

요점

- '데이터 처리'는 개인데이터에 대해 수행된 작업과 관련된다.
- '처리'라는 용어는 자동화 및 비자동화 처리를 포함한다.
- EU법에서는 '처리'는 또한 구조화된 파일 시스템에서의 수동 처리를 의미하기도 한다.
- CoE법에서는 '처리'의 의미는 국내법으로 수동 처리를 포함하도록 확장될 수 있다.

2.2.1. 데이터 처리의 개념(The concept of data processing)

개인데이터 처리의 개념은 EU법과 CoE법 모두에서 포괄적이다. 즉, "'개인데이터의 처리'는 개인데이터의 수집, 기록, 편성, 구성, 저장, 편집이나 변경, 검색, 참조, 이용, 전송에 의한 공개, 배포나 그밖의 방법에 의한 이용, 연결이나 결합, 제한, 삭제 또는 파기와 같은 작용을 의미한다.[191]" 개정조약 제108호는 이 개념에 개인데이터의 보존을 더한다.[192]

사례 : *František Ryneš* 사건[193]에서, Mr Ryneš가 재산을 보호하기 위해 설치한 가정용 CCTV 감시시스템을 통해 자택의 창문을 깬 두 사람의 영상을 포착했다. CJEU는 개인데이터의 기록 및 저장이 포함된

191 General Data Protection Regulation, Art. 4 (2). See also Modernised Convention 108, Art. 2 (b).

192 Modernised Convention 108, Art. 2 (b).

193 CJEU, C-212/13, *František Ryneš v. Úřad pro ochranu osobních údajů*, 11 December 2014, para. 25.

비디오 감시가 EU데이터보호법의 적용범위에 속하는 자동 데이터 처리에 해당한다고 결정했다.

사례 : *Camera di Commercio, Industria, Artigianato e Agricoltura di Lecce v. Salvatore Manni* 사건[194]에서, Mr. Manni는 자신을 부동산회사의 청산과 연결시킴으로서 자신의 명성에 부정적인 영향을 미친 개인데이터를 신용평가회사의 등록부에서 삭제할 것을 청구했다. CJEU는 "등록부 유지의 관할기관은 해당 정보를 등록부에 기록·보관하고, 적절한 경우에 청구에 따라 제3자에게 해당 정보를 전달함으로써 '컨트롤러'로서 '개인데이터의 처리'를 수행한다"고 판결했다.

사례 : 고용인은 급여와 관련된 정보를 포함하여 피고용인에 대한 데이터를 수집하고 처리한다. 그들의 고용계약은 합법적으로 그렇게 할 수 있는 법적 근거를 제공한다.

고용인들은 직원들의 급여 데이터를 세무기관에 전달해야 할 것이다. 이러한 데이터 전송은 또한 개정조약 제108호 및 GDPR에서의 이 용어의 의미에 따라 '처리'로 될 것이다. 그러나 이러한 공개의 법적 근거는 고용계약이 아니다. 고용인이 급여 데이터를 세무기관에 전송하는 결과를 초래하게 되는 처리업무에 대한 추가적인 법적 근거가 있어야 한다. 이러한 법적 근거는 보통 국가 조세법의 규정에서 찾을 수 있다. 이러한 조항이 없는 경우- 그리고 처리를 위한 다른 합법적인 근거가 없는 경우 -이러한 개인데이터의 전송은 불법적인 처리가 될 것이다.

194 CJEU, C-398/15, *Camera di Commercio, Industria, Artigianato e Agricoltura di Lecce v. Salvatore Manni*, 9 March 2017, para. 35.

2.2.2. 자동화된 데이터 처리(Automated data processing)

개정조약 제108호 및 GDPR에 따른 데이터 보호는 완전히 자동화된 데이터 처리에 적용된다.

EU법에 따르면, 자동화된 데이터 처리는 "자동화된 수단에 의해 전적으로 또는 부분적으로 개인데이터[195]"에 대해 수행된 작업과 관련된 것이다. 개정조약 제108호도 유사한 개념정의를 포함하고 있다.[196] 실제적인 측면에서, 이것은 예를 들어 개인용 컴퓨터, 모바일 기기 또는 라우터의 도움을 받아 자동화된 수단을 통한 개인데이터 처리는 EU 및 CoE 데이터보호법 모두의 적용대상이 된다는 것을 의미한다.

사례 : *Bodil Lindqvist* 사건[197]은 인터넷페이지 상에 취미에 관한 정보에 대해 이름이나 전화번호와 같은 다른 수단으로 여러 사람들을 언급한 것과 관련된 것이었다. CJEU는 "인터넷페이지 상에서 다양한 사람을 언급하고, 이름이나 다른 수단 예를 들어, 전화번호나 또는 그들의 근무조건이나 취미에 관한 정보를 줌으로써 그들을 식별하는 행위는 지침 95/46 제3조제1항[198]의 의미 내에서의 '전적으로 또는 부분적으로 자동 수단에 의한 개인정보를 처리하는 것'에 해당한다"고 판결했다.

사례 : *Google Spain SL, Google Inc. v. Agencia Española de Protección de Datos (AEPD), Mario Costeja González* 사건[199]에서, Mr González

195 General Data Protection Regulation, Art. 2 (1) and 4 (2).

196 Modernised Convention 108, Art. 2 (b) and (c); Explanatory Report of Modernised Convention 108, para. 21.

197 CJEU, C-101/01, *Criminal proceedings against Bodil Lindqvist*, 6 November 2003, para. 27.

198 General Data Protection Regulation, Art. 2 (1).

는 구글 검색엔진에서 자신의 이름과 사회보장채무 회수를 위한 부동산 경매를 알리는 두개의 신문사 페이지와의 링크를 삭제 또는 변경해 줄 것을 청구했다. CJEU는 "검색엔진 운영자가 인터넷에 게시되어 있는 정보를 찾아서 자동으로, 지속적으로 그리고 체계적으로 인터넷을 탐색할 때, 이후에 검색엔진의 색인화 프로그램의 체계 안에서 '검색', '기록' 및 '편집'하는 그러한 데이터를 '수집'하고, 그 서버상에 '저장'하며, 그리고 경우에 따라서는 검색결과 목록의 형태로 '공개'하며 그 이용자에게 '활용가능'하게 할 수 있다.[200]" CJEU는 "검색엔진 운영자도 또한 다른 유형의 정보에 대한 동일한 작업을 수행하며 후자와 개인데이터를 구분하지 않는다는 사실과 관계없이" 이러한 행위가 '처리'에 해당한다고 결정했다.

2.2.3. 비자동화된 데이터 처리(Non-automated data processing)

수동 데이터 처리에도 또한 데이터 보호가 필요하다.

EU법에 따른 데이터 보호는 자동화된 데이터 처리에만 국한되지 않는다. 따라서 EU법에 따르면, 데이터 보호는 수동 파일링시스템, 즉 특수하게 구조화된 종이파일에서의 개인데이터 처리에도 적용된다.[201] 구조화된 파일링시스템은 개인데이터 집합을 분류하여 특정 기준에 따라 액세스 가능하게 해주는 시스템이다. 예를 들어 고용인이 최근 1년간 직원들이 받은 휴가의 모든 내용을 담고 있으며 알파벳순으로 저장되어 있는 '직원휴가'라는 제목의 종이파일을 유지한다면, 그 파일은 EU 데이터보호규정이 적용되는 수동 파일링시스템을 구성하게 될 것이다. 이처럼 데이터 보

199 CJEU, C-131/12, *Google Spain SL, Google Inc. v. Agencia Española de Protección de Datos (AEPD), Mario Costeja González* [GC], 13 May 2014.

200 *Ibid.*, para. 28.

201 General Data Protection Regulation, Art. 2 (1).

호가 확장되는 이유는 다음과 같다.

- 종이파일은 정보를 빠르고 쉽게 찾을 수 있는 방식으로 구성할 수 있게 된다.
- 구조화된 종이파일에 개인데이터를 저장하는 것은 자동화된 데이터 처리에 대해 법률로 규정한 제한을 쉽게 회피할 수 있다.[202]

CoE법에 따르면, 자동 처리의 개념정의는 자동화된 작업 사이에 일부 단계의 개인데이터의 수동 이용이 필요할 수 있다는 것을 인정한다.[203] 개정조약 제108호 제2조제c호는 "자동화된 처리가 사용되지 않는 경우, 데이터 처리는 특정한 기준에 따라 액세스할 수 있거나 검색할 수 있는 그러한 데이터의 구조화된 집합 내에서 개인데이터에 대해 수행되는 작업 또는 일련의 작업을 의미한다"고 명시하고 있다.

2.3. 개인데이터의 이용자(Users of personal data)

요점

- 타인의 개인데이터 처리의 수단 및 목적을 결정하는 자는 데이터보호법에 따른 '컨트롤러'가 되며, 여러 사람이 함께 이 결정을 내리면 '공동 컨트롤러'가 될 수 있다.
- '프로세서'는 컨트롤러를 대신하여 개인데이터를 처리하는 자연인 또는 법인이다.
- 프로세서가 데이터 처리 자체의 수단 및 목적을 결정하면 컨트롤러가 된다.
- 개인데이터가 공개되는 사람은 누구나 '수취인'이다.

---

202 General Data Protection Regulation, Recital 15.

203 Modernised Convention 108, Art. 2 (b) and (c).

- '제3자'는 데이터주체, 컨트롤러, 프로세서와 컨트롤러나 프로세서의 직접적인 권한에 따라 개인데이터를 처리할 수 있는 권한을 가진 사람 이외의 자연인 또는 법인이다.
- 개인데이터 처리를 위한 법적 근거로서의 동의는 자유롭게 주어지고, 통지되며, 구체적이고, 처리에 대한 승낙을 나타내는 명확하고 긍정적인 의사표시여야 한다.
- 동의에 기초하여 특별한 범주의 데이터를 처리하려면 명시적인 동의가 필요하다.

2.3.1. 컨트롤러와 프로세서(Controllers and processors)

컨트롤러나 프로세서가 된다는 것의 가장 중요한 결과는 데이터보호법에 따른 각자의 의무 준수에 대한 법적 책임이다. 민간부문에서는 보통 이것은 자연인 또는 법인이고, 공공부문에서는 보통 기관이다. 데이터 컨트롤러와 데이터 프로세서 사이에는 상당한 차이가 있다. 즉, 전자는 처리의 목적 및 방법을 결정하는 자연인 또는 법인이고, 후자는 엄격한 지시에 따라 컨트롤러를 대신하여 데이터를 처리하는 자연인 또는 법인이다. 원칙적으로, 처리에 대한 통제를 실시해야 하며, 법적 책임을 포함하여 이에 대한 책임을 지는 사람은 데이터 컨트롤러이다. 그러나 데이터보호법의 개혁으로 프로세서는 이제 컨트롤러에게 적용되는 많은 요건을 준수해야 할 의무가 있다. 예를 들어, GDPR에 따라 프로세서는 그에 따른 의무의 준수를 입증하기 위해 모든 범주의 처리활동의 기록을 유지해야 한다.[204] 프로세서는 또한 처리의 보안을 보장하기 위한 적절한 기술적·조직적 조치를 이행하고,[205] 특정 상황에서 데이터보호책임자를 임명하며,[206] 데이터 침해사실을 컨트롤러에게 통보해야 한다.[207]

204 General Data Protection Regulation, Art. 30 (2).
205 *Ibid.*, Art. 32.

사람이 처리의 목적 및 방법을 판단하고 결정할 능력이 있는지 여부는 사건의 사실적 요소나 상황에 따라 달라질 것이다. GDPR에서 컨트롤러의 개념정의에 따르면, 자연인, 법인 또는 기타 기관은 컨트롤러가 될 수 있다. 그러나, 제29조작업반은 개인의 권리행사를 위해 보다 안정적인 실체를 제공하기 위해서는 "회사나 기구 내의 특정한 사람이 아닌 회사나 기구를 컨트롤러로 간주하는 것이 우선 되어야 한다[208]"고 강조해 왔다. 예를 들어, 의료용품을 의료인들에게 판매하는 회사가 특정 분야의 모든 의료인들의 배포목록을 작성·유지하는 컨트롤러이지 실제로 목록을 사용하고 유지하는 영업매니저는 컨트롤러가 아니다.

사례 : 선샤인(Sunshine)사의 마케팅 부서가 시장조사를 위해 데이터를 처리할 계획이면 마케팅 부서의 직원들이 아니라 선샤인사가 그러한 처리의 컨트롤러가 된다. 마케팅 부서는 별개의 정체성이 없기 때문에 컨트롤러가 될 수 없다.

자연인은 EU법 및 CoE법 모두에 따라 컨트롤러가 될 수 있다. 그러나, 사적 개인이 순수하게 사적 활동이나 가사 활동과 관련하여 타인에 관한 데이터를 처리할 때, GDPR 및 개정조약 제108호의 규정에 해당하지 않으며, 컨트롤러로서 간주되지 않는다.[209] 서신, 친구 및 동료와의 사건을 기술한 개인 일기와 가족 구성원들의 건강기록을 보관하는 개인에게는 이러한 활동들은 순수하게 개인적인 활동일 수도 있고 단순한 가사활동일 수도 있기 때문에 데이터보호규정이 적용제외될 수 있다. GDPR은 또

206 *Ibid.*, Art. 37.

207 *Ibid.*, Art. 33(2).

208 Article 29 Working Party (2010), *Opinion 1/2010 on the concepts of "controller" and "processor"*, WP 169, Brussels, 16 February 2010.

209 General Data Protection Regulation, Recital 18 and Art. 2 (2) (c); Modernised Convention 108, Art. 3 (2).

한 개인적 또는 가사 활동에는 그러한 활동의 맥락 안에서 수행될 때 소셜 네트워킹 및 온라인 활동을 포함될 수 있다고 명시한다.[210] 반대로, 데이터보호규범은 개인적 활동이나 또는 가사 활동을 위한 개인데이터 처리 수단(예: 소셜 네트워킹 플랫폼)을 제공하는 컨트롤러와 프로세서에게 완전히 적용된다.[211]

시민들이 인터넷에 액세스하고 전자상거래 플랫폼, 소셜 네트워크, 블로그 사이트를 이용하여 자신과 다른 개인들에 대한 개인정보를 공유할 수 있게 되면서 개인적(personal)인 처리와 비개인적(non-personal)인 처리를 분리하는 것이 점점 어려워지고 있다.[212] 활동이 순전히 개인적인 것인지 아니면 가사적인 것인지는 상황에 달려 있다.[213] 직업적이거나 상업적 측면이 있는 활동은 가사 면제에 해당할 수 없다.[214] 따라서, 데이터 처리의 규모 및 빈도가 직업적이거나 상근적 활동을 시사하는 경우, 사적 개인을 컨트롤러로 간주할 수 있다. 처리 활동의 직업적이거나 상업적 성격 외에도, 고려되어야 할 또 다른 요소는 개인데이터가 다수의 사람에게 이용 가능하도록 되어 있는지, 개인의 사적 영역과 분명히 관계없는지 여부이다. 데이터보호지침에 따른 판례는 사인이 인터넷 사용 중에 타인에 대한 데이터를 공개 웹사이트에 게시할 때 데이터보호법이 적용될 것이라고 인정하였다. CJEU는 GDPR에 따라 유사한 사실에 대해 아직 판결한 바 없지만, GDPR은 개인 목적으로 소셜 미디어를 사용하는 것과 같은 '가사 예외'에 따라 데이터보호법의 적용범위 밖으로 고려될 수 있는 주제에 대해 더 많은 지침을 규정하고 있다.

---

210 General Data Protection Regulation, Recital 18.

211 *Ibid.*, Recital 18; Explanatory Report of Modernised Convention 108, para. 29.

212 See the statement of Article 29 Working Party on discussions regarding the data protection reform package (2013), *Annex 2 : Proposals and Amendments regarding exemption for personal or household activities*, 27 February 2013.

213 Explanatory Report of Modernised Convention 108, para. 28.

214 See General Data Protection Regulation, Recital 18 and Explanatory Report of Modernised Convention 108, para. 27.

사례 : *Bodil Lindqvist* 사건[215]은 인터넷 페이지에서 이름이나 취미에 관한 정보와 같이 다른 수단으로 다른 사람들을 언급한 것과 관련된 것이었다. CJEU는 "인터넷페이지에서 다양한 사람을 언급하고, 이름이나 다른 수단으로 식별하는 행위는 데이터보호지침 제3조제1항[216]의 의미에서의 '개인데이터를 전부이거나 또는 일부이든 자동적인 방법으로 처리하는 행위'에 해당한다"고 주장했다.

이러한 개인데이터 처리는 EU 데이터보호규정의 범위에 포함되는 순수 개인 또는 가사 활동에 해당하지 않는다. 왜냐하면, 이러한 예외는 "개인의 사생활이나 가정생활 과정에서 수행되는 활동에만 관련되는 것으로 해석되어야 하는데, 무한정 많은 사람들이 액세스할 수 있도록 인터넷에 게시된 개인데이터의 처리의 경우에는 명백히 해당되지 않기 때문이다.[217]"

CJEU에 따르면 사적으로 설치된 보안카메라의 영상녹화는 일정한 상황에서 EU 데이터보호법의 적용대상이 될 수 있다.

사례 : *František Ryneš* 사건[218]에서, Mr Ryneš는 재산을 보호하기 위해 설치한 가정용 CCTV 감시시스템을 통해 자택의 창문을 깨트린 두 사람의 영상을 촬영했다. 이후 이 녹화영상은 경찰에 넘겨져 형사소송에서 증거로 사용됐다.

215 CJEU, C-101/01, *Criminal proceedings against Bodil Lindqvist*, 6 November 2003.

216 *Ibid.*, para. 27; Former Directive 95/46/EC, Art. 3 (1), now General Data Protection Regulation, Art. 2 (1).

217 CJEU, C-101/01, *Criminal proceedings against Bodil Lindqvist*, 6 November 2003, para. 47.

218 CJEU, C-212/13, *František Ryneš v. Úřad pro ochranu osobních údajů*, 11 December 2014, para. 33.

CJEU는 "비디오 감시가 부분적으로나마 공공장소를 커버하고, 따라서 데이터를 그러한 방식으로 처리하는 사람의 사적인 환경으로부터 외부로 향하는 한, 순수하게 '개인 또는 가사' 활동으로 간주될 수 없다[219]"고 판시했다.

컨트롤러(Controller)

EU법에 따르면, 컨트롤러는 "개인데이터 처리의 목적 및 수단을 단독으로 또는 다른 사람과 공동으로 결정하는 사람[220]"으로 정의된다. 컨트롤러의 결정에 따라 데이터가 왜 그리고 어떻게 처리될 것인지가 결정된다.

CoE법에 따르면, 개정조약 제108호는 '컨트롤러'를 "단독 또는 다른 사람과 공동으로 데이터 처리에 관한 의사결정 권한을 가진 자연인 또는 법인, 공적 기관, 서비스, 에이전시 또는 기타 기구[221]"로 정의한다. 이러한 의사결정 권한은 처리되는 데이터 범주와 데이터에 대한 액세스뿐만 아니라 처리의 목적 및 수단과 관련이 있다.[222] 이러한 권한이 법적 지정에서 비롯되는지 아니면 사실적 상황에서 유래하는지 여부는 사안별로 판단해야 한다.[223]

사례 : *Google Spain* 사건[224]은 재정관련 과거사에 대한 오래된 신문기사를 구글에서 삭제하기를 원한 한 스페인 시민이 제기한 것이었다.

219 Former Directive 95/46/EC, Art. 3 (2) second indent, now General Data Protection Regulation, Art. 2 (2) (c).

220 General Data Protection Regulation, Art. 4 (7).

221 Modernised Convention 108, Art. 2 (d).

222 Explanatory Report of Modernised Convention 108, para. 22.

223 *Ibid.*

224 CJEU, C-131/12, *Google Spain SL, Google Inc. v. Agencia Española de Protección de Datos (AEPD), Mario Costeja González* [GC], 13 May 2014.

CJEU는 검색엔진의 운영자로서 구글이 데이터보호지침 제2조제d호[225]의 의미 내에서 데이터의 '컨트롤러'인지 여부를 제청받았다. CJEU는 "데이터주체의 실효적이고 완전한 보호"를 보장하기 위해 '컨트롤러' 개념의 광범위한 정의를 고려했다.[226] CJEU는 검색엔진 운영자가 활동의 목적 및 수단을 결정했으며, 데이터주체의 이름에 근거하여 검색을 수행하는 인터넷 이용자가 접속할 수 있는 웹사이트의 게시자가 인터넷 페이지에 올린 데이터를 제공했다는 것을 인정했다.[227] 따라서 CJEU는 구글을 '컨트롤러'로 간주할 수 있다고 결정했다.[228]

컨트롤러 또는 프로세서가 EU 역외에서 설립되는 경우, 해당 회사는 EU 역내에 대리인을 임명할 필요가 있다.[229] GDPR은 대리인이 "재화 및 서비스의 제공과 관련하여 그 개인데이터가 처리되거나 또는 그 행동이 모니터링되는 데이터주체가 있는 회원국들 중의 하나에" 설립되어야 한다고 강조한다.[230] 대리인이 지정되지 않는다면 컨트롤러 또는 프로세서 자신에 대한 법적 조치를 시작할 수 있다.[231]

225 General Data Protection Regulation, Art. 4 (7); CJEU, C-131/12, *Google Spain SL, Google Inc. v. Agencia Española de Protección de Datos (AEPD), Mario Costeja González* [GC], 13 May 2014, para. 21.

226 CJEU, C-131/12, *Google Spain SL, Google Inc. v. Agencia Española de Protección de Datos (AEPD), Mario Costeja González* [GC], 13 May 2014, para. 34.

227 *Ibid.*, paras. 35-40.

228 *Ibid.*, para. 41.

229 General Data Protection Regulation, Art. 27 (1).

230 *Ibid.*, Art. 27 (3).

231 *Ibid.*, Art. 27 (5).

공동 컨트롤러(Joint controllership)

GDPR은 둘 이상의 컨트롤러가 공동으로 처리의 목적 및 수단을 결정하는 경우, 그들은 공동 컨트롤러로 간주된다고 규정하고 있다. 이는 공유 목적을 위해 데이터 처리를 함께 결정한다는 의미이다.[232] 개정조약 제108호 해설보고서에는 **CoE 체계** 내에서도 또한 다중 컨트롤러나 공동 컨트롤러가 가능하다고 기술하고 있다.[233]

제29조작업반은 공동 컨트롤러는 서로 다른 형태를 취할 수 있으며, 통제 활동에서 서로 다른 컨트롤러의 참여는 동일하지 않을 수 있다고 지적한다.[234] 이러한 유연성은 점점 더 복잡해지는 데이터 처리 현실을 충족시키는 것을 가능하게 한다.[235] 따라서 공동 컨트롤러는 구체적인 계약에서 규칙에 따른 의무 준수에 대한 각자의 책임을 결정해야 한다.[236]

공동 컨트롤러는 처리활동에 대한 공동책임으로 이어진다.[237] **EU법**체계 안에서, 이는 데이터주체가 실효적으로 보상받을 수 있도록 하기 위해 각 컨트롤러나 프로세서가 공동 컨트롤러로서 한 처리로 인한 모든 손해에 대해 완전한 책임이 부과될 수 있다는 것을 의미한다.[238]

사례 : 여러 신용기관이 공동으로 운영하는 채무불이행 고객에 대한 데이터베이스는 공동 컨트롤러의 일반적인 예다. 누군가가 공동 컨트롤러 중 하나인 은행에 신용라인을 신청하면, 은행들은 신청자의 신용도에 대한 정보에 근거한 결정을 하기 위해 데이터베이스를 체크한다.

---

232 *Ibid.*, Art. 4 (7) and Art. 26.

233 Modernised Convention 108, Art. 2 (d); Explanatory Report of Modernised Convention 108, para. 22.

234 Article 29 Working Party (2010), *Opinion 1/2010 on the concepts of "controller" and "processor"*, WP 169, Brussels, 16 February 2010, p. 19.

235 *Ibid.*

236 General Data Protection Regulation, Recital 79.

237 *Ibid.*, para. 21.

238 *Ibid.*, Art. 82 (4).

법조항은 공동 컨트롤러가 각 컨트롤러마다 공유 목적이 동일해야 하는지 또는 그 목적이 부분적으로만 중복되면 충분한지 여부를 명기하지 않는다. 아직까지는 유럽 차원에서 이용할 수 있는 관련 판례도 없다. 제29조작업반은 2010년 컨트롤러 및 프로세서에 대한 의견에서, 공동 컨트롤러는 처리의 모든 목적 및 수단을 공유하거나, 또는 몇 개의 목적이나 수단만을 또는 그 중 일부만을 공유할 수 있다고 기술하고 있다.[239] 전자는 서로 다른 행위자들 사이의 매우 긴밀한 관계를 의미하지만 후자는 보다 느슨한 관계를 나타낼 것이다.

제29조작업반은 현재의 데이터 처리 현실이 복잡성을 점점 증가하고 있는 것에 부응할 수 있도록 유연성을 허용하기 위하여 공동 컨트롤러 개념을 보다 광범위하게 해석하는 것을 지지한다.[240] 세계은행간금융통신협회(SWIFT)와 관련된 사례는 작업반의 입장을 잘 나타내준다.

사례 : 이른바 SWIFT 사건에서, 유럽의 은행기관들은 은행거래 과정에서 데이터 전송을 운용하기 위해 당초 프로세서로서 SWIFT를 채용했다. SWIFT는 이를 채용한 유럽 은행기관들로부터 명시적으로 지시도 받지 않고서 미국의 한 컴퓨터서비스센터에 저장돼 있는 이러한 은행거래 데이터를 미 재무부에 공개했다. 제29조작업반은 이러한 상황의 적법성을 평가할 때 SWIFT 자신뿐만 아니라 SWIFT를 채용하는 유럽 은행기관들도 미국 기관에 유럽 고객들의 데이터를 공개하는 것에 대해 책임이 있는 공동 컨트롤러로 보아야 한다는 결론에 도달했다.[241]

---

239 Article 29 Working Party (2010), *Opinion 1/2010 on the concepts of "controller" and "processor"*, WP 169, Brussels, 16 February 2010, p. 19.

240 *bid.*

241 Article 29 Working Party (2006), *Opinion 10/2006 on the processing of personal data by the Society for Worldwide Interbank Financial Telecommunication (SWIFT)*, WP 128, Brussels, 22 November 2006.

프로세서(Processor)

프로세서는 **EU법에 따르면** 컨트롤러를 대신하여 개인데이터를 처리하는 사람으로 정의된다.[242] 프로세서에 위탁한 활동은 매우 구체적인 업무나 맥락으로 제한되거나 상당히 일반적이고 포괄적일 수 있다.

CoE법에 따르면 프로세서의 의미는 EU법과 동일하다.[243]

프로세서는 타인을 위한 데이터 처리 외에도, 예를 들어 자신의 직원, 판매 및 계정의 관리와 같이 자신의 목적을 위해 수행하는 처리와 관련하여 독립하여 데이터 컨트롤러가 될 것이다.

> 사례 : 에버레디(Everready)사는 다른 회사의 인재 데이터 관리를 위한 데이터 처리를 전문으로 한다. 이 기능에서 에버레디는 프로세서이다. 그러나 에버레디가 자사 직원의 데이터를 처리하는 경우에는 고용인으로서의 의무를 수행하기 위하여 데이터 처리작업의 컨트롤러이다.

컨트롤러와 프로세서 간의 관계 (Relationship between controller and processor)

우리가 살펴본 바와 같이, 컨트롤러는 처리의 목적 및 수단을 결정하는 자로 정의된다. GDPR은 EU법이나 회원국법이 프로세서가 개인데이터를 처리하도록 요구하지 않는 한 프로세서는 컨트롤러의 지시에 따라서만 개인데이터를 처리할 수 있을 뿐이라고 명기하고 있다.[244] 컨트롤러와 프로세서 사이의 계약은 그들 관계의 필수적인 요소로서 법적 요건이다.[245]

---

242 General Data Protection Regulation, Art. 4 (8).

243 Modernised Convention 108, Art. 2 (f).

244 General Data Protection Regulation, Art. 29.

245 *Ibid.*, Art. 28 (3).

사례 : 선샤인컴퍼니(Sunshine Company) 책임자는 클라우드 기반 데이터 스토리지 전문기업인 클라우디컴퍼니(Cloudy Company)가 선샤인의 고객 데이터를 관리해야 한다고 결정한다. 계약에 따르면 클라우디는 선샤인이 결정한 목적을 위하여 선샤인사의 고객 데이터를 이용할 수 있을 뿐이기 때문에, 선샤인은 여전히 컨트롤러가 되고 클라우디는 프로세서일 뿐이다.

처리 수단을 결정하는 권한이 프로세서에게 위임되는 경우에도, 그럼에도 불구하고 컨트롤러는 처리 수단에 관한 프로세서의 결정에 대해 적절한 수준의 통제를 행사할 수 있어야 한다. 전반적인 책임은 여전히 컨트롤러에게 있으며, 컨트롤러는 프로세서의 결정이 데이터보호법과 컨트롤러 자신의 지시를 준수하는 것을 보장하기 위해 프로세서를 감독해야 한다.

더구나, 컨트롤러가 규정한 데이터 처리조건을 준수하지 않는다면, 프로세서는 적어도 컨트롤러의 지시를 위반하는 한도에서는 컨트롤러가 될 것이다. 이것은 프로세서가 불법적으로 행동하는 컨트롤러가 되게 할 것이다. 따라서, 원래의 컨트롤러는 프로세서가 자신의 명령을 위반하는 것이 어떻게 가능했는지를 설명해야 할 것이다.[246] 실제로, 제29조작업반은 그러한 경우에 공동 컨트롤러를 상정하는 경향이 있는데, 이는 데이터주체의 이익을 가장 잘 보호하는 결과를 낳기 때문이다.[247]

또한 컨트롤러가 소기업이고 프로세서가 서비스 조건을 지시할 수 있는 권한을 가진 대기업인 경우 책임의 분배에 대한 문제도 있을 수 있다. 그러나 이런 상황에서 제29조작업반은 경제적 불균형을 이유로 책임의

---

246 *Ibid.*, Art. 82 (2).

247 Article 29 Working Party (2010), *Opinion 1/2010 on the concepts of "controller" and "processor"*, WP 169, Brussels, 16 February 2010, p. 25; Article 29 Working Party (2006), *Opinion 10/2006 on the processing of personal data by the Society for Worldwide Interbank Financial Telecommunication (SWIFT)*, WP 128, Brussels, 22 November 2006.

기준을 낮추어서는 안 되며 컨트롤러 개념에 대한 이해가 유지되어야 한다는 입장을 고수하고 있다.[248]

명확성과 투명성을 위해 컨트롤러와 프로세서의 관계에 대한 자세한 내용은 서면 계약서에 기록해야 한다.[249] 계약서에는 특히 처리의 대상, 성격, 목적 및 기간, 개인데이터의 유형과 데이터주체의 범주가 포함되어야 한다. 또한, 기밀유지 및 보안에 관한 요건과 같이 컨트롤러 및 프로세서의 의무와 권리를 명시해야 한다. 그러한 계약이 없는 것은 상호 책임에 대한 서면 문서를 제공해야 하는 컨트롤러의 의무를 위반한 것이며, 제재로 이어질 수 있다. 컨트롤러의 적법한 지시를 벗어나서 행위하거나 그를 준수하지 않은 결과 손해가 발생하는 경우, 컨트롤러만이 아니라 프로세서에 대해서도 책임이 부과될 수 있다.[250] 프로세서는 컨트롤러를 대신하여 수행하는 모든 범주의 처리활동에 대한 기록을 보관해야 한다.[251] 컨트롤러와 프로세서가 업무 수행에 있어 감독기관과 협력해야 하기 때문에, 이러한 기록은 감독기관의 요청에 따라 감독기관이 이용할 수 있어야 한다.[252] 또한 컨트롤러와 프로세서는 승인된 행동준칙 또는 인증메커니즘을 준수하여 GDPR 요건의 준수를 입증할 수 있다.[253]

프로세서는 추가 하위 프로세서에게 특정 작업을 위임하기를 원할 수 있다. 이는 모든 경우에 컨트롤러의 허가가 필요한지 또는 통지만으로 충분한지 여부를 포함하여 컨트롤러와 프로세서 사이에 적절한 계약규정이 설정된 경우라면 법적으로 허용된다. GDPR은 하위 프로세서가 데이터 보호의무를 이행하지 못하는 경우 원래의 프로세서가 컨트롤러에 대해 완전한 책임을 부담한다고 규정하고 있다.[254]

---

248 Article 29 Working Party (2010), *Opinion 1/2010 on the concepts of "controller" and "processor"*, WP 169, Brussels, 16 February 2010, p. 26.

249 General Data Protection Regulation, Art. 28 (3) and (9).

250 *Ibid.*, Art. 82 (2)

251 *Ibid.*, Art. 30 (2)

252 *Ibid.*, Art. 30 (4) and 31.

253 *Ibid.*, Art. 28 (5) and 42 (4).

CoE법에 따르면 위에서 설명한 바와 같이 컨트롤러와 프로세서의 개념에 대한 해석은 충분히 적용 가능하다.[255]

2.3.2. 수취인과 제3자(Recipients and third parties)

데이터보호지침에 의해 도입된 이 두 범주의 사람이나 실체 간의 차이는 주로 컨트롤러와의 관계에 있으며, 결과적으로 컨트롤러가 보유한 개인데이터에 대한 액세스 권한에 있다.

'제3자'는 컨트롤러 및 프로세서와는 다른 사람이다. GDPR 제4조제10호에 따르면 제3자는 "데이터주체, 컨트롤러, 프로세서 및 컨트롤러나 프로세서의 직접 권한에 따라 개인데이터의 처리를 허가받은 자 이외의 자연인이나 법인, 공적 기관, 에이전시나 기구"이다. 이것은 컨트롤러와 다른 조직에서 일하는 사람-동일한 그룹이나 지주회사에 속해 있다할지라도-은 '제3자'가 될 것(또는 속할 것)이라는 것을 의미한다. 반면 본사의 직접 권한으로 고객의 계좌를 처리하는 은행의 지점은 '제3자'가 되지 않을 것이다.[256]

'수취인'은 '제3자'보다 더 넓은 용어이다. GDPR 제4조제9호의 의미에서는 수취인은 "제3자든 아니든 데이터를 공개 받은 자연인이나 법인, 공적 기관, 에이전시 또는 기타 기구"를 의미한다. 이러한 수취인은 컨트롤러나 프로세서 외부의 사람-이는 제3자가 될 수 있다- 또는 같은 회사나 기관 내의 직원이나 다른 부서와 같이 컨트롤러나 프로세서 내부의 사람일 수 있다.

수취인과 제3자의 구분이 중요한 것은 오직 데이터의 합법적인 공개조건 때문이다. 컨트롤러나 프로세서의 피고용인은 컨트롤러나 프로세서의

254 *Ibid.*, Art. 28 (4)

255 See, for example, Modernised Convention 108, Art. 2 (b) and (f); Profiling Recommendation, Art. 1.

256 Article 29 Working Party (2010), *Opinion 1/2010 on the concept of "controller" and "processor"*, WP 169, Brussels, 16 February 2010, p. 31.

처리작업에 관여하는 경우 추가적인 법적 요건 없이 개인데이터의 수취인이 될 수 있다. 반면에, 컨트롤러나 프로세서와는 별개인 제3자는 특정한 경우에 특정한 법적 근거가 없는 한, 컨트롤러가 처리하는 개인데이터를 사용할 권한이 없다.

사례 : 고용인이 위탁한 업무의 범위 내에서 개인데이터를 이용하는 컨트롤러의 피고용인은 컨트롤러의 이름으로 그 지시에 따라 데이터를 이용하기 때문에 데이터의 수취인이지 제3자가 아니다. 예를 들어 앞으로 있을 업적평가 등을 고려해 고용인이 피고용인 개인데이터를 인사과에 공개하는 경우, 컨트롤러를 위한 처리 과정에서 해당 데이터가 공개되었기 때문에 인사팀이 개인데이터의 수취인이 될 것이다.

그러나, 그 조직이 피고용인 데이터를 그 피고용인을 위한 맞춤형 교육훈련 프로그램을 만들기 위해 이용할 교육훈련 회사에 제공하는 경우, 그 교육훈련 회사는 제3자가 된다. 그 이유는 교육훈련 회사가 이러한 개인데이터를 처리할 특별한 정당성이나 권한('인적 자원'의 경우에 컨트롤러와의 고용관계에서 비롯된다)을 갖고 있지 않기 때문이다. 다시 말해서, 그들은 데이터 컨트롤러와의 고용 중에 정보를 받은 것이 아니었다.

2.4. 동의(Consent)

요점

- 개인데이터 처리를 위한 법적 근거로서의 동의는 자유롭게 주어지고, 정보가 제공되고, 구체적이며, 처리에 대한 승낙을 나타내는 명확히 긍정적인 행위에 의해 모호하지 않은 의사표시여야 한다.
- 특별한 범주의 데이터의 처리에는 명시적인 동의가 요구된다.

제4장에서 자세히 검토되는 바와 같이, 동의는 개인데이터를 처리하는 6가지 합법적 근거 중 하나이다. 동의란 "자유롭게 주어지고, 구체적이며, 정보가 제공되고, 데이터주체의 모호하지 않은 의사표시"를 의미한다.[257]

EU법은 동의가 유효하기 위한 다음의 몇 가지 요소를 규정하고 있는데, 이는 데이터주체가 진정으로 데이터의 특정 사용에 동의하는 것을 의미했음을 보증하는 것을 목적으로 한다.[258]

- 동의는 개인데이터 처리에 대해 데이터주체의 자유롭게 주어지고, 구체적이며, 미리 정보를 받고 애매모호하지 않은 승낙의 표시를 확립하는 명확히 긍정적인 행위에 의해 주어져야 한다. 이러한 행위는 행동이나 진술일 수 있다.
- 데이터주체는 언제라도 동의를 철회할 권리를 가져야 한다.
- '서비스의 조건'과 같이 다른 사항도 포괄하는 서면 선언문(written declaration)의 맥락에서, 동의 요청은 명확하고 평이한 언어로, 알기 쉽고 액세스하기 쉬운 형태로, 동의가 다른 사항과 명확하게 구별되어야 하며, 이러한 선언문의 일부가 GDPR을 위반할 경우 구속력이 없어야 한다.

동의는 이러한 모든 요건이 충족될 경우에 데이터보호법의 맥락에서 유효할 뿐이다. 데이터주체가 자신의 데이터 처리에 동의했다는 것을 입증하는 것은 컨트롤러의 책임이다.[259] 유효한 동의의 요소는 개인데이터 처리를 위한 합법적인 근거에 대해 4.1.1에서 보다 자세히 논의될 것이다.

조약 제108호는 동의에 대한 개념 정의를 포함하고 있지 않다. 이는 국내법에 맡겨져 있다. 그러나, **CoE법에 따르면**, 유효한 동의의 요소는 앞

257 General Data Protection Regulation, Art. 4 (11). See also Modernised Convention 108, Art. 5 (2).

258 General Data Protection Regulation, Art. 7.

259 *Ibid.*, Art. 7 (1).

에서 설명한 것과 일치한다.[260]

법적 능력과 같이 유효한 동의를 위한 민법상의 추가적 요건은 기본적인 법적 전제조건이기 때문에 데이터 보호의 맥락에서도 또한 당연히 적용된다. 법적 능력이 없는 사람의 무효인 동의는 그 사람에 대한 데이터 처리의 법적 근거가 없는 것이 될 것이다. 미성년자가 계약을 체결할 수 있는 법적 능력과 관련하여, GDPR은 유효한 동의를 얻기 위한 최소 연령에 대한 GDPR의 규정은 회원국의 일반 계약법에 영향을 미치지 않는다고 규정하고 있다.[261]

동의는 데이터주체의 의도에 대해 의심의 여지가 없도록 명확한 방법으로 주어져야 한다.[262] 동의는 민감데이터의 처리와 관련될 때 명시적이어야 하며, 구두 또는 서면으로 할 수 있다.[263] 후자는 전자적인 방법으로 할 수 있다.[264] **EU법** 및 **CoE법** 모두의 체계 내에서, 개인데이터 처리에 대한 승낙은 진술이나 명확히 긍정적인 행위에 의해 주어져야 한다.[265] 따라서 동의는 침묵, 사전에 표시된 박스, 사전에 완성된 양식 또는 부작위로부터 얻을 수 없다.[266]

---

260 Modernised Convention 108, Art. 5 (2); Explanatory Report of Modernised Convention 108, paras. 42-45.

261 General Data Protection Regulation, Art. 8 (3).

262 *Ibid.*, Art. 6 (1) (a) and 9 (2) (a).

263 *Ibid.*, Recital 32.

264 *Ibid.*

265 *Ibid.*, Art. 4 (11); Explanatory Report of Modernised Convention 108, para. 42.

266 General Data Protection Regulation, Recital 32; Explanatory Report of Modernised Convention 108, para. 42.

제3장
유럽데이터보호법의 주요 원칙

EU	관련쟁점	CoE
GDPR 제5조제1항제a호	**적법성 원칙**	개정조약 제108호 제5조제3항
GDPR 제5조제1항제a호	**공정성 원칙**	개정조약 제108호 제5조제4항제a호 ECtHR, *K.H. and Others v. Slovakia*, No. 32881/04, 2009
GDPR 제5조제1항제a호 CJEU, C-201/14, *Smaranda Bara and Others v. Casa Naţională de Asigurări de Sănătate and Others*, 2015	**투명성 원칙**	개정조약 제108호 제5조제4항제a호 및 제8조 ECtHR, *Haralambie v. Romania*, No. 21737/03, 2009
GDPR 제5조제1항제b호	**목적 제한 원칙**	개정조약 제108호 제5조제4항제b호
GDPR 제5조제1항제c호 CJEU, Joined cases C-293/12 and C-594/12, *Digital Rights Ireland and Kärntner Landesregierung and Others* [GC], 2014	**데이터 최소화 원칙**	개정조약 제108호 제5조제4항제c호
GDPR 제5조제1항제d호 CJEU, C-553/07, *College van burgemeester en wethouders van Rotterdam v. M. E. E. Rijkeboer*, 2009	**데이터 정확성 원칙**	개정조약 제108호 제5조제4항제d호
GDPR 제5조제1항제e호 CJEU, Joined cases C-293/12 and C-594/12, *Digital Rights Ireland and Kärntner Landesregierung and Others* [GC], 2014	**저장 제한 원칙**	개정조약 제108호 제5조제4항제e호 ECtHR, *S. and Marper v. the United Kingdom* [GC], Nos. 30562/04 and 30566/04, 2008

EU	관련쟁점	CoE
GDPR 제5조제1항제f호 및 제32조	**데이터 보안 (완전성 및 기밀성) 원칙**	개정조약 제108호 제7조
GDPR 제5조제2항	**책임 원칙**	개정조약 제108호 제10조

GDPR 제5조는 개인데이터 처리를 규율하는 원칙을 규정하고 있다. 이러한 원칙에는 다음이 포함된다.

- 적법성, 공정성 및 투명성
- 목적 제한
- 데이터 최소화
- 데이터 정확성
- 저장 제한
- 완전성 및 기밀성

이들 원칙은 후속 규정에서 보다 상세한 조항을 정하는 출발점이 된다. 이들은 또한 개정조약 제108호 제5, 7, 8조 및 제10조에서도 나타난다. CoE 또는 EU 레벨의 이후의 모든 데이터보호입법은 이러한 원칙을 준수해야 하며, 이러한 입법을 해석할 때 반드시 명심해야 한다. EU법에 따르면, 처리원칙에 대한 제한은 제12조부터 제22조까지에 규정된 권리 및 의무에 해당하는 범위에서만 허용되며, 기본적 권리 및 자유의 본질을 존중해야 한다. 이러한 주요 원칙에 대한 적용면제 및 제한은 EU 또는 국가 레벨에서 규정될 수 있다.[267] 즉, 이러한 원칙은 법률에 의해 규정되어야 하고, 정당한 목적을 추구해야 하며, 민주사회에서 필요하며 비례적인 조치가 되어야 한다.[268] 세 가지 조건을 모두 충족시켜야 한다.

267 Modernised Convention 108, Art. 11 (1); General Data Protection Regulation, Art. 23 (1).

3.1. 처리의 적법성, 공정성 및 투명성 원칙(The lawfulness, fairness and transparency of processing principles)

요점

- 적법성, 공정성 및 투명성 원칙은 모든 개인데이터 처리에 적용된다.
- GDPR에 따르면, 적법성은 다음 어느 하나를 요구한다.
    - 데이터주체의 동의
    - 계약 체결의 필요성
    - 법적 의무
    - 데이터주체 또는 다른 사람의 중대한 이익을 보호할 필요성
    - 공익을 위한 업무 수행의 필요성
    - 데이터주체의 권리 및 이익이 우월하지 않은 경우의 컨트롤러나 제3자의 정당한 이익을 위한 필요성
- 개인데이터 처리는 공정하게 이루어져야 한다.
    - 데이터주체에게 위험을 통지하여 처리가 예측할 수 없는 부정적인 영향을 미치지 않도록 해야 한다.
- 개인데이터 처리는 투명하게 이루어져야 한다.
    - 컨트롤러는 데이터를 처리하기 전에 데이터주체에게 처리의 목적과 컨트롤러의 신원 및 주소에 대해 알려야 한다.
    - 처리작업에 대한 정보는 데이터주체가 관련된 규범, 위험, 안전장치 및 권리를 쉽게 이해할 수 있도록 명확하고 알기 쉬운 언어로 제공되어야 한다.
    - 데이터주체는 자신의 데이터가 처리되는 경우마다 그에 액세스할 권리가 있다.

---

268 General Data Protection Regulation, Art. 23 (1).

3.1.1. 처리의 적법성(Lawfulness of processing)

EU 및 CoE의 데이터보호법은 개인데이터가 적법하게 처리될 것을 요구한다.[269] 적법한 처리는 데이터주체의 동의나 데이터보호법에 규정된 다른 합법적인 근거를 필요로 한다.[270] GDPR 제6조제1항은 동의 이외에도 처리를 위한 5가지의 합법적인 근거, 즉, 개인데이터 처리가 계약의 이행, 공적 권한의 행사로 한 업무의 수행, 법적 의무의 준수, 컨트롤러나 제3자의 정당한 이익을 위하여 필요한 때, 또는 데이터주체의 중대한 이익을 보호하기 위하여 필요한 경우를 포함하고 있다. 이는 4.1.에서 보다 자세히 설명될 것이다.

3.1.2. 처리의 공정성(Fairness of processing)

적법한 처리 외에도 EU 및 CoE 데이터보호법은 개인데이터를 공정하게 처리하도록 규정하고 있다.[271] 공정 처리의 원칙은 주로 컨트롤러와 데이터주체 사이의 관계를 규율한다.

컨트롤러는 데이터주체와 일반대중에게 적법하고 투명한 방식으로 데이터를 처리할 것이며 처리작업에 대해 GDPR 준수를 입증할 수 있어야 함을 통지해야 한다. 처리작업은 비밀리에 수행해서는 안 되며 데이터주체가 잠재적 위험을 알아야 한다. 더구나 컨트롤러는 특히 데이터주체의 동의가 데이터 처리에 대한 법적 근거를 형성하는 경우에 가능한 한 데이터주체의 요구에 신속하게 부합하는 방식으로 행동해야 한다.

---

269 Modernised Convention 108, Art. 5 (3); General Data Protection Regulation, Art. 5 (1) (a).

270 Charter of Fundamental Rights of the European Union, Art. 8 (2); General Data Protection Regulation, Recital 40 and Art. 6-9; Modernised Convention 108, Art. 5 (2); Explanatory Report of Modernised Convention 108, para. 41.

271 General Data Protection Regulation, Art. 5 (1) (a); Modernised Convention 108, Art. 5 (4) (a).

> 사례 : *K.H. and Others v. Slovakia* 사건[272]에서, 로마 민족 출신 여성들인 청구인들은 임신과 분만 중에 슬로바키아 동부의 두 병원에서 치료를 받았다. 이후 거듭된 시도에도 불구하고 이들 중 누구도 다시 아이를 임신할 수 없었다. 국가법원은 청구인들 및 그들 대리인들이 의료기록을 열람하고 수기 발췌를 허용하라고 병원 측에 명령했지만 자료의 남용을 막기 위해 자료 복사청구는 기각했다. ECHR 제8조에 따른 국가의 적극적인 의무에는 반드시 데이터 파일의 복사를 데이터 주체가 이용할 수 있게 할 의무가 포함되어 있었다. 국가가 개인데이터 파일을 복사하기 위한 준비사항을 결정하거나, 또는 적절한 경우 이를 거부하는 설득력 있는 이유를 제시하는 것이었다. 청구인들의 경우, 국내법원은 주로 관련 정보가 남용되지 않도록 보호할 필요성에 따라 의료기록의 복사를 금지하는 것이 정당하다고 하였다. 그러나, ECtHR은 아무튼 자신들의 전체 의료파일에 액세스한 청구인들이 어떻게 자신들에 대한 정보를 남용할 수 있는지 알 수 없었다. 더구나 그러한 남용의 위험은 파일에 액세스할 수 있는 사람의 범위를 제한하는 등 청구인들에게 파일의 사본을 거부하는 것 이외의 방법으로 방지될 수 있었다. 국가는 청구인들의 건강과 관련된 정보에 대한 효과적인 액세스를 거부할 충분한 설득력 있는 이유의 존재를 제시하지 못했다. 재판소는 제8조 위반이 있었다고 결정했다.

인터넷서비스와 관련하여, 데이터 처리시스템의 기능은 데이터주체가 자신의 데이터에 무슨 일이 일어나고 있는지 정말로 이해할 수 있게 해야 한다. 어떠한 경우든 공정성 원칙은 투명성 의무를 넘어 개인데이터를 윤리적인 방식으로 처리하는 것과도 연결될 수 있다.

272 ECtHR, *K.H. and Others v. Slovakia*, No. 32881/04, 28 April 2009.

사례 : 한 대학 연구부서는 50명의 실험대상자의 기분 변화를 분석하는 실험을 실시한다. 이들은 매 시간, 주어진 시간에 자신들의 생각을 전자파일에 기록해야 한다. 50명의 사람들은 이 특정 프로젝트에 동의했고, 대학이 데이터를 이처럼 구체적으로 이용하는 것에 대해 동의하였다. 연구부서는 곧 다른 팀과의 공동연구에 따라 정신건강에 초점을 맞춘 또 다른 프로젝트에 전자기록 생각이 매우 유용할 것이라는 것을 발견하게 된다. 그 목적이 양립할 수 있다는 점을 감안할 때, 해당 데이터의 처리의 적법성을 보장하기 위한 추가적인 조치 없이, 대학은 컨트롤러로서 같은 데이터를 다른 팀의 연구에 사용할 수 있었지만, 연구윤리강령과 공정 처리의 원칙에 따라, 실험대상자들에게 알리고 새로운 동의를 구했다.

3.1.3. 처리의 투명성(Transparency of processing)

EU 및 CoE 데이터보호법은 개인데이터 처리가 "데이터주체와 관련하여 투명한 방식으로" 이루어질 것을 요구한다.[273]

이 원칙은 데이터주체- 이용자 또는 고객이 될 수 있다 -가 자신의 데이터가 어떻게 사용되고 있는지에 대해 지속적으로 정보를 제공받기 위하여 컨트롤러가 적절한 조치를 취해야 할 의무를 설정한다.[274] 투명성은 처리가 시작되기 전에 개인에게 주어진 정보,[275] 처리 중 데이터주체가 쉽게 액세스할 수 있어야 하는 정보,[276] 그러나 또한 자신의 데이터에 대한 액세스 요청에 따라 데이터주체에게 주어지는 정보를 나타내는 것일 수 있다.[277]

273 General Data Protection Regulation, Art. 5 (1) (a); Modernised Convention 108, Art. 5 (4) (a) and 8.

274 General Data Protection Regulation, Art. 12.

275 *Ibid.*, Art. 13 and 14.

276 Article 29 Working Party, *Opinion 2/2017 on data processing at work*, p. 23.

> 사례 : *Haralambie v. Romania* 사건[278]에서, 청구인은 신청이 있은 지 5년 후에야 정보기관이 자신에 대해 가지고 있는 정보에 액세스할 수 있었다. ECtHR은 공적 기관이 보유한 개인파일의 주체인 개인들이 파일에 액세스할 수 있는 데 중대한 이익을 가진다고 거듭 강조했다. 기관은 그러한 정보에 액세스하기 위한 효과적인 절차를 제공할 의무가 있었다. ECtHR은 전송된 파일의 규모나 기록보존 시스템상의 결함으로 인해 청구인의 파일 액세스 신청을 허용하는데 5년간 지연되는 것을 정당화되지 않는다고 판단했다. 기관은 청구인이 합리적인 시간 내에 개인파일에 액세스할 수 있도록 하기 위한 효과적이고 액세스 가능한 절차를 제공하지 않았다. 재판소는 ECHR 제8조의 위반이 있었다고 결정했다.

처리작업은 데이터주체가 자신의 데이터에 어떤 일이 일어날지 이해하는 것을 보장하는 액세스하기 쉬운 방법으로 설명되어야 한다. 이는 개인데이터를 처리하는 구체적인 목적을 개인데이터 수집 시에 데이터주체가 알아야 한다는 것을 의미한다.[279] 처리의 투명성을 위해서는 명확하고 평이한 언어를 사용해야 한다.[280] 개인데이터 처리에 관한 위험, 규범, 안전장치 및 권리가 무엇인지 관련자들에게 명확해야 한다.[281]

CoE법은 또한 특정한 필수 정보는 컨트롤러가 데이터주체에게 의무적으로 사전에 제공해야 한다고 규정하고 있다. 컨트롤러(또는 공동 컨트롤러)의 이름 및 주소, 데이터 처리의 법적 근거 및 목적, 처리된 데이터의 범주와 수취인, 그리고 권리를 행사하는 수단에 대한 정보는 그것이 공정

277 General Data Protection Regulation, Art. 15.

278 ECtHR, *Haralambie v. Romania*, No. 21737/03, 27 October 2009.

279 General Data Protection Regulation, Recital 39.

280 *Ibid.*

281 *Ibid.*

하고 효과적으로 데이터주체에게 제시되는 한 적절한 형식으로(웹사이트를 통해, 개인 기기의 기술적 도구 등을 통해) 제공될 수 있다. 제시된 정보는 관련 데이터주체(예를 들어 필요한 경우 아동 친화적 언어로)에게 쉽게 액세스할 수 있고, 읽을 수 있고, 이해할 수 있어야 하며, 적합해야 한다. 공정한 데이터 처리를 보장하기 위해 필요하거나 또는 보존기간, 데이터 처리의 기초가 되는 추론에 대해 아는 것과 같이 그러한 목적에 유용한 모든 추가적인 정보 또는 다른 당사국이나 비당사국에 있는 수취인으로의 데이터 전송에 관한 정보(해당 특정 비당사국이 적절한 보호수준이나 또는 그러한 적절한 데이터 보호수준을 보장하기 위해 컨트롤러가 취해야 할 조치를 제공하는지 여부를 포함하여)도 또한 제공되어야 한다.[282]

액세스권에 따라[283] 데이터주체는 자신의 데이터가 처리되고 있는 경우 그리고 만약 그렇다면 어떤 데이터가 그러한 처리의 대상이 되는지를 자신의 요청에 따라 컨트롤러로부터 통보받을 권리가 있다.[284] 또한, 정보에 대한 권리에 따라,[285] 자신의 데이터가 처리되는 사람은 원칙적으로 처리활동이 시작되기 전에 다른 세부사항 중에서도 특히 처리의 목적, 기간, 수단에 대해 컨트롤러나 프로세서로부터 사전에 통지되어야 한다.

사례 : *Smaranda Bara and Others v. Preşidentele Casei Naţionale de Asigurări de Sănătate, Casa Naţională de Administrare Fiscală (ANAF)* 사건[286]은 건강보험료 부담금의 체납금 납부가 요구된다는 것을 근거로 하여 자영업자의 소득과 관련된 세금 데이터를 루마니아 국세청으

282 Explanatory Report of Modernised Convention 108, para. 68.

283 General Data Protection Regulation, Art. 15.

284 Modernised Convention 108, Art. 8 and 9 (1) (b).

285 General Data Protection Regulation, Art. 13 and 14.

286 CJEU, C-201/14, *Smaranda Bara and Others v. Casa Naţională de Asigurări de Sănătate and Others*, 1 October 2015, paras. 28-46.

로부터 국민건강보험기금으로 전송하는 것과 관련된 것이었다. CJEU는 국민건강보험기금이 이 데이터를 처리하기 전에 데이터 컨트롤러의 신원 및 데이터 전송의 목적에 관한 사전 정보를 데이터주체에게 제공해야 하는지 여부의 판단을 제청 받았다. CJEU는 회원국의 공공행정기관이 개인데이터를 다른 공공행정기관에게 전송하여 추가로 처리하는 경우에는 해당 전송이나 처리에 대해 데이터주체에게 알려야 한다고 판결했다.

특정한 상황에서는 데이터 처리에 대해 데이터주체에게 알릴 의무에 대한 특례가 허용되며, 이는 데이터주체의 권리에 대한 6.1에서 보다 자세히 설명될 것이다.

3.2. 목적 제한 원칙(The principle of purpose limitation)

요점

- 데이터 처리의 목적은 처리를 시작하기 전에 명백히 하여야 한다.
- GDPR은 공익상의 기록보관 목적, 과학이나 역사 연구 목적, 통계 목적을 위해 이 원칙의 적용예외를 상정하지만, 원래 목적과 양립할 수 없는 방식으로 데이터를 추가적으로 처리할 수 없다.
- 본질적으로, 목적 제한 원칙은 개인데이터의 어떠한 처리도 구체적으로 명확히 잘 정의된 목적을 위해서 그리고 원래 목적과 양립 가능한 추가적이고 구체화된 목적을 위해서만 이루어져야 한다는 것을 의미한다.

목적 제한 원칙은 유럽데이터보호법의 기본원칙 중 하나이다. 이는 투명성, 예측가능성 및 이용자 통제와 강하게 연결되어 있다. 즉, 처리 목적이 충분히 구체적이고 명확하다면, 개인은 무엇을 기대해야 하는지 알고 투명성 및 법적 확실성이 강화된다. 동시에, 데이터주체가 처리 거부권 등 자신의 권리를 실효적으로 행사할 수 있도록 하기 위해서는 목적을 명확히 기술하는 것이 중요하다.[287]

이 원칙은 개인데이터의 처리는 구체적이고 잘 정의된 목적을 위해 그리고 원래 목적과 양립 가능한 추가 목적을 위해서만 수행되어야 할 것을 요구한다.[288] 따라서 정의되지 않은/거나 또는 제한 없는 목적을 위한 개인데이터의 처리는 불법이다. 특정한 목적 없이 단지 미래에 유용할 수 있다는 고려에 근거한 개인데이터의 처리도 또한 적법하지 않다. 개인데이터 처리의 정당성은 명시적이고, 구체화되며, 적법하여야 하는 처리 목적에 의존하게 될 것이다.

원래 목적과 양립가능하지 않는 데이터를 처리하기 위한 모든 새로운 목적은 그 자체 특정한 법적 근거를 가져야 하며, 데이터가 원래 다른 적법한 목적을 위해 취득되거나 또는 처리되었다는 사실에 의존할 수 없다. 따라서, 적법한 처리는 원래 정해진 목적으로 제한되며 새로운 처리 목적은 별도의 새로운 법적 근거를 필요로 할 것이다. 예를 들어, 새로운 목적을 위해 제3자에게 개인데이터를 공개하는 것은 신중히 고려되어야 할 것이다. 이러한 공개는 데이터 수집을 위한 법적 근거와는 구별되는 추가적인 법적 근거가 필요하게 될 것이기 때문이다.

사례 : 항공사는 항공편의 적정한 운항을 위해 예약을 받아 승객들로부터 데이터를 수집한다. 항공사는 승객 좌석번호, 휠체어 필요와 같은 특별한 신체적 제한, 그리고 코셔(kosher) 또는 할랄(halal) 식사와 같은 특별한 식사 요구사항에 대한 데이터가 필요하다. 항공사가 여객예약기록(Passenger Name Record)에 수록된 이러한 데이터를 착륙

287 Article 29 Working Party (2013), *Opinion 3/2013 on purpose limitation*, WP 203, 2 April 2013.

288 General Data Protection Regulation, Art. 5 (1) (b).

공항 출입국관리기관에 전송하도록 요청받으면, 이 데이터는 원래 데이터 수집목적과 다른 출입국관리 목적으로 사용되고 있다. 따라서 이러한 데이터를 출입국관리기관에 전송하려면 새롭게 별도의 법적 근거가 필요하게 될 것이다.

특정 목적의 범위 및 한계를 고려할 때, 개정조약 제108호와 GDPR은 양립가능성 개념에 의존한다. 즉, 양립가능한 목적을 위한 데이터의 이용은 원래의 법적 근거를 이유로 허용된다. 따라서 데이터의 추가 처리는 데이터주체에 대해 예상하지 못하거나 부적절하거나 논란이 일어날 수 있는 방식으로 수행될 수 없다.[289] 추가 처리가 양립가능한 것으로 간주될 수 있는지 여부를 평가하기 위해 컨트롤러는 특히 다음 사항들을 고려해야 한다.

- "그러한 목적과 의도된 추가 처리의 목적 간의 관계 ;
- 개인데이터가 수집된 상황, 특히 추가 이용 시 컨트롤러와의 관계에 기초한 데이터주체의 합리적인 기대치에 관한 상황.
- 개인데이터의 성격
- 데이터주체에 대한 의도된 추가 처리의 결과
- 원래 및 의도된 추가 처리작업 모두에서 적절한 안전장치의 존재"[290] 이는 예컨대 암호화나 가명화를 통해 이루어질 수 있다.

사례 : 선샤인 회사(Sunshine company)는 고객관계관리(CRM) 과정에서 고객데이터를 취득하고, 이 데이터를 직접 마케팅(direct marketing)

289 Explanatory Report of Modernised Convention 108, para. 49.

290 General Data Protection Regulation, Recital 50 and Art. 6 (4); Explanatory Report of Modernised Convention 108, para. 49.

업체인 문라이트 회사(Moonlight company)에 전송해 제3의 회사들의 마케팅 캠페인을 지원하는데 이용하고자 한다. 선샤인이 다른 회사들의 마케팅에 데이터를 전송하는 것은 새로운 목적을 위해 데이터를 계속 이용하는 것에 해당하는데, 이는 고객데이터 수집을 위한 선샤인 회사의 원래 목적인 CRM과 양립할 수 없다. 따라서 문라이트 회사로 데이터를 전송하는 데에는 자체적인 법적 근거가 필요하다.

반면, 선샤인 회사가 자사제품에 대해 자사 고객에게 마케팅 메시지를 보내고 있는 자체 마케팅 목적으로 CRM 데이터를 이용하는 것은 일반적으로 양립할 수 있는 목적으로 받아들여진다.

GDPR과 개정조약 제108호는 "공익으로 하는 기록보존, 과학이나 역사 연구 목적 또는 통계 목적을 위한 추가적인 처리"가 초기 목적과 양립할 수 있는 것으로 간주되는 선험명제(a priori)임을 선언한다.[291] 그러나 개인데이터를 추가로 처리할 때는 데이터의 익명화, 암호화 또는 가명화와 같은 적절한 안전장치와, 데이터에 대한 액세스 제한을 마련해야 한다.[292] GDPR은 "데이터주체가 동의를 했거나 처리가 특히 일반적 공익이라는 중요한 목적을 보호하기 위해 민주사회의 필요하고 비례적인 조치를 취하는 EU법이나 회원국법에 근거하는 경우 컨트롤러는 목적의 양립가능성과 관계없이 개인데이터를 추가적으로 처리하는 것이 허용되어야 한다[293]"고 덧붙인다. 따라서 추가 처리를 수행할 때, 거부권과 같은 권리뿐만 아니라 목적도 데이터주체에게 알려야 한다.[294]

---

291 General Data Protection Regulation, Art. 5 (1) (b); Modernised Convention 108, Art. 5 (4) (b). An example of such national provisions is the Austrian Data Protection Act (*Datenschutzgesetz*), Federal Law Gazette I No. 165/1999, para. 46.

292 General Data Protection Regulation Art. 6 (4); Modernised Convention 108, Art. 5 (4) (b); Explanatory Report of Modernised Convention 108, para. 50.

293 General Data Protection Regulation, Recital 50.

294 *Ibid.*

사례 : 선샤인 회사는 고객에 대한 고객관계관리(CRM) 데이터를 수집·저장해 왔다. 통계는 양립가능한 목적이기 때문에 선샤인 회사가 고객의 구매행태에 대한 통계적 분석을 위해 이러한 데이터를 추가로 이용하는 것은 허용된다. 데이터주체의 동의 등 추가적인 법적 근거는 필요하지 않다. 그러나, 통계 목적을 위한 개인데이터의 추가 처리를 위해, 선샤인 회사는 데이터주체의 권리 및 자유를 위한 적절한 안전장치를 마련해야 한다. 선샤인이 이행해야 하는 기술적 및 조직적 조치에는 가명화가 포함될 수 있다.

3.3. 데이터 최소화 원칙(The data minimisation principle)

요점

- 데이터 처리는 적법한 목적을 달성하는데 필요한 것으로 제한되어야 한다.
- 개인데이터의 처리는 처리 목적이 다른 방법으로는 합리적으로 달성될 수 없는 경우에만 이루어져야 한다.
- 데이터 처리는 문제가 되는 이익, 권리 및 자유를 불비례적으로 간섭할 수 없다.

"수집 목적 및/또는 추가 처리 목적과 관련하여 적절하고 관련성이 있으며 과도하지 않은" 데이터만 처리되어야 한다.[295] 처리를 위해 선택된 데이터의 범주는 처리작업의 선언된 전체 목적을 달성하기 위해 필요해야 하며, 컨트롤러는 데이터 수집을 처리가 추구하는 특정 목적에 직접 관련되는 정보로 엄격히 제한해야 한다.

---

295 Modernised Convention 108, Art. 5 (4) (c); General Data Protection Regulation, Art. 5 (1) (c).

사례 : *Digital Rights Ireland* 사건[296]에서, CJEU는 데이터보존지침(Data Retention Directive)의 효력을 검토하였는데, 이 지침은 조직범죄 및 테러와 같은 중대범죄와 싸우기 위해 개인데이터를 관할기관에 전송하기 위해 공공 이용 전자통신서비스나 네트워크에 의해 생성되거나 처리된 개인데이터를 보존하기 위한 국가규정들을 조화시키는 것을 목적으로 한다. 이는 일반이익의 목적을 진정으로 충족시키는 것으로 간주되었음에도 불구하고, 지침이 "중대범죄와의 싸움이라는 목적에 비추어 구별, 제한이나 예외가 이루어지지 않고 모든 트래픽 데이터는 물론 모든 개인 및 모든 수단의 전자통신"도 그 대상으로 하는 일반화된 방식은 문제가 있는 것으로 간주되었다.[297]

나아가, 특별한 프라이버시 강화기술을 사용함으로써, 개인데이터의 이용을 아예 회피하거나, 데이터주체에게 데이터를 귀속시키는 능력을 감소시키는 조치(예를 들어, 가명화를 통한)를 사용하는 것이 가능해져, 프라이버시 친화적인 해결책이 된다. 이것은 특히 보다 광범위한 처리 시스템에 적합하다.

사례 : 시의회는 대중교통 시스템의 일반 사용자들에게 일정 요금으로 칩 카드를 제공한다. 이 카드는 사용자 이름을 카드 표면에는 글자 형태로, 또한 칩에는 전자 형태로 표시한다. 버스나 전차를 이용할 때마다, 예를 들어 버스나 전차에 설치된 판독장치 앞에 칩 카드를 통과시켜야 한다. 단말기에서 읽은 데이터는 여행카드를 구입한 사람들의 이름이 포함된 데이터베이스와 전자적으로 체크된다.

---

296 CJEU, Joined cases C-293/12 and C-594/12, *Digital Rights Ireland Ltd v. Minister for Communications, Marine and Natural Resources and Others and Kärntner Landesregierung and Others* [GC], 8 April 2014.

297 *Ibid.*, paras. 44 and 57.

이 시스템은 최적의 방식으로 데이터 최소화 원칙을 준수하지 않는다. 즉, 개인이 운송시설을 사용할 수 있는지 여부를 체크하는 것은 카드 칩의 개인데이터를 데이터베이스와 비교하지 않고도 가능했다. 예를 들어, 판독장치 앞을 통과할 때 카드의 유효 여부를 확인할 수 있는 카드의 칩에 바코드와 같은 특별한 전자 이미지가 있으면 충분할 것이다. 이러한 시스템은 누가 언제 어떤 운송시설을 사용했는지 기록하지 않을 것이다. 이 원칙은 데이터 수집을 최소화해야 하는 의무를 가져오기 때문에, 이것이 최소화 원칙의 관점에서 최적의 해결책이 될 수 있다.

개정조약 제108호 제5조제1항은 추구된 적법한 목적과 관련하여 개인데이터를 처리하기 위한 비례성 요건을 포함하고 있다. 처리의 모든 단계에서 관련된 모든 이해관계 사이에는 공정한 균형이 있어야 한다. 이것은 "적정하고 관련성이 있지만, 문제가 되는 기본적 권리 및 자유에 불비례적 간섭을 수반하는 개인데이터는 과도하다고 간주되어야 한다[298]"는 것을 의미한다.

3.4. 데이터 정확성 원칙(The data accuracy principle)

요점

- 데이터 정확성 원칙은 모든 처리작용에서 컨트롤러에 의해 이행되어야 한다.
- 부정확한 데이터는 지체 없이 삭제되거나 정정되어야 한다.

298 Explanatory Report of Modernised Convention 108, para. 52; General Data Protection Regulation, Art. 5 (1) (c).

- 정확성을 확보하기 위해 데이터를 정기적으로 점검하고 최신 상태로 유지해야 한다.

개인정보를 보유하고 있는 컨트롤러는 데이터가 정확하고 최신의 것인지 합리적으로 확인할 수 있는 조치를 취하지 않고 해당 정보를 사용해서는 안 된다.[299]

데이터의 정확성을 보장할 의무는 데이터 처리 목적의 맥락에서 보아야 한다.

사례 : *Rijkeboer* 사건[300]에서 CJEU는 네덜란드 국적의 한 사람이 이전 2년간 암스테르담시 지방 행정부가 보유한 기록이 전달된 사람의 신원과 공개된 자료의 내용에 대한 정보를 받게 해달라는 청구를 검토했다. CJEU는 "프라이버시권은 데이터주체가 그의 개인데이터가 정확하고 합법적인 방식으로 처리된다는 것, 다시 말하면, 특히 그와 관련된 기본 데이터가 정확하고 권한있는 수취인에게 공개된다는 것을 확신할 수 있다는 것을 의미한다"고 판시했다. 그런 다음 CJEU는 데이터가 정확한지 데이터주체가 체크할 수 있도록 개인데이터에 대한 액세스권을 향유해야 한다는 데이터보호지침 서문을 인용했다.[301]

데이터 저장의 목적은 주로 사건을 역사적 '스냅 샷'으로 문서화하는 것이기 때문에 저장된 데이터의 업데이트가 법적으로 금지되는 경우도 있을 수 있다.

---

299 General Data Protection Regulation, Art. 5 (1) (d); Modernised Convention 108, Art. 5 (4) (d).

300 CJEU, C-553/07, *College van burgemeester en wethouders van Rotterdam v. M. E. E. Rijkeboer*, 7 May 2009.

301 Former Recital 41, Preamble to Directive 95/46/EC.

사례 : 수술에 대한 의료기록은 나중에 그 기록에 언급된 결과가 잘못된 것으로 판명되더라도 변경되어서는, 다시 말해서 '업데이트'되어서는 안 된다. 이러한 상황에서, 나중에 기여한 것으로 명확히 드러나는 경우에 한하여, 기록에서의 기술에 대한 추가만이 이루어질 수 있다.

다른 한편으로, 데이터가 부정확하게 유지될 경우 데이터주체에게 발생할 수 있는 잠재적 손해로 인해 데이터의 정확성을 업데이트하고 정기적으로 점검하는 것이 절대적으로 필요한 상황도 있다.

사례 : 만약 누군가가 은행기관과 신용계약을 체결하고 싶다면, 은행은 보통 잠재 고객의 신용도를 체크할 것이다. 이러한 목적을 위해, 사인의 신용기록에 관한 데이터를 포함하는 특별한 데이터베이스가 있다. 이러한 데이터베이스가 개인에 대한 부정확하거나 오래된 데이터를 제공하는 경우, 이 사람은 부정적인 영향을 받을 수 있다. 따라서 이러한 데이터베이스의 컨트롤러는 정확성 원칙을 따르도록 특별한 노력을 기울여야 한다.

3.5. 저장 제한 원칙(The storage limitation principle)

요점

- 저장 제한 원칙은 개인데이터가 수집 목적에 더 이상 필요하지 않은 즉시 삭제되거나 익명화되어야 한다는 것을 의미한다.

GDPR 제5조제1항제e호와, 마찬가지로, 개정조약 제108호 제5조제4항제e호는 개인데이터를 "데이터가 처리되는 목적에 필요한 기간 내에서 데이터주체의 식별을 허용하는 형태로 보존할 것"을 요구한다. 따라서 데이터는 그러한 목적을 달성했을 때 삭제되거나 익명화되어야 한다. 이를 위해 데이터가 필요 이상 기간 동안 보존되지 않도록 "삭제 또는 정기적인 검토를 위해 컨트롤러가 시간제한을 설정해야 한다.[302]"

S. and Marper 사건에서, ECtHR은 유럽평의회의 관련 기구의 핵심 원칙과 다른 체약 당사국들의 법 및 실무는 데이터 보존이 수집 목적과 관련하여 비례하여야 하며, 특히 경찰부문에서 시간적으로 제한되어야 할 것을 요구했다고 결정했다.[303]

> 사례 : *S. and Marper* 사건[304]에서, ECtHR은 두 청구인에 대한 형사소송이 각각 무죄와 불기소처분으로 종결된 점을 고려할 때, 두 청구인의 지문, 세포 샘플 및 DNA 프로필의 무기한 보존은 민주사회에서 불비례적이고 불필요하다고 판결했다.

개인데이터의 저장기간 제한은 데이터주체의 식별을 허용하는 형태로 보존된 데이터에만 적용된다. 따라서 더 이상 필요하지 않은 데이터의 합법적 저장은 데이터의 익명화를 통해 달성될 수 있다.

공익, 과학이나 역사 목적 또는 통계 사용을 위한 데이터 보관은 위의 목적으로만 사용된다면 보다 장기간 저장될 수 있다.[305] 데이터주체의 권

302 General Data Protection Regulation, Recital 39.

303 ECtHR, *S. and Marper v. the United Kingdom* [GC], Nos. 30562/04 and 30566/04, 4 December 2008; see also, for example: ECtHR, *M.M. v. the United Kingdom*, No. 24029/07, 13 November 2012.

304 ECtHR, *S. and Marper v. the United Kingdom* [GC], Nos. 30562/04 and 30566/04, 4 December 2008.

305 General Data Protection Regulation, Art. 5 (1) (e); Modernised Convention 108, Art.

리 및 자유를 보호하기 위해 개인데이터의 지속적인 저장 및 이용에 대해 적절한 기술적 및 조직적 조치가 이행되어야 한다.

개정조약 제108호는 또한 법률에 의해 제공되고, 기본적 권리 및 자유의 본질을 존중하며, 제한된 수의 정당한 목적을 추구하는데 필요하고 비례적이라는 것을 조건으로 하여, 저장 제한 원칙의 예외를 허용한다.[306] 여기에는 특히 국가안보 보호, 범죄 수사 및 기소, 형벌 집행, 데이터주체 보호와 타인의 권리 및 기본적 자유 보호 등이 포함된다.

사례 : *Digital Rights Ireland* 사건[307]에서, CJEU는 데이터보존지침(Data Retention Directive)의 효력을 심사하였는데, 이 지침은 조직범죄 및 테러와 같은 중대범죄와 싸우기 위해 공공 이용 전자통신서비스나 네트워크에 의해 생성되거나 처리된 개인데이터의 보존에 관한 국가규정들을 조화시키는 것을 목적으로 했다. 데이터보존지침은 "목적상 또는 관계인에 따라 유용할 수 있다는 것을 근거로 하여 지침 제5조에 규정된 데이터의 범주를 구분하지 않고 최소한 6개월"의 데이터 보존기간을 부과하였다.[308] CJEU는 또한 최소 6개월에서 최대 24개월까지 달라질 수 있는 정확한 데이터 보존기간이 엄격하게 필요한 기간으로 제한되도록 결정되어야 한다는 것을 근거로 하여 데이터보존지침의 객관적 기준 부재에 대한 문제를 제기하였다.[309]

5 (4) (b) and 11 (2).

306 Modernised Convention 108, Art. 11.1; Explanatory Report of Modernised Convention 108, paras. 91-98.

307 CJEU, Joined cases C-293/12 and C-594/12, *Digital Rights Ireland Ltd v. Minister for Communications, Marine and Natural Resources and Others and Kärntner Landesregierung and Others* [GC], 8 April 2014.

308 *Ibid.*, para. 63.

309 *Ibid.*, para. 64.

3.6. 데이터 보안 원칙(The data security principle)

요점

- 개인데이터의 보안 및 기밀성은 데이터주체에 대한 부작용을 예방하는데 핵심이다.
- 보안조치는 기술적 그리고/또는 조직적 성격을 가질 수 있다.
- 가명화는 개인데이터를 보호할 수 있는 프로세스이다.
- 보안조치의 적절성은 사례별로 결정하고 정기적으로 심사해야 한다.

데이터 보안 원칙은 개인데이터를 처리할 때 우발적이거나 권한이 없거나 불법적인 액세스, 이용, 변경, 공개, 손실, 파괴 또는 손상으로부터 데이터를 보호하기 위해 적절한 기술적 또는 조직적 조치를 이행할 것을 요구한다.[310] GDPR은 컨트롤러 및 프로세서가 이러한 조치를 이행할 때 "자연인의 권리 및 자유에 대한 다양한 가능성 및 심각도의 위험은 물론, 최신기술, 이행 비용과 처리의 특성, 범위, 맥락 및 목적"을 고려해야 한다고 명시하고 있다.[311] 각 사안의 특정 상황에 따라 적절한 기술적 및 조직적 조치에는 예를 들어 개인데이터의 가명화 및 암호화 그리고/또는 데이터 처리가 안전한지 확인하기 위한 조치의 효과성을 정기적으로 테스트하고 평가하는 것이 포함될 수 있다.[312]

2.1.1에서 설명한 바와 같이, 데이터의 가명화는 기술적 또는 조직적 조치 하에서 개인데이터의 속성- 데이터주체를 식별할 수 있게 하는 -을 가명으로 대체하고 그러한 속성을 분리하여 보존하는 것을 의미한다. 가

---

310 General Data Protection Regulation, Recital 39 and Art. 5 (1) (f); Modernised Convention 108, Art. 7.

311 General Data Protection Regulation, Art. 32 (1).

312 *Ibid.*

명화 프로세스는 당사자를 식별할 수 있는 모든 연결고리가 끊어지는 익명화 프로세스와 혼동되어서는 안 된다.

사례 : 예를 들어 “찰스 스펜서는 1967년 4월 3일생으로 4자녀, 2남 2녀의 가족의 아버지이다”라는 문장은 다음과 같이 가명화될 수 있다.

“C.S. 1967은 4자녀, 2남 2녀의 가족의 아버지이다” 또는
“324는 4자녀, 2남 2녀의 가족의 아버지이다” 또는
“YESz320l은 4자녀, 2남 2녀의 가족의 아버지이다”.

가명 데이터에 액세스하는 이용자는 대개 “324” 또는 “YESz3201”에서 “1967년 4월 3일생인 찰스 스펜서”를 식별할 수 없다. 따라서 이러한 데이터는 오용으로부터 안전할 가능성이 보다 높다.

그러나 첫 번째 예는 덜 안전하다. 만약 찰스 스펜서가 살고 있는 작은 마을 안에서 “C.S. 1967은 4자녀, 2남 2녀의 가족의 아버지이다”라는 문장이 사용된다면, 스펜서씨는 쉽게 식별가능할 것이다. 가명화 방법은 데이터 보호의 효과성에 영향을 미칠 수 있다.

암호화되거나 별도로 보관된 속성을 가진 개인데이터는 개인 신상을 비밀로 유지하는 수단으로 많은 경우에 사용된다. 이는 데이터 컨트롤러가 동일한 데이터주체를 취급하지만 데이터주체의 실제 신원을 요구하지 않거나 보유해서는 안 되는 것을 보장해야 하는 경우에 특히 유용하다. 예를 들어, 연구자가 환자와 질병의 과정을 연구한 경우로서, 환자를 치료하는 병원에만 신원을 알 수 있고, 연구자는 가명화된 사례 이력을 얻는 경우가 이에 해당한다. 따라서 가명화는 프라이버시 향상기술의 무기와 강력히 연결된다. 디자인에 의한 프라이버시(privacy by design) 이행시 중요한 요소로서 기능할 수 있다. 이것은 데이터 보호가 데이터 처리 시스템의 구조로 내재됨을 의미한다.

디자인에 의한 데이터 보호를 다루는 GDPR 제25조는 데이터보호원칙을 수용하고 필요한 안전장치를 통합하기 위해 컨트롤러가 이행해야 하는 적절한 기술적·조직적 조치의 일례로서 가명화를 명시적으로 언급하고 있다. 그렇게 함으로써 컨트롤러는 규칙의 요건을 충족시키고, 개인데이터를 처리할 때 데이터주체의 권리를 보호하게 된다.

승인된 행동준칙 또는 승인된 인증제도를 준수하면 처리의 보안 요건의 준수를 입증하는 데 도움이 될 수 있다.[313] 유럽평의회는 승객예약기록 처리의 데이터 보호의 시사점에 관한 의견에서, 승객예약기록 시스템에서 개인데이터를 보호하기 위한 적절한 보안조치의 다른 예를 제공한다. 여기에는 안전한 물리적 환경에서 데이터를 보관하고, 계층화된 로그인을 통한 액세스 제어를 제한하며, 강력한 암호작성법으로 데이터의 통신을 보호하는 것이 포함된다.[314]

사례 : 소셜 네트워킹 사이트와 이메일 제공자들은 이용자들이 두 계층 인증의 도입을 통해 제공하는 서비스에 데이터 보안의 추가 계층을 부가하는 것을 가능하게 한다. 개인비밀번호를 입력하는 것 외에도 이용자들은 개인계정을 입력하기 위해 두 번째 로그인을 완료해야 한다. 예를 들어 후자는 개인계정에 연결된 모바일번호로 전송되는 보안코드를 입력하는 것이 될 수 있다. 이처럼 2단계 검증은 해킹을 통한 개인계정에 대한 무단 액세스로부터 개인정보를 더 잘 보호할 수 있게 한다.

개정조약 제108호 해설보고서는 직업상의 비밀유지의무의 이행과 같

313 *Ibid.*, Art. 32 (3).

314 Council of Europe, Committee of Convention 108, *Opinion on the Data protection implications of the processing of Passenger Name Records*, T-PD(2016)18rev, 19 August 2016, p. 9.

은 적절한 안전장치 또는 데이터 암호화와 같은 적격 기술적 보안조치의 채택이라는 추가적인 예를 제공한다.[315] 컨트롤러- 또는 해당되는 경우 프로세서-는 특정 보안조치를 취할 때, 처리된 개인데이터의 성격 및 수량, 데이터주체에 대한 잠재적 부작용, 제한된 데이터 액세스의 필요성과 같은 몇 가지 요소를 고려해야 한다.[316] 적절한 보안대책을 실시할 때는 데이터 처리를 위한 데이터 보안 방법 및 기법의 현재 최신기술을 고려해야 한다. 이러한 조치의 비용은 잠재적 위험의 심각성 및 확률에 비례해야 한다. 필요한 경우 업데이트될 수 있도록 보안조치에 대한 정기적인 검토가 필요하다.[317]

개인데이터 침해가 발생하는 경우, 개정조약 제108호와 GDPR은 컨트롤러가 개인의 권리 및 자유에 대한 위험이 있는 침해에 대해 부당한 지체 없이 관할 감독기관에 통보하도록 요구한다.[318] 개인데이터 침해로 인해 데이터주체의 권리 및 자유에 높은 위험이 발생할 가능성이 있는 경우 데이터주체에 대해 유사한 연락의무가 존재한다.[319] 이러한 침해의 데이터주체에 대한 연락은 명확하고 평이한 언어로 이루어져야 한다.[320] 프로세서가 개인데이터 침해사실을 알게 되면, 컨트롤러에게 즉시 통지해야 한다.[321] 특정 상황에서는 통지의무에 대한 예외가 적용될 수 있다. 예를 들어, "개인데이터 침해로 인해 자연인의 권리 및 자유에 대한 위험이 발생하지 않을 것 같은" 경우, 컨트롤러는 감독기관에 신고할 필요가 없다.[322] 또한 이행된 보안조치가 권한 없는 사람이 데이터를 이해할 수 없게 만들거나 또는 후속조치를 통해 높은 위험이 더 이상 실현될 가능성이

---

315 Explanatory Report of Modernised Convention 108, para. 56.

316 *Ibid.*, para. 62.

317 *Ibid.*, para. 63.

318 Modernised Convention 108, Art. 7 (2); General Data Protection Regulation, Art. 33 (1).

319 Modernised Convention 108, Art. 7 (2); General Data Protection Regulation, Art. 34 (1).

320 General Data Protection Regulation, Art. 34 (2).

321 *Ibid.*, Art. 33 (1).

322 *bid.*, Art. 32 (1).

없을 것이 보장될 때, 데이터주체에게 통지할 필요도 없다.[323] 개인적 침해를 데이터주체에게 연락하는 것이 컨트롤러를 대신하여 불비례적인 노력을 수반하는 경우, 공공 통신이나 유사한 조치를 통해 "데이터주체에게 동등하게 효과적인 방법으로 통지하는 것"이 보장될 수 있다.[324]

3.7. 책임 원칙(The accountability principle)

요점

- 책임성은 컨트롤러 및 프로세서가 그들의 처리활동에서 데이터 보호를 촉진하고 보호하기 위한 조치들을 적극적이고 지속적으로 이행할 것을 요구한다.
- 컨트롤러 및 프로세서는 그들의 처리작업이 데이터보호법 및 각각의 의무를 준수할 책임이 있다.
- 컨트롤러는 데이터주체, 일반대중 및 감독기관에게 데이터보호규정 준수를 언제라도 입증할 수 있어야 한다. 프로세서는 또한 책임과 엄격하게 연계된 일부 의무(처리작업 기록 보존 및 데이터보호책임자 임명 등)를 준수해야 한다.

GDPR과 개정조약 제108호는 컨트롤러가 이 장에서 기술한 개인데이터 처리원칙을 준수에 대해 책임이 있고 이를 입증할 수 있어야 한다고 규정하였다.[325] 이를 위해 컨트롤러는 적절한 기술적·조직적 조치를 이행해야 한다.[326] GDPR 제5조제2항의 책임원칙은 컨트롤러만을 지향하고 있지만, 프로세서는 여러 의무를 준수해야 하고 책임과 밀접하게 연관되

---

323 *Ibid.*, Art. 34 (3) (a) and (b).

324 *Ibid.*, Art. 34 (3) (c).

325 *Ibid.*, Art. 5 (2); Modernised Convention 108, Art. 10 (1).

326 General Data Protection Regulation, Art. 24.

어 있다는 점에서 또한 책임도 부담할 것이 기대된다.

또한 EU 및 CoE 데이터보호법은 컨트롤러가 3.1부터 3.6까지에서 논의된 데이터보호원칙 준수를 책임지고 보장할 수 있어야 한다고 결정한다.[327] 제29조작업반은 "절차 및 메커니즘의 유형은 처리와 데이터의 성격에 의해 나타나는 위험에 따라 달라질 것"이라고 지적한다.[328]

컨트롤러는 다음과 같은 다양한 방법으로 이 요건의 준수를 촉진할 수 있다.

- 처리활동을 기록하고 감독기관이 청구 시 이를 이용할 수 있도록 하는 것.[329]
- 특정 상황에서 개인데이터 보호와 관련된 모든 문제에 관여하는 데이터보호책임자를 지정하는 것.[330]
- 자연인의 권리 및 자유에 높은 위험을 초래할 가능성이 있는 처리유형에 대한 데이터보호영향평가를 수행하는 것.[331]
- 디자인 및 디폴트로 데이터 보호를 보장하는 것.[332]
- 데이터주체의 권리 행사를 위한 양식 및 절차를 이행하는 것.[333]
- 승인된 행동준칙 또는 인증메커니즘을 준수하는 것.[334]

GDPR 제5조제2항의 책임 원칙이 특별히 프로세서들을 지향하는 것은 아니지만, 처리활동의 기록을 보존하고, 필요한 처리활동에 대해 데이터

327 *Ibid.*, Art. 5 (2); Modernised Convention 108, Art. 10 (1).

328 Article 29 Working Party, *Opinion 3/2010 on the principle of accountability*, WP 173, Brussels, 13 July 2010, para. 12.

329 General Data Protection Regulation, Art. 30.

330 *Ibid.*, Art. 37-39.

331 *Ibid.*, Art. 35; Modernised Convention 108, Art. 10 (2).

332 General Data Protection Regulation, Art. 25; Modernised Convention 108, Art. 10 (2) and (3).

333 *Ibid.*, Art. 12 and Art. 24.

334 *Ibid.*, Art. 40 and Art. 42.

보호책임자를 임명하는 것과 같이 그들의 의무도 포함하는 책임과 연계된 조항들이 있다.[335] 프로세서는 또한 데이터의 보안을 보장하는 데 필요한 모든 조치가 이행되었는지를 확인해야 한다.[336] 컨트롤러와 프로세서 사이의 법적 구속력 있는 계약은 프로세서가 데이터보호영향평가를 수행하거나 개인데이터 침해사실을 컨트롤러에게 통지할 때와 같은 일부 준수요건에서 컨트롤러를 지원해야 한다는 것을 명시해야 한다.[337]

경제협력개발기구(OECD)는 컨트롤러가 데이터 보호가 실제로 작동하도록 하는 데 중요한 역할을 한다는 점을 강조한 개인정보 보호 가이드라인을 2013년에 채택했다. 이 가이드라인은 "데이터 컨트롤러는 위에 언급된 [중요한] 원칙에 영향을 미치는 조치를 준수할 책임을 져야 한다"는 취지의 책임 원칙을 구성한다.[338]

사례 : 책임 원칙을 강조하는 입법례는 e-Privacy 지침 2002/58/EC의 2009년 개정[339]이다. 개정지침 제4조에 따르면, 이 지침은 "개인데이터의 처리에 관한 보안정책의 이행을 보장할 의무"를 부과한다. 따라서, 이 지침의 보안규정에 관한 한, 입법자는 보안정책을 보유하고 이행하기 위한 명시적 요건을 도입할 필요가 있다고 결정하였다.

---

335 *Ibid.*, Art. 5 (2), 30 and 37.

336 *Ibid.*, Art. 28 (3) c.

337 *Ibid.*, Art. 28 (3) d.

338 OECD (2013), *Guidelines on governing the Protection of Privacy and transborder flows of personal data*, Art. 14.

339 Directive 2009/136/EC of the European Parliament and of the Council of 25 November 2009 amending Directive 2002/22/EC on universal service and users' rights relating to electronic communications networks and services; Directive 2002/58/EC concerning the processing of personal data and the protection of privacy in the electronic communications sector; Regulation (EC) No. 2006/2004 on cooperation between national authorities responsible for the enforcement of consumer protection laws, OJ 2009 L 337, p. 11.

제29조작업반의 의견[340]에 따르면, 책임의 본질은 다음과 같은 컨트롤러의 의무에 있다.

- 정상적인 상황에서라면 처리작업 맥락에서 데이터보호규정을 준수할 것을 보장하는 조치를 취할 의무
- 데이터보호규정 준수를 달성하기 위해 취한 조치를 데이터주체 및 감독기관에 입증할 수 있는 문서를 준비할 의무

따라서 책임 원칙은 컨트롤러가 데이터주체나 감독기관이 결점을 지적하기만을 기다릴 것이 아니라 준수를 적극적으로 입증할 것을 요구한다.

340 Article 29 Working Party, *Opinion 3/2010 on the principle of accountability*, WP 173, Brussels, 13 July 2010.

제4장 유럽데이터보호법의 제 규정

EU	관련쟁점	CoE
데이터의 적법한 처리에 관한 규정		
GDPR 제6조제1항제a호 CJEU, C-543/09, *Deutsche Telekom AG v. Bundesrepublik Deutschland*, 2011 CJEU, C-536/15, *Tele2 (Netherlands) BV and Others v. Autoriteit Consument en Markt (AMC)*, 2017	**동의**	프로파일링권고(Profiling Recommendation) 제3.4조제b호 및 제3.6조 개정조약 제108호 제5조제4항제a호
GDPR 제6조제1항제b호	**(사전)계약 관계**	프로파일링권고(Profiling Recommendation) 제3.4조제b호
GDPR 제6조제1항제c호	**컨트롤러의 법적 의무**	프로파일링권고(Profiling Recommendation) 제3.4조제a호
GDPR 제6조제1항제d호	**데이터주체의 중대한 이익**	프로파일링권고(Profiling Recommendation) 제3.4조제b호
GDPR 제6조제1항제e호 CJEU, C-524/06, *Huber v. Bundesrepublik Deutschland* [GC], 2008	**공익과 공적 권한의 행사**	프로파일링권고(Profiling Recommendation) 제3.4조제b호
GDPR 제6조제1항제f호 CJEU, C-13/16, *Valsts policijas Rīgas reģiona pārvaldes Kārtības policijas pārvalde v. Rīgas pašvaldības SIA 'Rīgas satiksme'*, 2017	**타인의 정당한 이익**	프로파일링권고(Profiling Recommendation) 제3.4조제b호 ECtHR, *Y v. Turkey*, No. 648/10, 2015

EU	관련쟁점	CoE
CJEU, Joined cases C-468/10 and C-469/10, *Asociación Nacional de Establecimientos Financieros de Crédito (ASNEF) and Federación de Comercio Electrónico y Marketing Directo (FECEMD) v. Administración del Estado*, 2011		
GDPR 제6조제4항	**목적 제한의 예외 : 다른 목적을 위한 추가적인 처리**	개정조약 제108호 제5조제4항제b호
민감데이터의 적법한 처리에 관한 규정		
GDPR 제9조제1항	**처리에 대한 일반적 금지**	개정조약 제108호 제6조
GDPR 제9조제2항	**일반적 금지의 예외**	개정조약 제108호 제6조
안전한 처리에 관한 규정		
GDPR 제32조	**안전한 처리를 보장할 의무**	개정조약 제108호 제7조제1항 ECtHR, *I v. Finland*, No. 20511/03, 2008
GDPR 제28조 및 제32조제1항제b호	**기밀성 의무**	개정조약 제108호 제7조제1항
GDPR 제34조 프라이버시 및 전자통신 지침 제4조제2항	**데이터 침해사실 통지**	개정조약 제108호 제7조제2항
책임 및 준수 촉진에 관한 규정		
GDPR 제12, 13 및 14조	**투명성 일반**	개정조약 제108호 제8조
GDPR 제37, 38 및 39조	**데이터보호 책임자**	개정조약 제108호 제10조제1항
GDPR 제30조	**처리활동의 기록**	
GDPR 제35 및 36조	**영향평가와 사전협의**	개정조약 제108호 제10조제2항
GDPR 제34조	**데이터 침해사실 통지**	개정조약 제108호 제7조제2항
GDPR 제40 및 41조	**행동준칙**	

EU	관련쟁점	CoE
GDPR 제42 및 43조	**인증**	
디자인 및 디폴트에 의한 데이터 보호(Data protection by design and by default)		
GDPR 제25조제1항제a호	**디자인에 의한 데이터 보호**	개정조약 제108호 제10조제2항
GDPR 제25조제1항제b호	**디폴트에 의한 데이터 보호**	개정조약 제108호 제10조제3항

원칙은 반드시 일반적인 성질의 것이다. 구체적인 상황에 대한 원칙의 적용은 해석 및 수단 선택의 일정한 여지를 남긴다. **CoE법**에 따르면, 이러한 해석의 여지를 명확히 하는 것은 개정조약 제108호의 당사국들의 국내법에 맡겨져 있다. **EU법**의 상황은 다르다. 즉, 역내시장에서 데이터 보호의 확립을 위해, 회원국의 국가법의 데이터 보호수준을 조화시키기 위해 EU 차원의 보다 상세한 규정이 필요하다고 여겨졌다. GDPR은 제5조에 규정된 원칙에 따라 국가 법질서에 직접 적용할 수 있는 세부규정의 계층을 설정한다. 따라서 유럽 수준의 상세한 데이터보호규정에 대한 다음 설명은 주로 EU법을 다룬다.

4.1. 적법한 처리에 관한 규정(Rules on lawful processing)

요점

- 개인데이터는 다음 기준 중 하나를 충족하면 적법하게 처리될 수 있다.
  - 처리가 데이터주체의 동의에 근거하고 있다.
  - 계약관계가 개인데이터의 처리를 요구한다.
  - 처리가 컨트롤러의 법적 의무의 준수에 필요하다.
  - 데이터주체나 타인의 중대한 이익이 데이터 처리를 요구한다.

- 공익상 업무의 수행에 처리가 필요하다.
- 컨트롤러나 제3자의 정당한 이익이 처리의 이유이다. 그러나, 그 이익은 데이터주체의 이익이나 기본권보다 우월하여야 한다.

- 민감한 개인데이터의 적법한 처리는 특별하고 보다 엄격한 제도에 따른다.

4.1.1. 데이터 처리의 적법한 근거(Lawful grounds for processing data)

'원칙들'이라는 표제를 단 GDPR 제2장은 모든 개인데이터 처리가 첫째로 GDPR 제5조에서 규정한 데이터 품질과 관련된 원칙들을 준수하여야 한다고 규정한다. 이들 원칙 중의 하나가 개인데이터는 "적법하며, 공정하게 그리고 투명한 방식으로 처리"되어야 한다는 것이다. 둘째로, 데이터가 적법하게 처리되기 위해서는 비민감개인데이터에 대해서는 제6조[341]에서, 특별한 범주의 데이터(또는 민감데이터)에 대해서는 제9조에서 열거하고 있는, 데이터 처리를 정당하게 하는 적법한 근거들 중 하나를 준수하여야 한다. 마찬가지로, "개인데이터 보호를 위한 기본원칙"을 정립하는 개정조약 제108호 제2장에서는, 데이터 처리가 적법한 것이 되기 위해 "추구한 정당한 목적과 관련하여 비례적"이어야 한다고 규정한다.

컨트롤러는 개인데이터 처리작업을 시작하기 위해 의존하는 처리의 적법한 근거와 무관하게, 일반 데이터보호법제도에 규정된 안전장치도 적용해야 할 것이다.

341 CJEU, Joined cases C-465/00, C-138/01 and C-139/01, *Rechnungshof v. Österreichischer Rundfunk and Others and Christa Neukomm and Jospeh Lauermann v. Österreichischer Rundfunk*, 20 May 2003, para. 65; CJEU, C-524/06, *Heinz Huber v. Bundesrepublik Deutschland* [GC], 16 December 2008, para. 48; CJEU, Joined cases C-468/10 and C-469/10, *Asociación Nacional de Establecimientos Financieros de Crédito (ASNEF) and Federación de Comercio Electrónico y Marketing Directo (FECEMD) v. Administración del Estado*, 24 November 2011, para. 26.

동의(Consent)

CoE법에서, 동의는 개정조약 제108호 제5조제2항에서 언급되어 있다. 이것은 ECtHR 판례와 CoE 권고에서도 언급하고 있다.[342] **EU법에 따르면**, 합법적인 데이터 처리의 근거로서의 동의는 GDPR 제6조에서 확고히 수립되어 있으며 헌장 제8조에서도 명시적으로 언급되고 있다. 유효한 동의의 특성은 제4조의 동의의 정의에서 설명되어 있으며, 유효한 동의의 획득조건은 제7조에서 상세하게 기술되어 있고, 정보사회서비스와 관련한 아동의 동의에 관한 특별규정은 GDPR 제8조에 규정되어 있다.

2.4에서 설명한 바와 같이, 동의는 자유롭게 주어지고, 고지되며, 구체적이고, 모호하지 않아야 한다. 동의는 처리에 대한 승낙을 나타내는 진술 또는 명확한 긍정적 행위이어야 하며, 당사자는 언제든지 동의를 철회할 권리를 가져야 한다. 컨트롤러들은 동의에 대한 입증 가능한 기록을 보존할 의무가 있다.

자유로운 동의(Free consent)

CoE 개정조약 제108호 체계 내에서, 데이터주체의 동의는 "의도적 선택의 자유로운 표시"를 나타내야 한다.[343] 자유로운 동의의 존재는 "데이터주체가 실질적인 선택을 할 수 있고, 기만, 협박, 강요 또는 동의를 하지 않을 경우 중대한 부정적 영향의 위험이 없는 경우"에만 유효하다.[344] 이와 관련해 **EU법**은 "데이터주체가 진정한 선택이나 자유로운 선택이 없

342 See for example, Council of Europe, Committee of Ministers (2010), Recommendation CM/Rec(2010)13 of the Committee of Ministers to the Member States on the protection of individuals with regard to automatic processing of personal data in the context of profiling, 23 November 2010, Art. 3.4 (b).

343 Explanatory Report of Modernised Convention 108, para. 42.

344 See also Article 29 Working Party (2011), *Opinion 15/2011 on the notion of consent*, WP 187, Brussels, 13 July 2011, p. 12.

거나 손해 없이 동의를 거부하거나 철회할 수 없는 경우"에는 동의가 자유롭게 주어진 것으로 간주되지 않는다고 규정하고 있다.[345] GDPR은 동의가 자유롭게 주어진 것인지 여부를 평가할 때, 서비스 제공을 포함한 계약의 이행이 그 계약의 이행에 필요하지 않은 개인데이터의 처리에 대한 동의를 조건으로 하는지 여부를 최대한 고려해야 한다고 강조한다.[346] 개정조약 제108호 해설보고서에는 "직접적이든 간접적이든 부당한 영향이나 압력(경제적 성격이든 다른 성격의 것이든)이 데이터주체에게 행사될 수 없으며, 데이터주체가 진정한 선택의 여지가 없거나 손해 없이 동의를 거부하거나 철회할 수 없는 경우에는 동의가 자유롭게 주어진 것으로 간주되어서는 안된다"고 명시되어 있다.[347]

사례 : A국 일부 지방자치단체는 칩이 내장된 거주카드를 개발하기로 결정했다. 주민들이 그러한 전자카드를 취득하는 것은 의무적이지 않다. 그러나 카드를 소지하지 않은 주민은 온라인 지방세 납부, 행정기관의 3일 기한의 응답 혜택을 받는 전자민원 신청, 심지어는 자치단체의 콘서트홀 입장 시 줄을 건너뛰어 할인 티켓을 구입할 수 있고, 입구의 스캐너를 이용할 수 있는 등의 일련의 중요한 행정서비스를 이용하지 못한다.

이 사례에서 자치단체의 개인데이터 처리는 동의에 근거할 수 없다. 주민들이 전자카드를 발급받고 처리에 동의해야 한다는 간접적인 압박이 최소한 있기 때문에, 동의는 자유롭게 주어진 것이 아니다. 따라서 지방자치단체의 전자카드시스템 개발은 처리를 정당화하는 또 다른 정당한 근거에 기초해야 한다. 예를 들면, 지방자치단체들은 GDPR 제6조제1항제e호에 따른 적법한 처리기준인 공익상 수행되는

345 General Data Protection Regulation, Recital 42.

346 *Ibid.*, Art. 7 (4).

347 Explanatory Report of Modernised Convention 108, para. 42.

임무의 이행에 있어서 처리가 필요하다고 주장할 수 있다.[348]

동의를 얻는 컨트롤러와 동의를 제공하는 데이터주체 간에 상당한 경제적 또는 기타 불균형이 있는 종속적인 상황에서, 자유로운 동의는 또한 의심스러울 수 있다.[349] 이러한 불균형 및 종속성의 대표적인 예는 고용관계의 맥락 안에서 고용인이 개인데이터를 처리하는 것이다. 제29조작업반에 따르면, "고용인·피고용인 관계에서 발생하는 의존성을 고려할 때, 피고용인은 승낙을 자유롭게 주거나 거절하거나 취소할 수 있는 처지에 거의 있지 않다. 힘의 불균형을 감안할 때 어떤 결과도 제안의 수락이나 거절과 연결되지 않을 때 피고용인들은 특별한 상황에서 자유로운 동의를 할 수 있을 뿐이다.[350]"

사례 : 한 대기업은 사내 커뮤니케이션 개선만을 위해 전 직원의 이름과 회사의 직무, 업무주소 등을 담은 디렉토리를 만들 계획이다. 인사책임자는 회의에서 동료들을 쉽게 알아볼 수 있도록 각 직원의 사진을 디렉토리에 추가할 것을 제안한다. 직원 대표들은 직원 개개인이 동의하는 경우에만 이 일을 해야 한다고 요구한다.

---

348 Article 29 Working Party (2011), *Opinion 15/2011 on the definition of consent*, WP187, Brussels, 13 July 2011, p. 16. Further examples of cases where data processing cannot be based on consent, but requires a different legal ground for legitimising the processing, can be found in pp. 14 and 17 of the opinion.

349 See also Article 29 Working Party (2001), *Opinion 8/2001 on the processing of personal data in the employment context*, WP 48, Brussels, 13 September 2001; Article 29 Working Party (2005), Working document on a common interpretation of Article 26 (1) of Directive 95/46/EC of 24 October 1995, WP 114, Brussels, 25 November 2005; Article 29 Working Party (2017), *Opinion 2/2017 on data processing at work*, WP 249, Brussels, 8 June 2017.

350 Article 29 Working Party, *Opinion 2/2017 on data processing at work*, WP 249, Brussels, 8 June 2017.

이런 상황에서는 직원이 디렉토리에 사진을 게재하는 것을 동의하든 동의하지 않든 어떠한 결과에도 직면하지 않을 것이라는 신빙성이 있기 때문에 디렉토리에 있는 사진 처리에 대한 법적 근거로 직원의 동의를 인정해야 한다.

사례 : A사는 향후 프로젝트 협력 가능성에 대해 논의하기 위해 직원 3명과 B사 임원들 간의 미팅을 계획하고 있다. 미팅은 B사의 구내에서 개최될 것인데, B사는 미팅 참가자의 이름, 이력서 및 사진을 이메일로 보내도록 요구한다. B사는 건물 입구에 있는 보안요원이 참가자가 맞는지 확인할 수 있도록 참가자들의 이름과 사진이 필요하고, 이력서는 임원들이 미팅 준비를 더 잘 할 수 있게 해준다고 주장한다. 이 경우 A사의 직원 개인데이터의 전송은 동의에 근거한 것일 수 없다. 직원이 제안을 거절할 경우 부정적인 영향에 직면할 수 있기 때문에(예를 들어, 그들은 미팅 참석뿐만 아니라 B사와의 연락과 전반적인 프로젝트에 기여하는 데 있어서 다른 동료에 의해 대체될 수 있다), 동의는 '자유롭게 주어지는' 것으로 간주될 수 없다. 따라서, 그 처리는 다른 적법한 처리 근거에 기초해야 한다.

그러나 이것은 동의를 하지 않는 것이 부정적인 영향을 초래할 수 있는 상황에서 동의가 결코 유효할 수 없다는 것을 의미하지는 않는다. 예를 들어, 슈퍼마켓의 고객카드를 가지는 것에 동의하지 않는 경우에는 특정상품의 가격에서 약간의 인하를 받지 못하는 결과를 가져올 뿐이라면, 동의는 그러한 카드를 가지는 것에 동의한 고객의 개인데이터를 처리하는 유효한 법적 근거가 될 수 있다. 기업과 고객 사이에 종속성이 없으며, 데이터주체의 자유로운 선택을 막을 정도로(가격 인하가 그들의 자유로운 선택에 영향을 미치지 않을 정도로 작을 경우) 동의하지 않는 것의 영향이 심각하지 않다.

그러나, 특정 개인데이터를 컨트롤러에게 공개하거나 제3자에게 추가로 공개해야만 재화나 용역을 얻을 수 있는 경우, 계약에 필요 없는 데이터주체의 데이터 공개 동의는 자유로운 결정으로 간주될 수 없으며, 따라서 데이터보호법에 따라 유효하지 않다.[351] GDPR은 재화 및 용역의 제공에 대한 동의의 번들을 금지하는 데 있어서 다소 엄격하다.[352]

사례 : 여행하는 승객들이 이 국가를 방문하고 싶다면 선택의 여지가 없기 때문에, 소위 승객예약기록(즉, 신원, 식습관이나 건강 문제 등에 관한 데이터)을 특정 외국의 출입국관리기관에 전송하는 항공사에 대한 승객의 승낙은 데이터보호법에 따른 유효한 동의로 간주될 수 없다. 이러한 데이터를 적법하게 전송하려면, 동의 이외의 법적 근거가 필요한데, 대부분 특별법이 될 것이다.

정보에 의한 동의(Informed consent)

데이터주체는 선택권을 행사하기 전에 충분한 정보를 가지고 있어야 한다. 정보에 의한 동의는 일반적으로 동의를 필요로 하는 주제에 대한 정확하고 이해하기 쉬운 설명으로 구성된다. 제29조작업반의 설명에 따르면, 동의는 데이터주체가 처리에 동의하는 행위의 사실 및 함의에 대한 인식 및 이해에 근거해야 한다. 따라서 "처리된 데이터의 특성, 처리 목적, 가능한 수취인 및 데이터주체의 권리 등 모든 관련 문제에 대한 정확하고 완전한 정보를 관련 개인에게 명확하고 이해할 수 있는 방식으로 제공해야 한다.[353]" 정보에 의한 동의를 위해서는 개인은 처리에 동의하지

351 General Data Protection Regulation, Art. 7 (4).

352 *Ibid.*

353 Article 29 Working Party (2007), Working Document on the processing of personal data relating to health in electronic health records (EHR), WP 131, Brussels, 15

않는 것의 영향을 또한 알아야 한다.

정보에 의한 동의의 중요성을 고려하여, GDPR과 개정조약 제108호 해설보고서는 그 개념을 명확히 하기 위해 노력했다. GDPR의 주석(recital)에 따르면, 정보에 의한 동의는 "데이터주체가 적어도 컨트롤러의 신원 및 처리된 개인데이터가 의도하는 처리 목적을 알아야 한다"는 것을 의미한다고 규정한다.[354]

국제 데이터 전송에 대해 합법적인 근거를 보장하기 위한 특례로 사용된 예외적인 동의의 경우, 컨트롤러는 해당 동의가 유효한 것으로 간주되기 위해서는 적합성결정 및 적절한 안전장치가 없기 때문에 그러한 전송의 위험 가능성을 데이터주체에게 통지하여야 한다.[355]

개정조약 제108호 해설보고서는 데이터주체의 결정의 의미, 즉 "동의한다는 사실이 수반하는 것과 동의가 주어지는 범위"에 대한 정보가 제공되어야 한다고 명시하고 있다.[356]

정보의 품질이 중요하다. 정보의 품질은 정보의 언어가 예측 가능한 수취인에게 적합하게 되어야 함을 의미한다. 정보는 전문용어 없이 일반 사용자가 이해할 수 있어야 하는 명확하고 평이한 언어로 제공되어야 한다.[357] 정보는 또한 데이터주체가 쉽게 이용할 수 있어야 하며 구두 또는 서면으로 제공될 수 있다. 정보의 액세스 가능성과 가시성은 중요한 요소로서, 정보는 명확히 볼 수 있어야 하고 눈에 잘 띄어야 한다. 온라인 환경에서는 계층화된 정보 통지가 좋은 해결책이 될 수 있는데, 이는 데이터주체가 간결하거나 보다 광범위한 정보 버전에 액세스할 것인지 선택할 수 있게 하기 때문이다.

February 2007.

354 General Data Protection Regulation, Recital 42.

355 *Ibid.*, Art. 49 (1) (a).

356 Explanatory Report of Modernised Convention 108, para. 42.

357 Article 29 Working Party (2011), *Opinion 15/2011 on the definition of consent*, WP187, Brussels, 13 July 2011, p. 19.

특정한 동의(Specific consent)

동의가 유효하기 위해서는 또한 처리 목적을 특정해야 하며, 이는 명확하고 모호하지 않은 용어로 기술되어야 한다. 이는 동의의 목적에 대해 제공된 정보의 품질과 밀접한 관련이 있다. 이러한 맥락에서, 평균적인 데이터주체의 합리적인 기대치가 관련될 것이다. 최초 동의가 주어졌을 때 합리적으로 예견할 수 없었던 방법으로 처리작업을 추가 또는 변경하여 목적의 변경에 이르게 된다면 데이터주체에게 다시 동의를 요청해야 한다. 처리가 복수의 목적을 가진 경우, 그 모든 것에 대해 동의를 받아야 한다.[358]

> 사례 : *Deutsche Telekom AG* 사건[359]에서, CJEU는 데이터 수취인이 원래 동의가 주어졌을 때 이름이 붙지 않았기 때문에 디렉토리에 게재할 가입자의 개인데이터를 넘겨야 하는 통신사업자가 데이터주체로부터 새롭게 동의를 받을 필요[360]가 있는지 여부를 검토했다.
>
> CJEU는 프라이버시 및 전자통신에 관한 지침 제12조에 따라 데이터를 전달하기 전에 다시 동의할 필요가 없다고 판결했다. 데이터주체들은 처리 목적- 데이터의 공표 -에 동의할 수 있는 선택권만을 가지고 있었기 때문에, 이러한 데이터가 게시될 수 있는 다른 디렉토리 중에서 선택할 수 없었다.
>
> CJEU가 강조한 바와 같이, "프라이버시 및 전자통신에 관한 지침 제12조에 대한 문맥적이고 체계적인 해석에 따르면 제12조제2항에

358 General Data Protection Regulation, Recital 32.

359 CJEU, C-543/09, *Deutsche Telekom AG v. Bundesrepublik Deutschland*, 5 May 2011. See especially paras. 53 and 54.

360 Directive 2002/58/EC of the European Parliament and of the Council of 12 July 2002 concerning the processing of personal data and the protection of privacy in the electronic communications sector, OJ 2002 L 201 (Directive on privacy and electronic communications).

따른 동의는 특정 디렉토리사업자의 신원이 아니라 공공 디렉토리의 개인데이터의 공표 목적과 관련이 있다고 한다.[361]" 또한, 그것은 게시자의 신원의 문제라고 하기보다 "가입자에게 해로운 것으로 판명될 수 있는 특정한 목적을 가진 공공 디렉토리에서의 개인데이터의 공표 그 자체이다.[362]"

*Tele2 (Netherlands) BV, Ziggo BV, Vodafone Libertel BV v. Autoriteit Consumentation en Markt (AMC)*사건[363]은 네덜란드에서 전화번호를 할당하는 회사들에 대한 디렉토리 조회 서비스 및 디렉토리를 제공하여 그들 가입자들과 관련된 데이터에 대한 액세스를 제공하라는 벨기에 회사의 청구와 관련된 것이었다. 벨기에 회사는 보편적 서비스지침[364]에 따른 의무에 의존했다. 이를 위해서는 가입자가 자신의 번호를 공표하는 것에 동의한 경우, 전화번호를 할당하는 회사들에게 전화번호를 요청하는 디렉토리에서 사용할 수 있도록 할 것을 요구한다. 네덜란드 회사들은 다른 회원국에 설립된 사업자에게 문제의 데이터를 제공할 필요가 없다고 말하면서 이를 거부했다. 그들은 사용자들이 네덜란드 디렉토리에 공표될 것을 이해하고서 자신들의 번호가 공표되는데 대해 동의했다고 주장했다. CJEU는 보편적 서비스지침은 디렉토리 서비스 제공자들이 설립된 회원국과 관계없이 디렉토

361 CJEU, C-543/09, *Deutsche Telekom AG v. Bundesrepublik Deutschland*, 5 May 2011; para. 61.

362 *Ibid.*, para. 62.

363 CJEU, C-536/15, *Tele2 (Netherlands) BV and Others v. Autoriteit Consument en Markt (AMC)*, 15 March 2017.

364 Directive 2002/22/EC of the European Parliament and of the Council of 7 March 2002 on universal service and users' rights relating to electronic communications networks and services (Universal Service Directive), OJ 2002 L 108, p. 51, as amended by Directive 2009/136/EC of the European Parliament and of the Council of 25 November 2009 (Universal Services Directive), OJ 2009 L 337, p. 11.

리 서비스사업에 의한 모든 요청에 적용된다고 판결했다. CJEU는 또한 동일한 데이터를 가입자의 갱신된 동의를 얻지 않고 공개 디렉토리를 발행하려고 하는 다른 제공자에게 이전하는 것은 개인데이터보호권을 실체적으로 침해할 수 없다고 판결했다.[365] 그 결과, 가입자에게 전화번호를 할당하는 제공자는 가입자에 관한 데이터를 전송할 수 있는 회원국에 따라 가입자에게 발송되는 동의 요청에서 구별할 필요는 없다.[366]

모호하지 않은 동의(Unambiguous consent)

모든 동의는 모호하지 않은 방법으로 이루어져야 한다.[367] 이는 데이터주체가 자신의 데이터 처리를 허용하기 위해 승낙을 표시하고자 했다는 합리적 의심이 있어서는 안 된다 것을 의미한다. 예를 들어, 데이터주체의 부작위가 모호하지 않은 동의를 나타내지는 않는다.

이는 컨트롤러가 "귀하는 당사의 서비스를 이용함으로써 귀하의 개인데이터 처리에 동의한다"와 같은 프라이버시정책의 기술로 동의를 얻는 것이 그러한 경우에 해당할 수 있다. 이러한 경우, 컨트롤러는 사용자가 수동으로 그리고 개별적으로 이러한 정책에 동의하는 것을 보장해야 할 수 있다.

계약의 일부인 서면 형식으로 동의를 하는 경우, 개인데이터 처리에 대한 동의는 개별적으로 이루어져야 하며, 어떠한 경우에도 "동의가 주어지는 사실과 범위를 데이터주체가 인지하고 있는지를 안전장치에 의해 확인되어야 한다.[368]"

365 CJEU, C-536/15, *Tele2 (Netherlands) BV and Others v. Autoriteit Consument en Markt (AMC)*, 15 March 2017, para. 36.

366 *Ibid.*, paras. 40-41.

367 General Data Protection Regulation, Art. 4 (11).

368 *Ibid.*, Recital 42.

아동에 대한 동의 요건(Consent requirements for children)

GDPR은 "아동들이 관련된 위험, 영향 및 안전장치와 개인데이터의 처리와 관련한 권리에 대해 잘 알지 못할 수 있다"는 이유로 정보사회 서비스 제공의 맥락에서 아동들에 대한 특별한 보호를 규정한다.[369] 따라서 **EU법**에서는 정보사회서비스 제공자가 동의에 근거하여 16세 미만 아동의 개인데이터를 처리할 때, 이러한 처리는 "아동에 대한 부모 책임 보유자가 동의를 주거나 인정하는 경우에만 그리고 그 범위에서" 적법하게 될 것이다.[370] 회원국은 13세 미만이 아니면 국가법으로 더 낮은 연령을 규정할 수 있다.[371] 부모 책임 보유자의 동의는 "아동에게 직접 제공되는 예방약이나 또는 상담서비스의 맥락에서는" 필요하지 않다.[372] 정보통신을 통해 아동을 대상으로 하는 처리가 이루어지는 경우에는 명확하고 평이한 언어로 아동이 이해하기 쉬어야 한다.[373]

언제든지 동의를 철회할 권리(The right to withdraw consent at any time)

GDPR은 언제든지 동의를 철회할 수 있는 일반적인 권리를 포함하고 있다.[374] 데이터주체는 동의하기 전에 이러한 권리에 대해 통지받아야 하며, 자신의 재량으로 이 권리를 행사할 수 있다. 철회 이유의 제시를 요건으로 하여서는 안되며, 이전에 합의된 데이터 이용에서 비롯되었을 수 있는 편익의 종료에 대해 부정적인 영향의 위험이 없어야 한다. 동의를 철

369 *Ibid.*, Recital 38.

370 *Ibid.* Art. 8 (1) first indent. The notion of information society services is defined in Art. 4 (25) of the General Data Protection Regulation.

371 General Data Protection Regulation, Art. 8 (1) second indent.

372 *Ibid.*, Recital 38.

373 *Ibid.*, Recital 58. See also Modernised Convention 108, Art. 15 (2) (e). Explanatory Report of Modernised Convention 108, paras. 68 and 125.

374 General Data Protection Regulation, Art. 7 (3). Explanatory Report of Modernised Convention 108, para. 45.

회하는 것은 그것을 주는 것만큼 쉬워야 한다.[375] 데이터주체가 피해 없이 동의를 철회할 수 없거나 동의를 주었던 만큼 철회가 쉽지 않은 경우라면 자유로운 동의라고 할 수 없다.[376]

> 사례 : 고객은 자신이 데이터 컨트롤러에게 제공하는 주소로 홍보메일을 받는 것에 동의한다. 고객이 동의를 철회할 경우 컨트롤러는 즉시 홍보메일 발송을 중단해야 한다. 수수료와 같은 징벌적 결과를 부과해서는 안 된다. 그러나 철회는 미래를 위해 행사되며 소급효가 없다. 고객의 개인데이터가 그 동의에 의해 합법적으로 처리된 기간은 정당한 것이었다. 이러한 처리가 삭제권을 따르지 않는다면, 철회는 이러한 데이터의 추가 처리를 방지한다.[377]

계약 이행의 필요성(Necessity for the performance of a contract)

EU법에 따르면, GDPR 제6조제1항제b호는 적법한 처리의 또 다른 근거, 즉 "데이터주체가 당사자인 계약의 이행에 필요한 경우"를 규정하고 있다. 이 조항은 또한 계약 전 관계도 대상으로 한다. 예를 들어, 당사자가 계약을 체결하고자 하지만 아직 체결하지 않은 경우에, 일부 체크가 완료되어야 하기 때문일 수 있다. 한 당사자가 이러한 목적을 위해 데이터를 처리할 필요가 있는 경우, 이러한 처리는 "계약 체결 전에 데이터주체의 요청에 따라 조치를 취하기 위해 필요로 하는" 한에서 적법하다.[378]

개정조약 제108호 제5조제2항의 "법률이 규정한 합법적 근거"로서의 데이터 처리의 개념은 또한 "데이터주체가 당사자인 계약(또는 데이터주

375 General Data Protection Regulation, Art. 7 (3).

376 General Data Protection Regulation, Recital 42; Explanatory Report of Modernised Convention 108, para. 42.

377 General Data Protection Regulation, Art. 17 (1) (b).

378 *Ibid.*, Art. 6 (1) (b).

체의 청구에 의한 계약 전 조치)의 이행을 위한 데이터 처리"를 포함한다.[379]

컨트롤러의 법적 의무(Legal duties of the controller)

EU법은 데이터 처리를 합법화하기 위한 또 다른 근거, 즉 "컨트롤러가 따라야 하는 법적 의무를 준수하기 위해 필요한 경우"(GDPR 제6조제1항제c호)를 규정한다. 이 조항은 민간부문 및 공공부문 양쪽에서 활동하는 컨트롤러에게 적용된다. 즉, 공공부문 데이터 컨트롤러의 법적 의무도 또한 GDPR 제6조제1항제e호에 해당될 수 있다. 법이 민간부문 컨트롤러에게 구체적인 데이터주체에 대한 데이터를 의무적으로 처리하도록 한 상황의 예는 다수 있다. 예를 들어, 고용인은 사회보장 및 과세상의 이유로 피고용인에 대한 데이터를 처리해야 하며, 사업자는 세금 목적으로 고객에 대한 데이터를 처리해야 한다.

법적 의무는 EU법이나 회원국법에서 유래할 수 있으며, 이는 하나 또는 여러 개의 처리작용의 근거가 될 수 있다. 법률이 처리 목적을 결정하고, 컨트롤러, 처리 대상인 개인데이터의 유형, 관련 데이터주체, 데이터가 공개될 수 있는 설립체, 목적 제한, 저장기간 및 적법하고 공정한 처리를 보장하는 그밖의 조치를 결정하기 위해 세부사항을 설정해야 한다.[380] 개인데이터 처리의 근거가 되는 법률은 헌장 제7조 및 제8조와 ECHR 제8조를 모두 준수해야 한다.

컨트롤러의 법적 의무는 또한 **CoE법에 따른** 적법한 데이터 처리의 기초가 된다.[381] 앞에서 지적한 바와 같이, 민간부문 컨트롤러의 법적 의무

379 Explanatory Report of Modernised Convention 108, para. 46; Council of Europe, Committee of Ministers (2010), Recommendation CM/Rec(2010)13 of the Committee of Ministers to the Member States on the protection of individuals with regard to automatic processing of personal data in the context of profiling, 23 November 2010, Art. 3.4 (b).

380 General Data Protection Regulation, Recital 45.

는 ECHR 제8조제2항에서 언급된 타인의 정당한 이익의 구체적 사례에 불과하다. 따라서 고용인이 자신의 피고용인에 대한 데이터를 처리하는 것에 관한 예는 또한 CoE법과도 관련이 있다.

데이터주체 또는 다른 자연인의 중대한 이익 (Vital interests of the data subject or those of another natural person)

EU법에 따르면, GDPR 제6조제1항제d호는 "데이터주체나 다른 자연인의 중대한 이익을 보호하기 위해 필요한 경우" 개인데이터 처리는 적법하다고 규정하고 있다. 이러한 정당한 근거는 그러한 처리가 "다른 법적 근거에 명백하게 기초할 수 없는 경우" 다른 자연인의 중대한 이익에 근거한 개인데이터를 처리하기 위해서 제기될 수 있을 뿐이다.[382] 때로는 처리 유형이 공공의 이익과 데이터주체나 또는 다른 사람의 중대한 이익 양자에 근거할 수 있다. 이는 예를 들어 전염병 및 그 발생을 감시할 때, 또는 인도주의적 비상사태가 있는 경우에 해당한다.

CoE법에 따르면, 데이터주체의 중대한 이익은 ECHR 제8조에 언급되어 있지 않다. 그러나, 개인데이터 처리의 정당성을 다루는 개정조약 제108호 제5조제2항의 '정당한 근거'라는 개념에 데이터주체의 중대한 이익이 함축되어 있다고 간주된다.[383]

공익과 공적 권한의 행사(Public interest and exercise of official authority)

공무를 조직하는 여러 가능한 방법을 고려할 때, GDPR 제6조제1항제e

381 Council of Europe, Committee of Ministers (2010), Recommendation CM/Rec (2010) 13 of the Committee of Ministers to the Member States on the protection of individuals with regard to automatic processing of personal data in the context of profiling, 23 November 2010, Art. 3.4 (a).

382 General Data Protection Regulation, Recital 46.

383 Explanatory Report of Modernised Convention 108, para. 46.

호는 "공익상 또는 컨트롤러에게 부여된 공적 권한의 행사로 수행되는 임무의 달성을 위해 필요한 경우" 개인데이터가 적법하게 처리될 수 있다고 규정한다.[384]

> 사례 : *Huber v. Bundesrepublik Deutschland* 사건[385]에서, 독일에서 거주하는 오스트리아 국적자인 Huber씨는 연방이주국(Federal Office for Migration and Refugees)에 중앙외국인등록부(Central Register of Foreign Nationals ; 'AZR')에 있는 자신에 대한 데이터를 삭제해 줄 것을 청구했다. 독일에 3개월 이상 거주하고 있는 비독일계 EU 국적자에 대한 개인데이터를 수록한 이 등록부는 범죄행위나 공공의 안전을 위협하는 행위를 수사·기소할 때 통계적 목적과 법집행기관 및 사법기관에 의해 이용된다. 제청법원은 다른 공공기관도 액세스할 수 있는 중앙외국인등록부와 같은 등록부에 기재된 개인데이터의 처리가 독일국민에게는 이러한 등록부가 존재하지 않는다는 점을 고려할 때 EU법과 양립가능하는지 여부를 물었다.
>
> CJEU는 지침 95/46 제7조제e호[386]에 따라 공익상 또는 공적 권한의 행사로 수행되는 임무의 달성을 위해 필요한 경우 개인데이터는 적법하게 처리될 수 있다고 판결했다.
>
> CJEU에 따르면, "모든 회원국에서 동등한 수준의 보호를 보장한다는 목적을 고려한다면, 지침 95/46 제7조제e호[387]가 규정한 필요성의 개념은 회원국 간에 다른 의미를 가질 수 없다. 따라서, 문제가 되고 있는 것은 공동체법에서 그 자체의 독립적 의미를 가지며 제1조제1

384 See General Data Protection Regulation, Recital 45.

385 CJEU, C-524/06, *Heinz Huber v. Bundesrepublik Deutschland* [GC], 16 December 2008.

386 Former Data Protection Directive, Art. 7 (e), now General Data Protection Regulation, Art. 6 (1) (e).

387 *Ibid.*

항에서 규정되고 있는 그 지침의 목적을 완전히 반영하는 방식으로 해석되어야 하는 개념이라는 것이 된다.[388]"

CJEU는 회원국이 아닌 국가의 영토에서 연합시민이 자유롭게 이동할 수 있는 권리는 무조건적인 것이 아니며 유럽공동체설립조약과 이를 발효시키기 위해 채택된 조치에 의해 부과된 제한과 조건을 따를 수 있다고 설시했다. 따라서, 원칙적으로 회원국이 거주권과 관련된 법률을 적용할 책임이 있는 기관을 지원하기 위해 AZR과 같은 등록부를 사용하는 것이 정당하다면, 이러한 등록부에는 그러한 특정 목적에 필요한 것 이외의 어떤 정보도 포함해서는 안 된다. CJEU는 이러한 개인데이터 처리 시스템이 해당 법률을 적용하는 데 필요한 데이터만 포함하고 중앙집중식 특성이 해당 법률의 적용을 보다 효과적으로 만든 경우에 EU법을 준수한다고 결정했다. 국가법원은 이러한 특정한 경우에 그러한 조건들이 충족되는지 여부를 확인해야 한다. 그렇지 않다면, 통계목적을 위한 AZR과 같은 등록부에 개인데이터를 저장하고 처리하는 것은 어떤 근거로도 지침 95/46조 제7조제e호[389]의 의미 내에서 필요하다고 간주할 수 없다.[390]

마지막으로, 범죄와의 전쟁을 위한 목적으로 등록부에 포함된 데이터의 이용에 관한 질문과 관련하여, CJEU는 이 목적이 "범인의 국적에 관계없이 저지른 위반과 범죄에 대한 기소를 반드시 포함한다"고 판결했다. 문제의 등록부에는 해당 회원국의 국민에 관한 개인데이터가 수록되어 있지 않으며, 이러한 취급상의 차이는 TFEU 제18조에 의해 금지된 차별에 해당한다. 따라서, CJEU는 이 조항이 "범죄와의

388 CJEU, C-524/06, *Heinz Huber v. Bundesrepublik Deutschland* [GC], 16 December 2008, para. 52.

389 Former Data Protection Directive, Art. 7 (e), now General Data Protection Regulation, Art. 6 (1) (e)

390 CJEU, C-524/06, *Heinz Huber v. Bundesrepublik Deutschland* [GC], 16 December 2008, paras. 54, 58-59 and 66-68.

전쟁을 위하여 해당 회원국의 국민이 아닌 연합시민들에 고유한 개인 데이터를 처리하기 위한 시스템의 구축을 금지한다"고 판결했다.[391]

공공 영역에서 활동하는 기관이 개인데이터를 사용하는 것은 또한 ECHR 제8조가 적용되며, 적절한 경우 개정조약 제108호 제5조제2항의 적용대상이 된다는 의미이다.[392]

컨트롤러 또는 제3자가 추구하는 정당한 이익 (Legitimate interests pursued by the controller or by a third party)

EU법상 데이터주체는 정당한 이익을 가진 유일한 주체가 아니다. GDPR 제6조제1항제f호는 "데이터가 공개되는 컨트롤러나 제3자(임무를 수행하는 공공기관은 제외)가 추구하는 정당한 이익을 위하여 필요한 경우(다만, 이러한 이익이 보호를 필요로 하는 데이터주체의 이익이나 기본적 권리 및 자유보다 열위에 있는 경우에는 제외한다.)" 개인데이터는 적법하게 처리될 수 있다.[393]

정당한 이익의 존재는 각각의 구체적인 경우에 신중하게 평가되어야 한다.[394] 컨트롤러의 정당한 이익이 인정되는 경우, 그러한 이익과 데이터주체의 이익이나 기본적 권리 및 자유 사이에서 형량작업이 이루어져야 한다.[395] 컨트롤러의 이익이 데이터주체의 이익이나 기본권에 우월하는지 여부를 확인하기 위해 데이터주체의 합리적인 기대가 이러한 평가 동안에 고려되어야 한다.[396] 데이터주체의 권리가 컨트롤러의 정당한 이익보

391 *Ibid.*, paras. 78 and 81.

392 Explanatory Report of Modernised Convention 108, paras. 46 and 47.

393 Compared to Directive 95/46, the General Data Protection Regulation provides more examples of cases that are considered to constitute a legitimate interest.

394 General Data Protection Regulation, Preamble, Recital 47.

395 Article 29 Working Party (2014), *Opinion 06/2014 on the notion of legitimate interests of the data controller under Article 7 of Directive 95/46/EC*, 4 April 2014.

다 우월하는 경우, 컨트롤러는 데이터주체의 권리에 미치는 영향이 최소화되도록(데이터의 가명화 등) 조치를 취하고 안전장치를 이행할 수 있으며, '균형'을 반전시킨 후에 이러한 정당한 처리 근거에 적법하게 의존할 수 있다. 제29조작업반은 데이터 컨트롤러의 정당한 이익의 개념에 관한 의견에서, 책임성 및 투명성, 그리고 컨트롤러의 정당한 이익과 데이터주체의 기본권의 이익을 형량할 때 데이터의 처리를 반대하거나 또는 액세스, 정정, 삭제 또는 이전되는 데이터주체의 권리의 중요한 역할에 대해 강조했다.[397]

GDPR 주석(recitals)에서, 관련 데이터 컨트롤러의 정당한 이익을 구성하는 것에 대한 몇 가지 예를 제시한다. 예를 들어, 개인데이터의 처리가 직접 마케팅을 목적으로 하거나, 그러한 처리가 "사기 방지를 위해 엄격히 필요한" 경우에 데이터주체의 동의 없이 허용된다.[398]

CJEU는 판례에서 무엇이 정당한 이익을 구성하는지를 판단하기 위한 테스트를 자세히 기술하였다.

> 사례 : *Valsts policijas Rīgas reģiona pārvaldes Kārtības policijas pārvalde* 사건[399]은 승객이 갑자기 택시 문을 열면서 발생한 라가스 운송회사 트롤리버스의 피해와 관련된 것이었다. 라가스 운송회사는 승객을 상대로 손해배상소송을 제기하기를 원했다. 그러나 경찰은 승객의 이름만 알려주고 국가데이터보호법에 따라 공개가 불법이라며 승객의 식별번호와 주소 제공을 거부했다.
>
> 제청하는 라트비아 법원은 EU 데이터보호법이 행정 위반의 책임이 있는 것으로 의심되는 사람에 대해 민사소송을 제기하는 데 필요한

396 *Ibid.*

397 *Ibid.*

398 General Data Protection Regulation, Preamble, Recital 47.

399 CJEU, C-13/16, *Valsts policijas Rīgas reģiona pārvaldes Kārtības policijas pārvalde v. Rīgas pašvaldības SIA 'Rīgas satiksme'*, 4 May 2017.

모든 개인데이터를 공개할 의무를 부과하는지에 대한 사전판결을 CJEU에 요청했다.[400]

CJEU는 EU 데이터보호법은 제3자가 추구하는 정당한 이익을 위해 그 제3자에게 데이터를 전달할 수 있는 가능성- 의무가 아니라 -을 포함하고 있음을 명확히 했다.[401] CJEU는 '정당한 이익'이라는 근거로 개인데이터 처리가 적법하기 위해 충족되어야 하는 세 가지 누적 조건을 제시하였다.[402] 첫째로, 데이터가 공개되는 제3자는 정당한 이익을 추구해야 한다. 본 구체적 사례에서, 이는 재산상 손해를 끼친다고 사람을 제소하기 위해 개인정보를 요구하는 것은 제3자의 정당한 이익에 해당한다는 것을 의미한다. 둘째로, 개인데이터의 처리는 추구되는 정당한 이익을 위해 필요하여야 한다. 이 경우, 주소 및/또는 ID 번호와 같은 개인정보를 취득하는 것은 그 사람을 식별하기 위해 엄격히 필요하다. 셋째, 데이터주체의 기본적인 권리 및 자유는 컨트롤러 또는 제3자의 정당한 이익보다 우선해서는 안 된다. 이익형량은 데이터주체의 권리 침해의 심각성이나 심지어 일정한 상황에서는 데이터주체의 연령과 같은 요소들도 고려하여 사례별로 이루어져야 한다. 그러나, 본 구체적 사례에서 CJEU는 단순히 데이터주체가 미성년자라는 이유만으로 공개 거부가 정당하다고 간주하지는 않았다.

ASNEF and FECEMD 판결에서, CJEU는 당시 데이터보호지침 제7조 제f호에서 보장되어 있었던 '정당한 이익'이라는 적법한 근거에 기초하여 명시적으로 데이터 처리에 관한 판결을 내렸다.[403]

400 *Ibid.*, para. 23.

401 *Ibid.*, para. 26.

402 *Ibid.*, paras. 28–34.

403 Former Data Protection Directive, Art. 7 (f), now General Data Protection Regulation, Art. 6 (1) (f).

사례 : *ASNEF and FECEMD* 사건[404]에서, CJEU는 적법한 데이터 처리를 위해 지침 제7조제f호에 언급된 조건에 국가법이 추가하는 것은 허용되지 않는다는 점을 명확히 했다.[405] 이는 스페인 데이터보호법이 이미 정보가 공개된 출처에서 나타난 경우에만 다른 사적 당사자가 개인데이터 처리에 대한 정당한 이익을 주장할 수 있는 조항을 포함하고 있는 상황에 대해 언급한 것이었다.

CJEU는 먼저 지침 95/46[406]이 개인데이터 처리에 관한 개인의 권리 및 자유의 보호수준이 모든 회원국에서 동등하다는 것을 보장하고자 한다는 점에 주목했다. 또한 이 영역에서 적용되는 국가법의 근사치는 그들이 제공하는 보호의 어떠한 감소도 초래해서는 안 된다. 그 대신, 그것은 EU에서의 높은 보호수준을 보장하고자 하여야 한다.[407] 따라서, CJEU는 "모든 회원국들의 동등한 보호수준을 보장한다는 목적으로부터 지침 95/46조 제7조[408]는 개인데이터의 처리가 적법한 것으로 간주될 수 있는 경우의 열거적이고 제한적인 리스트를 규정하고 있는 것"이라고 판결했다. 또한, "회원국은 개인데이터 처리의 적법성과 관련된 새로운 원칙을 지침 95/46조 제7조[409]에 추가하거나 또는

404 CJEU, Joined cases C-468/10 and C-469/10, *Asociación Nacional de Establecimientos Financieros de Crédito (ASNEF) and Federación de Comercio Electrónico y Marketing Directo (FECEMD) v. Administración del Estado*, 24 November 2011.

405 Former Data Protection Directive, Art. 7 (f), now General Data Protection Regulation, Art. 6 (1) (f).

406 Former Data Protection Directive, now General Data Protection Regulation.

407 CJEU, Joined cases C-468/10 and C-469/10, *Asociación Nacional de Establecimientos Financieros de Crédito (ASNEF) and Federación de Comercio Electrónico y Marketing Directo (FECEMD) v. Administración del Estado*, 24 November 2011, para. 28. See Data Protection Directive, Recitals 8 and 10.

408 Former Data Protection Directive, Art. 7, now General Data Protection Regulation, Art. 6 (1) (f).

409 Former Data Protection Directive, Art. 7, now General Data Protection Regulation, Art. 6.

제7조에서 규정된 6 원칙 중 하나의 범위를 개정하는 효과가 있는 추가 요건을 부과할 수 없다.[410]" CJEU는 지침 95/46/EC 제7조제f호에 따라 필요한 형량과 관련하여, 해당 데이터가 공개된 출처에 이미 나타나는지에 따라 처리로 인한 데이터주체의 기본권 침해의 심각성이 달라질 수 있다는 점을 고려할 수 있다고 인정하였다.

그러나, 지침 제7조제f호는 "구체적인 사안에서 쟁점이 되는 대립적인 권리 및 이익이 서로 형량을 하는 것을 허용하지 않고, 회원국이 특정 범주의 개인데이터를 처리할 가능성을 범주적이며 일반화된 방식으로 배제하는 것을 금지한다".

이러한 고려사항에 비추어, CJEU는 지침 95/46 제7조제f호[411]를 "데이터주체의 동의가 없는 경우, 그리고 그 데이터주체의 그러한 개인데이터의 처리가 데이터가 공개되는 데이터 컨트롤러나 제3자의 정당한 이익을 추구하기 위해 필요한 것으로 허용되기 위해서는 데이터주체의 기본적 권리 및 자유가 존중되어야 할 뿐만 아니라 그 데이터는 공개된 출처에서 나타나야하고, 그럼으로써 그러한 출처에서 나타나지 않는 데이터의 처리를 범주적이고 일반화된 방식으로 배제하여야 한다는 것을 요구하는 국가규정을 금지하는 것으로 해석되어야 한다고 결정했다.[412]

GDPR 제21조제1항에 따라 개인데이터가 '정당한 이익' 근거로 처리될 때마다, 개인은 그 특정 상황과 관련된 근거로 언제든지 처리를 반대할

410 *bid.*

411 Former Data Protection Directive, Art. 7 (f), now General Data Protection Regulation, Art. 6 (1) (f).

412 CJEU, Joined cases C-468/10 and C-469/10, *Asociación Nacional de Establecimientos Financieros de Crédito (ASNEF) and Federación de Comercio Electrónico y Marketing Directo (FECEMD) v. Administración del Estado*, 24 November 2011, paras. 40, 44 and 48-49.

수 있는 권리를 가진다. 컨트롤러는 처리를 계속할 수 있는 우월적인 정당한 근거를 입증하지 않는 한 처리를 중단해야 한다.

CoE법과 관련하여, 유사한 공식은 개정조약 제108호[413]와 CoE 권고에서 찾아 볼 수 있다. 프로파일링권고는 "데이터주체의 기본적 권리 및 자유가 타인의 이익보다 우월한 경우를 제외하고" 필요한 경우 타인의 정당한 이익을 위해 프로파일링 목적을 위해 개인데이터의 처리를 정당한 것으로 인정한다.[414] 또한, 데이터보호권을 제한할 수 있는 정당한 근거의 하나로 ECHR 제8조제2항은 "타인의 권리 및 자유의 보호"를 언급하고 있다.

> 사례 : *Y v. Turkey* 사건[415]에서, 청구인은 HIV 양성이었다. 그가 병원에 도착하는 동안 의식이 없었기 때문에, 구급대원들은 병원 직원들에게 그가 HIV 양성이라고 알렸다. 청구인은 ECtHR에 이러한 정보의 공개가 자기의 사생활 존중권을 침해한 것이라고 주장했다. 그러나, 병원 직원의 안전을 보호할 필요성에 비춰볼 때, 정보의 공유는 그의 권리 침해로 간주되지 않았다.

4.1.2. 특별한 범주의 데이터(민감데이터) 처리 (Processing special categories of data(sensitive data))

CoE법은 개정조약 제108호 제6조의 조건이 충족되는 경우 민감데이터를 사용하기 위한 적절한 보호장치를 규정하는 것, 즉 개정조약의 다른

413 Explanatory Report of Modernised Convention 108, para 46.

414 Council of Europe, Committee of Ministers (2010), Recommendation CM/Rec(2010)13 and explanatory memorandum on the protection of individuals with regard to automatic processing of personal data in the context of profiling, 23 November 2010, Art. 3.4 (b) (Profiling Recommendation).

415 ECtHR, *Y v. Turkey*, No. 648/10, 17 February 2015.

조항을 보완하는 적절한 안전장치가 법률에 보장되는 것을 국내법에 위임한다. **EU법**은 GDPR 제9조에서 특별한 범주의 데이터('민감데이터'라고도 함)를 처리하기 위한 세부적인 제도를 담고 있다. 이러한 데이터는 자연인을 고유하게 식별하기 위하여 유전자 및 생체 데이터 처리를 위하여, 그리고 건강, 성생활 또는 성적 취향에 관한 데이터에 대하여 뿐만 아니라 인종 또는 민족적 기원, 정치적 의견, 종교적 또는 철학적 신념 및 노동조합원 자격을 나타낸다. 민감데이터의 처리는 원칙적으로 금지되어 있다.[416]

그러나, 이러한 금지에 대한 적용제외규정의 열거적 리스트가 있는데, 이는 GDPR 제9조제2항에서 찾을 수 있으며, 민감데이터 처리의 적법한 근거에 해당하는 것이다. 이러한 적용제외규정은 다음과 같은 경우를 포함한다.

- 데이터주체가 데이터 처리에 명시적으로 동의하는 경우
- 처리가 정당한 활동 중에 정치적, 철학적, 종교적 또는 노동조합의 목적을 가진 비영리 단체에 의해 수행되며 (이전)구성원 또는 이러한 목적으로 정기적으로 접촉하는 사람과만 관련되는 경우
- 처리가 데이터주체가 명시적으로 공개한 데이터와 관련되는 경우
- 처리가 다음을 위하여 필요한 경우
  - 고용, 사회보장 및 사회보호의 맥락에서 컨트롤러 또는 데이터주체의 의무를 이행하고 특정한 권리를 행사하기 위해
  - 데이터주체 또는 다른 자연인의 중대한 이익을 보호하기 위해 (데이터주체가 동의할 수 없는 경우)
  - 법적 청구권을 설정, 행사 또는 방어하기 위해 또는 법원이 사법기관으로 행위할 때
  - 예방 의학 또는 직업병 의학 목적으로 : "연합법이나 회원국법

416 Former Data Protection Directive, Art. 7 (f), now General Data Protection Regulation, Art. 9 (1).

에 근거하거나 보건 전문가와의 계약에 따라 직원의 작업능력 평가, 의료 진단, 헬스케어나 사회적 케어 또는 치료의 제공, 또는 헬스케어나 사회적 케어 시스템 및 서비스의 관리"

- 공익상의 자료보관 목적으로, 과학이나 역사 연구 목적으로 또는 통계 목적으로
- 공공 보건 분야에서의 공익적 이유로
- 실질적인 공익적 이유로

따라서, 특별한 범주의 데이터를 처리하기 위해, 데이터주체와의 계약관계는 직업상의 비밀유지의무가 적용되는 보건전문가와의 계약을 제외하고, 민감데이터의 정당한 처리에 대한 법적 근거로서 간주되지 않는다.[417]

데이터주체의 명시적 동의(Explicit consent of the data subject)

EU법에 따르면, 비민감데이터인지 민감데이터인지에 관계없이 모든 데이터를 적법하게 처리할 수 있는 첫 번째 가능한 근거는 데이터주체의 동의이다. 민감데이터의 경우 이러한 동의가 명시적이어야 한다. 그러나, EU법이나 회원국법은 특별한 범주의 데이터 처리에 대한 금지는 개인에 의해 해제될 수 없다고 규정할 수 있다.[418] 예를 들어, 처리가 데이터주체에 대한 비정상적인 위험을 수반하는 경우가 이에 해당할 수 있다.

고용법 또는 사회보장 및 사회보호법 (Employment law or social security and social protection law)

EU법에 따르면, 고용이나 사회보장 분야에서 컨트롤러나 데이터주체의 의무 이행이나 권리 행사를 위해 처리가 필요한 경우 제9조제1항의

417 General Data Protection Regulation, Art. 9 (2) (h) and (i).
418 *Ibid.*, Art. 9 (2) (a).

금지조항을 해제할 수 있다. 그러나, 처리가 데이터주체의 기본적 권익에 대한 적절한 안전장치를 제공하는 EU법, 국가법 또는 국가법에 따른 단체협약에 의해 승인되어야 한다.[419] 조직이 보유한 고용기록은 GDPR 및 관련 국가법에 명시된 특정 조건하에서 민감한 개인데이터를 포함할 수 있다. 민감데이터의 예로는 노동조합원이나 건강정보를 들 수 있다.

데이터주체 또는 다른 사람의 중대한 이익 (Vital interests of the data subject or another person)

EU법에 따르면, 비민감데이터의 경우처럼 민감데이터는 데이터주체나 다른 자연인의 중대한 이익 때문에 처리될 수 있다.[420] 처리가 다른 사람의 중대한 이익에 근거하는 경우, 이러한 처리는 "다른 법적 근거에 명백히 기초할 수 없는" 경우에 이 정당한 근거가 발동될 수 있을 뿐이다.[421] 경우에 따라, 개인데이터 처리는 예를 들어 인도주의적 목적을 위해 처리가 필요한 경우 개인 및 공공의 이익 모두를 보호할 수 있다.[422]

민감데이터의 처리가 이러한 근거에서 정당화되려면, 예를 들어 데이터주체가 의식이 없거나 부재중이고 올 수 없기 때문에, 데이터주체에게 동의를 구할 수 없어야 할 것이다. 다시 말해, 그 사람은 사실적으로 또는 법적으로 동의를 할 수 없었다.

자선단체 또는 비영리단체(Charities or not-for-profit bodies)

개인데이터 처리는 정치, 철학, 종교 또는 노동조합을 목적으로 하는 재단, 협회 또는 기타 비영리단체들의 정당한 활동과정에서도 허용된다. 그러나, 그 처리는 오로지 단체의 구성원이나 이전 구성원 또는 단체와

419 General Data Protection Regulation, Art. 9 (2) (b).
420 *Ibid.*, Art. 9 (2) (c).
421 *Ibid.*, Recital 46.
422 *Ibid.*

정기적으로 접촉하는 사람들과만 관련되어야 한다.[423] 민감데이터는 데이터주체의 동의 없이는 그러한 단체의 외부로 공개될 수 없다.

데이터주체가 명백히 공개한 데이터 (Data manifestly made public by the data subject)

GDPR 제9조제2항제e호는 데이터주체가 명백히 공개한 데이터와 관련되는 경우에 처리가 금지되지 않는다고 규정하고 있다. "데이터주체에 의해 명백히 공개된"의 의미는 GDPR에 규정되어 있지 않지만, 민감데이터 처리 금지에 대한 예외사항이기 때문에 엄격하게 해석해야 하며, 데이터주체가 개인데이터를 의도적으로 공개하도록 요구하는 것으로 해석해야 한다. 따라서 TV가 소방관이 건물을 소개시키려다 다치는 모습을 보여주는 비디오 감시카메라에서 촬영한 영상을 방송하는 경우에, 그 소방관이 명백히 데이터를 공개했다고 간주될 수 없다. 반면, 소방관이 사건을 기술하고 동영상과 사진을 공개된 인터넷 페이지에 게시하기로 결정한다면 개인데이터를 공개하기 위해 의도적이고 긍정적인 행위를 했을 것이다. 자신의 데이터를 공개하는 것은 동의를 구성하는 것이 아니라, 특별한 범주의 데이터를 처리하는 것에 대한 또 다른 허가라는 점에 유의해야 한다.

데이터주체가 처리된 개인데이터를 공개했다고 해서 컨트롤러가 데이터보호법에 따른 의무에서 면제되는 것은 아니다. 예를 들어, 개인데이터가 공개된 경우에도 목적 제한 원칙은 개인데이터에 계속 적용된다.[424]

법적 청구권(Legal claims)

재판절차에서든 행정절차나 법정외 절차에서든[425] "법적 청구권의 설

423 *Ibid.*, Art. 9 (2) (d).

424 Article 29 Working Party (2013), *Opinion 3/13 on purpose limitation*, WP 203, Brussels, 2 April 2013, p. 14.

정, 행사 또는 방어를 위해 필요한" 특별한 범주의 데이터 처리는 GDPR에서도 허용된다.[426] 이러한 경우에, 처리는 각각 특정한 법적 청구권과 그 행사 또는 방어에 각각 관련되어야 하며, 분쟁 당사자들 중 일방이 청구할 수 있다.

법원은 재판기관으로 행위할 때 법적 분쟁해결의 맥락 안에서 특별한 범주의 데이터를 처리할 수 있다.[427] 이러한 맥락에서 처리된 이들 특별한 범주의 데이터의 예로는 예를 들어, 친자관계 입증시의 유전자 데이터 또는 증거의 일부가 범죄 피해자에 의해 지속되는 상해의 세부사항과 관련된 때의 건강상태가 포함될 수 있다.

상당한 공익적 이유(Reasons of substantial public interest)

GDPR 제9조제2항제g호에 따라, 회원국은 다음과 같은 경우에 민감데이터를 처리할 수 있는 상황을 추가로 도입할 수 있다.

- 데이터를 처리하는 것이 상당한 공익상 이유인 경우
- EU법이나 국가법이 규정하는 경우
- EU법이나 국가법이 비례적이며, 데이터보호권을 존중하며, 데이터주체의 권익을 보호하기 위한 적절하고 구체적인 조치를 제공하는 경우[428]

대표적인 예가 전자건강파일 시스템이다. 이러한 시스템은 환자를 치료하는 과정에서 헬스케어 사업자가 수집한 건강데이터를 대규모로, 보통 전국적으로 이 환자의 다른 헬스케어 사업자가 이용할 수 있도록 허용한다.

425 General Data Protection Regulation, Preamble Recital 52.
426 *Ibid.*, Art. 9 (2) (f).
427 *Ibid.*
428 *Ibid.*, Art. 9 (2) (g).

제29조작업반은 이러한 제도의 설정이 환자에 관한 데이터의 처리에 관한 현행 법규정에 따라 이루어질 수 없다고 결론 내렸다.[429] 그러나 전자건강파일 시스템이 "상당한 공익적 이유"에 근거한다면 존재할 수 있다.[430] 이는 시스템의 설립에 대한 명백한 법적 근거를 필요로 할 것이며, 시스템의 안전 운영을 보장하는 필요한 안전장치도 포함할 수 있을 것이다.[431]

민감데이터 처리의 기타 근거 (Other grounds for processing of sensitive data)

GDPR은 다음과 같은 경우를 위하여 처리가 필요한 경우에 민감데이터가 처리될 수 있다고 규정한다.[432]

- 예방 의학 또는 직업병 의학 목적, EU법이나 회원국법에 근거하거나 보건 전문가와의 계약에 따라 직원의 작업능력 평가, 의료 진단, 헬스케어나 사회적 케어 또는 치료의 제공, 또는 헬스케어나 사회적 케어 시스템 및 서비스의 관리를 위하여
- 보건에 대한 국경을 넘는 심각한 위협으로부터 보호하거나, EU법이나 회원국법에 근거하여 헬스케어와 의약품이나 의료기기의 품질 및 안전의 높은 기준을 보장하는 것과 같은 공중보건 분야에서의 공익적 이유. 그 법은 데이터주체의 권리를 보호하기 위한 적절하고 구체적인 조치를 규정해야 한다.

---

429 Article 29 Working Party (2007), *Working Document on the processing of personal data relating to health in electronic health records (EHR)*, WP 131, Brussels, 15 February 2007. See also General Data Protection Regulation, Art. 9 (3).

430 General Data Protection Regulation, Art. 9 (2) (g).

431 Article 29 Working Party (2007), *Working Document on the processing of personal data relating to health in electronic health records (EHR)*, WP 131, Brussels, 15 February 2007.

432 General Data Protection Regulation, Art. 9 (2) (h), (i) and (j).

- EU법이나 회원국법에 근거한 자료보관, 과학이나 역사 연구 또는 통계 목적. 그 법은 추구된 목적에 비례해야 하며, 데이터보호권의 본질을 존중해야 하고, 데이터주체의 권익을 보호하기 위한 적절하고 구체적인 조치를 규정해야 한다.

국가법에 따른 추가 조건(Additional conditions under national law)

GDPR은 또한 회원국이 유전자, 생체인식 및 건강 관련 데이터 처리에 대한 한계를 포함하여 추가적인 조건을 도입하거나 유지하는 것을 허용한다.[433]

4.2. 처리의 보안에 관한 규정(Rules on security of processing)

요점

- 처리의 보안에 관한 규정은 컨트롤러 및 프로세서가 데이터 처리작업에 대한 권한없는 간섭을 방지하기 위해 적절한 기술적·조직적 조치를 이행할 의무를 부과한다.
- 데이터 보안의 필요한 수준은 다음에 의해 결정된다.
    - 특정 유형의 처리에 대해 시장에서 활용할 수 있는 보안 기능
    - 비용
    - 데이터주체의 기본적 권리 및 자유에 대해 데이터 처리의 리스크
- 개인데이터의 기밀성을 보장하는 것은 GDPR에서 인정된 일반원칙의 일부이다.

EU법 및 CoE법 모두에 따르면, 컨트롤러는 개인데이터를 처리할 때, 특히 데이터 침해가 발생하는 경우 그러한 침해에 대해 투명하고 책임을

433 *Ibid.*, Art. 9 (2) (h) and 9 (4).

져야 할 일반적인 의무가 있다. 개인데이터 침해의 경우, 컨트롤러는 침해로 인해 자연인의 권리 및 자유에 대한 위험이 발생할 가능성이 있다면 감독기관에게 통보해야 한다. 또한 자연인의 권리 및 자유에 대한 높은 위험을 초래할 가능성이 있는 경우에 개인데이터 침해에 대해 데이터주체에게 알려야 한다.

4.2.1. 데이터 보안의 요소(Elements of data security)

EU법상의 관련규정에 따르면,

> *"컨트롤러 및 프로세서는 현재의 기술수준, 실행비용, 처리의 특성, 범위, 맥락 및 목적, 그리고 자연인의 권리 및 자유에 대한 다양한 가능성과 심각성을 고려하여, 리스크에 적합한 보안수준을 보장하기 위해 적절한 기술적·조직적 조치를 이행해야 한다."*[434]

이러한 조치에는 특히 다음이 포함된다.

- 개인데이터의 가명화와 암호화[435]
- 처리 시스템 및 서비스가 기밀성, 완전성, 활용성 및 탄력성을 유지하도록 보장하는 것[436]
- 데이터 손실이 발생할 경우에 적시에 개인데이터의 활용성 및 액세스 가능성을 복원하는 것[437]
- 처리의 보안을 보장하기 위한 조치의 효율성을 테스트하고, 사정하며 평가하기 위한 프로세스[438]

434 *Ibid.*, Art. 32 (1).
435 *Ibid.*, Art. 32 (1) (a).
436 *Ibid.*, Art. 32 (1) (b).
437 *Ibid.*, Art. 32 (1) (c).
438 *Ibid.*, Art. 32 (1) (d).

CoE법에서도 유사한 규정이 존재한다.

> *"각 당사국은 컨트롤러와 해당되는 경우 프로세서가 우발적이거나 무단으로 개인데이터에 액세스하거나, 파괴, 분실, 이용, 수정 또는 공개와 같은 위험에 대해 적절한 보안조치를 취할 것을 규정해야 한다."*[439]

EU법 및 CoE법에서는 개인의 권리 및 자유에 영향을 미칠 수 있는 데이터 침해는 컨트롤러가 감독기관에 침해사실을 통보해야 한다(4.2.3 참조).

종종 안전한 데이터 처리를 위해 개발된 산업, 국가 및 국제 표준도 있다. 예를 들어, 유럽프라이버시씰(EuroPriSe)은 유럽데이터보호법 준수를 촉진하기 위해 제품, 특히 소프트웨어를 인증하는 가능성을 탐구하는 EU의 eTEN(Trans-European Telecommunications Networks) 프로젝트이다. 유럽네트워크정보보호기관(ENISA)은 EU, EU 회원국 및 재계의 네트워크 및 정보보안 문제를 예방, 해결, 대응할 수 있는 능력을 높이기 위해 설립되었다.[440] ENISA는 현재의 보안 위협에 대한 분석과 그 해결방법에 대한 조언을 정기적으로 발표한다.[441]

데이터 보안은 올바른 장비(하드웨어 및 소프트웨어)를 갖추기만 하면 되는 것이 아니다. 거기에는 적절한 내부조직규정이 또한 요구된다. 이러한 내부규정은 다음과 같은 문제를 이상적으로 다룰 것이다.

---

439 Modernised Convention 108, Art. 7 (1).

440 Regulation (EC) No. 526/2013of the European Parliament and of the Council of 21 May 2013 concerning the European Union Agency for Network and Information Security (ENISA) and repealing Regulation (EC) No. 460/, OJ 2013 L 165.

441 For example, ENISA, (2016), Cyber Security and Resilience of smart cars. Good practices and recommendations; ENISA (2016), Security of Mobile Payments and Digital Wallets.

- 데이터보안규정과 데이터보호법에 따른 의무, 특히 기밀유지의무에 대한 정보를 모든 직원에게 정기적으로 제공
- 데이터 처리의 문제, 특히 개인데이터를 처리하고 제3자나 데이터 주체에게 데이터를 전송하는 결정에 관한 문제에서 명확한 책임 분배 및 명확한 권한 범위
- 권한있는 자의 지시나 일반적으로 정해진 규정에 따라서만 개인데이터의 이용
- 액세스 권한에 대한 체크를 포함하여 컨트롤러나 프로세서의 위치와 하드웨어 및 소프트웨어에 대한 액세스 보호
- 개인데이터에 대한 액세스 권한은 권한 있는 자에 의해 부여되었고 적절한 문서화를 요구하는지를 보장하는 것
- 개인데이터에 대한 전자적 액세스에 관한 자동화된 프로토콜 및 내부 감독데스크에 의한 이러한 프로토콜의 정기적인 점검(따라서 모든 데이터 처리활동을 기록할 것이 필요)
- 불법 데이터 전송이 발생하지 않았음을 입증하기 위해 데이터에 대한 자동 액세스가 아닌 다른 형태의 공개에 대한 신중한 문서화

직원에게 적절한 데이터 보안훈련 및 교육을 제공하는 것도 효과적인 보안 예방책의 중요한 요소이다. 적절한 조치가 문서상으로 존재할 뿐만 아니라 실행되어 실제로 작동되고 있는지를 확인하기 위한 검증절차가 마련되어야 한다(내부 또는 외부 감사 등).

컨트롤러나 프로세서의 보안수준을 향상시키기 위한 조치에는 개인데이터 보호담당자, 직원의 보안 교육, 정기 감사, 침투 테스트 및 품질 씰 등의 도구가 포함된다.

사례 : *I v. Finland* 사건[442]에서, 청구인은 자신이 일하는 병원의 다른 직원들이 자신의 건강기록에 불법적으로 액세스했다는 것을 증명할 수 없었다. 따라서 그녀의 데이터보호권 침해 주장은 국내법원에서 기각되었다. ECtHR은 병원의 건강파일 등록시스템이 "가장 최근의 5가지 조회만을 공개했기 때문에 환자기록의 이용을 소급적으로 명확히 할 수 없고, 일단 파일이 기록보관소로 반환된 후에는 이 정보가 삭제되었기" 때문에 ECHR 제8조 위반이 있었다고 결정했다. 법원 입장에선, 병원에서 시행되고 있는 기록시스템이 국내법에 포함된 법적 요건에 명백히 부합하지 않았다는 것, 국내법원이 적절한 비중을 부여하지 않았다는 사실이 결정적이었다.

EU는 사이버보안에 관한 EU 차원의 첫 번째 법규범인 네트워크 및 정보시스템의 보안에 관한 지침(NIS지침)[443]을 제정했다. 이 지침은 한편으로는 국가차원의 사이버보안을 향상시키고, 다른 한편으로는 EU 역내의 협력수준을 높이는 것을 목표로 하고 있다. 또한 필수서비스 제공자(에너지, 보건, 은행, 운송, 디지털 인프라 등의 분야의 사업자 포함)와 디지털 서비스 제공자에게 리스크 관리, 네트워크 및 정보 시스템의 보안 보장, 보안사고 보고 등의 의무를 부과한다.

전망(Outlook)

2017년 9월 유럽위원회는 NIS지침에 따른 기관의 새로운 권한 및 책임을 고려하기 위해 ENISA의 권한 개혁을 목적으로 하는 규칙안을 제안했

---

442 ECtHR, *I v. Finland*, No. 20511/03, 17 July 2008.

443 Directive (EU) 2016/1148 of the European Parliament and of the Council of 6 July 2016 concerning measures for a high common level of security of network and information systems across the Union, OJ 2016 L 194.

다. 규칙안의 목적은 ENISA의 임무를 발전시켜 "EU 사이버보안 생태계에서의 기준점[444]"으로서의 역할을 강화하는 것이다. 규칙안은 GDPR 원칙에 위배되지 않아야 하며, 유럽 사이버보안인증제도를 구성하는 필요한 요소를 명확히 함으로써 개인데이터의 보안도 강화해야 한다. 이와 병행하여 유럽위원회는 2017년 9월, NIS지침 제16조제8항의 요구에 따라 디지털서비스 제공자가 네트워크 및 정보시스템의 보안을 확보하기 위해 고려해야 할 요소를 명시한 시행규칙 초안을 제안하였다. 본서 집필 당시에는 이 두 가지 제안에 대한 논의가 진행 중이었다.

4.2.2. 기밀성(Confidentiality)

EU법에 따르면, GDPR은 개인데이터의 기밀성을 일반원칙의 일부로 인식한다.[445] 공공 이용 전자통신서비스의 제공자들은 기밀성을 보장할 필요가 있다. 그들은 또한 서비스의 보안을 보호할 의무를 지고 있다.[446]

사례 : 보험회사의 한 직원은 자신이 고객이라고 말하는 사람으로부터 직장에서 자신의 보험계약에 관한 정보를 요청하는 전화를 받는다.

고객의 데이터를 비밀로 유지해야 할 의무는 직원이 개인데이터를 공개하기 전에 적어도 최소한의 보안조치를 적용할 것을 요구한다. 예를 들어, 이것은 고객의 파일에 기록된 전화번호로 회신전화를 하겠다고 제안함으로써 이루어질 수 있다.

444 Proposal for a Regulation of the European Parliament and of the Council on ENISA, the "EU Cybersecurity Agency", and repealing Regulation (EU) 526/2013, and on Information and Communication Technology cybersecurity certification (Cybersecurity Act), COM(2017)477, 13 September 2017, p. 6.

445 General Data Protection Regulation, Art. 5 (1) (f).

446 Directive on privacy and electronic communications, Art. 5 (1).

제5조제1항제f호에 따라 개인데이터는 적절한 기술적 또는 조직적 조치('통합성 및 기밀성')를 이용하여 권한 없는 또는 불법적인 처리와 우발적 손실·파괴·손상으로부터 보호를 포함하여 개인데이터의 적절한 보안을 보장하는 방법으로 처리해야 한다('무결성 및 기밀성).

제32조의 규정에 의하여, 컨트롤러 및 프로세서는 높은 보안수준을 확보하기 위한 기술적·조직적 조치를 이행하여야 한다. 이러한 조치에는 무엇보다도 개인데이터의 가명화 및 암호화, 처리의 지속적인 기밀성, 무결성, 가용성 및 탄력성을 보장할 수 있는 능력, 조치의 효과성에 대한 평가 및 테스트, 그리고 물리적 또는 기술적 사고가 발생하는 경우에 처리의 복구능력이 포함된다. 게다가, 승인된 행동준칙이나 승인된 인증메커니즘을 준수하여 무결성 및 기밀성 원칙의 준수를 입증하는 요소로 사용할 수 있다. 또한, GDPR 제28조에 따라, 프로세서에 대한 컨트롤러를 구속하는 계약은 개인데이터를 처리할 권한이 있는 자가 기밀유지를 약속하였거나 적절한 실정법상의 기밀성의무를 지고 있음을 프로세서가 보증하도록 명기해야 한다.

기밀성의무는 컨트롤러나 프로세서의 직원이 아닌 사적 개인자격으로 데이터를 알게 되는 상황에까지 확대되지는 않는다. 이 경우, 사적 개인에 의한 개인데이터의 이용은 이러한 이용이 이른바 가사 면제의 영역에 해당할 경우 GDPR의 적용범위에서 완전히 제외되기 때문에, GDPR 제32조 및 제28조는 적용되지 않는다.[447] 가사 면제는 "순전히 개인활동이나 가사활동 중에서 자연인에 의한" 개인데이터의 이용이다.[448] 그러나 *Bodil Lindqvist* 사건[449]에서의 CJEU 판결이래로, 이러한 면제는 특히 데이터 공개와 관련하여 좁게 해석되어야 한다. 특히, 가사 면제는 인터넷 상의 무수한 수취인에 대한 개인데이터의 공표나, 전문적이거나 상업적인 측면이 있는 데이터 처리에까지 확대되지 않을 것이다(사례에 대한 보다 자세

---

447 General Data Protection Regulation, Art. 2 (2) (c).

448 *Ibid.*

449 CJEU, C-101/01, *Criminal proceedings against Bodil Lindqvist*, 6 November 2003.

한 내용은 2.1.2, 2.2.2, 2.3.1 참조).

"통신의 기밀성"은 기밀성의 또 다른 측면으로, 특별법이 적용된다. e-Privacy 지침에 따른 전자통신의 기밀성을 보장하기 위한 특별규정은 회원국에게 이용자 이외의 자 또는 이용자의 동의 없이 통신 및 관련 메타데이터의 청취, 도청, 저장이나 기타 종류의 가로채기 또는 감시를 금지하도록 요구한다.[450] 국가법은 국가안보, 방위, 범죄 예방 또는 적발의 이유로만 그리고 이러한 조치가 추구된 목적에 대해 필요하고 비례적인 경우에만 이 원칙의 예외를 승인할 수 있다.[451] 향후 e-Privacy 규칙에 따라 동일한 규정이 적용되지만, e-Privacy에 관한 법률의 범위는 공공 이용 전자통신 서비스에서 OTT서비스(모바일 애플리케이션 등)를 통한 통신도 적용되는 것으로 확대될 것이다.

CoE법에 따르면, 기밀성 의무는 데이터 보안을 다루는 개정조약 제108호 제7조제1항의 데이터 보안 개념에 내포되어 있다.

프로세서의 경우 기밀성은 허가 없이 데이터를 제3자 또는 기타 수신자에게 공개할 수 없다는 것을 의미한다. 컨트롤러나 프로세서의 피고용인에 대해, 기밀성은 권한 있는 상급자의 지시에 따라서만 개인데이터를 이용할 것을 요구한다.

기밀성 의무는 컨트롤러와 그 프로세서 사이의 계약에 포함되어야 한다. 또한 컨트롤러와 프로세서는 피고용인의 고용계약에 기밀성 조항을 포함시킴으로써 일반적으로 달성되는 피고용인의 기밀성의 법적 의무를 설정하기 위한 구체적인 조치를 취해야 할 것이다.

기밀성의 직업상 의무 위반은 다수의 EU 회원국 및 조약 제108호 당사국들의 형법에 따라 처벌될 수 있다.

---

450 Directive on privacy and electronic communications, Art. 5 (1).

451 *Ibid.*, Art. 15 (1).

4.2.3. 개인데이터 침해 통지(Personal data breach notifications)

개인데이터 침해는 우발적이거나 불법적인 파기, 분실, 변경 또는 처리된 개인데이터에 대한 권한없는 공개나 액세스를 초래하는 보안 침해를 말한다.[452] 암호화와 같은 신기술은 이제 처리의 보안을 보장하기 위한 더 많은 가능성을 제공하지만, 데이터 침해는 여전히 흔한 현상이다. 데이터 침해의 원인은 조직 내부에서 일하는 사람들에 의한 우발적인 실수에서부터 해커 및 사이버범죄 조직과 같은 외부 위협에 이르기까지 다양할 수 있다.

데이터 침해는 침해의 결과로 개인데이터에 대한 통제력을 상실한 개인의 프라이버시 및 데이터보호권에 매우 해로울 수 있다. 침해는 ID 도용이나 사기, 금전적 손실이나 물질적 손해, 직업상의 비밀준수에 의해 보호되는 개인데이터의 기밀성 상실, 데이터주체의 평판 훼손으로 이어질 수 있다. 제29조작업반은 규칙 2016/279에 따른 개인정보 침해 통지에 관한 가이드라인에서, 침해가 개인데이터에 대해 공개, 분실 및/또는 변경이라는 세 가지 유형의 영향을 미칠 수 있다고 설명한다.[453] 4.2에서 설명한 바와 같이, 처리의 보안을 보장하기 위한 조치를 취해야 할 의무에 추가하여, 침해가 발생할 때 컨트롤러가 적절하고 적시에 이를 처리하도록 하는 것도 마찬가지로 중요하다.

감독기관과 개인은 종종 데이터 침해의 발생을 알지 못하며, 이는 개인이 부정적인 결과로부터 자신을 보호하기 위한 조치를 취하는 것을 방해한다. 개인의 권리를 확인하고 데이터 침해의 영향을 제한하기 위해 **EU와 CoE**는 일정한 상황에서 컨트롤러에게 통지 요건을 부과한다.

CoE 개정조약 제108호에 따라, 체약 당사국들은 최소한 컨트롤러가 데

452 General Data Protection Regulation, Art. 4 (12); See also Article 29 Working Party (2017), *Guidelines on Personal data breach notification under Regulation 2016/679*, WP250, 3 October 2017, p. 8.

453 Article 29 Working Party (2017), *Guidelines on Personal data breach notification under Regulation 2016/679*, WP250, 3 October 2017, p. 6.

이터주체의 권리를 심각하게 방해할 수 있는 데이터 침해에 대해 관할 감독기관에게 신고하도록 요구해야 한다. 이러한 신고는 '지체 없이' 완료되어야 한다.[454]

EU법은 통지의 시기 및 내용을 규율하는 세부적인 제도를 설정한다.[455] 따라서 컨트롤러는 특정 데이터 침해 사실을 인지한 때로부터 부당한 지체 없이, 가능한 경우 72시간 이내에 감독기관에 특정 데이터 침해사실을 신고해야 한다. 72시간을 초과할 경우 지체에 대한 해명을 통지에 첨부해야 한다. 컨트롤러는 데이터 침해로 인해 관련 개인의 권리 및 자유에 대한 위험이 발생하지 않는다는 것을 입증할 수 있는 경우에만 신고요건이 면제된다.

GDPR은 감독기관이 필요한 조치를 취할 수 있도록 신고에 포함되어야 할 최소한의 정보를 명시한다.[456] 신고에는 적어도 데이터 침해의 성격, 영향을 받는 데이터주체의 범주 및 대략적인 숫자에 대한 설명, 침해의 가능한 결과와 그 결과를 처리하고 완화하기 위해 컨트롤러가 이행한 조치의 설명이 포함되어야 한다. 또한, 데이터보호책임자나 다른 연락담당자의 이름 및 연락처를 제공함으로써, 필요한 경우 관할 감독기관이 추가 정보를 얻을 수 있도록 해야 한다.

데이터 침해가 개인의 권리 및 자유에 높은 위험을 초래할 가능성이 있는 경우, 컨트롤러는 이러한 개인(데이터주체)에게 부당한 지체 없이 침해사실을 알려야 한다.[457] 데이터 침해에 대한 설명을 포함하여 데이터주체에 대한 통지는 명확하고 평이한 언어로 작성되어야 하며 감독기관에 대한 신고에 필요한 정보와 유사한 정보를 포함해야 한다. 일정한 상황에서 컨트롤러는 그러한 침해에 대해 데이터주체에게 통지할 의무를

---

454 Modernised Convention 108, Art. 7 (2); Explanatory Report of Modernised Convention 108, paras. 64-66.

455 General Data Protection Regulation, Art. 33 and 34.

456 *Ibid.*, Art. 33 (3).

457 *Ibid.*, Art. 34.

면제받을 수 있다. 컨트롤러가 적절한 기술적·조직적 보호조치를 이행하였고, 그러한 조치는 개인데이터 침해의 영향을 받는 개인데이터에 적용되었으며, 특히 암호화와 같이 개인데이터에 액세스할 권한이 없는 사람이 개인데이터를 이해할 수 없게 만드는 조치들이 적용된 경우에 면제가 적용된다. 데이터주체의 권리에 대한 위해가 더 이상 발생하지 않도록 보장하기 위해 침해 후 컨트롤러가 취한 조치는 컨트롤러의 데이터주체에 대한 통지의무를 면제해 줄 수도 있다. 마지막으로, 통지가 컨트롤러에게 불비례적인 노력을 수반하게 하는 경우, 공공 통신이나 유사한 조치와 같은 다른 방법을 통해 침해에 대한 정보를 데이터주체에게 제공할 수 있다.[458]

데이터 침해사실을 감독기관과 데이터주체에게 통지해야 할 의무는 컨트롤러에게 부과된다. 그러나 데이터 침해는 컨트롤러나 프로세서에 의해 처리되는지 여부에 관계없이 발생할 수 있다. 이 때문에 프로세서도 또한 데이터 침해에 대해서도 보고해야 한다는 것을 확실히 하는 것이 필수적이다. 이 경우 프로세서는 부당한 지체 없이 데이터 침해사실을 컨트롤러에게 통지해야 한다.[459] 그리고 컨트롤러는 앞에서 언급한 규칙과 일정에 따라 감독기관과 해당 데이터주체에게 통지할 책임이 있다.

4.3. 책임 및 준수 촉진에 관한 규정 (Rules on accountability and promoting compliance)

요점

- 개인데이터 처리의 책임성을 보장하기 위해 컨트롤러와 프로세서는 자신의 책임 하에 수행된 처리활동에 대한 기록을 유지하고 요청을 받은 경우 감독기관에게 제공해야 한다.

458 *Ibid.*, Art. 34 (3) (c).
459 *Ibid.*, Art. 33 (2).

- GDPR은 준수 촉진을 위한 몇 가지 도구를 설정하고 있다.
  - 일정한 상황에서 데이터보호책임자의 임명
  - 개인의 권리 및 자유에 높은 위험을 초래할 가능성이 있는 처리활동을 시작하기 전에 영향평가를 실시하기
  - 영향평가에서 처리가 완화될 수 없는 위험을 나타내는 경우 관련 감독기관과의 사전협의
  - 다양한 처리 분야에서 GDPR의 적용을 명시하는 컨트롤러 및 프로세서의 행동준칙
  - 인증제도, 씰 및 마크
- CoE법은 개정조약 제108호에서 준수 촉진을 위한 유사한 도구를 제시한다.

책임 원칙은 특히 유럽에서 데이터보호규정의 시행을 보장하기 위해 중요하다. 컨트롤러는 데이터보호규정 준수에 대한 책임이 있으며, 이를 입증할 수 있어야 한다. 위반이 발생한 후에만 책임이 작용되기 시작해서는 안 된다. 오히려 컨트롤러는 데이터 처리의 모든 단계에서 적절한 데이터 관리정책을 따라야 하는 사전 예방적 의무가 있다. 유럽데이터보호법은 컨트롤러가 법에 따라 처리가 수행되고 있음을 보장하고 입증할 수 있는 기술적·조직적 조치를 이행하도록 요구한다. 이러한 조치들 중에는 데이터보호책임자의 임명, 처리와 관련된 기록 및 문서 보관, 프라이버시 영향평가의 수행 등이 있다.

4.3.1. 데이터보호책임자(Data Protection Officers)

데이터보호책임자(DPO)는 데이터 처리를 수행하는 조직의 데이터보호규정 준수에 대해 조언하는 사람이다. 이들은 준수를 촉진하고, 감독기관, 데이터주체 및 자신들을 임명한 조직 사이의 중개자 역할을 하기 때문에 '설명책임(accountability)의 초석'이다.

CoE법에 따르면, 개정조약 제108호 제10조제1항은 컨트롤러 및 프로세서에 대해 일반적인 설명책임(accountability) 책임(responsibility)을 부과한다. 이를 위해서는 컨트롤러 및 프로세서가 개정조약에 규정된 데이터보호규정을 준수하고, 자신의 통제 하에 있는 데이터 처리가 개정조약 규정을 준수함을 입증할 수 있는 모든 적절한 조치를 취할 것을 요구한다. 개정조약에 컨트롤러 및 프로세서가 채택해야 하는 구체적인 조치가 명시되어 있지 않더라도, 개정조약 제108호의 해설보고서는 DPO의 임명이 규정 준수를 입증하는 데 도움이 되는 하나의 가능한 조치가 될 것이라고 명시하고 있다. DPO는 자신의 임무를 완수하는 데 필요한 모든 수단을 제공받아야 한다.[460]

CoE법과는 달리 **EU에서는** DPO의 임명이 항상 컨트롤러 및 프로세서의 재량에 따라 이루어지는 것만은 아니고 일정한 조건에서는 의무적이다. GDPR은 DPO를 새로운 거버넌스 시스템에서 핵심적 역할을 하는 것으로 인식하고, 보호책임자의 임명, 지위, 의무 및 임무에 관한 세부 규정을 포함한다.[461]

GDPR은 세 가지 특정한 경우에 DPO 임명을 의무화한다. 즉, 공공기관이 처리를 수행하는 경우, 컨트롤러나 프로세서의 핵심 활동이 대규모로 데이터주체에 대한 정기적이고 체계적인 모니터링을 필요로 하는 처리 운영으로 구성되는 경우, 또는 핵심 활동이 형사유죄판결이나 범죄와 관련된 특별한 범주의 데이터나 개인데이터의 대규모 처리를 구성하는 경우이다.[462] '대규모 체계적 모니터링(systematic monitoring on a large scale)', '핵심 활동(core activities)' 등의 용어는 GDPR에는 규정돼 있지 않지만, 제29조작업반은 이를 어떻게 해석해야 하는지에 대한 가이드라인을 발표했다.[463]

460 Explanatory Report of Modernised Convention 108, para. 87.

461 General Data Protection Regulation, Art. 37–39.

462 *Ibid.*, Art. 37 (1).

463 Article 29 Working Party (2017), *Guidelines on Data Protection Officers ('DPOs')*,

사례 : 소셜 미디어 회사와 검색엔진은 대규모로 데이터주체에 대한 정기적이고 체계적인 모니터링이 필요한 컨트롤러의 처리작용으로 간주될 가능성이 높다. 이러한 기업의 비즈니스 모델은 대량의 개인데이터를 처리하는 것에 기초하고 있으며, 타겟 광고서비스를 제공하고 기업이 사이트에 광고를 할 수 있게 함으로써 상당한 수익을 창출한다. 타겟 광고는 인구통계와 소비자의 이전 구매이력이나 행동에 근거하여 광고를 배치하는 방식이다. 따라서 그것은 데이터주체의 온라인 습관 및 행동에 대한 체계적인 모니터링이 필요하다.

사례 : 병원과 의료보험회사는 특별한 범주의 개인데이터를 대규모로 처리하는 것으로 구성된 컨트롤러 활동의 대표적인 예이다. 개인의 건강에 관한 정보를 공개하는 데이터는 CoE법 및 EU법에 따라 특별한 범주의 개인데이터를 구성하므로 보호 강화에 도움이 된다. EU법은 또한 유전자 및 생체 데이터를 특별한 범주로 인정한다. 의료기관 및 보험사가 이러한 데이터를 대규모로 처리하는 한, GDPR에 따라 데이터보호책임자를 임명해야 한다.

또한, GDPR 제37조제4항은 제37조제1항에 따라 요구되는 3가지 의무사항이 아닌 경우에는 컨트롤러, 프로세서 또는 협회 및 컨트롤러나 프로세서의 범주를 대표하는 기타 기관은 또는 연합법이나 회원국법이 요구하는 경우에 데이터보호책임자를 지명할 수 있도록 규정하고 있다.

다른 모든 조직들은 DPO를 지명할 법적 의무가 없다. 그러나, GDPR은 컨트롤러 및 프로세서가 DPO를 자발적으로 지명하는 것을 선택할 수 있는 동시에, 회원국들이 GDPR에 따라 예견된 것보다 더 많은 유형의 조직에 대해 그러한 지명을 의무화할 수 있도록 허용한다.[464]

WP 243 rev.01, last revised and adopted 5 April 2017.

컨트롤러가 DPO를 임명한 후에는 조직 내에서 "개인데이터 보호와 관련된 모든 문제에 적시에 적절하게 관여하는 것"을 보장해야 한다.[465] 예를 들어, DPO는 데이터보호영향평가 수행 및 조직 내 처리활동기록 작성 및 보관에 대한 조언을 제공하는 데 관여해야 한다. DPO가 업무를 효과적으로 수행할 수 있도록 컨트롤러와 프로세서는 그들에게 재정자원을 포함한 필요한 자원, 인프라 및 장비를 제공해야 한다. 추가요건에는 DPO에게 직무를 수행할 수 있는 충분한 시간을 제공하고, 전문지식을 개발하고 데이터보호법에서의 모든 발전상황에 최신상태로 유지할 수 있도록 지속적으로 교육하는 것이 포함된다.[466]

GDPR은 DPO가 독립적으로 행동하도록 보장하기 위해 몇 가지 기본적인 보증을 설정한다. 컨트롤러 및 프로세서는 DPO가 데이터 보호와 관련된 임무를 수행할 때 최고위층의 인사를 포함하여 회사로부터 어떠한 지시도 받지 않도록 해야 한다. 또한, DPO는 임무 수행을 이유로 어떤 방법으로도 해고되거나 처벌되어서는 안 된다.[467] 예를 들어, 그 처리가 데이터주체에게 높은 위험을 초래할 가능성이 있다고 생각하기 때문에 DPO가 컨트롤러나 프로세서에게 데이터보호영향평가를 실시하도록 권고하는 경우를 들어보자. 회사는 DPO의 조언에 동의하지 않으며, 그것이 근거가 충분하다고 보지 않으며, 따라서 영향평가를 진행하지 않기로 결정한다. 회사는 그 충고를 무시할 수는 있지만 조언을 제공한 것을 이유로 DPO를 해고하거나 처벌할 수는 없다.

마지막으로, DPO의 임무와 의무는 GDPR 제39조에 상세히 기술되어 있다. 여기에는 법률에 따라 의무 처리를 수행하는 회사 및 직원에게 통지하고 조언하여야 하는 요건과, 그리고 감사를 수행하고 처리 운영에 관

---

464 General Data Protection Regulation, Art. 37 (3) and (4).

465 *Ibid.*, Art. 38 (1).

466 Article 29 Working Party (2017), *Guidelines on Data Protection Officers ('DPOs')*, WP 243 rev.01, last revised and adopted 5 April 2017, para. 3.1.

467 General Data Protection Regulation, Art. 38 (2) and (3).

여하는 직원의 교육을 통해 EU 및 국가 데이터보호규정 준수를 감시하여야 하는 요건이 포함된다. DPO는 또한 감독기관과 협력해야 하며, 예컨대 데이터 침해와 같은 데이터 처리와 관련된 문제에 대해 감독기관의 연락지점 역할을 해야 한다.

EU 기관 및 기구가 취급하는 개인데이터에 관하여, 규칙 45/2001은 각 연합 기관 및 기구가 DPO를 임명해야 한다고 규정하고 있다. DPO는 규칙 조항이 EU 기관 및 기구 내에서 올바르게 적용되고 데이터주체 및 데이터 컨트롤러 모두에게 그들의 권리 및 의무를 고지하도록 보장하는 임무를 맡는다.[468] 또한 EDPS의 요청에 대응하고 필요한 경우 그와 협력할 책임이 있다. GDPR과 유사하게, 규칙 45/2001은 DPO의 임무 수행에 있어 독립성과 그들에게 필요한 직원 및 자원을 제공할 필요성에 관한 규정을 포함하고 있다.[469] DPO는 EU 기관이나 기구(또는 이러한 조직의 부서)가 처리작업을 수행하기 전에 통지 받아야 하며, 통지된 모든 처리작업의 기록부를 보관해야 한다.[470]

4.3.2. 처리활동의 기록(Records of processing activities)

회사들은 준수를 입증할 수 있고 책임을 질 수 있기 위해서, 종종 그들의 활동을 문서화하고 기록할 것이 법적으로 요구된다. 중요한 예로는 모든 회사가 광범위한 문서화 및 기록 보관을 유지하도록 요구하는 세법 및 회계감사가 있다. 기록 보관이 데이터보호규정 준수를 촉진하는 중요한 방법이기 때문에 다른 법 분야, 특히 데이터보호법에서도 유사한 요건을 설정하는 것이 또한 중요하다. 따라서 **EU법**은 컨트롤러 또는 그 대리인이 자신의 책임 하에 수행된 처리활동의 기록을 유지해야 한다고 규정하

---

468 See Art. 24 (1) of Regulation (EC) No. 45/2001 for the complete list of tasks of DPOs.

469 Regulation (EC) No. 45/2001, Art. 24 (6) and (7).

470 *Ibid.*, Art. 25 and 26.

고 있다.[471] 이러한 의무는 필요한 경우 감독기관이 처리의 적법성을 확인할 수 있도록 필요한 문서를 갖추도록 하기 위한 것이다.

문서화할 정보는 다음과 같다.

- 컨트롤러 및 공동 컨트롤러, 컨트롤러 대리인과 DPO(해당되는 경우)의 이름 및 연락처
- 처리의 목적
- 데이터주체의 범주 및 처리와 관련된 개인데이터의 범주에 대한 설명
- 개인데이터가 공개되었거나 공개될 수취인의 범주에 대한 정보
- 제3국 또는 국제기구로의 개인데이터의 전송이 수행되었는지 또는 수행될 것인지 여부에 대한 정보
- 가능한 경우, 처리의 보안을 보장하기 위해 채택된 기술적 조치의 개요뿐만 아니라 서로 다른 범주의 개인데이터의 삭제를 위해 예상되는 시한[472]

GDPR에 따라 처리활동의 기록을 보관해야 하는 의무는 컨트롤러뿐만 아니라 프로세서에 대해서도 관련된다. GDPR을 채택하기 전에는 컨트롤러와 프로세서 사이에 체결된 계약이 주로 프로세서의 의무를 다루었기 때문에 이는 중요한 발전이다. 그들의 기록보관의무는 현재 법에 의해 직접 예상된다.

GDPR은 이러한 의무의 예외를 규정한다. 기록보관 요건은 250명 미만의 직원을 고용하는 기업이나 조직(컨트롤러 또는 프로세서)에는 적용되지 않는다. 그러나, 관련 조직이 데이터주체의 권리 및 자유에 대한 위험을 초래할 가능성이 있는 처리를 하지 않고, 처리는 우발적일 뿐이며, 처

471 General Data Protection Regulation, Art. 30.
472 *Ibid.*, Art. 30 (1).

리에는 제9조제1항에 따른 특별한 범주의 데이터나 제10조에 따른 유죄판결 및 범죄와 관련된 개인데이터가 포함되지 않는다는 요건에 따라야 예외가 적용된다.

처리활동의 기록을 유지하면 컨트롤러 및 프로세서가 GDPR 준수를 입증할 수 있어야 한다. 그것은 또한 감독기관이 처리의 적법성을 감시할 수 있도록 해야 한다. 감독기관이 그러한 기록에 대한 액세스를 요청하는 경우, 컨트롤러 및 프로세서는 협력하고 이를 이용하게 할 의무가 있다.

4.3.3. 데이터보호영향평가와 사전협의 (Data protection impact assessment and prior consultation)

처리작업은 개인의 권리에 내재된 위험을 초래한다. 개인데이터는 분실되거나, 권한없는 당사자에게 공개되거나, 불법적인 방법으로 처리될 수 있다. 당연히 위험은 처리의 성격 및 범위에 따라 다르다. 예를 들어 민감데이터의 처리를 수반하는 대규모 작업은 소규모 회사가 직원의 주소 및 개인 전화번호를 처리할 때의 잠재적 위험에 비해 데이터주체에 대한 위험도가 훨씬 높다.

신기술이 등장하고 처리가 점점 복잡해짐에 따라, 컨트롤러는 처리작업을 시작하기 전에 의도된 처리의 가능한 영향을 검토하여 그러한 위험을 해결해야 한다. 이를 통해 조직은 사전에 위험을 적절히 식별하며, 해결하고, 완화할 수 있으며, 처리로 인해 개인에게 부정적인 영향을 미칠 가능성을 크게 제한할 수 있다.

데이터보호영향평가는 **CoE법 및 EU법에 따라** 모두 예상된다. CoE 법체계에서, 개정조약 제108호 제10조제2항은 체약 당사국들에게 컨트롤러와 프로세서가 "이러한 처리 개시 전에 데이터주체의 권리 및 기본적 자유에 대한 의도된 데이터 처리의 가능한 영향을 검토하여", 평가에 따라 처리와 관련된 위험을 예방하거나 최소화하기 위한 방법으로 처리를 디자인하도록 보장할 것을 요구한다.

EU법은 GDPR의 적용범위에 속하는 컨트롤러에게 이와 유사하고 보다 상세한 의무를 부과한다. 제35조는 처리가 개인의 권리 및 자유에 대해 높은 위험을 초래할 가능성이 있는 경우 영향평가를 실시해야 한다고 규정하고 있다. GDPR은 위험의 가능성을 어떻게 평가해야 하는지를 정의하지 않지만, 그러한 위험이 어떠한 것일 수 있는지를 나타낸다.[473] 여기에는 위험이 높은 것으로 간주되고 특히 다음과 같은 경우에 사전영향평가가 필요한 처리작업의 목록이 포함된다.

- 개인데이터는 개인과 관련된 개인적 측면의 체계적이고 광범위한 평가에 따라 자연인에 관한 의사결정을 위해 처리되는 경우.
- 민감데이터 또는 유죄판결 및 범죄와 관련된 개인데이터가 대규모로 처리되는 경우.
- 처리가 공중이 액세스할 수 있는 영역에 대한 대규모의 체계적인 모니터링이 포함되는 경우.

감독기관은 영향평가의 대상이 될 필요가 있는 종류의 처리작업 목록을 채택하여 발표해야 한다. 또한 이러한 의무에서 면제된 처리작업의 목록을 작성할 수 있다.[474]

영향평가가 필요한 경우, 컨트롤러는 처리의 필요성 및 비례성과 개인의 권리에 대한 가능한 위험을 평가해야 한다. 영향평가에는 식별된 위험을 해결하기 위한 계획된 보안조치도 포함되어야 한다. 목록을 작성하기 위해, 회원국의 감독기관은 서로 그리고 유럽데이터보호회의(EDPB)와 협력해야 한다. 이를 통해 영향평가가 필요한 그러한 작업에 대해 EU 전체에 걸쳐 일관된 액세스를 보장할 것이며, 컨트롤러는 위치와 관계없이 유사한 요구사항에 직면하게 될 것이다.

473 General Data Protection Regulation, Preamble, Recital 75.
474 *Ibid.*, Art. 35 (4) and (5).

영향평가에 따라 처리로 인해 개인의 권리에 대한 높은 위험이 초래되고 위험을 완화할 수 있는 조치가 도입되지 않은 경우, 컨트롤러는 처리작업을 시작하기 전에 관련 감독기관과 협의해야 한다.[475]

제29조작업반은 데이터보호영향평가 및 처리의 위험성이 높은지 여부를 판단하는 방법에 관한 가이드라인을 공표했다.[476] 그것은 데이터보호영향평가가 필요한지 여부를 판단하는 데 도움이 되는 9가지 기준을 개발하였다.[477] 즉, (1) 평가 또는 채점, (2) 법적 또는 유사한 유의미한 영향을 미치는 자동화된 의사결정, (3) 체계적 모니터링, (4) 민감데이터, (5) 대규모로 처리된 데이터, (6) 매치되거나 결합된 데이터 세트, (7) 취약한 데이터주체에 관한 데이터, (8) 혁신적인 사용 또는 기술적·조직적 해결책의 적용, (9) 처리 자체로 "데이터주체가 권리를 행사하거나 또는 서비스나 계약을 사용하는 것을 방해"하는 경우. 제29조작업반은 2개 미만의 기준을 충족하는 처리작업은 위험수준이 낮고 데이터보호평가가 필요 없는 반면 2개 이상의 기준을 충족하는 처리작업은 그러한 평가가 필요하다는 개괄규정을 도입했다. 제29조작업반은 데이터보호영향평가의 필요 여부가 불분명한 경우, "데이터 컨트롤러가 데이터보호법을 준수할 수 있도록 도와주는 유용한 도구"라는 이유로 이러한 평가의 실시를 권고하고 있다.[478] 새로운 데이터 처리기술이 도입되는 경우에는 데이터보호영향평가를 실시하는 것이 중요하다.[479]

---

475 *Ibid.*, Art. 36 (1); Article 29 Working Party (2017), *Guidelines on Data Protection Impact Assessment (DPIA) and determining whether processing is "likely to result in high risk" for the purposes of Regulation 2016/679*, WP 248 rev.01, Brussels, 4 October 2017.

476 Article 29 Working Party (2017), *Guidelines on Data Protection Impact Assessment (DPIA) and determining whether processing is "likely to result in high risk" for the purposes of Regulation 2016/679*, WP 248 rev.01, Brussels, 4 October 2017.

477 *Ibid.*, pp. 9-11.

478 *Ibid.*, p. 9.

479 *Ibid.*

4.3.4. 행동준칙(Codes of conduct)

행동준칙은 특정 분야에서 GDPR의 적용을 개관하고 구체화하기 위해 여러 산업분야에서 사용되고 있다. 개인데이터의 컨트롤러 및 프로세서의 경우, 이러한 준칙을 만들면 규정 준수를 크게 개선하고 EU 데이터보호규정의 시행을 향상시킬 수 있다. 이 부문 구성원의 전문지식은 실용적이고 따라서 준수될 가능성이 높은 해결책을 찾는 것을 선호할 것이다. GDPR은 데이터보호법의 효과적인 적용에 있어서 그러한 코드의 중요성을 인정하면서, 회원국, 감독기관, 유럽위원회 및 유럽데이터보호회의(EDPB)에 EU 전체에 걸친 GDPR의 적절한 적용에 기여하기 위한 행동준칙의 작성을 장려할 것을 요구한다.[480] 준칙은 개인데이터의 수집, 데이터주체 및 대중에게 제공되는 정보, 데이터주체의 권리 행사와 같은 특정 분야에서 GDPR의 적용을 구체화할 수 있다.

행동준칙이 GDPR에 따라 제정된 규정을 준수하도록 하기 위해, 준칙은 채택되기 전에 관할 감독기관에 제출되어야 한다. 그런 다음 감독기관은 제안된 준칙안이 GDPR 준수를 증진시키는지에 대한 의견을 제시하고, 준칙이 적절한 안전장치를 제공한다고 인정할 경우 준칙을 승인한다.[481] 감독기관은 승인받은 행동준칙과 승인이 근거한 기준을 공표해야 한다. 행동준칙안이 여러 회원국의 처리활동과 관련된 경우, 관할 감독기관은 준칙안을 승인하기 전에 유럽데이터보호회의(EDPB)에 준칙을 제출해야 하며, EDPB는 준칙의 GDPR 준수에 대한 의견을 제공해야 한다. 유럽위원회는 집행명령(implementing acts)을 통해 제출된 승인된 행동준칙이 EU 역내에서 일반적 유효성을 갖는다고 결정할 수 있다.

행동준칙을 준수하면 데이터주체와 컨트롤러 및 프로세서 모두에게 중요한 이점이 제공된다. 이러한 준칙은 특정 부문에 대한 법적 요건을 조

---

480 General Data Protection Regulation, Art. 40 (1).
481 *Ibid.*, Art. 40 (5).

정하고 처리활동의 투명성을 높이는 상세한 지침을 제공한다. 컨트롤러와 프로세서는 또한 EU법 준수를 입증할 수 있는 증거로서, 그리고 운영에서 데이터 보호를 우선시하는 것을 약속하는 조직으로서 공적 이미지를 제고하기 위한 수단으로 준칙 준수를 이용할 수 있다. 승인된 행동준칙은 구속력 있고 집행 가능한 약속과 함께 제3국으로 데이터를 이전하는 적절한 안전장치로 사용될 수 있다. 행동준칙을 준수하는 조직이 실제로 준수하는 것을 보장하기 위해, 특별기구(관련 감독기관의 인가를 얻음)를 임명하여 준수를 감시하고 보장할 수 있다. 기구는 그 임무를 효과적으로 수행하기 위해서 독립적이어야 하고, 행동준칙에 의해 규제되는 문제에 대해 입증된 전문지식을 가지고 있어야 하며, 준칙 위반에 대한 민원을 처리할 수 있는 투명한 절차와 구조를 가지고 있어야 한다.[482]

CoE법에 따르면, 개정조약 제108호는 국가법에 의해 보장된 데이터 보호수준을 모범사례의 규범이나 전문 행동준칙과 같은 자발적인 규제조치에 의해 유용하게 강화할 수 있다고 규정하고 있다. 그러나 이러한 조치들은 개정조약 제108호에 따른 자발적 조치만을 구성할 뿐이며, 이는 바람직하지만, 그러한 조치를 시행해야 하는 법적 의무를 도출할 수 없으며, 그러한 조치 자체만으로는 개정조약의 완전한 준수를 보장하기에 충분하지 않다.[483]

4.3.5. 인증(Certification)

행동준칙 이외에도 인증메커니즘과 데이터보호 씰 및 마크는 컨트롤러 및 프로세서가 GDPR 준수를 입증할 수 있는 또 다른 수단이다. 이를 위해 GDPR은 일정한 기관이나 감독기관에 의해 인증을 발급할 수 있는 자발적 인증제도를 규정하고 있다. 인증메커니즘을 준수하기로 선택하는

482 *Ibid.*, Art. 41 (1) and (2).

483 Explanatory Report of Modernised Convention 108, para. 33.

컨트롤러 및 프로세서는 인증, 씰 및 마크를 통해 데이터주체가 데이터 처리에 대한 조직의 보호수준을 신속하게 평가할 수 있기 때문에 보다 많은 가시성과 신뢰성을 얻을 수 있다. 중요한 것은 컨트롤러나 프로세서가 이러한 인증을 보유하고 있다는 사실이 GDPR의 모든 요건을 준수할 의무와 책임을 감소시키지 않는다는 점이다.

4.4. 디자인 및 디폴트에 의한 데이터 보호 (Data protection by design and by default)

디자인에 의한 데이터 보호(Data protection by design)

EU법은 컨트롤러가 데이터보호원칙을 효과적으로 이행하고 GDPR의 요건을 충족하고 데이터주체의 권리를 보호하기 위해 필요한 안전장치를 통합하기 위한 조치를 취할 것을 요구한다.[484] 이러한 조치는 처리 시점과 처리 수단을 결정할 때 모두 실행되어야 한다. 컨트롤러가 이러한 조치를 이행할 때, 현재의 기술상태, 이행비용, 개인데이터 처리의 특성, 범위 및 목적과 데이터주체의 권리 및 자유에 대한 위험 및 심각성을 고려할 필요가 있다.[485]

CoE법은 컨트롤러 및 프로세서가 처리를 시작하기 전에 개인데이터 처리가 데이터주체의 권리 및 자유에 미치는 영향을 평가하도록 요구한다. 또한, 컨트롤러 및 프로세서는 그러한 권리 및 자유에 대한 간섭의 위험을 예방하거나 최소화하는 방식으로 데이터 처리를 설계할 의무가

484 General Data Protection Regulation, Art. 25 (1).

485 See Article 29 Working Party (2017), *Guidelines on Data Protection Impact Assessment (DPIA) and determining whether processing is "likely to result in a high risk" for the purposes of Regulation 2016/679*, WP 248 rev.01, 4 October 2017. See also ENISA (2015), Privacy and Data Protection by Design-from policy to engineering, 12 January 2015.

있으며, 데이터 처리의 모든 단계에서 개인데이터보호권의 함의를 고려한 기술적·조직적 조치를 이행할 의무가 있다.[486]

디폴트에 의한 데이터 보호(Data protection by default)

EU법은 컨트롤러가 목적에 필요한 개인데이터만 디폴트로 처리되도록 하기 위해 적절한 조치를 이행하도록 요구한다. 이 의무는 수집된 개인데이터의 양, 처리의 범위, 저장기간 및 액세스성에 적용된다.[487] 예를 들어, 이러한 조치는 컨트롤러의 모든 직원이 데이터주체의 개인데이터에 액세스할 수 있는 것은 아니라는 것을 보장해야 한다. 추가 지침이 필요성 툴킷(Necessity Toolkit)으로 EDPS에 의해 개발됐다.[488]

CoE법은 컨트롤러와 프로세서가 데이터보호권의 함의를 고려하는 기술적·조직적 조치를 이행하고, 데이터 처리의 모든 단계에서 개인데이터보호권의 함의를 고려한 기술적·조직적 조치를 이행할 것을 요구한다.[489]

2016년에 ENISA는 이용 가능한 프라이버시 툴 및 서비스에 대한 보고서를 발행했다.[490] 다른 고려사항들 중에서, 이 평가는 좋은 또는 나쁜 프라이버시 실무의 지표인 기준 및 매개변수의 지수를 제공한다. 일부 기준은 가명화 및 승인된 인증메커니즘의 사용과 같은 GDPR의 규정과 직접적으로 관련되는 반면, 다른 기준들은 디자인 및 디폴트에 의한 프라이버시를 보장하는 혁신적인 이니셔티브를 제공한다. 예를 들어, 사용 적합성의 기준은 프라이버시와 직접 관련되지는 않지만, 프라이버시 툴 또는 서

---

486 Modernised Convention 108, Art. 10 (2) and (3), Explanatory Report of Modernised Convention 108, para 89.

487 General Data Protection Regulation, Art. 25 (2).

488 European Data Protection Supervisor (EDPS), (2017), Necessity Toolkit, Brussels, 11 April 2017.

489 Modernised Convention 108, Art. 10 (3), Explanatory Report of Modernised Convention 108, para. 89.

490 ENISA, PETs controls matrix: A systematic approach for assessing online and mobile privacy tools, 20 December 2016.

비스의 광범위한 채택을 가능하게 할 수 있기 때문에 프라이버시를 강화시킬 수 있다. 사실, 실제로 이행하기 어려운 프라이버시 툴은 매우 강력한 프라이버시 보장을 제공한다하더라도 일반대중이 채택하는 수준이 매우 낮을 수 있다. 또한 프라이버시 툴의 성숙도 및 안정성의 기준- 툴은 시간이 지남에 따라 진화하고 프라이버시와 관련된 기존 또는 새로운 도전에 대응하는 방법을 의미한다 -은 매우 중요하다. 예를 들어, 안전한 통신의 맥락에서, 다른 프라이버시 향상기술은 엔드투엔드(end-to-end) 암호화(메시지를 읽을 수 있는 사람만이 통신하는 사람들과의 통신), 클라이언트-서버 암호화(클라이언트와 서버 사이에 구축된 통신 채널 암호화), 인증(통신 당사자의 신원 확인) 및 익명의 통신(제3자는 통신 당사자를 식별할 수 없음)을 포함한다.

제5장 독립적 감독

EU	관련쟁점	CoE
헌장 제8조제3항 EU운영조약(TFEU) 제16조제2항 GDPR 제51-59조 CJEU, C-518/07, *European Commission v. Federal Republic of Germany* [GC], 2010 CJEU, C-614/10, *European Commission v. Republic of Austria* [GC], 2012 CJEU, C-288/12, *European Commission v. Hungary* [GC], 2014 CJEU, C-362/14, *Maximillian Schrems v. Data Protection Commissioner* [GC], 2015	**감독기관**	개정조약 제108호 제15조
GDPR 제60-67조	**감독기관 간의 협력**	개정조약 제108호 제16-21조
GDPR 제68-76조	**유럽데이터 보호회의**	

요점

- 독립적 감독은 유럽데이터보호법의 필수적인 구성요소로서 헌장 제8조제3항에 명시되어 있다.
- 효과적인 데이터 보호를 위해서는 국가법에 따라 독립적 감독기관이 설립되어야 한다.
- 감독기관은 완전한 독립성을 가지고 활동해야 하는 것으로, 이는 설립법에 의해 보장되어야 하며 감독기관의 구체적인 조직구조에 반영되어야 한다.
- 감독기관은 특정한 권한 및 임무를 가지고 있다. 여기에는 특히 다음과 같은 사항들이 포함된다.
  - 국가 차원에서 데이터 보호를 모니터링하고 촉진하는 것
  - 정부 및 일반대중 뿐만 아니라 데이터주체 및 컨트롤러에게 조언하는 것
  - 데이터보호권 침해를 주장하는 데이터주체의 민원을 듣고 지원하는 것
  - 컨트롤러 및 프로세서를 감독하는 것
- 감독기관은 또한 필요한 경우 다음 사항을 통해 개입할 권한이 있다.
  - 컨트롤러 및 프로세서에 대한 경고, 문책 또는 과태료 부과
  - 데이터의 정정, 차단 또는 삭제를 명령하는 것
  - 처리 금지 또는 행정 과징금 부과
  - 문제를 법원에 회부하는 것
- 개인데이터 처리에는 종종 서로 다른 국가에 위치한 컨트롤러, 프로세서 및 데이터주체가 관련되기 때문에 감독기관은 유럽 내 개인들의 효과적인 보호를 위해 국경 간 문제에 대해 서로 협력해야 한다.
- EU에서는 GDPR이 국경 간 처리 사안에 대해 원스톱 쇼핑 메커니즘을 설정한다. 일부 기업은 둘 이상의 회원국에서의 설립체의 활동의 맥락에서 또는 실질적으로는 둘 이상의 회원국에서 데이터주체에게 영향을 미치는 연합에서의 단일 설립체의 맥락에서 개인데이터를 처리하는 경우로 인해 국경을 초월한 처리활동을 수행한다. 이러한 메커니즘에서는 그러한 기업들은 하나의 국가 데이터 보호 감독기관만을 다루어야 할 것이다.

- 협력과 일관성메커니즘은 이 사건에 관련된 모든 감독기관들 사이에 조정된 액세스를 허용할 것이다. 주 또는 단일 설립체의 주 감독기관은 다른 관련 감독기관과 협의하여 결정안을 제출한다.
- 현행 제29조작업반과 유사하게, 각 회원국의 감독기관과 유럽데이터보호감독관(EDPS)은 유럽데이터보호회의(EDPB)의 일부가 될 것이다.
- 예를 들어, 유럽데이터보호회의의 임무는 GDPR의 올바른 적용을 모니터링하고, 관련 문제에 대해 유럽위원회에 조언하며, 다양한 주제에 대한 의견, 가이드라인 또는 모범사례를 발행하는 것을 포함한다.
- 주요 차이점은 유럽데이터보호회의가 지침 95/46/EC에서와 같이 의견만 발표하지 않는다는 것이다. 또한 원스톱 샵의 경우 감독기관이 관련성 있고 이유 있는 이의제기를 한 경우, 감독기관 중 누가 주도적인지에 대한 의견이 상충되는 경우, 마지막으로 관할 감독기관이 EDPB의 의견을 요청하지 않거나 따르지 않는 경우에 대해서도 또한 구속력 있는 결정을 내릴 것이다. 목표는 회원국 전체에 걸쳐 GDPR의 일관성 있는 적용을 보장하는 것이다.

독립적 감시는 유럽데이터보호법의 필수적 구성요소이다. EU법 및 CoE법 모두 독립적 감독기관의 존재를 개인데이터 처리에 관한 개인의 권리 및 자유를 효과적으로 보호하기 위해 필수불가결한 것으로 보고 있다. 이제 데이터 처리는 항상 존재하고 개인들이 이해하기 점점 더 복잡해짐에 따라, 이러한 기관이 디지털 시대의 감시자들이다. EU에서 독립적 감독기관의 존재는 제1차 EU법에 규정된 개인데이터보호권의 가장 필수적인 요소 중 하나로 간주된다. EU기본권헌장 제8조제3항 및 TFEU 제16조제2항은 개인데이터의 보호를 기본권으로 인정하고 데이터보호규정 준수는 독립적 기관의 통제를 받아야 한다고 확인한다.

데이터보호법에 대한 독립적 감독의 중요성은 또한 판례에서도 인정됐다.

사례 : *Schrems* 사건[491]에서, CJEU는 에드워드 스노든이 미 국가안보국(NSA)의 대량 감시행위에 대해 폭로한 점에 비춰 제1차 EU-미국 세이프하버협정에 따른 개인데이터 전송이 EU 데이터보호법에 따른 것인지 여부에 관심을 가졌다. 개인데이터를 미국으로 이전하는 것은 2000년에 채택된 유럽위원회의 결정에 근거한 것으로, 이 결정은 이 체계가 개인데이터의 적절한 보호수준을 보장한다는 근거에 기초하여, 개인데이터를 EU로부터 세이프하버제도에 따라 자체 인증하는 미국 조직으로 이전할 수 있도록 허용하였다. 스노든 폭로 이후 데이터 전송의 적법성에 대해 청구인의 쟁송에 대한 조사를 요청했을 때, 아일랜드 감독기관은 세이프하버원칙('세이프하버 결정')에 반영된 미국 데이터 보호체제의 적합성에 대한 유럽위원회의 결정이 존재하여 더 이상 쟁송을 조사하지 못하도록 막는다는 이유로 이를 기각했다.

그러나 CJEU는 적절한 보호수준을 보장하는 제3국으로의 데이터 이전을 허용하는 유럽위원회의 결정이 존재한다고 하여 국가 감독기관의 권한이 제거되거나 감소되지는 않는다고 판결했다. CJEU는 EU 데이터보호규정 준수를 모니터링하고 보장하는 이들 기관의 권한은 제1차 EU법, 특히 헌장 제8조제3항 및 TFEU 제16조제2항에서 비롯된다고 지적했다. "따라서 독립적 감독기관의 설립은 개인데이터 처리에 관한 개인의 보호의 필수적 구성요소이다."[492]

따라서, 개인데이터의 이전이 유럽위원회의 적합성결정에 따른 것이라 하더라도 국가 감독기관에 쟁송이 제기되는 경우 이 기관은 쟁송을 성실히 검토해야 한다고 CJEU는 결정했다. 감독기관은 쟁송이 근거가 없는 것이라고 판단될 경우 이를 기각할 수 있다. 이러한 경

491 CJEU, C-362/14, *Maximilliam Schrems v. Data Protection Commissioner* [GC], 6 October 2015.

492 CJEU, C-362/14, *Maximilliam Schrems v. Data Protection Commissioner* [GC], 6 October 2015, para. 41.

우, CJEU는 효과적인 사법적 구제권은 개인이 국가법원에 그러한 결정을 다툴 수 있어야 하며, 국가법원은 유럽위원회 결정의 효력에 대한 사전 판결(선결)을 위해 CJEU에 이 문제를 제청할 수 있다고 강조했다. 감독기관은 쟁송의 근거가 충분하다고 판단하는 경우 소송절차에 관여할 수 있어야 하며, 국가법원에 제소할 수 있어야 한다. 국가법원은 CJEU가 유럽위원회의 적합성결정의 효력을 결정할 수 있는 권한을 가진 유일한 기관이기 때문에 이 사건을 CJEU에 제청할 수 있다.[493]

이어 CJEU는 세이프하버 결정의 효력을 검토하여 이전 시스템이 EU 데이터보호규정에 부합하는지 여부를 규명하였다. 세이프하버 결정 제3조는 미국의 개인데이터의 보호수준이 부적절한 경우 데이터 이전을 방지하기 위한 조치를 취할 국가 감독기관의 권한(데이터보호지침에 따라 부여된)을 제한한 것이라고 판결하였다. CJEU는 데이터 보호법 준수를 보장하는 데 있어서 독립적 감독기관의 중요성을 고려하여, 데이터보호지침에 따라 그리고 헌장에 비추어 볼 때, 유럽위원회가 그러한 방식으로 독립적 감독기관의 권한을 제한할 권한이 없다고 판결했다. 감독기관의 권한 제한은 CJEU가 세이프하버 결정을 무효로 선언한 이유 중 하나였다.

따라서 유럽법은 독립적 감독을 효과적인 데이터 보호를 보장하기 위한 중요한 메커니즘으로서 요구한다. 프라이버시 침해의 경우 데이터주체의 첫 번째 연락처가 독립적 감독기관이다.[494] EU법 및 CoE법에 따르면 감독기관의 설립은 의무적이다. 양 법체계는 모두 GDPR에 포함된 것과 유사한 방식으로 이러한 기관의 임무 및 권한을 기술한다. 따라서 원

493 *Ibid.*, paras. 53-66.

494 General Data Protection Regulation, Art. 13 (2) (d).

칙적으로 감독기관은 EU법 및 CoE법에 따라 동일한 방식으로 기능해야 한다.[495]

5.1. 독립성(Independence)

EU법 및 **CoE법**은 각각의 감독기관이 임무를 수행하고 권한을 행사할 때 완전한 독립성을 가지고 행위하도록 요구한다.[496] 직·간접적인 외부 영향으로부터 직원뿐만 아니라 감독기관 및 그 구성원의 독립성은 데이터 보호문제를 결정할 때 충분한 객관성을 보장하는 데 기본적이다. 감독기관의 창설을 뒷받침하는 법에는 구체적으로 독립성을 보장하는 조항이 포함되어야 할 뿐만 아니라, 기관의 조직구조는 독립성을 입증해야 한다.[497] 2010년에, CJEU는 처음으로 데이터보호감독기관의 독립성이 요구되는 정도를 심사하였다. 강조된 예는 '완전한 독립'의 의미에 대한 CJEU의 정의를 설명하고 있다.

> 사례 : *European Commission v. Federal Republic of Germany* 사건[498]에서, 유럽위원회는 독일이 데이터 보호를 보장할 책임이 있는 감독기관의 '완전한 독립성' 요건을 잘못 국내법화하여 데이터보호지침 제28조제1항에 따른 의무를 이행하지 않았음을 선언해 줄 것을 CJEU에 청구했다. 유럽위원회의 관점에서는 독일이 데이터보호법 준수를

495 *Ibid.*, Art. 51; Modernised Convention 108, Art. 12 bis.

496 General Data Protection Regulation, Art. 52 (1); Modernised Convention 108, Art. 15 (5).

497 FRA (2010), *Fundamental rights: challenges and achievements in 2010*, Annual report 2010, p. 59; FRA (2010), *Data protection in the European Union: the role of National Data Protection Authorities*, May 2010.

498 CJEU, C-518/07, *European Commission v. Federal Republic of Germany* [GC], 9 March 2010, para. 27.

보장하기 위해 여러 연방주(란트)의 개인데이터 처리를 감시하는 감독기관을 국가의 감시 하에 둔 것은 독립성 요건을 위반했다.

CJEU는 '완전한 독립성을 가지고(with complete independence)'라는 단어는 해당 조항의 실제 문언과 EU데이터보호법의 목적 및 체계에 기초하여 해석되어야 한다고 강조했다.[499] CJEU는 감독기관이 개인데이터 처리와 관련된 권리의 '수호자(guardians)'라고 강조했다. 따라서 회원국에서의 감독기관의 설립은 "개인데이터의 처리에 관한 개인 보호의 필수적인 구성요소[500]"로 간주된다. CJEU는 "감독기관이 직무를 수행할 때 객관적이고 공정하게 행위해야 한다고 결정했다. 그러한 목적을 위해, 감독기관은 공권력의 직접적 또는 간접적 영향력을 포함한 어떠한 외부 영향으로부터도 자유로워야 한다."[501]

CJEU는 또한 '완전한 독립성'의 의미는 EU기관데이터보호규칙에서 정의된 EDPS의 독립성에 비추어 해석되어야 한다고 주장했다. 이 규칙에서 독립성의 개념은 EDPS가 누구의 지시도 구하거나 받지 않을 것을 요구한다.

따라서, CJEU는 공공기관의 감독으로 인해 독일의 감독기관은 EU데이터보호법의 의미 내에서 완전히 독립적이지는 않다고 판결했다.

사례 : *European Commission v. Republic of Austria* 사건[502]에서, CJEU는 오스트리아 데이터보호기관(Data Protection Commission, DSK)의 일정한 구성원 및 직원의 독립성과 유사한 문제를 조명하였다. CJEU는 연방총리가 감독기관에 인력을 공급했다는 사실이 EU데이터보호법에 명시된 독립성 요건을 훼손했다고 결정했다. CJEU는

499 *Ibid.*, paras. 17 and 29.

500 *Ibid.*, para. 23.

501 *Ibid.*, para. 25.

502 CJEU, C-614/10, *European Commission v. Republic of Austria* [GC], 16 October 2012, paras. 59 and 63.

또한 DSK의 업무에 대해 항상 총리에게 알려야 한다는 요건이 감독기관의 완전한 독립성을 부정한다고 판결했다.

사례 : *European Commission v. Hungary* 사건[503]에서, 인력의 독립성에 영향을 미치는 유사한 국가 관행이 금지되었다. CJEU는 "각 감독기관이 자신에게 위임된 임무를 완전 독립적으로 수행할 수 있도록 보장하는 요건에는 관련 회원국에게 그 기관이 전 임기 동안 서비스를 제공할 수 있도록 허용할 의무를 수반한다"고 지적했다. CJEU는 또한 "개인데이터 보호를 위한 감독기관의 봉사기간을 조기에 종료함으로써 헝가리는 지침 95/46/EC에 따른 의무를 이행하지 못했다"고 판결했다.

'완전한 독립성(complete independence)'의 개념 및 기준은 현재 GDPR에 명시적으로 규정되어 있으며, 이는 상술한 CJEU 판결을 통해 확립된 원칙을 통합하고 있다. GDPR에 따라 직무 수행과 권한 행사에 있어 완전한 독립성은 다음과 같은 것을 수반한다.[504]

- 각 감독기관의 구성원은 직접적이든 간접적이든 외부 영향으로부터 자유로워야 하며, 그 누구의 지시도 받아서는 안 된다.
- 각 감독기관의 구성원은 이해상충을 방지하기 위해 직무와 양립할 수 없는 행위를 자제해야 한다.
- 회원국들은 각 감독기관에 업무의 효과적인 수행을 위해 필요한 인적, 기술적, 재정적 자원 및 인프라를 제공해야 한다.
- 회원국들은 각 감독기관이 자체 직원을 선택하도록 보장해야 한다.

503 CJEU, C-288/12, *European Commission v. Hungary* [GC], 8 April 2014, paras. 50 and 67.

504 General Data Protection Regulation, Art. 69.

- 국가법에 따라 각 감독기관이 따라야 하는 재정 통제는 독립성에 영향을 미쳐서는 안 된다. 감독기관은 그들이 제대로 기능할 수 있는 별도의 공적 연간예산을 확보해야 한다.

감독기관의 독립성은 또한 CoE법상 필수요건으로 간주된다. 개정조약 제108호는 감독기관이 지시를 구하거나 수용하지 않고 "임무 수행과 권한 행사에 있어서 완전한 독립성과 공정성을 가지고 행위할 것"을 요구한다.[505] 이처럼, 개정조약은 이들 기관이 완전한 독립성을 가지고 직무를 수행하지 않는 한, 데이터 처리와 관련된 개인의 권리 및 자유를 효과적으로 보호할 수 없음을 인정한다. 개정조약 제108호 해설보고서는 이러한 독립성을 보호하는 데 기여하는 많은 요소들을 기술한다. 이러한 요소에는 감독기관이 외부 간섭을 받지 않고 자체 직원을 고용하고 결정을 채택할 수 있는 가능성뿐만 아니라, 직무 수행기간 및 직무를 중단할 수 있는 조건과 관련된 요소도 포함된다.[506]

5.2. 법적 권한(Competence and powers)

EU법에 따르면, GDPR은 감독기관의 법적 권한과 조직구조를 개략적으로 규정하고, GDPR에 따라 요구되는 임무를 수행할 수 있는 법적 권한을 갖추어야 한다고 위임한다.

감독기관은 EU데이터보호법 준수를 보장하는 국가법상의 주요 기구이다. 감독기관은 모니터링을 넘어 사전 예방적 감독활동을 포함하는 포괄적 목록의 임무 및 권한을 가지고 있다. 감독기관은 이러한 임무를 수행하기 위해 GDPR 제58조에 열거된 바와 같이 다음과 같은 적절한 조사, 시정 및 자문 권한을 가져야 한다.[507]

505 Modernised Convention 108, Art. 15 (5).

506 Explanatory Report of Modernised Convention 108.

507 General Data Protection Regulation, Art. 58. See also Convention 108, Additional

- 모든 데이터 보호문제에 대해 컨트롤러 및 데이터주체에게 조언하는
- 표준계약조항, 구속력있는 기업규칙 또는 행정협정을 승인하는
- 처리작업을 조사하고 그에 따라 개입하는
- 컨트롤러 활동의 감독과 관련된 모든 정보의 제출을 요구하는
- 컨트롤러에게 경고 또는 문책하고 데이터주체에게 개인데이터 침해에 대한 통지를 발송할 것을 명령하는
- 데이터의 정정, 차단, 삭제 또는 파기를 명령하는
- 임시 또는 확정적인 처리 금지 또는 과징금을 부과하는
- 어떤 문제를 법원에 제소하는

감독기관은 그 임무를 수행하기 위해, 컨트롤러가 관련 정보를 보관하는 시설에 대한 액세스권한뿐만 아니라 조사에 필요한 모든 개인데이터 및 정보에 대한 액세스권한을 가져야 한다. CJEU에 따르면, EU 역내의 데이터주체에 대한 데이터 보호의 완전한 효과성을 보장하기 위해서는 감독기관의 권한을 폭넓게 해석해야 한다.

사례 : *Schrems* 사건에서, CJEU는 제1차 EU-US 세이프하버협정(Safe Harbour Agreement)에 따라 개인데이터를 미국으로 이전한 것이 에드워드 스노든의 폭로에 비춰 EU데이터보호법에 따른 것인지를 다루었다. CJEU의 논리는 컨트롤러에 의한 데이터 처리의 독립적 감시자로서의 역할을 수행하는 국가 감독기관은 제3국에서 적절한 보호가 더 이상 보장되지 않는다는 합리적인 증거가 있는 경우 적합성결정이 존재함에도 불구하고 개인데이터가 제3국으로 이전되는 것을 막을 수 있다는 것을 인정했다.[508]

Protocol, Art. 1.

508 CJEU, C-362/14, *Maximilian Schrems v. Data Protection Commissioner* [GC], 6 October 2015, paras. 26-36 and 40-41.

각 감독기관은 자국 영토 내에서 조사권 및 개입권을 행사할 수 있는 권한이 있다. 그러나 컨트롤러 및 프로세서의 활동은 국경을 초월한 경우가 많고 데이터 처리는 여러 회원국에 위치한 데이터주체에 영향을 미치기 때문에, 서로 다른 감독기관 간의 법적 권한의 분배에 관한 문제가 발생한다. CJEU는 *Weltimmo* 사건에서 이 문제를 검토할 기회가 있었다.

사례 : *Weltimmo* 사건[509]에서, CJEU는 관할구역에 설치되지 않은 조직과 관련된 문제를 처리할 국가 감독기관의 권한을 다루었다. 웰티모(Weltimmo)는 슬로바키아에 등록된 회사로 헝가리 부동산에 대한 부동산 거래 웹사이트를 운영하고 있었다. 광고주들은 헝가리 데이터보호법 위반으로 헝가리 데이터보호감독기관에 쟁송을 제기했고, 기관은 웰티모에게 과징금을 부과했다. 이 회사는 과징금에 대해 국가법원에 소송을 제기했고, 이 사건은 EU데이터보호지침이 한 회원국의 감독기관이 다른 회원국에 등록된 회사에 국가데이터보호법을 적용할 수 있도록 허용했는지 여부를 규명하기 위해 CJEU에 제청되었다.

CJEU는 "컨트롤러가 해당 회원국의 영토 내에서 안정적이고 효과적인 활동을 통해, 그 처리가 수행되는 맥락에서 실질적이고 효과적인 활동– 최소한의 활동일지라도–을 수행하는 한, 컨트롤러가 등록된 회원국이 아닌 다른 회원국의 데이터보호법 적용을 데이터보호지침 제4조제1항제a호가 허용하는 것으로 해석했다. CJEU는 웰티모(Weltimmo)가 이전의 정보를 바탕으로 슬로바키아 회사 등록부에 헝가리 은행계좌 및 편지함뿐만 아니라 헝가리 주소를 가지고, 슬로바키아 회사 등록부에 포함된 헝가리 대리인을 가지고 있기 때문에 헝가리에서 실제적이고 효과적인 활동을 수행했으며, 또한 헝가리어로 작성된 헝가리에서의 활동도 수행했다고 판시했다. 이 정보는 설립체

509 CJEU, C-230/14, *Weltimmo s.r. o. v. Nemzeti Adatvédelmi és Információszabadság Hatóság*, 1 October 2015.

의 존재를 나타냈으며, 웰티모의 활동이 헝가리 데이터보호법과 헝가리 감독기관의 관할을 받게 만들 것이다. 그러나, CJEU는 정보를 검증하고 실제로 웰티모가 헝가리에 설립체를 가지고 있었는지 여부를 결정하는 것을 국가법원에 맡겼다.

제청법원이 웰티모는 헝가리에 설립체가 있었다고 판결하면 헝가리 감독기관은 과징금을 부과할 수 있는 권한을 갖게 된다. 그럼에도 불구하고, 만약 국가법원이 반대로, 즉 웰티모가 헝가리에 설립체를 갖지 않았다고 판결한다면, 적용법률은 결과적으로 회사가 등록된 회원국의 법률이 될 것이다. 이 경우에, 다른 회원국의 영토주권을 준수하여 감독기관의 권한을 행사해야 하기 때문에 헝가리 기관은 벌칙을 부과할 수 없게 된다. 그러나 데이터보호지침에는 감독기관에 대한 협력의무가 포함되어 있기 때문에, 헝가리 기관은 슬로바키아 측에 이 문제를 조사하고 슬로바키아법 위반을 규명하며 슬로바키아 법률에서 규정된 벌칙을 부과하도록 요청할 수 있다.

GDPR의 채택으로 이제 국경을 초월한 사건에서 감독기관의 권한에 관한 세부규정이 마련되었다. 이 규칙은 '원스톱 샵 메커니즘'을 확립하고 서로 다른 감독기관 간 협력을 의무화하는 조항을 포함하고 있다. 국경을 초월한 사건의 효과적인 협력을 위해, GDPR은 주 감독기관을 컨트롤러나 프로세서의 주요 설립체나 또는 단일 설립체의 감독기관으로서 정할 것을 요구한다.[510] 주 감독기관은 국경을 초월한 사건을 담당하고 있으며, 컨트롤러나 프로세서의 단독 연락창구이며, 합의에 이르기 위해 다른 감독기관과의 협력을 조정한다. 이 협력에는 정보 교환, 모니터링 및 조사의 상호지원과 구속력 있는 결정의 채택이 포함된다.[511]

510 General Data Protection Regulation, Art. 56 (1).
511 *Ibid.*, Art. 60.

CoE법에서 감독기관의 법적 권한은 개정조약 제108호 제15조에 규정되어 있다. 이들 권한은 EU법에 따라 감독기관에 부여된 권한에 해당하는데, 여기에는 조사 및 개입 권한, 개정조약 규정 위반에 관한 결정 및 행정적 제재를 할 권한, 소송절차에 관여할 권한 등이 포함된다. 독립적 감독기관은 또한 데이터주체에 의해 제기된 청구 및 쟁송에 대처하고, 데이터보호법에 대한 일반의 인식을 제고하며, 개인데이터 처리를 규정하는 입법적 또는 행정적 조치에 대해 국가 의사결정권자에게 조언을 제공할 수 있는 권한을 가지고 있다.

5.3. 협력(Cooperation)

GDPR은 감독기관 간 협력을 위한 일반적인 체계를 확립하고, 데이터 처리의 국경을 초월한 활동에 있어서의 감독기관의 협력에 관한 보다 구체적인 룰을 규정한다.

GDPR에 따르면 감독기관은 상호 지원을 제공하고 관련 정보를 공유하여 GDPR을 일관성 있게 집행하고 적용해야 한다.[512] 여기에는 요청받은 감독기관이 협의, 검사 및 조사를 수행하는 것이 포함된다. 감독기관은 모든 감독기관의 직원이 참여하는 공동조사 및 공동집행 조치 등 공동작업을 수행할 수 있다.[513]

EU에서 컨트롤러 및 프로세서는 점점 더 초국가적인 수준에서 활동하고 있다. 이것은 개인데이터 처리가 GDPR의 요건 준수를 보장하기 위해 회원국의 관할 감독기관 간의 긴밀한 협조를 필요로 한다. GDPR의 '원스톱 샵' 메커니즘에 따라, 컨트롤러나 프로세서가 여러 회원국에 사업체를 가지고 있거나, 단일 설립체를 가지고 있지만 처리작업이 둘 이상의 회원국의 데이터주체에게 실질적으로 영향을 미치는 경우, 주(또는 단일) 설

512 *Ibid.*, Art. 61 (1)-(3) and 62 (1).

513 *Ibid.*, Art. 62 (1).

립체의 감독기관이 컨트롤러나 프로세서의 국경을 초월한 활동의 주 감독기관이다. 주 감독기관은 컨트롤러나 프로세서에 대해 집행조치를 취할 수 있는 권한을 가지고 있다. 원스톱 샵 메커니즘은 서로 다른 회원국에 걸친 EU데이터보호법의 조화 및 통일된 적용을 개선하는 것을 목표로 한다. 여러 감독기관보다는 주 감독기관을 상대하면 되기 때문에 사업자들에게도 이롭다. 이는 사업자들에게 법적 확실성을 향상시키고, 실제로 의사결정이 더 빨리 이루어지며, 서로 다른 감독기관들이 상충되는 요건을 부과하는 사태에 사업자들이 직면하지 않는다는 것을 의미해야 한다.

주 감독기관을 파악하려면 EU 내 주된 사업 설립체의 위치를 결정해야 한다. '주된 설립체'라는 용어는 GDPR에 정의되어 있다. 또한, 제29조작업반은 컨트롤러나 프로세서의 주 감독기관의 식별에 관한 가이드라인을 공표했는데, 여기에는 주된 설립체의 식별기준이 포함되어 있다.[514]

주 감독기관은 EU 전체에 걸쳐 높은 수준의 데이터 보호를 보장하기 위해, 단독으로 행동하지 않는다. 그것은 합의에 도달하고 일관성을 보장하기 위한 노력으로 컨트롤러 및 프로세서에 의한 개인데이터 처리에 관한 결정을 채택하기 위해 관련된 다른 감독기관과 협력해야 한다. 관련 감독기관 간의 협력에는 정보교환, 상호지원, 공동조사 및 모니터링 활동 등이 포함된다.[515] 감독기관은 상호지원을 할 때, 다른 감독기관의 정보요청을 정확하게 처리하고, 예를 들어, 데이터 컨트롤러의 처리활동, 검사 또는 조사에 관한 사전 승인 및 협의 등 감독조치를 실시해야 한다. 다른 회원국의 감독기관에 대한 상호지원은 요청 시 부당한 지체 없이 요청을 수령한 후 1개월 이내에 제공되어야 한다.[516]

컨트롤러가 여러 회원국에 사업체를 가지고 있는 경우, 감독기관은 다

514 Article 29 Working Party (2016), *Guidelines for identifying a controller or processor's lead supervisory authority*, WP 244, Brussels, 13 December 2016, revised on 5 April 2017.

515 General Data Protection Regulation, Art. 60 (1)-(3).

516 *Ibid.*, Art. 61 (1) and (2).

른 회원국의 감독기관 직원이 관여하는 조사 및 집행 조치를 포함한 공동 작업을 실시할 수 있다.[517]

CoE법에서도 서로 다른 감독기관 간의 협력이 중요한 요건이다. 개정 조약 제108호는 감독기관이 임무를 수행하는 데 필요한 범위 내에서 서로 협력해야 한다고 규정하고 있다.[518] 예를 들어, 이것은 서로 적절하고 유용한 정보를 제공하고 조사를 조정하고 공동조치를 수행함으로써 이루어져야 한다.[519]

5.4. 유럽데이터보호회의(The European Data Protection Board)

독립적 감독기관의 중요성과 유럽데이터보호법에 따라 이들이 누리고 있는 법적 권한은 앞서 이 장에서 설명되었다. 유럽데이터보호회의(EDPB)는 데이터보호규정이 EU 전체에 효과적이고 일관성 있게 적용되도록 보장하는 데 있어 또 다른 중요한 행위자이다.

GDPR은 EDPB를 법인격을 가진 EU 기구로 설립했다.[520] 개인데이터 처리 및 프라이버시에 관한 개인의 권리에 영향을 미치는 모든 조치에 대해 유럽위원회에 조언하고, 지침의 통일된 적용을 촉진하고, 데이터 보호 관련 문제에 관해 유럽위원회에 전문가의 의견을 제공하기 위해 데이터 보호지침이 설립한 제29조작업반[521]의 후신이다. 제29조작업반은 EU 회원국 감독기관의 대표들과 유럽위원회 및 EDPS 대표들로 구성되었다.

---

517 *Ibid.*, Art. 62 (1)

518 Modernised Convention 108, Art. 16 and 17.

519 *Ibid.*, Art. 12 bis (7).

520 General Data Protection Regulation, Art. 68.

521 지침 95/46/EC에 따르면, 제29조작업반은 지침의 통일적인 적용을 촉진하고 데이터보호 관련문제에 대해 유럽위원회에 전문가적 의견을 제공하기 위해서 개인데이터 및 프라이버시의 처리와 관련하여 개인의 권리에 영향을 미치는 EU조치에 대해 유럽위원회에 조언하는 것이었다. 제29조작업반은 유럽위원회 및 EDPS와 함께 EU 회원국 감독기관의 대표로 구성되었다.

작업반과 유사하게, EDPB는 각 회원국 감독기관 및 EDPS의 장 또는 그 대표로 구성된다.[522] EDPS는 분쟁 해결과 관련된 경우를 제외하고 동등한 의결권을 누리며, 분쟁 해결과 관련된 경우에는 GDPR과 실질적으로 일치하는 EU기관에 적용되는 원칙 및 규정에 관한 결정에만 투표할 수 있다. 유럽위원회는 EDPB의 활동 및 회의에 참여할 권리를 가지고 있지만 투표권은 가지고 있지 않다.[523] EDPB는 5년 임기의 의장(대표성을 위임받은) 및 부의장 2명을 위원 중에서 단순 다수결로 선출한다. 더욱이, EDPB는 또한 자신의 사무를 처리하는 사무국을 가지고 있으며, EDPS가 분석적, 행정적 및 물류적 지원을 위해 사무국을 제공한다.[524]

EDPB의 임무는 GDPR 제64조, 제65조 및 제70조에 상세하게 설명되어 있으며, 다음과 같은 세 가지 주요 활동으로 나눌 수 있는 포괄적인 의무를 포함한다.

- **일관성(Consistency)** : EDPB는 세 가지 경우에 법적 구속력 있는 결정을 내릴 수 있다. 즉, 원스톱 샵의 경우 감독기관이 관련성과 이유가 있는 반대를 한 경우, 감독기관 중 누가 '주(lead)'인지 견해가 충돌하는 경우, 마지막으로, 관할 감독기관이 EDPB의 의견을 요청하지 않거나 따르지 않는 경우.[525] EDPB의 주된 책임은 GDPR이 EU 전체에 일관되게 적용되고 5.5에 설명한 대로 일관성 메커니즘에서 핵심적인 역할을 수행하도록 보장하는 것이다.
- **협의(Consultation)** : EDPB 임무에는 GDPR 개정, 데이터 처리를 수반하고 EU 데이터보호규정과 상충될 수 있는 EU 법개정, 제3국이나 국제기구에로 개인데이터 이전을 가능하게 하는 위원회 적합성 결정의 발령과 같은 EU에서의 개인데이터 보호와 관련된 문제에 대

522 General Data Protection Regulation, Art. 68 (3).
523 *Ibid.*, Art. 68 (4) and (5).
524 *Ibid.*, Art. 73 and 75.
525 *Ibid.*, Art. 65.

해 유럽위원회에 조언하는 것이 포함된다.

- **지도(Guidance)** : EDPB는 또한 GDPR의 일관된 적용을 장려하기 위해 가이드라인, 권고 및 모범사례를 발표하고 감독기관 간의 협력 및 지식교류를 촉진한다. 또한, 데이터 보호 인증메커니즘 및 씰을 확립하기 위해서뿐만 아니라, 행동준칙을 작성하기 위하여 컨트롤러나 프로세서의 협회를 권장하여야 한다.

EDPB 결정은 CJEU에서 다툴 수 있다.

5.5. GDPR 일관성메카니즘(The GDPR Consistency Mechanism)

GDPR은 회원국 전체에 걸쳐 GDPR이 일관성 있게 적용되도록 일관성메커니즘을 확립하여 감독기관이 서로 협력하고, 해당하는 경우 유럽위원회와 협력한다. 일관성메커니즘은 두 가지 상황에서 사용된다. 첫 번째는 관할 감독기관이 데이터보호영향평가(DPIA)를 필요로 하는 처리작업 목록과 같은 조치를 채택하거나 표준계약조항을 결정하고자 하는 경우에 EDPB의 의견과 관련된다. 두 번째는 원스톱 샵의 경우와 감독기관이 EDPB에 의견을 요청하지 않거나 따르지 않는 경우에 감독기관에 대한 EDPB의 구속력 있는 결정과 관련된 것이다.

제6장
데이터주체의 권리와 그 행사

EU	관련쟁점	CoE
정보를 제공받을 권리(Right to be informed)		
GDPR 제12조 CJEU, C-473/12, *Institut professionnel des agents immobiliers (IPI) v. Englebert*, 2013 CJEU, C-201/14, *Smaranda Bara and Others v. Casa Naţională de Asigurări de Sănătate and Others*, 2015	**정보의 투명성**	개정조약 제108호 제8조
GDPR 제13조제1,2항 및 제14조제3항	**정보의 내용**	개정조약 제108호 제8조제1항
GDPR 제13조제1항 및 제14조제3항	**정보 제공의 시기**	개정조약 제108호 제9조제1항제b호
GDPR 제12조제1,5,7항	**정보 제공의 수단**	개정조약 제108호 제9조제1항제b호
GDPR 제13조제2항제d호 및 제14조제2항제e호, 제77,78,79조	**쟁송을 제기할 권리**	개정조약 제108호 제9조제1항제f호
액세스권(Right of access)		
GDPR 제15조제1항 CJEU, C-553/07, *College van burgemeester en wethouders van Rotterdam v. M. E. E. Rijkeboer*, 2009 CJEU, Joined cases C-141/12 and C-372/12, *YS v. Minister voor Immigratie, Integratie en Asiel and Minister voor Immigratie, Integratie en Asiel v. M and S*, 2014	**자신의 데이터에 대한 액세스권**	개정조약 제108호 제9조제1항제b호 ECtHR, *Leander v. Sweden*, No. 9248/81, 1987

EU	관련쟁점	CoE
CJEU, C-434/16, *Peter Nowak v. Data Protection Commissioner*, 2017		
정정권(Right to rectification)		
GDPR 제16조	**부정확한 개인데이터의 정정**	개정조약 제108호 제9조제1항제e호 ECtHR, *Cemalettin Canli v. Turkey*, No. 22427/04, 2008 ECtHR, *Ciubotaru v. Moldova*, No. 27138/04, 2010
삭제권(Right to erasure)		
GDPR 제17조제1항	**개인데이터의 삭제**	개정조약 제108호 제9조제1항제e호 ECtHR, *SegerstedtWiberg and Others v. Sweden*, No. 62332/00, 2006
CJEU, C-131/12, *Google Spain SL, Google Inc. v. Agencia Española de Protección de Datos (AEPD), Mario Costeja González* [GC], 2014 CJEU, C-398/15, *Camera di Commercio, Industria, Artigianato e Agricoltura di Lecce v. Salvatore Manni*, 2017	**잊혀질 권리**	
처리제한권(Right to restriction of processing)		
GDPR 제18조제1항	**개인데이터 이용을 제한할 권리**	
GDPR 제19조	**통지의무**	
데이터이동권(Right to data portability)		
GDPR 제20조	**데이터이동권**	
반대권(Right to object)		
GDPR 제21조제1항 CJEU, C-398/15, *Camera di Commercio, Industria, Artigianato e Agricoltura di Lecce v. Salvatore Manni*, 2017	**데이터주체의 특별한 상황으로 인한 반대권**	프로파일링권고 제5.3조 개정조약 제108호 제9조제1항제d호

EU	관련쟁점	CoE
GDPR 제21조제2항	**마케팅 목적의 데이터 이용에 대한 반대권**	직접마케팅권고 제4.1조
GDPR 제21조제5항	**자동화된 수단에 의한 반대권**	
자동화된 의사결정 및 프로파일링과 관련된 권리 (Rights related to automated decision-making and profiling)		
GDPR 제22조	**자동화된 의사결정 및 프로파일링과 관련된 권리**	개정조약 제108호 제9조제1항제a호
GDPR 제21조	**자동화된 의사결정을 반대할 권리**	
GDPR 제13조제2항제f호	**유의미한 설명요구권**	개정조약 제108호 제9조제1항제c호
권리구제, 책임, 제재 및 배상(Remedies, liability, sanctions and compensation)		
헌장 제47조 CJEU, C-362/14, *Maximillian Schrems v. Data Protection Commissioner* [GC], 2015 GDPR 제77-84조	**국가 데이터보호법 위반에 대해**	ECHR 제13조(CoE 회원국들에 대해서만) 개정조약 제108호 제9조제1항제f호, 제12,15,16-21조 ECtHR, *K.U. v. Finland*, No. 2872/02, 2008 ECtHR, *Biriuk v. Lithuania*, No. 23373/03, 2008
EU기관데이터보호규칙 제34조 및 제49조 CJEU, C-28/08 P, *European Commission v. The Bavarian Lager Co. Ltd* [GC], 2010	**EU기관 및 기구에 의한 EU법 위반에 대해**	

일반적인 법규범 및 데이터주체의 개별적인 권리의 실효성은 이를 실행하는 적절한 메커니즘의 존재에 상당 부분 좌우된다. 디지털 시대에, 데이터 처리는 어디서나 볼 수 있게 되었고 개인들이 이해하기는 점점 더 어려워졌다. 데이터주체와 컨트롤러 간의 힘의 불균형을 완화하기 위해 개인에게 개인정보 처리에 대한 통제권을 보다 많이 행사할 수 있는 일정한 권리가 부여되었다. 자신의 데이터에 대한 액세스권 및 정정권은 EU의 제1차법을 구성하며 EU 법질서에서 근본적 가치를 가지는 문서인 EU 기본권헌장 제8조제2항에 명시되어 있다. EU 제2차법, 특히 GDPR은 데이터주체에게 데이터 컨트롤러에 대한 권리를 제공함으로써 힘을 부여하는 일관성 있는 법체계를 확립했다. GDPR은 액세스권 및 정정권 이외에도 삭제권('잊혀질 권리'), 반대권이나 데이터 처리를 제한할 권리와 자동화된 의사결정 및 프로파일링과 관련된 권리 등 일련의 다른 권리를 인정하고 있다. 데이터주체가 자신의 데이터에 대한 효과적인 제어를 수행할 수 있도록 하는 유사한 안전장치도 또한 개정조약 제108호에 포함되어 있다. 제9조는 개인데이터의 처리와 관련해 개인이 행사할 수 있어야 할 권리를 열거하고 있다. 체약 당사국은 자신의 관할구역 내의 모든 데이터주체가 이러한 권리를 이용할 수 있도록 하며, 데이터주체가 그러한 권리를 행사할 수 있도록 하기 위한 효과적인 법적·실제적 수단을 수반하도록 보장해야 한다.

개인에게 권리를 제공하는 것 이외에도, 데이터주체가 자신의 권리 침해를 다툴 수 있고, 컨트롤러가 책임을 부담하도록 하며, 배상을 청구할 수 있도록 하는 메커니즘을 확립하는 것도 마찬가지로 중요하다. ECHR 및 헌장에 따라 보장된 바와 같이 실효적인 구제를 받을 권리는 모든 사람이 사법적 구제수단을 이용할 수 있도록 요구한다.

6.1. 데이터주체의 권리(The rights of data subjects)

요점

- 모든 데이터주체는 한정된 적용제외에 따라 데이터 컨트롤러의 개인데이터 처리에 대한 정보를 받을 권리를 가진다.
- 데이터주체는 다음의 권리를 가져야 한다.
  - 자신의 데이터에 액세스하고 처리에 대한 일정한 정보를 얻을
  - 데이터가 부정확한 경우에 그 데이터를 처리하는 컨트롤러에게 데이터를 정정하게 할
  - 컨트롤러가 데이터를 불법적으로 처리하고 있는 경우에 필요에 따라 컨트롤러에게 데이터를 삭제하게 할
  - 일시적으로 처리를 제한할 권리를 가질
  - 일정한 조건에서 다른 컨트롤러에게 데이터를 이전할
- 추가적으로 데이터주체는 다음의 처리를 반대할 권리를 가져야 한다.
  - 특별한 상황과 관련되는 논거
  - 직접 마케팅 목적의 데이터 이용
- 데이터주체는 프로파일링을 포함하여 법적 효과를 가지거나 또는 자신에게 상당한 영향을 미치는 자동화된 처리에만 기초한 결정에 따르지 않을 권리를 가진다. 데이터주체는 또한 다음의 권리를 가진다.
  - 컨트롤러 측의 인간 개입을 받을
  - 자신의 견해를 표시하고 자동화된 처리에 기초한 결정을 다툴

6.1.1. 정보를 제공받을 권리(Right to be informed)

EU법뿐만 아니라 **CoE법**에도 따르면, 처리업무 컨트롤러는 개인데이터가 수집되는 시점에 데이터주체에게 의도된 처리에 대해 알릴 의무가 있다. 이러한 의무는 데이터주체의 요청에 의존하지 않으며, 오히려 컨트롤

러는 데이터주체가 정보에 관심을 보이는지 여부에 관계없이 능동적으로 의무를 준수해야 한다.

CoE법에 따르면, 개정조약 제108호 제8조에 따라, 체약 당사국은 컨트롤러가 데이터주체에게 자신의 신원 및 일상적 거주지, 처리의 법적 근거 및 목적, 처리된 개인데이터의 범주, (있는 경우에)개인데이터의 수취인과 액세스권, 정정권 및 법적 구제권을 규정하고 있는 제9조에 따라 자신들의 권리를 어떻게 행사할 수 있는지에 대해 알려주도록 규정하여야 한다. 공정하고 투명한 개인데이터 처리를 보장하기 위해 필요하다고 여기는 기타 추가 정보도 데이터주체에게 전달해야 한다. 개정조약 제108호 해설보고서는 데이터주체에게 제시된 정보는 "관련 데이터주체가 쉽게 액세스할 수 있고, 읽기 쉬우며, 이해할 수 있어야 하고, 적응할 수 있어야 한다[526]"는 점을 명확히 한다.

EU법에 따르면, 투명성 원칙은 개인데이터 처리가 일반적으로 개인에게 투명해야 한다고 요구하고 있다. 개인은 자신의 개인데이터가 어떻게 그리고 어떤 데이터가 수집, 이용 또는 처리되는지를 알 권리가 있으며, 또한 처리와 관련된 위험, 안전장치 및 자신의 권리를 인식하게 될 권리가 있다.[527]

따라서 GDPR 제12조는 투명한 정보를 제공함에 있어서 그리고/또는 데이터주체가 권리를 행사할 수 있는 방법을 전달함에 있어서 컨트롤러에 대한 광범위한 포괄적 의무를 규정한다.[528] 정보는 명확하고 평이한 언어를 사용하여 간결하고 투명해야 하며 알기 쉽고 액세스하기 쉬워야 한다. 필요에 따라 전자적 정보를 포함하여 서면 양식으로 제공해야 하며, 데이터주체의 요청에 따라 그리고 자신의 신원이 의심의 여지없이 입증된 경우에는 구두로 제공될 수도 있다. 정보는 과도한 지연이나 비용 없이 제공되어야 한다.[529]

---

526 Explanatory Report of Modernised Convention 108, para. 68.

527 General Data Protection Regulation, Recital 39.

528 *Ibid.*, Art. 13 and 14; Modernised Convention 108, Art. 8 (1) (b).

GDPR 제13조 및 제14조는 개인데이터가 데이터주체로부터 직접 수집된 상황이거나 또는 데이터가 데이터주체로부터 취득되지 않은 상황인 경우에 각각 데이터주체가 정보를 제공받을 권리를 다룬다.

EU법에 따른 정보권의 범위 및 그 한계는 CJEU 판례법에서 명확하게 되었다.

> 사례 : *Institut professionnel des agents immobiliers (IPI) v. Englebert* 사건[530]에서, CJEU는 지침 95/46 제13조제1항의 해석을 제청 받았다. 이 조항은 회원국들에게 특히 다른 사람들의 권리 및 자유를 보호하고 규제된 직업에 대한 범죄나 윤리 위반을 예방하고 수사하기 위해 필요한 경우 데이터주체의 정보를 제공 받을 권리의 범위를 제한하는 입법적 조치를 채택할 것인지 여부를 선택하게 했다. IPI는 벨기에의 부동산중개업자의 전문기관으로, 부동산중개업의 적절한 관행 준수를 보장하는 책임을 맡고 있다. 그것은 국가법원에 피고인들이 직업 규정을 위반했음을 선언하고, 그들에게 여러 부동산 중개활동의 중단을 명령할 것을 청구했다. 이 소송은 IPI가 이용했던 사설탐정이 제공한 증거에 근거한 것이었다.
>
> 국가법원은 벨기에 법률의 데이터 보호요건, 특히 그 정보를 수집하기 전에 데이터주체에게 개인데이터의 처리를 알려야 할 의무를 존중하지 않고 취득했을 가능성을 고려해 사설탐정의 증거 가치에 대해 의구심을 가졌다. CJEU는 제13조제1항이 회원국은 데이터주체에게 데이터 처리를 통지할 의무에 대한 예외를 규정'할 수' 있지만, 국가법으로 규정할 의무는 없다고 명시하고 있음을 지적했다. 제13조제1항은 회원국이 개인의 권리를 제한할 수 있는 근거로서 범죄 또는 윤

529 General Data Protection Regulation, Art. 12 (5); Modernised Convention 108, Art. 9 (1) (b).

530 CJEU, C-473/12, *Institut professionnel des agents immobiliers (IPI) v. Geoffrey Englebert and Others*, 7 November 2013.

리 위반의 예방, 수사, 적발 및 기소를 포함하므로, IPI와 그 이름으로 활동하는 사설탐정 등의 단체의 활동은 이 조항에 의존할 수 있다. 그러나, 회원국이 그러한 예외를 규정하지 않은 경우, 데이터주체에게 통지해야 한다.

사례 : *Smaranda Bara and Others v. Casa Naţională de Asigurări de Sănătate and Others* 사건[531]에서, CJEU는 EU법이 데이터주체에게 이전 및 처리를 통지하지 않고서 국가 공행정기구가 후속 처리를 위해 다른 공행정기구에게 개인데이터를 이전하는 것을 금지하는지를 명확히 했다. 이 사건에서, 국가행정청은 청구인들에게 이전 전에 국민건강보험기금에 데이터를 이전했음을 알리지 않았다.

CJEU는 EU법에 따라 개인데이터의 처리에 대해 데이터주체에 통지하여야 하는 요건은 "처리 중인 데이터에 대한 데이터주체의 액세스권 및 정정권의 행사와 그 데이터의 처리에 대한 반대권에 영향을 미치기 때문에 더욱 중요하다"고 판단했다. 공정처리의 원칙은 후자에 의한 추가 처리를 위해 다른 공공기구에로의 데이터 이전에 대해 데이터주체에게 통지할 것을 요구한다. 지침 95/46 제13조제1항에 따라 회원국은 과세문제 등 국가의 중요한 경제적 이익을 보호하기 위하여 필요하다고 인정되는 경우 통지받을 권리를 제한할 수 있다. 그러나 이러한 제한은 입법적 조치에 의해 부과되어야 한다. 이전되는 데이터의 정의도, 이전에 대한 세부적인 사항도 입법조치에서 규정되지 않았고, 오히려 두 공공기관 사이의 프로토콜로서만 규정되었기 때문에, EU법에 의한 특례조건은 충족되지 않았다. 청구인은 국민건강보험기금에로의 자신들의 데이터 이전과 기금의 이 데이터에 대한 후속 처리에 대해 사전에 통지받았어야 했다.

531 CJEU, C-201/14, *Smaranda Bara and Others v. Casa Naţională de Asigurări de Sănătate and Others*, 1 October 2015.

정보의 내용(Content of the information)

개정조약 제108호 제8조제1항에 따라 컨트롤러는 다음을 포함하여 공정하고 투명한 개인데이터 처리를 보장하는 정보를 데이터주체에 제공할 의무가 있다.

- 컨트롤러의 신원, 일상적인 거주지 또는 설립체
- 의도된 처리의 법적 근거 및 목적
- 처리된 개인데이터의 범주
- 개인데이터의 수취인 또는 범주(있는 경우)
- 데이터주체가 자신의 권리를 행사할 수 있는 방법

GDPR에 따르면, 컨트롤러는 데이터주체로부터 개인데이터를 수집할 때 개인데이터를 취득하는 시점에서 데이터주체에게 다음의 정보를 제공할 의무가 있다.[532]

- 컨트롤러의 신원 및 DPO 세부 정보(있는 경우)를 포함하여 연락처 세부 정보
- 처리의 목적 및 법적 근거, 즉 계약 또는 법적 의무
- 데이터 컨트롤러의 정당한 이익(이것이 처리의 근거가 되는 경우)
- 개인데이터의 최종 수취인 또는 수취인의 범주
- 데이터가 제3국 또는 국제기구로 이전되는지 여부, 그리고 적합성 결정에 기초하는지 또는 적절한 안전장치에 의존하는지 여부
- 개인데이터가 저장되는 기간 및 그 기간을 설정할 수 없는 경우, 데이터 저장기간을 결정하는 데 사용되는 기준
- 액세스권, 정정권, 삭제권, 처리제한권 또는 반대권 등 처리에 관한

532 General Data Protection Regulation, Art. 13 (1); Modernised Convention 108, Art. 7 bis (1).

데이터주체의 권리
- 개인데이터의 제공이 법률 또는 계약에 의해 요구되는지 여부, 데이터주체가 개인데이터를 제공할 의무가 있는지 여부 및 개인데이터를 제공하지 못할 경우의 결과
- 프로파일링을 포함한 자동화된 의사결정의 존재 ; 감독기관에 쟁송을 제기할 권리
- 동의 철회권의 존재

프로파일링을 포함한 자동화된 의사결정의 경우, 데이터주체는 프로파일링에 관련된 로직, 그 의미와 처리 과정에서 직면하게 될 예상 결과에 대한 의미 있는 정보를 받아야 한다.

데이터주체로부터 직접 개인데이터를 취득하지 않는 경우, 데이터 컨트롤러는 개인데이터의 출처를 개인에게 통지해야 한다. 어떤 경우든 컨트롤러는 데이터주체에게 프로파일링을 포함한 자동화된 의사결정의 존재를 알려야 한다.[533] 마지막으로, 컨트롤러가 데이터주체에게 원래 언급된 목적 이외의 목적으로 개인데이터를 처리하려는 경우, 목적 제한 및 투명성의 원칙은 컨트롤러가 데이터주체에게 이 새로운 목적에 대한 정보를 제공할 것을 요구한다. 컨트롤러는 추가 처리에 앞서 정보를 제공해야 한다. 즉, 데이터주체가 개인데이터 처리에 대한 동의를 제공한 경우, 데이터 처리 목적이 변경되거나 목적이 추가된 경우 컨트롤러는 데이터주체의 갱신된 동의를 받아야 한다.

정보 제공시기(Time of providing information)

GDPR은 데이터 컨트롤러가 데이터주체에게 정보를 제공해야 하는 두 가지 시나리오와 두 가지 시점을 구분한다.

533 General Data Protection Regulation, Art. 13 (2) and 14 (2) (f).

- 데이터주체로부터 직접 개인데이터를 취득하는 경우, 컨트롤러는 데이터를 취득하는 시점에 GDPR에 따른 모든 관련 정보 및 권리를 데이터주체에게 통지해야 한다. 컨트롤러가 개인데이터를 다른 목적으로 추가로 처리하려는 경우, 컨트롤러는 처리하기 전에 모든 관련 정보를 제공해야 한다.[534]
- 데이터주체로부터 직접 개인데이터를 취득하지 않은 경우, 컨트롤러는 데이터주체에게 "개인데이터를 취득한 후 합리적인 기간 내에, 늦어도 1개월 이내에" 또는 제3자에게 데이터를 공개하기 전에 처리에 관한 정보를 제공할 의무가 있다.[535]

개정조약 제108호 해설보고서는 처리를 시작할 때 데이터주체에게 알릴 수 없는 경우, 어떤 이유로든 컨트롤러가 데이터주체와 접촉하는 경우 등 나중에 할 수 있다고 명기하고 있다.[536]

정보 제공의 여러 가지 방법(Different ways of providing information)

CoE 및 EU 모두의 법에 따르면, 컨트롤러가 데이터주체에게 제공해야 하는 정보는 간결하고 투명해야 하며, 이해할 수 있어야 하고 쉽게 액세스할 수 있어야 한다. 그것은 분명하고 평이하며 쉽게 이해할 수 있는 언어를 사용하여 서면으로 또는 전자적 수단을 포함한 다른 수단으로 해야 한다. 컨트롤러는 정보를 제공할 때, 표준화된 아이콘을 사용하여 쉽게 볼 수 있고 쉽게 이해할 수 있는 방식으로 정보를 제공할 수 있다.[537] 예

534 *Ibid.*, Art. 13 (1) and (2), introductory wording where the General Data Protection Regulation refers to the information on the obligation to apply at "the time when personal data are obtained"

535 *Ibid.*, Art. 13 (3) and 14 (3); see also the reference to reasonable intervals and without excessive delay under the Modernised Convention 108, Art. 8 (1) (b).

536 Explanatory Report of Modernised Convention 108, para. 70.

537 유럽위원회는 위임법령에 의해 표준화된 아이콘을 제공하는 절차 및 아이콘으로

를 들어, 잠금을 나타내는 아이콘을 사용하여 데이터가 안전하게 수집 및/또는 암호화되었음을 표시할 수 있다. 데이터주체는 구두 수단으로 정보를 제공하도록 요청할 수 있다. 데이터주체의 요청이 명백하게 근거가 없는 것이 아니거나 과도하지 않는 한(즉, 반복적인 성격) 정보는 무료로 제공되어야 한다.[538] 제공된 정보에 대한 손쉬운 액세스은 EU데이터보호법에 따라 규정된 데이터주체의 권리를 행사할 수 있는 능력에 있어 가장 중요하다.

공정 처리 원칙은 데이터주체가 정보를 쉽게 이해할 수 있도록 요구한다. 언어는 반드시 수취인에게 적합한 것을 사용해야 한다. 예를 들어, 대상 청중이 성인인지 아동인지, 일반대중인지 또는 학술 전문가인지에 따라 사용되는 언어의 수준 및 유형이 달라져야 할 것이다. 이러한 이해 가능한 정보의 측면을 어떻게 형량할 것인가 하는 문제가 보다 조화된 정보제공에 관한 제29조작업반의 의견에서 검토되고 있다. 이는 이른바 계층화된 통지[539]의 개념을 촉진하여 데이터주체가 어느 정도의 세부사항을 원하는지를 결정할 수 있게 한다. 그러나, 이러한 정보 표시방식은 컨트롤러가 GDPR 제13조 및 제14조에 따른 의무를 면제해주는 것은 아니다. 컨트롤러는 여전히 데이터주체에게 모든 정보를 제공해야 한다.

정보를 제공하는 가장 효율적인 방법 중 하나는 웹사이트 프라이버시 정책과 같은 적절한 정보조항을 컨트롤러의 홈페이지에 배치하는 것이다. 그러나 인터넷을 사용하지 않는 인구가 상당히 존재하며, 기업이나 공공기관의 정보정책도 이를 고려해야 한다.

표시할 정보를 추가로 개발할 것이다; General Data Protection Regulation, Art. 12 (8) 참조.

538 General Data Protection Regulation, Art. 12 (1), (5) and (7) and Modernised Convention 108, Art. 9 (1) (b).

539 Article 29 Working Party (2004), *Opinion 10/2004 on More Harmonised Information Provisions*, WP 100, Brussels, 25 November 2004.

웹페이지상의 개인데이터 처리에 관한 프라이버시 통지는 다음과 같다.

우리는 누구?

데이터 처리 '컨트롤러'는 Bed and Breakfast C&U이며, 이는 [주소: xxx], Tel: xxx; 팩스: xxx; e-메일 at info@c&u.com; 데이터보호책임자 연락처: [xxxx]이다.

개인데이터 정보 통지는 우리의 호텔 서비스를 규율하는 약관의 일부를 형성한다.

우리는 당신으로부터 어떤 데이터를 수집할까?

우리는 당신으로부터 이름, 우편주소, 전화번호, 이메일주소, 숙박정보, 신용카드 및 직불카드 번호, 그리고 우리의 웹사이트에 연결하기 위해 사용한 컴퓨터의 IP주소나 도메인 이름 등 개인데이터를 수집한다.

우리는 왜 당신의 데이터를 수집하고 있는가?

우리는 당신의 동의에 기초하여, 예약을 처리하기 위하여, 우리가 제공하는 서비스와 관련된 계약을 체결하고 이행하기 위하여, 그리고 귀하에게 제공하는 서비스와 관련된 계약 체결 및 이행, 예를 들어, 숙박에 대한 지방세의 납부를 할 수 있기 위해 개인데이터 수집을 요구하는 지방수수료법과 같은 법률에 의해 부과된 요건을 준수하기 위해 당신의 데이터를 처리한다.

우리는 당신의 데이터를 어떻게 처리하는가?

당신의 개인데이터는 3개월간 보존될 것이다. 당신의 데이터는 자동결정절차의 적용을 받지 않는다.

당사는 당신의 허락 없이 개인정보가 손상, 파괴 또는 제3자에게 공개되지 않도록 하고 권한없는 액세스를 방지하기 위한 엄격한 보안 절차를 따른다. 정보를 저장하는 컴퓨터는 물리적 액세스가 제한된 안전한 환경에서 보관된다. 우리는 전자적 액세스를 제한하기 위해 보안 방화벽 및 다른 조치들을 사용한다. 만약 제3자에게 데이터를 이전해야 한다면, 우리는 그들이 당신의 개인데이터를 보호하기 위해 유사한 조치를 취할 것을 요구한다.

우리가 수집하거나 기록하는 모든 정보는 우리 사무실로 제한된다. 본 계약에 따른 의무를 이행하기 위해 정보가 필요한 사람에게만 개인데이터에 대한 액세스 권한이 부여된다. 우리는 당신을 식별하기 위해 정보가 필요할 때 당신에게 명시적으로 부탁할 것이다. 우리는 당신에게 정보를 공개하기 전에 보안 검사에 협조할 것을 요구할 수 있다. 언제든지 우리에게 알려준 개인정보는 우리에게 직접 연락하면 업데이트 할 수 있다.

당신의 권리는 무엇인가?

당신은 당신의 데이터에 액세스하거나, 데이터 복사본을 얻거나, 삭제 또는 정정을 요청하거나, 다른 컨트롤러에게 데이터를 포팅하도록 요청할 권리가 있다.

요청사항은 info@c&u.com으로 연락할 수 있다. 우리는 1개월 이내에 당신의 요청에 응답해야 하지만, 당신의 요청이 너무 복잡하거나 다른 요청들이 너무 많이 접수된다면 이 기간이 2개월 더 연장될 수 있다는 것을 당신에게 통지할 것이다.

개인데이터에 액세스하기

당신은 당신의 데이터에 액세스할 수 있으며, 요청에 따라 데이터 처리의 기초가 되는 추론을 알고, 삭제 또는 정정을 요청할 권리가

> 있으며, 당신의 견해를 고려하지 않고 순수하게 자동화된 결정을 받지 않을 권리가 있다. 요청사항은 info@c&u.com으로 연락할 수 있다. 당신은 또한 처리를 반대하고 동의를 철회할 권리가 있으며, 이 데이터 처리가 법률에 위반된다고 생각한다면 국가감독기관에 쟁송을 제기하고, 불법적인 처리로 인해 발생한 손해에 대해 배상을 청구할 수 있는 권리가 있다.

쟁송을 제기할 권리(The right to lodge a complaint)

GDPR은 컨트롤러가 개인데이터 침해의 경우에 대해 국가법 및 EU법에 따른 집행제도에 대해 데이터주체에게 알릴 것을 요구한다. 컨트롤러는 개인데이터 침해에 대해 감독기관에, 필요하다면 국가법원에 쟁송을 제기할 권리에 대해 데이터주체에게 알려야 한다.[540] CoE법도 또한 제9조제1항제f호에 규정된 구제권을 포함하여 그 권리를 행사하는 수단을 통지받을 수 있는 데이터주체의 권리를 규정하고 있다.

정보 제공의무의 적용제외(Exemptions from the obligation to inform)

GDPR은 정보 제공의무에 대한 적용제외를 규정한다. GDPR 제13조제4항 및 제14조제5항에 따라 데이터주체가 이미 관련 정보를 모두 가지고 있는 경우에는 데이터주체에게 알릴 의무가 적용되지 않는다.[541] 또한, 개인데이터가 데이터주체로부터 취득되지 않은 경우, 정보 제공이 불가능하거나 비례적이지 않다면, 특히 개인데이터가 공익상 자료보존 목적으로, 과학이나 역사 연구 목적으로 또는 통계 목적으로 처리되는 경우에는

540 General Data Protection Regulation, Art. 13 (2) (d) and 14 (2) (e); Modernised Convention 108, Art. 8 (1) (f).

541 *Ibid.*, Art. 13 (4) and 14 (5) (a).

정보 제공의무가 적용되지 않는다.[542]

게다가, 회원국들은 이것이 예를 들어, 국가 및 공공의 안보, 방위, 사법적 수사 및 절차의 보호, 또는 데이터 보호이익보다 우월한 사익뿐만 아니라 경제적·금전적 이익의 보호를 위하여 민주사회에서 필요하고 비례적인 조치라면 GDPR에 의해 개인에게 제공된 권리 및 의무를 제한할 수 있는 재량권을 가진다.[543]

어떠한 적용제외나 제한도 민주사회에서 필요하며 추구된 목적에 비례해야 한다. 매우 예외적인 경우에, 예를 들어 의료적 표시 때문에 데이터주체의 보호는 그 자체로 투명성의 제한을 요구할 수 있다. 이는 특히 모든 데이터주체의 액세스권의 제한과 관련이 있다.[544] 그러나 최소한의 보호 차원에서 국가법은 EU법에 의해 보호되는 기본적 권리 및 자유의 본질을 존중해야 한다.[545] 이는 국가법이 처리목적, 포함된 개인데이터의 범주, 안전장치 및 기타 절차요건을 명확히 하는 구체적인 조항을 포함할 것을 요구한다.[546]

과학 또는 역사 연구 목적, 통계 목적 또는 공익상의 자료보존 목적을 위해 데이터가 수집되는 경우, 특정 목적의 달성을 불가능하게 하거나 심각하게 훼손할 가능성이 있다면 EU법 또는 회원국법은 정보제공의무의 특례를 규정할 수 있다.[547]

CoE법에도 유사한 제한이 존재하며, 여기에서 개정조약 제108호 제9조에 따라 데이터주체에게 부여된 권리는 엄격한 조건 하에서 개정조약 제108호 제11조에 따른 가능한 제한을 받을 수 있다. 더구나, 개정조약 제108호 제8조제2항에 따르면, 데이터주체가 이미 정보를 가지고 있는 경우에는 컨트롤러에게 부과된 처리의 투명성 의무가 적용되지 않는다.

542 *Ibid.*, Art. 14 (5) (b)-(e).

543 General Data Protection Regulation, Art. 15 (4).

544 General Data Protection Regulation, Art. 15.

545 General Data Protection Regulation, Art. 23 (1).

546 *Ibid.*, Art. 23 (2).

547 *Ibid.*, Art. 89 (2) and (3).

개인 자신의 데이터에 대한 액세스권
(The right of access to an individual's own data)

CoE법에 따르면, 개인 자신의 데이터에 대한 액세스권은 개정조약 제108호 제9조에 명시적으로 인정된다. 동 조는 모든 개인이 자신과 관련된 개인데이터의 처리에 관한 정보를 요청하면 얻을 수 있는 권리를 가지며, 이는 이해할 수 있는 방식으로 전달된다. 액세스권은 개정조약 제108호의 조항에서뿐만 아니라 ECtHR 판례에서도 인정되어왔다. ECtHR은 개인에게는 개인데이터에 대한 정보에 액세스할 권리가 있고, 이 권리는 사생활 존중의 필요성에서 생긴다고 거듭 판결해 왔다.[548] 그러나 공공기관 또는 민간단체가 저장한 개인데이터에 대한 액세스권은 일정한 상황에서 제한될 수 있다.[549]

EU법에 따르면, 자신의 데이터에 액세스할 수 있는 권리가 GDPR 제15조에서 명시적으로 인정되고 있으며, EU기본권헌장 제8조제2항의 개인정보 보호에 관한 기본권의 요소로 규정되어 있다.[550] 개인이 자신의 개인데이터에 액세스할 수 있는 권리는 유럽데이터보호법의 핵심요소이다.[551]

GDPR은 모든 데이터주체는 컨트롤러가 제공해야 하는 자기의 개인데이터와 처리과정에 대한 일정한 정보에 액세스할 수 있는 권리를 가지고

548 ECtHR, *Gaskin v. the United Kingdom*, No. 10454/83, 7 July 1989; ECtHR, *Odièvre v. France* [GC], No. 42326/98, 13 February 2003; ECtHR, *K.H. and Others v. Slovakia*, No. 32881/04, 28 April 2009; ECtHR, *Godelli v. Italy*, No. 33783/09, 25 September 2012.

549 ECtHR, *Leander v. Sweden*, No. 9248/81, 26 March 1987.

550 Also see CJEU, Joined cases C-141/12 and C-372/12, *YS v. Minister voor Immigratie, Integratie en Asiel and Minister voor Immigratie, Integratie en Asiel v. M and S*, 17 July 2014; CJEU, C-615/13 P, *ClientEarth, Pesticide Action Network Europe (PAN Europe) v. European Food Safety Authority (EFSA), European Commission*, 16 July 2015.

551 CJEU, Joined cases C-141/12 and C-372/12, *YS v. Minister voor Immigratie, Integratie en Asiel and Minister voor Immigratie, Integratie en Asiel v. M and S*, 17 July 2014.

있다고 규정한다.[552] 특히 모든 데이터주체는 자신과 관련된 데이터가 처리되고 있는지 여부에 대한 (컨트롤러로부터) 확인 및 최소한 다음 사항에 대한 정보를 얻을 권리가 있다.

- 처리 목적
- 관련 데이터 범주
- 데이터가 공개되는 수취인 또는 수취인 범주
- 데이터를 저장하려는 기간 또는 그것이 불가능할 경우 그 기간을 결정하는 데 사용된 기준
- 개인데이터를 정정하거나 삭제하거나 또는 개인데이터 처리를 제한할 수 있는 권리의 존재
- 감독기관에 쟁송을 제기할 권리
- 데이터가 데이터주체로부터 수집되지 않은 경우 처리 중인 데이터의 출처에 대한 사용 가능한 정보
- 자동화된 결정의 경우, 데이터의 자동화된 처리에 관련된 로직.

데이터 컨트롤러는 데이터주체에게 처리 중인 개인데이터의 사본을 제공해야 한다. 데이터주체에게 전달되는 모든 정보는 이해하기 쉬운 형태로 제공되어야 한다. 즉, 컨트롤러는 데이터주체가 제공되는 정보를 이해할 수 있는 형태로 제공해야 하며, 이는 데이터주체가 정보를 이해할 수 있도록 해야 한다. 예를 들어, 액세스 요청에 대한 대응으로 기술적 약어, 코드화된 용어 또는 두문자어를 포함하면 이러한 용어의 의미가 설명되지 않는 한 충분하지 않을 것이다. 프로파일링을 포함한 자동화된 의사결정이 수행되는 경우, 데이터주체를 평가할 때 고려된 기준을 포함하여 자동화된 의사결정에 관련된 일반적인 로직을 설명할 필요가 있을 것이다. 유사한 요건이 **CoE법**에도 존재한다.[553]

---

552 General Data Protection Regulation, Art. 15 (1).

553 See Modernised Convention 108, Art. 8 (1) (c).

사례 : 자신의 개인데이터에 액세스하면 데이터주체가 데이터의 정확성을 판단하는 데 도움이 될 것이다. 따라서, 데이터주체에 대해, 처리되고 있는 실제 개인데이터뿐만 아니라, 이름, IP 주소, 지리위치 좌표, 신용카드 번호 등, 이러한 개인데이터가 처리되는 범주에 대해서도 알기 쉬운 형태로 통지하는 것이 필수적이다.

데이터 출처에 대한 정보(데이터주체로부터 데이터를 수집하지 않은 경우)는 액세스 요청에 대한 응답으로 제공되어야 한다. 이 조항은 공정성, 투명성 및 책임성 원칙의 맥락에서 이해되어야 한다. 컨트롤러는 공개로부터 면제받기 위해 (액세스 요청이 접수되었음에도 불구하고 삭제되지 않는 한) 데이터 출처에 대한 정보를 파기할 수 없으며, 일반적인 '책임성' 요건을 준수해야 한다.

CJEU 판례에 제시된 바와 같이, 개인데이터에 대한 액세스권은 기한에 의해 부당하게 제한될 수 없다. 데이터주체는 또한 과거에 일어났던 데이터 처리작업에 대한 정보를 얻을 수 있는 합리적인 기회가 주어져야 한다.

사례 : *Rijkeboer* 사건[554]에서, CJEU는 개인데이터의 수취인 또는 수취인의 범주, 그리고 데이터의 내용에 대한 개인의 액세스권이 액세스 요청 1년 전에 제한될 수 있는지 여부를 결정하도록 요청받았다.

EU 법률이 그러한 기한을 위임하는지 여부를 판단하기 위해, CJEU는 지침의 목적에 비추어 제12조를 해석하기로 결정했다. CJEU는 먼저 액세스권은 데이터주체가 컨트롤러에게 자기의 데이터를 정정, 삭제 또는 차단하게 하거나 데이터가 공개된 제3자에게 그러한 정정, 삭제 또는 차단을 통지하게 할 권리를 행사할 수 있기 위해 필요하다

554 CJEU, C-553/07, *College van burgemeester en wethouders van Rotterdam v. M. E. E. Rijkeboer*, 7 May 2009.

고 판시하였다. 실효적인 액세스권은 또한 개인데이터의 처리에 대한 반대권 또는 쟁송제기 및 손해배상청구에 대한 권리를 행사할 수 있도록 하기 위해 필요하다.[555]

CJEU는 데이터주체에게 부여된 권리의 실질적인 효과를 보장하기 위해 "그 권리는 필연적으로 과거와 관련되어야 한다. 그렇지 않다면, 데이터주체는 불법적이거나 부정확하다고 판단되는 데이터를 정정, 삭제 또는 차단하게 하거나, 소송을 제기하고 손해배상을 받을 권리를 효과적으로 행사할 수 있는 위치에 있지 않을 것이다."고 판결하였다.

6.1.2. 정정권(Right to rectification)

EU법과 **CoE법**에 따르면, 데이터주체는 개인데이터를 정정하게 할 권리가 있다. 개인데이터의 정확성은 데이터주체에 대한 높은 수준의 데이터 보호를 보장하기 위해 필수적이다.[556]

사례 : *Ciubotaru v. Moldova* 사건[557]에서, 청구인은 주장에 따르면 자신의 요청을 입증하지 못했다는 사실로 인해 공적 장부에 몰도바인에서 루마니아인으로 자신의 출신 민족 등록을 변경할 수 없었다. ECtHR은 국가가 개인의 민족 정체성을 등록할 때 객관적인 증거를 요구하는 것이 허용될 수 있다고 판단했다. 그러한 주장이 순전히 주관적이고 근거 없을 때 기관은 거절할 수 있었다. 그러나 청구인의

555 General Data Protection Regulation, Art. 15 (1) (c) and (f), 16, 17 (2) and 21, and Chapter VIII.

556 Ibid., Art. 16 and Recital 65; Modernised Convention 108, Art. 9 (1) (e).

557 ECtHR, *Ciubotaru v. Moldova*, No. 27138/04, 27 April 2010, paras. 51 and 59.

> 주장은 자기 민족에 대한 주관적 인식 이상의 것에 근거를 두고 있었다. 즉, 그는 언어, 이름, 공감 등 루마니아 민족과의 객관적으로 검증 가능한 연계를 제공할 수 있었다. 그럼에도 불구하고, 국내법에 따르면, 청구인은 그의 부모가 루마니아 민족에 속했다는 증거를 제공하도록 요구되었다. 몰도바의 역사적 현실을 감안할 때, 그러한 요구사항은 소련 기관이 그의 부모에 대해 기록했던 것 이외의 민족적 정체성을 등록하는 데 극복할 수 없는 장벽을 만들었다. 국가는 청구인이 자신의 주장을 객관적으로 입증 가능한 증거에 비추어 심사받게 하는 것을 못하게 하여, 청구인에게 그의 사생활에 대한 효과적인 존중을 보장해야 하는 적극적인 의무를 준수하지 못했다. 재판소는 ECHR 제8조의 위반이 있었다고 결정했다.

어떤 경우에는, 예를 들어, 이름의 철자, 주소나 전화번호의 변경의 정정을 단순히 요청하는 것으로도 충분할 것이다. **EU법**과 **CoE법**에 따르면 부정확한 개인데이터는 부당하거나 또는 과도하게 지연되지 않고 정정되어야 한다.[558] 그러나 그러한 요청이 데이터주체의 법적 신분이나 법률 문서의 전달을 위한 올바른 거주지 등 법률적으로 중요한 사항과 연계되어 있는 경우, 정정 요청은 충분하지 않을 수 있고 컨트롤러는 부정확하다고 주장하는 증거를 요구할 권리가 있다. 이러한 요구가 데이터주체에게 불합리한 입증 부담을 주어 데이터주체가 자신의 데이터를 정정하게 하는 것을 막아서는 안 된다. ECtHR은 청구인이 비밀기록부에 보관된 정보의 정확성에 이의를 제기할 수 없었던 여러 사건에서 ECHR 제8조의 위반을 인정하였다.[559]

558 General Data Protection, Art. 16; Modernised Convention 108, Art. 9 (1).
559 ECtHR, *Rotaru v. Romania* [GC], No. 28341/95, 4 May 2000.

사례 : *Cemalettin Canli v. Turkey* 사건[560]에서, ECtHR은 형사소송에서 경찰의 부정확한 보고에서 ECHR 제8조의 위반을 인정했다.

이 청구인은 불법조직에 가입했다는 혐의로 두 차례 형사소송에 연루되었지만 유죄판결을 받지는 않았다. 청구인이 또 다른 범죄행위로 다시 구속 기소되자 경찰은 청구인이 2개의 불법조직의 일원인 것으로 알려진 "추가범죄에 관한 정보 양식"이라는 제목의 보고서를 형사재판에 제출했다. 보고서 및 경찰 기록을 정정하게 해 달라는 청구인의 요청은 이루어지지 않았다. ECtHR은 기관이 보유한 파일에 저장된 공공정보를 체계적으로 수집하는 것도 '사생활'의 의미에 해당할 수 있어 경찰 보고서에서의 정보는 ECHR 제8조의 범위에 해당한다고 판결했다. 더구나 경찰의 보고서 초안이 부정확했고, 형사재판에의 제출은 국내법을 준수하지 않았다. 재판소는 제8조 위반이 있었다고 결정했다.

데이터주체는 데이터의 정확성 여부를 판단하기 위해 공공기관을 상대로 민사소송이나 소송절차 중에, 정확성이 다투어지고 있고 공식적인 결정이 계류 중임을 나타내는 데이터 파일에 기재사항이나 메모를 기재하도록 요청할 수 있다.[561] 이 기간 동안, 데이터 컨트롤러는 데이터를 정확하다거나 수정의 대상이 아닌 것으로 특히 제3자에게 제시해서는 안 된다.

6.1.3. 삭제권('잊혀질 권리') (Right to erasure('the right to be forgotten'))

데이터주체에게 자신의 데이터를 삭제하게 할 권리를 제공하는 것은

560 ECtHR, *Cemalettin Canli v. Turkey*, No. 22427/04, 18 November 2008, paras. 33 and 42-43; ECtHR, *Dalea v. France*, No. 964/07, 2 February 2010.

561 General Data Protection Regulation, Art. 16, second sentence.

데이터보호원칙, 특히 데이터 최소화 원칙(개인데이터는 그 데이터를 처리하는 목적에 필요한 것으로 제한되어야 한다.)의 효과적인 적용에 특히 중요하다. 따라서 삭제권은 CoE법규와 EU법규 모두에서 발견된다.[562]

사례 : *Segerstedt-Wiberg and Others v. Sweden* 사건[563]에서, 청구인들은 특정한 자유주의 정당과 공산주의 정당에 소속되어 있었다. 이들은 자신들에 대한 정보가 보안경찰 기록에 입력된 것으로 의심하고 그 삭제를 요청했다. ECtHR은 문제가 된 데이터의 저장이 법적 근거를 가지고 있으며 정당한 목적을 추구했다는 것에 수긍했다. 그러나 일부 청구인에 대해서는 데이터의 지속적인 보존이 그들의 사생활에 대한 불비례적 간섭이라는 것을 ECtHR은 인정했다. 예를 들어, 한 청구인의 경우, 기관은 1969년에 들리는 바에 의하면 그가 시위 중 경찰의 통제에 대한 폭력적인 저항을 지지했다는 정보를 가지고 있었다. ECtHR은 특히 그 역사적 특성을 고려할 때 이 정보가 관련 국가안보 이익을 가질 수 없다고 판결했다. 재판소는 청구인의 추정된 행위로 부터 장시간 경과를 고려하면 데이터의 지속적인 저장이 관련성이 부족하다고 하여, 청구인 5명 중 4명에 대해 ECHR 제8조를 위반했다고 판결했다.

사례 : *Brunet v. France* 사건[564]에서 청구인들은 유죄판결을 받은 사람, 피고인, 피해자에 대한 정보가 담긴 경찰 데이터베이스에 자신들의 개인정보를 저장한 것을 고발했다. 청구인에 대한 형사소송이 중단됐음에도 불구하고, 그의 자세한 내용은 데이터베이스에 나타났다.

562 *Ibid.*, Art. 17.

563 ECtHR, *Segerstedt-Wiberg and Others v. Sweden*, No. 62332/00, 6 June 2006, paras. 89 and 90; see also, for example, ECtHR, *M.K. v. France*, No. 19522/09, 18 April 2013.

564 ECtHR, *Brunet v. France*, No. 21010/10, 18 September 2014.

> ECtHR은 ECHR 제8조의 위반이 있었다고 판결했다. 재판소는 결론에 이르면서, 청구인이 데이터베이스에서 자기의 개인데이터를 삭제하게 할 가능성은 사실상 없다고 판단했다. ECtHR은 또한 데이터베이스에 포함된 정보의 성격을 고려하였으며, 그것이 청구인의 신원 및 성격에 대한 세부사항을 포함하고 있어서 청구인의 프라이버시를 침해한다고 판단했다. 그리고, 특히 어떠한 법원도 청구인에게 유죄를 선고한 적이 없기 때문에 20년에 달하는 데이터베이스 내 개인기록의 보존기간은 지나치게 긴 것이라고 판결했다.

개정조약 제108호는 모든 개인은 부정확하거나, 허위이거나, 불법적으로 처리된 데이터의 삭제권이 있음을 명시적으로 인정하고 있다.[565]

EU법에 따르면 GDPR 제17조는 데이터를 삭제하거나 소거하라는 데이터주체의 요청에 영향을 준다. 개인데이터를 과도하게 지연시키지 않고 삭제하게 할 수 있는 권리는 다음과 같은 경우에 적용된다.

- 개인데이터가 수집되거나 달리 처리된 목적과 관련하여 더 이상 필요하지 않는 경우
- 데이터주체가 처리의 근거가 되는 동의를 철회하고 처리의 다른 법적 근거가 없는 경우
- 데이터주체가 처리를 반대하고, 처리를 위한 압도적인 정당한 근거가 없는 경우
- 개인데이터가 불법적으로 처리된 경우
- 컨트롤러가 준수해야 할 연방법이나 또는 회원국법상의 법적 의무 준수를 위해 개인데이터가 삭제되어야 하는 경우
- GDPR 제8조에 따라 아동에 대한 정보사회서비스 제공에 관한 개인데이터가 수집된 경우[566]

565 Modernised Convention 108, Art. 9 (1) (e).

데이터 컨트롤러가 데이터 처리의 적법성에 대한 책임이 있기 때문에, 데이터 처리의 적법성에 대한 입증책임은 데이터 컨트롤러에게 있다.[567] 책임 원칙에 따라, 컨트롤러는 언제라도 자신의 데이터 처리에 온전한 법적 근거가 있음을 입증할 수 있어야 하며, 그렇지 않으면 처리를 중단해야 한다.[568] GDPR은 다음에 대해 개인데이터 처리가 필요한 경우를 포함하여 잊혀질 권리에 대한 예외를 규정한다.

- 표현 및 정보의 자유권의 행사
- 컨트롤러가 준수해야 할 연합법이나 회원국법에 의해 또는 공익상이나 컨트롤러에게 부여된 공적 권한의 행사로 수행되는 임무의 완수를 위해 처리를 요구하는 법적 의무의 준수
- 공중보건 분야에서의 공익의 이유
- 공익상의 자료보존 목적, 과학이나 역사 연구 목적 또는 통계 목적
- 법적 청구권의 설정, 행사 또는 방어.[569]

CJEU는 높은 수준의 데이터 보호를 보장하기 위해 삭제권의 중요성을 확인했다.

사례 : *Google Spain* 사건[570]에서, CJEU는 구글이 청구인에 대한 재정적 어려움에 관한 낡은 정보를 검색목록결과에서 삭제하도록 요구되는지 여부에 대해 관계하였다. 무엇보다도 구글은 단지 정보(이 사건에서는 청구인의 파산문제에 대한 신문 보도)를 호스팅하는 제작자

566 General Data Protection Regulation, Art. 17 (1).

567 *Ibid.*

568 *Ibid.*, Art. 5 (2).

569 *Ibid.*, Art. 17 (3).

570 CJEU, C-131/12, *Google Spain SL, Google Inc. v. Agencia Española de Protección de Datos (AEPD), Mario Costeja González* [GC], 13 May 2014, paras. 55-58.

의 웹페이지에 하이퍼링크를 제공할 뿐이라고 주장하며 책임론에 이의제기했다.[571] 구글은 웹페이지에서 낡은 정보를 삭제해 달라는 요청은 단순히 원본 페이지로 연결되는 링크를 제공할 뿐인 구글이 아니라 웹페이지의 호스트에게 해야 한다고 주장했다. CJEU는 구글이 정보 및 웹 페이지를 검색하고, 검색결과를 제공하기 위해 콘텐츠를 인덱싱하는 경우 EU법에 따른 책임 및 의무가 적용되는 데이터 컨트롤러가 된다고 결정했다.

CJEU는 개인데이터를 제공하는 인터넷 검색엔진 및 검색결과가 개인에 대한 상세한 프로파일을 설정할 수 있다는 것을 명확히 했다.[572] 검색엔진은 이러한 결과목록에 포함된 정보를 어디서나 제공한다. 잠재적 심각성에 비추어 볼 때, 그러한 간섭은 이러한 엔진 운영자가 그 처리에서 갖는 경제적 이익만으로 정당화될 수 없다. 특히 정보액세스에서의 인터넷 이용자의 정당한 이익과 EU기본권헌장 제7조 및 제8조에 따른 데이터주체의 기본권 사이의 정당한 균형을 추구해야 한다. 점점 디지털화되는 사회에서, 개인데이터가 정확하고 필요한 것(즉, 공공정보의 경우)을 넘어서지 않아야 한다는 요건은 개인에 대한 높은 수준의 데이터 보호를 보장하는 데 근본적이다. "그 처리와 관련한 컨트롤러는 그 책임, 권한 및 능력의 체계 안에서 확립된 법적 보증이 완전한 효력을 갖기 위해 처리가 EU법의 요건을 충족하도록 보장해야" 한다.[573] 이는 처리가 오래되어 낡았거나 더 이상

571 구글은 또한 구글사가 미국에 설립돼 있고, 이 사건에서 문제가 된 개인데이터의 처리도 미국 내에서 이뤄졌다는 사실을 이유로 EU 데이터보호법규의 적용도 다퉜다. EU 데이터보호법의 적용불가능성에 대한 두 번째 주장은 검색엔진은 데이터에 대한 지식도 없고 통제력도 행사하지 않기 때문에 검색엔진을 그 결과에 표시된 데이터에 대해 '컨트롤러'로 볼 수 없다는 주장과 관련되었다. CJEU는 두 주장을 기각하고, 지침 95/46/EC가 이 사건에 적용가능하다고 주장하고, 계속해서 이 지침이 보장하는 권리, 특히 개인데이터 삭제권의 적용범위를 검토하였다.

572 *Ibid.*, paras. 36, 38, 80-81 and 97.

573 *Ibid.*, paras. 81-83.

필요하지 않을 때 개인데이터를 삭제하게 하는 권리가 정보를 복제하는 데이터 컨트롤러에게도 또한 적용된다는 의미이다.[574]

CJEU는 구글이 청구인과 관련된 링크를 제거하도록 요구되는지 여부를 고려할 때 일정한 조건에서 개인은 개인데이터 삭제를 요청할 권리가 있다고 판결했다. 개인과 관련된 정보가 데이터 처리 목적으로 부정확하거나 부적절하거나 관련성이 없거나 과도한 경우 이러한 권리는 발동될 수 있다. CJEU는 이러한 권리가 절대적이지 않다, 즉, 이는 다른 권익, 특히 일정한 정보에 액세스하는 일반대중의 이익과 형량하여야 한다는 것을 인정하였다. 각 삭제 요청은 사례별로 평가하여 한편으로는 데이터주체의 개인데이터 및 사생활 보호의 기본권과 다른 한편으로는 제작자를 포함한 모든 인터넷 이용자의 정당한 이익 사이에서 균형을 이루어야 한다. CJEU는 이러한 형량과정에서 고려해야 할 요소에 대한 지침을 제공했다. 문제의 정보의 성질은 특히 중요한 요소다. 정보가 개인의 사생활과 관련되고 정보의 활용가능성에 대한 공익성이 없다면, 데이터 보호 및 프라이버시는 일반대중이 정보에 대한 액세스를 할 수 있는 권리보다 우선할 것이다. 반대로, 데이터주체가 공적 인물인 것으로 보이거나, 정보가 일반대중에게 이용될 수 있는 것을 정당화하는 성격의 것으로 보인다면, 정보에 대한 액세스를 갖는 것에 대한 일반대중의 우월한 이익은 데이터주체의 데이터 보호 및 프라이버시의 기본권에 대한 간섭을 정당화할 수 있다.

---

574 CJEU, C-131/12, *Google Spain SL, Google Inc. v. Agencia Española de Protección de Datos (AEPD), Mario Costeja González* [GC], 13 May 2014, para. 88. See also Article 29 Data Protection Working Party (2014), *Guidelines on the implementation of the CJEU judgment on "Google Spain and Inc v. Agencia Española de Protección de Datos (AEPD) and Mario Costeja González" C-131/12*, WP 225, Brussels, 26 November 2014 and Recommendation CM/Rec 2012(3) of the Committee of Ministers to member states on the protection of human rights with regard to search engines, 4 April 2012.

제29조작업반은 이 판결에 따라 CJEU 판결 이행 가이드라인을 채택했다.[575] 가이드라인에는 감독기관이 개인의 삭제요청 관련 민원을 처리할 때, 삭제권이 수반하는 사항을 설명할 때, 이러한 권리행사의 형량에서 지도할 때 사용하는 공통기준 목록이 담겨 있다. 가이드라인은 사례별로 평가가 이뤄져야 한다는 점을 재차 강조하고 있다. 잊혀질 권리는 절대적이지 않기 때문에, 계쟁 사건에 따라 요청의 결과가 달라질 수 있다. 이는 구글사건 이후 CJEU의 판례에서도 잘 나타난다.

사례 : *Camera di Commercio di Lecce v. Manni* 사건[576]에서, CJEU는 한 개인이 그의 회사가 존재하지 않게 된 후, 회사의 공공 등록부에 기재된 그의 개인데이터를 삭제할 권리가 있는지 여부를 검토해야 했다. Mr Manni는 잠재적인 고객들이 등록부를 조회할 것이고 그가 이전에 10년 이상 전에 파산선고를 받은 회사의 관리자였다는 것을 알게 된다는 점을 발견하고서 레체 상공회의소(Lecce Chamber of Commerce Commerce)에 그의 개인데이터를 등록부에서 삭제해 줄 것을 요청했었다. 청구인은 이 정보가 잠재 고객을 막을 것이라고 믿었다.

CJEU는 Mr Manni의 개인데이터보호권과 정보 액세스에 대한 일반대중의 이익 사이에서 형량을 하면서, 우선 공공 등록부의 목적을 조사했다. CJEU는 공개가 법률, 특히 회사 정보를 제3자가 보다 쉽게 액세스할 수 있도록 하는 것을 목표로 하는 EU 지침에 의해 규정되

575 Article 29 Working Party (2014), *Guidelines on the implementation of the CJEU judgment on "Google Spain and Inc v. Agencia Española de Protección de Datos (AEPD) and Mario Costeja González" C-131/12*, WP 225, Brussels, 26 November 2014.

576 CJEU, C-398/15, *Camera di Commercio, Industria, Artigianato e Agricoltura di Lecce v. Salvatore Manni*, 9 March 2017.

었다는 사실을 지적했다. 따라서 제3자는 회사의 기본문서와 회사에 관한 기타 정보, “특히 회사를 구속할 권한이 있는 사람의 세부사항”을 열람할 수 있어야 한다. 공개의 목적은 또한 제3자가 EU 전체에 걸쳐 기업에 대한 모든 관련정보에 액세스할 수 있도록 함으로써 회원국 간의 무역 강화 관점에서 법적 확실성을 보장하는 것이었다.

CJEU는 또한 시간이 경과한 후에라도, 그리고 회사가 해산된 후에라도, 회사와 관련된 권리 및 법적 의무는 종종 존재한다고 판시했다. 해산과 관련된 분쟁은 길어질 수 있으며, 기업이 존재하지 않게 된 후 여러 해 동안 기업, 경영자 및 청산인에 대한 문제가 제기될 수 있다. CJEU는 가능한 시나리오의 범위와 각 회원국에서 규정된 제한 기간의 차이를 고려할 때, “등록부에 그러한 데이터를 포함시키고 그 공개가 더 이상 이루어지지 않는 종료시점, 회사의 해산으로부터 단일한 시한을 인정하는 것은 현재로서는 불가능해 보인다”고 판결했다. CJEU는 공개의 정당한 목적과 제3자의 이익을 해치지 않고 등록부에서 개인데이터를 삭제할 수 있는 기간의 종료시점의 설정의 어려움 때문에 EU 데이터보호법이 Mr Manni와 같은 상황에 처한 사람에 대한 개인데이터 삭제권을 보장하지 않는다고 판결했다.

컨트롤러가 개인데이터를 공개하고 정보를 삭제해야 하는 경우, 데이터 컨트롤러는 의무적이며 데이터주체의 삭제 요청에 대해 동일한 데이터를 처리하는 다른 컨트롤러에게 알리기 위한 ‘합리적인’ 조치를 취해야 한다. 컨트롤러의 활동은 이용 가능한 기술과 이행비용을 고려해야 한다.[577]

577 General Data Protection Regulation, Art. 17 (2) and Recital 66.

6.1.4. 처리제한권(Right to restriction of processing)

GDPR 제18조는 데이터주체가 컨트롤러의 개인데이터 처리를 일시적으로 제한할 수 있도록 하고 있다. 데이터주체는 다음과 같은 경우에 컨트롤러에게 처리 제한을 요청할 수 있다.

- 개인데이터의 정확성이 다퉈지는 경우
- 처리가 불법이며, 데이터주체가 삭제하는 대신 개인데이터의 이용제한을 요청하는 경우
- 법적 청구권의 행사 또는 방어를 위해 데이터를 보관해야 하는 경우
- 데이터주체의 이익보다 우월한 데이터 컨트롤러의 정당한 이익에 대한 결정이 보류되고 있는 경우.[578]

컨트롤러가 개인데이터 처리를 제한할 수 있는 방법에는 예를 들어 선택한 데이터를 다른 처리 시스템으로 임시로 이동하여 이용자가 데이터를 이용할 수 없게 하거나 임시로 개인데이터를 제거하는 방법이 포함될 수 있다.[579] 컨트롤러는 처리 제한이 해제되기 전에 데이터주체에게 통보해야 한다.[580]

개인데이터의 정정이나 삭제 또는 처리 제한에 대해 통보할 의무 (Obligation to notify regarding the rectification or erasure of personal data or processing restriction)

컨트롤러는 개인데이터를 공개한 각 수취인에게 개인데이터의 정정이나 삭제 또는 처리 제한을 이것이 불가능하거나 불비례적이지 않는 한 연

578 *Ibid.*, Art. 18 (1).
579 *Ibid.*, Recital 67.
580 *Ibid.*, Art. 18 (3).

락해야 한다.[581] 데이터주체가 이들 수취인에 대한 정보를 요청하는 경우, 컨트롤러는 이 정보를 제공해야 한다.[582]

6.1.5. 데이터이동권(Right to data portability)

GDPR에 따르면 데이터주체는 컨트롤러에게 제공한 개인데이터가 동의에 근거해 자동화된 수단에 의해 처리되거나, 계약 이행에 필요한 개인데이터 처리가 자동화된 수단에 의해 수행되는 상황에서 데이터이동권을 누린다. 이는 개인정보 처리가 동의나 계약 이외의 법적 근거에 기초한 상황에서는 데이터이동권이 적용되지 않는다는 뜻이다.[583]

데이터이동권이 적용되는 경우, 데이터주체는 기술적으로 실현 가능하다면 한 컨트롤러에서 다른 컨트롤러로 개인데이터를 직접 전송하게 할 권리가 있다.[584] 이를 용이하게 하기 위해, 컨트롤러는 데이터주체의 데이터 이동을 가능하게 하는 상호운용 가능한 포맷을 개발해야 한다.[585] GDPR은 이러한 포맷이 상호운용성을 촉진하기 위해 구조화되고, 일반적으로 사용되며, 기계 판독이 가능해야 한다고 명시하고 있다.[586] 상호운용성은 데이터를 교환하고 정보 공유를 가능하게 하는 정보시스템 능력이라고 넓은 의미로 정의할 수 있다.[587] 사용되는 포맷의 목적이 상호운용성을 달성하는 것이지만, GDPR은 제공할 특정 포맷에 대한 특별한 권고사항을 부과하지는 않는다. 즉, 포맷은 영역마다 다를 수 있다.[588]

---

581 Ad hoc Committee on Data Protection (CAHDATA), Explanatory Report of the Modernised Convention for the Protection of Individuals with regard to Automatic Processing of Personal Data, para. 79.

582 General Data Protection Regulation, Art. 19.

583 *Ibid.*, Recital 68 and Art. 20 (1).

584 *Ibid.*, Art. 20 (2).

585 *Ibid.*, Recital 68 and Art. 20 (1).

586 *Ibid.*, Recital 68.

587 European Commission, Communication on stronger and smarter information systems for borders and security, COM(2016) 205 final, 2 April 2016.

제29조작업반 가이드라인에 따르면, 데이터이동권은 데이터주체가 자신의 개인데이터에 대한 통제권을 부여하는 것을 목표로, "이용자 선택, 이용자 통제 및 이용자 권한부여를 지원한다."[589] 이 가이드라인은 데이터 이동성의 주요 요소를 명확히 하며, 여기에는 다음이 포함된다.

- 컨트롤러가 처리한 자신의 개인데이터를 구조화되고, 일반적으로 사용하며, 기계 판독이 가능하고 상호운용 가능한 포맷으로 수취할 데이터주체의 권리
- 기술적으로 실현 가능한 경우 한 데이터 컨트롤러에서 다른 데이터 컨트롤러로 개인데이터를 방해 없이 전송할 수 있는 권리
- 컨트롤러 체계 – 컨트롤러가 데이터 이동 요청에 응답할 때, 그들은 데이터주체의 지시에 따라 행동한다. 즉, 데이터주체가 데이터 이동의 대상자를 결정한다는 점에서, 수취인의 데이터보호법 준수에 대한 책임이 없다는 것을 의미한다.
- 데이터이동권의 행사는 GDPR상의 다른 권리와 마찬가지로 다른 권리에 대한 침해 없이 이루어진다.

6.1.6. 반대권(Right to object)

데이터주체는 자신의 특정 상황과 직접 마케팅 목적으로 처리된 데이터와 관련되는 이유로 개인데이터 처리에 대한 반대권을 행사할 수 있다. 반대권은 자동화된 수단으로 행사할 수 있다.

588 Article 29 Working Party (2016), *Guidelines on the right to data portability*, WP 242, 13 December 2016 and revised on 5 April 2017, p. 13.
589 *Ibid*

데이터주체의 특정한 상황과 관련된 이유의 반대권(The right to object on grounds related to the data subjects' particular situations)

데이터주체는 자신의 데이터 처리에 대한 일반적인 반대권은 없다.[590] GDPR 제21조제1항은 처리의 법적 근거가 공익상 이루어지는 컨트롤러의 임무의 수행이나 처리가 컨트롤러의 정당한 이익에 근거하는 특수한 상황과 관련된 이유로 데이터주체에게 반대할 권한을 부여한다.[591] 반대권은 프로파일링 활동에 적용된다. 비슷한 권리는 개정조약 제108호에서도 인정되었다.[592]

데이터주체의 특정 상황과 관련된 이유의 반대권은 데이터주체의 데이터보호권과 그 데이터를 처리함에 있어서의 타인의 정당한 권리 사이에 올바른 형량을 하는 것을 목적으로 한다. 그러나 CJEU는 데이터주체의 권리는 "문제되는 정보의 성격과 데이터주체의 사생활에 대한 민감도 및 그러한 정보를 보유하는 데 대한 일반대중의 이익"에 따라 데이터 컨트롤러의 경제적 이익에 '일반적으로' 우월하다고 명확히 하였다.[593] GDPR에 따르면, 입증책임은 컨트롤러에게 귀속되며, 컨트롤러는 처리를 계속할 수 있는 설득력 있는 근거를 제시해야 한다.[594] 마찬가지로, 개정조약 제108호의 해설보고서는 (데이터주체의 반대권에 우월할 수 있는) 데이터 처리에 대한 정당한 근거를 사례별로 입증해야 할 것임을 명확히 한다.[595]

---

590 See also ECtHR, *M.S. v. Sweden*, No. 20837/92, 27 August 1997 (where medical data were communicated without consent or the possibility to object); ECtHR, *Leander v. Sweden*, No. 9248/81, 26 March 1987; ECtHR, *Mosley v. the United Kingdom*, No. 48009/08, 10 May 2011.

591 General Data Protection Regulation, Recital 69; Art. 6 (1) (e) and (f).

592 Modernised Convention 108, Art. 9 (1) (d); Profiling Recommendation, Art. 5 (3).

593 CJEU, C-131/12, *Google Spain SL, Google Inc. v. Agencia Española de Protección de Datos (AEPD), Mario Costeja González* [GC], 13 May 2014 para. 81.

594 또한 개정조약 제108호 제98조제1항제d호에서는 "데이터주체는 컨트롤러가 데이터주체의 이익이나 권리 및 기본적 자유에 우월하는 처리에 대한 정당한 근거를 입증하지 않는 한" 자신의 데이터 처리에 반대할 수 있다고 명시하고 있다.

595 Explanatory Report of Modernised Convention 108, para. 78.

> 사례 : *Manni* 사건[596]에서, CJEU는 회사 등록부에 개인데이터가 공개되는 정당한 목적, 특히 제3자의 이익을 보호하고 법적 확실성을 보장할 필요성 때문에 원칙적으로 Mr Manni는 회사 등록부에서 개인데이터를 삭제할 권리가 없다고 판결했다. 다만, "관련자의 특정 사례와 관련한 우월적이고 정당한 사유에 의해 조회에 특별한 이익을 입증할 수 있는 제3자들에게 부여된 충분히 긴 기간이 만료된 때에는 등록부에 기재된 개인데이터의 액세스가 제한됨을 예외적으로 정당화되는 특별한 상황이 있을 수 있음을 배제할 수 없다고 언급함으로써, 처리에 대해 반대권이 존재할 수 있음을 인정하였다.
>
> CJEU는 개인의 모든 관련 상황과 회사 등록부에 포함된 개인데이터에 대한 제3자의 제한된 액세스를 예외적으로 정당화할 수 있는 정당하고 우월적인 사유가 존재하는지 등을 고려하여 각 사건을 평가하는 것은 국가법원의 책임이라고 보았다. 그러나 Mr Manni의 경우, 등록부에 개인데이터가 공개되는 것이 고객들에게 영향을 미친 것으로 추정된다는 사실만으로 그러한 정당하고 우월적인 이유에 해당된다고 볼 수 없다는 점을 명확히 했다. Mr Manni의 잠재 고객들은 그의 예전 회사의 파산 정보에 액세스하는 것에 정당한 이익을 가지고 있다.

성공적인 반대의 효과는 컨트롤러가 더 이상 문제의 데이터를 처리할 수 없다는 것이다. 그러나 반대 이전에 데이터주체가 데이터에 대해 수행한 처리작업은 여전히 적법하다.

---

596 CJEU, C-398/15, *Camera di Commercio, Industria, Artigianato e Agricoltura di Lecce v. Salvatore Manni*, 9 March 2017, paras. 47 and 60.

직접 마케팅 목적의 데이터 처리에 대한 반대권(The right to object to processing of data for direct marketing purposes)

GDPR 제21조제2항은 직접 마케팅을 목적으로 하는 개인데이터의 이용에 대해 구체적인 반대권을 규정하여 e-Privacy 지침 제13조를 더욱 명확히 하고 있다. 이러한 권리는 CoE 직접마케팅권고(CoE Direct Marketing Recommendation)에서뿐만 아니라 개정조약 제108호에서도 규정되어 있다.[597] 개정조약 제108호 해설보고서는 직접 마케팅 목적을 위한 데이터 처리에 대한 반대는 해당 개인데이터를 무조건 삭제하거나 제거하는 결과를 초래해야 한다는 점을 명확히 한다.[598]

데이터주체는 언제든지 무료로 자신의 개인데이터를 직접 마케팅 목적으로 사용하는 것에 반대할 권리가 있다. 데이터주체는 다른 정보와는 별도로 이 권리에 대해 명확한 방식으로 통지되어야 한다.

자동화된 수단에 의한 반대권(The right to object by automated means)

정보사회서비스를 위하여 개인정보를 이용·처리하는 경우, 데이터주체는 자동화된 수단으로 개인데이터 처리에 반대할 수 있는 권리를 행사할 수 있다.

정보사회서비스는 일반적으로 전자적 수단과 서비스 수취인의 개별 요청에 의해 원거리에서 보수를 위해 제공되는 모든 서비스로 정의된다.[599]

정보사회서비스를 제공하는 데이터 컨트롤러는 자동화된 수단에 의한

---

597 Council of Europe, Committee of Ministers (1985), Recommendation Rec(85)20 to member states on the protection of personal data used for the purposes of direct marketing, 25 October 1985, Art. 4 (1).

598 Explanatory Report of Modernised Convention 108, para. 79.

599 Directive 98/34/EC as amended by Directive 98/48/EC laying down a procedure for the provision of information in the field of technical standards and regulations, Art. 1 (2).

반대권이 실효성 있게 행사될 수 있도록 적절한 기술적 준비와 절차를 갖추어야 한다.[600] 예를 들어, 여기에는 웹 페이지에서 쿠키를 차단하거나 인터넷 검색 추적을 해제하는 것이 포함될 수 있다.

과학이나 역사 연구 목적 또는 통계 목적을 위한 반대권 (The right to object for scientific or historical research purposes or statistical purposes)

EU법에 따르면, 과학 연구는 예를 들어 기술개발과 실증, 기초연구, 응용연구, 민간투자 연구 등을 포함하여 포괄적으로 해석해야 한다.[601] 역사 연구는 사자(死者)에게 GDPR이 적용되지 않아야 한다는 점을 염두에 두고 족보 목적의 연구도 또한 포함한다.[602] 통계 목적은 통계 조사 또는 통계 결과의 생산에 필요한 개인데이터의 수집 및 처리를 의미한다.[603] 다시 말하지만, 데이터주체의 특정 상황은 연구 목적의 개인데이터 처리에 대한 반대권에 관한 법적 근거이다.[604] 유일한 예외는 공익상의 이유로 수행되는 임무의 완수를 위한 처리의 필요성이다. 다만, 과학·역사 연구 목적 또는 통계 목적을 위하여 처리가 필요한 경우(공익의 유무에 관계없이)에는 삭제권이 적용되지 아니한다.[605]

GDPR은 과학, 통계 또는 역사 연구의 요건 및 데이터주체의 권리와 제89조의 특별한 안전장치 및 특례와 형량을 하고 있다. 따라서, 연합법이나 회원국법은 이러한 권리가 연구 목적의 달성을 불가능하게 하거나 심각하게 훼손할 가능성이 있는 한, 그리고 이러한 특례가 이들 목적의 달성을 위해 필요한 경우 반대권의 특례를 규정할 수 있다.

---

600 General Data Protection Regulation, Art. 21 (5).
601 *Ibid.*, Recital 159.
602 *Ibid.*, Recital 160.
603 *Ibid.*, Recital 162.
604 *Ibid.*, Art. 21 (6).
605 *Ibid.*, Art. 17 (3) (d).

CoE법에 따르면, 개정조약 제108호 제9조제2항은 데이터주체의 권리 및 기본적 자유의 침해에 대한 인식 가능한 위험이 없을 때 공익상의 자료보존 목적, 과학·역사 연구 목적 또는 통계 목적을 위한 데이터 처리에 관해 반대권을 포함한 데이터주체의 권리에 대한 제한을 법률로써 규정할 수 있다고 설정하고 있다.

그러나 해설보고서(41 단)도 또한 데이터주체가 의도된 목적이 허용하는 범위 내에서 특정 연구 영역이나 연구 프로젝트의 일부에만 동의를 하고, 그 처리가 정당한 이유없이 과도하게 자신의 권리 및 자유를 침해한다고 인식한 경우에는 반대할 기회를 가져야 한다는 점을 인정한다.

다시 말하면, 다른 안전장치가 존재하며, 원칙적으로 운영에서 특정 개인에 관한 의사결정이나 조치에 대해 획득한 정보의 사용을 배제한다면 그러한 처리는 선험적으로 호환되는 것으로 간주될 것이다.

6.1.7. 프로파일링을 포함한 자동화된 개별 의사결정 (Automated individual decision-making, including profiling)

자동화된 결정은 사람의 개입 없이 자동적인 수단으로만 처리되는 개인데이터를 사용하여 이루어진 결정이다. **EU법에 따르면** 데이터주체는 법적 효과를 발생시키거나 이와 유사하게 중대한 영향을 미치는 자동화된 결정의 대상이 되어서는 안 된다. 예를 들어 신용도, 전자 채용, 업무수행능력, 행동분석 또는 신뢰성과 관련되기 때문에 그러한 결정이 개인의 삶에 중대한 영향을 미칠 가능성이 있는 경우, 부정적인 결과를 피하기 위해 특별한 보호가 필요하다. 자동화된 의사결정에는 프로파일링이 포함되며, 프로파일링은 "자연인 관련 개인적 측면, 특히 데이터주체의 업무수행, 경제상황, 건강, 개인적 선호 또는 관심사, 신뢰성 또는 행동, 위치 또는 이동에 관한 측면을 분석하거나 예측하는 것"의 자동 평가의 형태로 구성된다.[606]

606 *Ibid.*, Recital 71, Art. 4 (4) and Art. 22.

사례 : 미래 고객의 신용도를 신속하게 평가하기 위해 신용조회기관(CRA)은 선거인 명부, 공적 기록(법원의 판결 포함)과 같은 공적 출처의 정보, 또는 파산 및 지불 불능 데이터뿐만 아니라 고객이 신용 및 서비스/유틸리티 계정을 유지한 방법, 고객의 이전 주소의 내용과 같은 일정한 데이터를 수집한다. 이러한 개인데이터는 이후 잠재적 고객의 신용도를 나타내는 전반적인 가치를 계산하는 채점 알고리즘에 입력된다.

제29조작업반에 따르면, 데이터주체에게 법적 영향을 미칠 수 있거나 현저한 영향을 미치는 자동화된 처리에만 근거한 결정의 대상이 되지 않을 권리는 일반적 금지에 해당하며, 데이터주체가 이러한 결정에 대해 적극적으로 반대를 구할 것을 요구하지 않는다.[607]

그럼에도 불구하고, GDPR에 따르면, 데이터 컨트롤러와 데이터주체 사이의 계약 체결이나 계약의 이행에 필요한 경우 또는 데이터주체가 명시적으로 동의를 한 경우, 법적 영향을 미치거나 개인에게 현저히 영향을 미치는 자동화된 의사결정은 허용될 수 있다. 또한, 자동화된 의사결정은 법률에 의해 위임되고 데이터주체의 권리, 자유 및 정당한 이익이 적절히 보호되는 경우에 허용된다.[608]

GDPR은 또한 개인데이터가 수집되는 경우 제공되어야 하는 정보에 대한 컨트롤러의 의무 중 프로파일링을 포함한 자동화된 의사결정의 존재에 대해 데이터주체에게 알려야 한다고 규정하고 있다.[609] 컨트롤러가 처리한 개인데이터에 대한 액세스권은 영향을 받지 않는다.[610] 정보는 프

607 Article 29 Working Party, *Guidelines on Automated Individual Decision-Making and profiling for the purposes of Regulation 2016/679*, WP 251, 3 October 2017, p. 15.

608 General Data Protection Regulation, Art. 22 (2).

609 *Ibid.*, Art. 12.

610 *Ibid.*, Art. 15.

로파일링이 일어날 것이라는 사실을 표시해야 할뿐만 아니라 프로파일링 및 처리의 개인에 대한 예상 결과에 관련된 로직에 대한 의미 있는 정보를 포함해야 한다.[611] 예를 들어, 애플리케이션에 대해 자동화된 의사결정을 사용하는 건강보험회사는 데이터주체에게 알고리즘의 작동 방식과 알고리즘이 보험료를 계산하는 데 사용하는 요소에 대한 일반적인 정보를 제공해야 한다. 마찬가지로, '액세스권'을 행사할 때 데이터주체는 자동화된 의사결정 및 관련 로직에 대한 유의미한 정보의 존재에 대해 컨트롤러에게 정보를 요청할 수 있다.[612]

데이터주체에게 제공되는 정보는 투명성을 제공하고, 데이터주체가 정보에 기한 동의를 제공할 수 있게 하거나, 또는 사람의 개입을 얻을 수 있도록 하기 위한 것이다. 데이터 컨트롤러는 데이터주체의 권리, 자유 및 정당한 이익을 보호하기 위한 적절한 조치를 이행해야 한다. 여기에는 최소한 컨트롤러 측의 인적 개입을 얻을 수 있는 권리와 데이터주체가 관점을 표현하고 개인데이터의 자동화된 처리에 기초한 결정을 다툴 가능성이 포함된다.[613]

제29조작업반은 GDPR에 따른 자동화된 의사결정 사용에 관한 추가 지침을 제공하였다.[614]

CoE법에 따르면, 개인은 자신의 견해를 고려에 넣지 않고 자동화된 처리에만 기초하고 자신에게 현저한 영향을 미치는 결정을 따르지 않을 권리가 있다.[615] 결정이 자동화된 처리에만 기초할 때 데이터주체의 관점을 고려해야 한다는 요건은 이러한 결정에 쟁송을 제기할 권리가 있고, 컨트롤러가 이용하는 개인데이터의 부정확성을 다툴 수 있어야 하며, 이에 적용되는 프로파일이 관련성이 있는지에 대해 쟁송을 제기할 수 있어야 한

611 *Ibid.*, Art. 13 (2) (f).

612 *Ibid.*, Art. 15 (1) (h).

613 *Ibid.*, Art. 22 (3).

614 Article 29 Working Party (2017), *Guidelines on Automated individual decision-making and Profiling for the purposes of Regulation 2016/679*, WP 251, 3 October 2017.

615 Modernised Convention 108, Art. 9 (1) (a).

다는 것을 의미한다.[616] 그러나 컨트롤러가 준수해야 하고 데이터주체의 권리, 자유 및 정당한 이익을 보호하기 위한 적절한 조치를 규정하는 법률에 의해 자동화된 결정이 위임되고 있는 경우 개인은 이 권리를 행사할 수 없다. 또한, 데이터주체는 요청 시 수행된 데이터 처리의 기초가 되는 추론에 대한 지식을 얻을 권리가 있다.[617] 개정조약 제108호 해설보고서는 신용평가의 예를 제시한다. 개인은 긍정적이거나 부정적인 평가결정 자체뿐만 아니라 그러한 결정을 낳게 된 자신의 개인데이터의 처리를 뒷받침하는 로직에 대해서도 알 권리가 부여되어야 한다. “이러한 요소들에 대한 이해를 갖는 것은 반대권과 관할기관에 쟁송을 제기할 권리와 같은 다른 필수적인 안전장치의 효과적인 행사에 기여한다.”[618]

프로파일링권고(Profiling Recommendation)는 법적 구속력은 없지만 프로파일링의 맥락에서 개인데이터의 수집 및 처리 조건을 명시한다.[619] 그것은 프로파일링의 맥락에서의 처리가 공정하고, 합법적이며, 비례적이고, 구체적이며 정당한 목적을 위하여야 한다는 필요성에 관한 규정을 포함하고 있다. 또한 컨트롤러가 데이터주체에게 제공해야 하는 정보에 대한 규정도 포함한다. 데이터 품질 원칙(컨트롤러가 데이터 부정확성 요인을 수정하고 프로파일링이 수반할 수 있는 위험이나 오류를 제한하며 사용되는 데이터 및 알고리즘의 품질을 주기적으로 평가하도록 요구하는)도 또한 권고에 포함되어 있다.

616 Explanatory Report of Modernised Convention 108, para. 75.

617 Modernised Convention 108, Art. 9 (1) (c).

618 Explanatory Report of Modernised Convention 108, para. 77.

619 Council of Europe, Recommendation CM/Rec(2010)13 of the Committee of Ministers to member states on the protection of individuals with regard to automatic processing of personal data in the context of profiling, Art. 5 (5).

6.2. 구제, 책임, 처벌 및 배상 (Remedies, liability, penalties and compensation)

요점

- 개정조약 제108호에 따르면, 체약 당사국의 국가법은 데이터보호권의 침해에 대한 적절한 구제수단과 제재를 제시해야 한다.
- EU에서 GDPR은 그 규정을 준수하지 않는 컨트롤러 및 프로세서에 대한 제재뿐만 아니라 데이터주체의 권리 침해에 대한 구제도 규정하고 있다. 또한 배상 및 책임에 대한 권리도 규정한다.
  - 데이터주체는 실효적인 사법적 구제 및 배상을 받을 권리뿐만 아니라 GDPR 위반 혐의로 감독기관에 쟁송을 제기할 수 있는 권리가 있다.
  - 실효적인 구제를 받을 권리를 행사할 때, 개인은 데이터 보호 분야에서 활동하는 비영리단체에 의해 대표될 수 있다.
  - 컨트롤러 또는 프로세서는 침해로 인한 물질적 및 비물질적 손해에 대해 책임을 진다.
  - 감독기관은 GDPR 위반에 대해 최대 2,000만 유로나 또는 기업의 경우 전 세계 연간 총매출액의 4% 중 더 높은 금액에 대해 과징금을 부과할 수 있다.
- 데이터주체는 마지막 수단으로 일정한 조건 하에서 ECtHR에 데이터보호법 위반 소송을 제기할 수 있다.
- 모든 자연인 또는 법인은 조약에 규정된 조건에 따라 CJEU에 유럽데이터보호회의(European Data Protection Board)의 결정 무효소송을 제기할 권리가 있다.

법규범(legal instruments)을 채택하는 것은 유럽 내에서 개인데이터의 보호를 보장하기에 충분하지 않다. 유럽데이터보호법을 실효적으로 만들기 위해서는 개인이 자신의 권리 침해에 대응할 수 있게 하고, 피해에 대한 배상을 청구할 수 있게 하는 제도를 설정할 필요가 있다. 문제의 침해에 대해 실효적이고 억지적이며 비례적인 제재를 부과할 권한을 감독기관이 갖는 것이 또한 중요하다.

데이터보호법에 따른 권리는 그 권리가 위태로운 상황에 처한 사람에 의해 행사될 수 있다. 즉, 이는 데이터주체인 누군가가 될 것이다. 그러나 국가법에 따라 필요한 요건을 충족하는 다른 사람도 데이터주체들의 권리를 행사함에 있어 그들을 대표할 수 있다. 다수의 국가법 하에서는 아동과 지적 장애자들은 보호자에 의해 대표되어야 한다.[620] EU 데이터보호법에 따르면, 데이터보호권의 증진을 합법적인 목적으로 하는 협회는 감독기관이나 법원에 대해 데이터주체를 대표할 수 있다.[621]

6.2.1. 감독기관에 쟁송을 제기할 권리 (Right to lodge a complaint with a supervisory authority)

CoE법과 **EU법**에 따르면, 개인들은 자신의 개인데이터의 처리가 법에 따라 수행되지 않고 있다고 생각할 경우 관할 감독기관에 요구 및 쟁송을 제기할 권리가 있다.

개정조약 제108호는 국적이나 거주지에 관계없이 조약에 따라 권리를 행사함에 있어서 감독기관의 지원을 받을 데이터주체의 권리를 인정한다.[622] 지원 요청은 예외적인 경우에만 거부될 수 있으며, 데이터주체는 지원 관련 비용 및 수수료를 부담해서는 안 된다.[623]

유사한 조항은 EU 법체계에서도 찾아볼 수 있다. GDPR은 전자적 쟁송 제기 서식 작성 등 쟁송 제기를 촉진하기 위한 조치를 감독기관이 채택

620 FRA (2015), Handbook on European law relating to the rights of the child, Luxembourg, Publications Office; FRA (2013), Legal capacity of persons with intellectual disabilities and persons with mental health problems, Luxembourg, Publications Office.

621 General Data Protection Regulation, Art. 80.

622 Modernised Convention 108, Art. 18.

623 *Ibid.*, Art. 16-17.

하도록 요구하고 있다.[624] 데이터주체는 상시 거주지(habitual residence), 근무지 또는 침해 혐의 장소의 회원국의 감독기관에 쟁송을 제기할 수 있다.[625] 쟁송은 반드시 조사해야 하며, 감독기관은 청구에 대한 처리 결과를 관계자에게 통지해야 한다.[626]

EU 기관이나 기구에 의한 잠재적 침해는 유럽데이터보호감독관(European Data Protection Supervisor)의 주의를 끌 수 있다.[627] 6개월 이내에 EDPS의 응답이 없을 경우, 쟁송은 기각된 것으로 간주한다. EDPS의 결정에 대한 항소는 EU 기관 및 기구에 데이터보호법령을 준수할 의무를 부여하는 규칙(EC) No. 45/2001의 체계 내에서 CJEU에 제기될 수 있다.

국가 감독기관의 결정에 불복해 법원에 항소할 가능성이 있어야 한다. 이는 감독기관에 제기한 쟁송의 당사자가 된 컨트롤러 및 프로세서는 물론 데이터주체에게도 적용된다.

사례 : 2017년 9월 스페인 데이터보호청은 페이스북이 몇 가지 데이터보호규정을 위반했다는 이유로 벌금을 부과했다. 감독기관은 소셜 네트워크가 광고 목적으로 데이터주체의 동의도 얻지 않고 특별한 범주의 개인데이터를 포함하여 개인데이터를 수집, 저장, 처리한 것에 대해 비난했다. 이 결정은 감독기관 자체 주도로 이뤄진 조사에 근거한 것이었다.

---

624 General Data Protection Regulation, Art. 57 (2).

625 *Ibid.*, Art. 77 (1).

626 *Ibid.*, Art. 77 (2).

627 Regulation (EC) No. 45/2001 of the European Parliament and of the Council of 18 December 2000 on the protection of individuals with regard to the processing of personal data by the institutions and bodies of the Community and on the free movement of such data, OJ 2001 L 8.

6.2.2. 실효적인 사법적 구제를 받을 권리 (Right to an effective judicial remedy)

개인들은 감독기관에 대한 쟁송 제기권 이외에도 실효적인 사법적 구제와 법원에 소송을 제기할 권리가 있어야 한다. 법적 구제에 대한 권리는 유럽의 법적 전통에서 잘 보장되어 있으며, EU기본권헌장 제47조 및 ECHR 제13조에 따라 기본권으로 인정된다.[628]

EU법에 따르면, 데이터주체의 권리 침해가 있을 때 효과적인 법적 구제수단을 제공하는 것의 중요성은 감독기관, 컨트롤러 및 프로세서에 대한 실효적인 사법적 구제를 받을 권리를 설정하고 있는 GDPR의 조항과 CJEU 판례법으로부터 명백하다.

> 사례 : *Schrems* 사건[629]에서, CJEU는 세이프하버 적합성결정(Safe Harbour Adequacy Decision)이 무효라고 선언했다. 적합성결정은 EU로부터 Safe Harbour 제도하에서 자체 인증을 받은 미국의 단체로의 국제적인 데이터 이전을 허용하였다. CJEU는 세이프하버 제도가 EU 시민들의 프라이버시 보호 및 개인데이터 보호의 기본권과 실효적인 법적 구제를 받을 권리를 훼손한 몇 가지 결점을 가지고 있다고 간주했다.
>
> CJEU는 프라이버시 및 데이터 보호에 대한 권리 침해에 관하여, 미국 법률이 일정한 공적기관들로 하여금 회원국으로부터 미국으로 이전된 개인데이터에 대한 액세스를 허용하고, 본래의 이전 목적과 양립할 수 없는 방식으로 그리고 국가안보의 보호에 엄격하게 필요하

628 See for example ECtHR, *Karabeyoğlu v. Turkey*, No. 30083/10, 7 June 2016; ECtHR, *Mustafa Sezgin Tanr ı kulu v. Turkey*, No. 27473/06, 18 July 2017.

629 CJEU, C-362/14, *Maximillian Schrems v. Data Protection Commissioner* [GC], 6 October 2015.

고 비례적인 것을 넘어서서 데이터를 처리하도록 허용했다고 강조했다. 실효적인 구제권에 대하여, CJEU는 데이터주체에게 경우에 따라 자신에 관한 데이터에 액세스할 수 있고, 정정하거나 삭제할 수 있는 행정적·사법적 구제수단이 없다는 점에 주목하였다. CJEU는 개인데이터에의 액세스, 정정 또는 삭제를 위한 법적 구제를 추진할 수 있는 어떠한 가능성도 규정하지 않은 법률은 "헌장 제47조에 보장된 실효적인 사법적 보호의 기본권의 본질을 존중하지 않는다"고 결정했다. 법규범의 준수를 보장하는 사법적 구제의 존재는 법의 지배에 있어서 고유한 것임을 강조하였다.

감독기관의 법적 구속력 있는 결정을 다투고자 하는 개인, 컨트롤러 또는 프로세서는 법원에 소를 제기할 수 있다.[630] '결정'이라는 용어는 감독기관의 조사·제재·허가권의 행사뿐만 아니라 쟁송 기각·거부 결정까지 포괄해 폭넓게 해석해야 한다. 그러나 감독기관이 제시한 의견이나 조언 등 법적 구속력이 없는 조치는 법원의 소송의 소송물(subject matter of an action)을 형성할 수 없다.[631] 법원 소송은 관련 감독기관이 설치된 회원국의 법원에 제기되어야 한다.[632]

컨트롤러나 프로세서가 데이터주체의 권리를 침해하는 경우, 데이터주체는 법원에 쟁송을 제기할 권리가 있다.[633] 컨트롤러나 프로세서를 상대로 개시된 소송의 경우, 개인에게 소송을 제기할 장소를 선택할 수 있는 선택권이 주어지는 것이 특히 중요하다. 개인들은 컨트롤러나 프로세서가 설립체를 가지고 있는 회원국에서나 또는 관련 데이터주체가 그들의 상시 거주지를 가지고 있는 회원국에서 소송을 제기할 것을 선택할 수 있

630 General Data Protection Regulation, Art. 78.

631 *Ibid.*, Recital 143.

632 *Ibid.*, Art. 78 (223).

633 *Ibid.*, Art. 79.

다.[634] 두 번째 가능성은 개인이 거주하는 국가와 친숙한 관할권 내에서 소송을 제기할 수 있도록 하기 때문에 개인의 권리 행사를 크게 용이하게 한다. 컨트롤러 및 프로세서에 대한 재판지를 이들이 설립체를 가지고 있는 회원국으로 제한하면 여행과 추가비용이 수반될 수 있으며, 소송이 외국어 및 외국 관할권에 있을 수 있기 때문에 다른 회원국에 거주하는 데이터주체가 법정 소송을 제기하는 것을 방해할 수 있다. 컨트롤러나 프로세서가 공적 기관이고 처리가 공적 권한의 행사로 수행되는 경우와 관련되는 것이 유일한 예외이다. 이 경우, 관련 공적 기관의 국가 법원만이 청구의 관할권이 있다.[635]

대부분의 경우, 데이터보호법에 관한 사건은 회원국의 법정에서 결정되지만, 일부 사건은 CJEU에 제기될 수도 있다. 첫 번째 가능성은 데이터주체, 컨트롤러, 프로세서 또는 감독기관이 EDPB 결정의 무효소송을 청구하는 경우이다. 그러나 이러한 소송은 TFEU 제263조의 조건을 따라야 하며, 동 조는 소송이 허용될 수 있기 위해서는 이러한 개인 및 단체가 EDPB의 결정이 직접적이고 개별적인 관련성이 있음을 입증해야 한다는 것을 의미한다.

두 번째 시나리오는 EU 기관이나 기구가 개인데이터를 불법적으로 처리하는 경우와 관련된 것이다. EU 기관이 데이터보호법을 위반하는 경우, 데이터주체는 EU의 일반재판소(일반재판소는 CJEU의 일부이다)에 청구를 제기할 수 있다. 일반재판소는 제1심으로 EU 기관의 EU법 위반에 대한 소송을 관할한다. 따라서 EU 기관으로서의 EDPS에 대한 소송도 일반재판소에 제기될 수 있다.[636]

634 *Ibid.*, Art. 79 (2).

635 *Ibid.*

636 Regulation (EC) No. 45/2001, Art. 32 (3).

> 사례 : *Bavarian Lager* 사건[637]에서, 회사는 그와 관련된 법적 문제와 관련된 것으로 알려진, 유럽위원회가 개최한 회의의 전체 회의록에 대한 액세스를 제공할 것을 유럽위원회에 요청했다. 유럽위원회는 데이터 보호이익이 우월하다는 이유로 회사의 액세스 요청을 거부했다.[638] Bavarian Lager는 EU기관데이터보호규칙(EU Institutions Data Protection Regulation) 제32조에 따라 그 결정에 대해 제1심재판소(일반재판소의 전신)에 제소했다. 그 결정에서 (case T194/04, *The Bavarian Lager Co. Ltd v. Commission of the European Community*), 제1심재판소는 액세스 요청을 거부한 유럽위원회의 결정을 무효로 했다. 유럽위원회는 이 결정에 대해 CJEU에 항소했다.
>
> CJEU는 (대법정에서) 제1심재판소의 판결을 파기하고, 회의 참석자들의 개인데이터를 보호하기 위하여 회의록 전체 액세스 요청에 대한 유럽위원회의 거부를 확인하는 판결을 내렸다. CJEU는 참석자들이 개인데이터 공개에 대한 동의를 하지 않았다는 점에서 유럽위원회가 정보공개를 거부하는 것이 옳다고 판단했다. 게다가, 바바리안 라거는 그 정보에 액세스할 필요성을 입증하지 못했다.

마지막으로, 데이터주체, 감독기관, 컨트롤러 또는 프로세서는 국내 소송 과정에서 EU 기관, 기구, 청 또는 에이전시의 법령에 대한 해석 및 효력에 대해 국가법원이 CJEU에 명확히 할 것을 제청하도록 요구할 수 있다. 이러한 명확화는 선결적 판결로 알려져 있다. 이는 원고에 대한 직접적인 구제수단은 아니지만, 국가법원이 EU법에 대한 올바른 해석을 적용하도록 보장할 수 있게 해준다. EU 데이터보호법의 발전에 큰 영향을 미친 *Digital Rights Ireland and Kärntner Landesregierung and Others* 사

637 CJEU, C-28/08 P, *European Commission v. The Bavarian Lager Co.* Ltd [GC], 2010.

638 For an analysis of the argument, see EDPS (2011), *Public access to documents containing personal data after the Bavarian Lager ruling*, Brussels, EDPS.

건[639]과 *Schrems* 사건[640]과 같은 중대한 사건들이 CJEU에 이르게 된 것은 이러한 선결적 판결제도를 통해서이다.

사례 : *Digital Rights Ireland and Kärntner Landesregierung and Others* 사건[641]은 지침 2006/24/EC(데이터보존지침)가 EU 데이터보호법을 준수한 것인지에 대해 아일랜드 고등법원(Irish High Court)과 오스트리아 헌법재판소에서 제청한 병합사건이었다. 오스트리아 헌법재판소는 EU기본권헌장 제7조, 제9조 및 제11조에 비추어 지침 2006/24/EC 제3조부터 제9조까지의 효력에 관해 CJEU에 제청했다. 여기에는 데이터보존지침을 국내법화하는 오스트리아연방통신법의 특정조항이 이전의 데이터보호지침 및 EU기관데이터보호규칙의 측면과 양립할 수 없는지 여부가 포함되었다.

Kärntner Landesregierung and Others 사건에서, 헌법재판소 소송청구인 중 한 명인 Mr Seitlinger는 업무목적 및 사생활상으로 전화, 인터넷 및 이메일을 사용했다고 주장했다. 이에 따라 그가 주고받은 정보는 공공통신망을 통해 전달됐다. 2003년 오스트리아 전기통신법에 따르면, 그의 전기통신사업자는 그의 네트워크 사용에 관한 데이터를 수집하고 저장하도록 법적으로 요구되었다. Mr Seitlinger는 자신의 개인데이터의 이러한 수집과 저장이 네트워크를 통해 정보를 송수신하는 기술적 목적을 위해 불필요하다고 믿었다. 실제로 이러한 데이터의 수집과 저장은 요금청구 목적으로 필요한 것도 아니었다.

639 CJEU, Joined cases C-293/12 and C-594/12, *Digital Rights Ireland Ltd v. Minister for Communications, Marine and Natural Resources and Others and Kärntner Landesregierung and Others* [GC], 8 April 2014.

640 CJEU, C-362/14, *Maximilian Schrems v. Data Protection Commissioner* [GC], 6 October 2015.

641 CJEU, Joined cases C-293/12 and C-594/12, *Digital Rights Ireland Ltd v. Minister for Communications, Marine and Natural Resources and Others and Kärntner Landesregierung and Others* [GC], 8 April 2014.

Mr Seitlinger는 자신의 개인데이터를 이렇게 사용하는 것에 동의하지 않았었으며, 2003년 오스트리아 전기통신법 때문에 수집되고 저장되었을 뿐이라고 말했다.

따라서 Mr Seitlinger는 오스트리아 헌법재판소에 소송을 제기했는데, 이 소송에서 그는 자신의 통신사업자에 대한 법적 의무가 EU기본권헌장 제8조에 따른 자신의 기본권을 침해했다고 주장했다. 오스트리아 입법이 EU법(당시 데이터보존지침)을 시행한 점을 감안하여, 오스트리아 헌법재판소는 이 지침이 EU기본권헌장에 보장된 프라이버시권 및 데이터보호권과 양립가능한지를 판단하기 위해 CJEU에 이 문제를 제청했다.

CJEU 대법정이 이 사건을 결정했는데, 그 결과 EU 데이터보존지침이 무효화되었다. CJEU는 그러한 간섭이 엄격히 필요한 것으로 제한되지도 않고 지침이 프라이버시 및 데이터 보호에 대한 기본권에 특히 심각한 간섭을 수반한다고 판결하였다. 지침은 국가기관이 중대범죄를 수사하고 기소할 수 있는 기회를 추가로 가질 수 있게 해 주었고, 따라서 범죄 수사의 중요한 도구가 되었기 때문에 정당한 목적을 추구했다. 그러나 CJEU는 기본권에 대한 제한은 엄격히 필요한 경우에만 적용되어야 하며 개인에 대한 안전장치와 함께 그 범위에 관한 명확하고 상세한 규정이 수반되어야 한다고 판시했다.

CJEU에 따르면, 지침은 이러한 필요성 테스트를 충족시키지 못했다. 첫째로, 간섭의 범위를 제한하는 명확하고 상세한 규정을 설정하지 않았다. 지침은 보존된 데이터와 중대범죄 사이의 관계를 요구하는 대신, 모든 전자통신 수단을 이용하는 모든 이용자의 모든 메타데이터에 적용되었다. 따라서 그것은 사실상 전체 EU 인구에 대한 프라이버시권 및 데이터보호권에 대한 간섭을 구성하였으며, 이는 비례적이지 않다고 간주될 수 있다. 그것은 개인데이터에 액세스할 수 있는 권한을 가진 사람을 제한할 수 있는 조건을 포함하지 않았으며, 이러

> 한 액세스는 그에 앞서 행정기관이나 법원의 승인을 받아야 하는 요건과 같은 절차적 조건의 적용을 받지 않았다. 마지막으로, 지침은 보존된 데이터의 보호를 위한 명확한 안전장치를 제시하지 않았다. 따라서 남용 위험과 데이터의 불법적인 액세스 및 이용에 대한 실효적인 데이터 보호를 보장하지 못했다.[642]

CJEU는 원칙적으로 제청받은 질문에 답변해야 하며, 이 답변이 원래 사건과 관련하여 관련성이 없거나 시의적절하지 않다는 이유로 선결적 판결을 거부할 수 없다. 그러나 질문이 자신의 관할범위 안에 속하지 않을 경우 거부할 수 있다.[643] CJEU는 선결적 판결에 제청된 요청사항의 구성요소에 대해서만 결정을 내리는 반면, 국가법원은 원래 사건을 결정할 수 있는 권한을 가지고 있다.[644]

CoE법에 따르면, 체약 당사국들은 개정조약 제108호의 규정 위반에 대한 적절한 사법적 및 비사법적 구제수단을 수립해야 한다.[645] ECHR의 체약 당사국에 대한 ECHR 제8조에 위반되는 데이터보호권 침해 혐의는 모든 가능한 국내 구제수단을 다 거친 후에는 ECtHR에 추가적으로 제기될 수 있다. ECtHR에의 ECHR 제8조 위반 소송은 다른 당사자능력(admissibility) 기준을 충족해야 한다(ECHR 제34-35조).[646]

체약 당사국에 대해서만 ECtHR에의 적용이 이루어진다 하더라도, 체

---

642 CJEU, Joined cases C-293/12 and C-594/12, *Digital Rights Ireland Ltd v. Minister for Communications, Marine and Natural Resources and Others and Kärntner Landesregierung and Others* [GC], 8 April 2014, para. 69.

643 CJEU, C-244/80, *Pasquale Foglia v. Mariella Novello* (No. 2), 16 December 1981; CJEU, C-467/04, *Criminal Proceedings against Gasparini and Others*, 28 September 2006.

644 CJEU, C-438/05, *International Transport Workers' Federation, Finnish Seamen's Union v. Viking Line ABP, OÜ Viking Line Eesti* [GC], 11 December 2007, para. 85.

645 Modernised Convention 108, Art. 12.

646 ECHR, Art. 34-37.

약 당사국이 ECHR에 따른 적극적인 의무를 이행하지 않고 국가법에서 데이터보호권 침해에 대한 충분한 보호를 제공하지 않는 한, 사적 당사자의 행동이나 누락에 간접적으로 대처할 수도 있다.

사례 : *K.U. v. Finland* 사건[647]에서, 미성년자인 청구인은 한 인터넷 데이트 사이트에서 자신에 대한 성적인 광고가 게재되었다고 쟁송을 제기했다. 서비스 제공자는 핀란드법에 따른 비밀유지의무 때문에 해당 정보를 게시한 사람의 신원을 밝히지 않았다. 청구인은 핀란드 법률이 인터넷상에서 청구인에 대한 유죄 데이터를 게시하는 이러한 사인의 행위에 대해 충분한 보호를 제공하지 않았다고 주장했다. ECtHR은 국가는 개인의 사생활에 대한 자의적인 간섭을 회피하도록 강제되었을 뿐만 아니라 "개인 간 관계의 영역에서도 사생활 존중을 확보하기 위해 고안된 조치의 채택"을 포함하는 적극적인 의무를 따라야 할 수도 있다고 판결했다. 청구인의 경우, 그에 대한 실제적이고 실효적인 보호를 위해서는 가해자를 확인하고 기소할 수 있는 효과적인 조치가 취해져야 했다. 그러나, 국가는 그러한 보호를 제공하지 않았고, 재판소는 ECHR 제8조의 위반이 있었다고 결정했다.

사례 : *Köpke v. Germany* 사건[648]에서, 청구인은 직장에서 절도 혐의를 받고 은밀한 비디오 감시를 받았었다. ECtHR는 "국내기관이 제8조에 따른 청구인의 사생활 존중권과 재산권 보호에 대한 고용인의 이익 및 적정한 사법 운영에서의 공익 사이에서 공정한 형량을 하지 못했다는 것을 나타내는 것은 없다"고 결정했다. 따라서 청구는 인용될 수 없다고 선언되었다.

647 ECtHR, *K.U. v. Finland*, No. 2872/02, 2 December 2008.

648 ECtHR, *Köpke v. Germany* (dec.), No. 420/07, 5 October 2010.

만약 ECtHR가 어떤 체약 당사국이 ECHR에 의해 보호되는 권리를 침해했다고 판결하면, 그 체약 당사국은 ECtHR의 판결을 실행할 의무가 있다(ECHR 제46조). 실행조치들은 우선 위반 및 권리구제, 가능한 한 청구인에게 부정적인 영향을 초래하는 것을 종식시켜야 한다. 판결의 집행에는 또한 입법, 판례법 또는 기타 조치의 변경을 통하여서든 재판소가 판결한 것과 유사한 위반을 방지하기 위한 일반적인 조치가 필요할 수도 있다.

ECtHR은 ECHR의 위반을 판결한 경우, ECHR 제41조는 체약 당사국의 비용으로 청구인에게 "정당한 만족"을 줄 수 있다고 규정하고 있다.

비영리단체, 조직 또는 협회에 위임할 권리
(Right to mandate a not-for-profit body, organisation or association)

GDPR은 개인이 감독기관에 쟁송을 제기하거나 법원에 소송을 제기한 경우에 자신을 대표할 비영리 단체, 조직 또는 협회에 위임할 수 있도록 한다.[649] 이들 비영리조직은 공익 범위 내의 실정법적 목적을 가지고 있어야 하며 데이터 보호 영역에서 활동해야 한다. 그들은 데이터주체를 대신하여 쟁송을 제기하거나 사법적 구제권을 행사할 수 있다. GDPR은 회원국들에게 국가법에 따라 데이터주체의 위임을 받지 않고도 조직이 데이터주체를 대신하여 쟁송을 제기할 수 있는지 여부를 결정할 수 있는 선택권을 준다.

이 대표권은 개인이 그러한 비영리 조직들의 전문지식과 조직적, 재정적 능력으로부터 이익을 얻을 수 있도록 하며, 따라서 개인의 권리 행사를 크게 촉진한다. GDPR은 이러한 조직들이 복수의 데이터주체를 대신하여 집단청구를 할 수 있도록 허용한다. 이는 또한 유사한 청구들이 함께 분류되고 심사되기 때문에 사법제도의 기능 및 효율성에도 도움이 된다.

---

649 General Data Protection Regulation, Art. 80.

6.2.3. 책임과 배상권(Liability and the right to compensation)

실효적인 구제권은 개인에게 준거법(applicable legislation)을 위반하는 방식으로 개인데이터를 처리한 결과 입은 손해에 대한 배상을 청구할 수 있는 권리를 부여해야 한다. 불법적인 처리에 대한 컨트롤러 및 프로세서의 책임은 GDPR에 명시적으로 인정되어 있다.[650] GDPR은 개인에게 물질적 및 비물질적 손해에 대해 컨트롤러나 프로세서로부터 배상을 받을 권리를 부여하고 있으며, 주석(recitals)은 "손해의 개념은 본 GDPR의 목적을 충분히 반영하는 방식으로 재판소의 판례법에 비추어 광범위하게 해석되어야 한다"고 기술하고 있다.[651] 컨트롤러는 GDPR에 따른 의무를 충족하지 않을 경우 배상청구의 대상이 될 수 있다. 개인데이터 프로세서는 프로세서에 대해 구체적으로 명시된 GDPR의 의무를 준수하지 않았거나 컨트롤러의 적법한 지시사항 밖에서 또는 이에 반하는 행위를 한 경우에만 처리에 의해 야기된 손해에 대해 책임을 진다. 컨트롤러나 프로세서가 완전한 배상을 지불한 경우, GDPR은 컨트롤러나 프로세서가 동일한 처리에 관련된 다른 컨트롤러나 프로세서로부터 손해에 대한 책임의 정도에 해당하는 배상 부분을 청구할 수 있다고 규정한다.[652] 동시에, 책임에 대한 예외는 매우 엄격하며, 컨트롤러나 프로세서가 손해를 초래한 사건에 대해 어떤 식으로도 책임이 없다는 입증을 해야 한다.

배상은 피해와 관련하여 '완전하고 실효적'이어야 한다. 여러 컨트롤러 및 프로세서의 처리로 인해 손해가 발생한 경우 각 컨트롤러 또는 프로세서가 전체 손해에 대해 책임을 져야 한다. 이러한 원칙은 데이터주체에 대한 실효적인 배상과 처리활동에 관련된 컨트롤러 및 프로세서의 규정 준수에 대한 조정된 접근방식을 보장하기 위한 것이다.

650 *Ibid.*, Art. 82.
651 *Ibid.*, Recital 146.
652 *Ibid.*, Art. 82 (2) and (5).

사례 : 데이터주체는 비용이 많이 들고 오랜 소송을 야기할 수 있기 때문에 피해에 책임이 있는 모든 조직에게 소송을 제기하고 배상을 청구할 필요가 없다. 공동 컨트롤러 중 하나에 대해 소송을 제기하는 것으로 충분하며, 그러면 모든 손해에 대해 책임을 지울 수 있다. 이러한 경우, 손해를 배상하는 컨트롤러나 프로세서는 그 손해에 대한 책임 부분에 대하여 그 처리에 관여하고 위반에 책임이 있는 다른 조직으로부터 지불한 금액을 그 후에 회수할 권리가 있다. 서로 다른 공동 컨트롤러와 프로세서 사이의 이러한 절차는 데이터주체가 배상을 받았으며 데이터주체가 이들의 일부가 아닌 후에 이루어진다.

CoE 법체계에서, 개정조약 제108호 제12조는 체약 당사국들이 조약의 요건을 이행하는 국가법 위반에 대한 적절한 권리구제를 수립할 것을 요구한다. 개정조약 제108호 해설보고서는 권리구제에는 결정이나 관행에 대해 사법적으로 다툴 수 있는 가능성이 포함되어야 하는 반면, 비사법적 권리구제도 또한 이용 가능해야 한다고 적시하고 있다.[653] 수반되어야 할 절차와 이러한 권리구제의 액세스와 관련된 양식 및 다른 규정은 각 체약 당사국의 재량에 맡겨져 있다. 체약 당사국과 국가법원은 또한 처리로 인한 물질적·비물질적 손해에 대한 금전적 배상조항과 함께 집단소송 활용 가능성도 고려해야 한다.[654]

6.2.4. 제재(Sanctions)

CoE법에 따르면, 개정조약 제108호 제12조는 조약 제108호에서 규정된 데이터 보호의 기본원칙에 영향을 미치는 국내법조항의 위반에 대해

653 Explanatory Report of Modernised Convention 108, para. 100.
654 *Ibid.*

각 체약 당사국이 적절한 제재와 권리구제를 수립해야 한다고 규정하고 있다. 조약은 구체적인 제재를 설정하거나 부과하지는 않는다. 반대로, 그것은 각 체약 당사국이 형사, 행정 또는 민사 제재일 수 있는 사법적 또는 비사법적 제재의 성격을 결정할 수 있는 재량권을 가지고 있음을 분명히 나타낸다. 개정조약 제108호 해설보고서는 제재는 실효적·비례적이며, 억지적이어야 한다고 규정하고 있다.[655] 체약 당사국들은 국내법질서에서 이용할 수 있는 제재의 성격 및 정도를 결정할 때 이러한 원칙을 존중해야 한다.

EU법에 따르면, GDPR 제83조는 회원국의 감독기관에게 GDPR 위반에 대해 과징금 부과할 수 있는 권한을 부여한다. 과징금 수준과 국가기관이 과징금 부과 여부를 결정할 때 고려하는 상황은 물론, 그 과징금의 상한 총액도 또한 제83조에 규정되어 있다. 따라서 제재제도는 EU 전체에 걸쳐 조화를 이루고 있다.

GDPR은 과징금에 대한 계층화된 액세스방식을 따른다. 감독기관은 GDPR 위반에 대해 최대 2천만 유로, 기업의 경우 전 세계 연간 총매출액의 4% 중 더 높은 금액에 대해 과징금을 부과할 권한을 가진다. 이러한 과징금 수준을 유발할 수 있는 침해에는 처리의 기본원칙 및 동의 조건의 위반, 데이터주체의 권리 및 제3국의 수취인에게 개인데이터를 이전하는 GDPR 조항의 위반이 포함된다. 기타 위반에 대해 감독기관은 최대 1천만 유로, 기업의 경우 전 세계 연간 총매출액의 2% 중 더 높은 금액으로 과징금을 부과할 수 있다.

부과할 과징금의 종류 및 수준을 결정할 때, 감독기관은 일련의 요소들을 고려해야 한다.[656] 예를 들어, 그들은 침해의 성격, 정도 및 지속기간, 영향을 받는 개인데이터의 범주, 그리고 그것이 고의적인 성격인지 또는 과실적 성격을 가지고 있는지 여부를 적절히 고려해야 한다. 컨트롤러나

655 *Ibid.*
656 General Data Protection Regulation, Art. 83 (2).

프로세서가 데이터주체가 입은 피해를 완화하기 위한 조치를 취한 경우, 이 또한 고려해야 한다. 마찬가지로, 침해에 따른 감독기관과의 협력 정도, 그리고 그 침해사실을 감독기관이 알게 된 방식(예를 들어, 처리에 책임이 있는 조직이 보고했는지, 또는 권리를 침해당한 데이터주체가 보고했는지 여부)도 감독기관들의 결정을 안내하는 중요한 요소다.[657]

과징금을 부과할 수 있는 능력 외에도 감독기관은 광범위한 재량적 시정권을 가지고 있다. 감독기관의 이른바 '시정' 권한('corrective' powers)은 GDPR 제58조에 규정되어 있다. 시정권한은 컨트롤러 및 프로세서에 대한 명령, 경고 및 견책의 발령에서부터 처리활동에 대한 일시적 또는 영구적 금지 부과에 이르기까지 다양하다.

EU 기관이나 기구의 EU법 위반에 대한 제재와 관련해서는 EU기관데이터보호규칙(EU institutions Data Protection Regulation)의 특별 소관으로 인해 징계조치 형태의 제재가 예상될 수 있다. GDPR 제49조에 따르면, "본 규칙에 따른 의무를 준수하지 않을 경우, 고의든 과실이든, 유럽공동체의 공무원 또는 그 밖의 공무원으로 하여금 징계조치를 받도록 하여야 한다."

657 Article 29 Working Party (2017), *Guidelines on the application and setting of administrative fines for the purpose of the Regulation 2016/679*, WP 253, 3 October 2017.

제7장
국제적 데이터 이전과 개인데이터의 유통

EU	관련쟁점	CoE
개인데이터 이전		
GDPR 제44조	**개념**	개정조약 제108호 제14조제1,2항
개인데이터의 자유로운 유통		
GDPR 제1조제3항, recital 170	**EU회원국 간**	
	조약 제108호 체약 당사국 간	개정조약 제108호 제14조제1항
제3국 또는 국제기구로의 개인데이터의 이전		
GDPR 제45조 C-362/14, *Maximillian Schrems v. Data Protection Commissioner*[GC], 2015	**적합성결정/적절한 보호수준을 가진 제3국 또는 국제기구**	개정조약 제108호 제14조제2항
GDPR 제46조제1항과 제46조제2항	**실행가능한 권리를 포함한 적절한 안전장치와, 표준계약 조항, 구속적 기업규칙, 행동준칙 및 인증메카니즘을 통해 제공된 데이터주체를 위한 법적 구제**	개정조약 제108호 제14조제2,3,5,6항
GDPR 제46조제3항	**관할 감독기관의 허가의 대상 : 공적 기관 간의 행정협정에 포함된 계약 조항 및 규정**	

EU	관련쟁점	CoE
GDPR 제46조제5항	**지침 95/46에 근거한 기존 허가**	
GDPR 제47조	**구속적 기업규칙**	
GDPR 제49조	**특정한 상황에서의 특례**	개정조약 제108호 제14조제4항
사례 : EU-US PNR 협정 EU-US SWIFT 협정	**국제협정**	개정조약 제108호 제14조제3항제a호

EU법에 따르면, GDPR은 유럽연합 역내에서의 데이터의 자유로운 유통을 규정하고 있다. 단, EU 이외의 제3국 및 국제기구로의 개인데이터의 이전과 관련된 특정한 요건이 포함되어 있다. GDPR은 특히 국제 무역 및 협력의 관점에서 이러한 이전의 중요성을 인식하지만 또한 개인데이터에 대한 위험 증가도 인식하고 있다. 따라서 GDPR은 제3국으로 이전되는 개인데이터에 대해 EU 역내에서 향유하고 있는 것과 동일한 수준의 보호를 제공하는 것을 목표로 하고 있다.[658] CoE법도 또한 당사국 간의 자유로운 유통과 비당사국으로의 이전에 대한 특정 요건에 근거하여 국경을 넘는 데이터 유통에 대한 집행규범의 중요성을 인식한다.

7.1. 개인데이터 이전의 성질(Nature of personal data transfers)

요점

- EU법 및 CoE법에는 제3국이나 국제기구의 수취인에의 개인데이터 이전에 관한 규정이 있다.
- 데이터가 EU 역외로 이전될 때 데이터주체의 권리가 보호되도록 보장하면 EU에서 생성되는 개인데이터는 EU법에서 제공하는 보호를 수반할 수 있게 된다.

658 General Data Protection Regulation, Recitals 101 and 116.

CoE법에 따르면, 국경을 넘는 데이터 유통은 외국 재판관할권의 대상이 되는 수취인에의 개인데이터 이전으로 설명된다.[659] 체약 당사국의 관할권에 속하지 않는 수취인에의 국경을 넘는 데이터 유통은 적절한 수준의 보호가 있는 경우에 허용될 뿐이다.[660]

EU법은 "제3국이나 국제기구로 이전한 후 처리 중이거나 처리하려는 개인데이터의 이전"을 규제한다.[661] 이러한 데이터 유통은 GDPR 제5장의 규정을 준수하는 경우에 허용될 뿐이다.

개인데이터의 국경을 넘는 유통은 각각 CoE법이나 EU법에 따라 체약 당사국 또는 회원국의 관할권에 속하는 수취인에게 허용된다. 또한 양 법제도는 일정한 조건이 충족될 경우 체약 당사국이나 회원국이 아닌 국가에로 데이터를 이전할 수 있도록 허용한다.

7.2. 회원국 또는 체약 당사국 간의 개인데이터의 자유로운 이동/유통 (Free movement/flow of personal data between Member States or Contracting Parties)

요점

- EU 전체에 걸친 개인데이터의 유통과 개정조약 제108호의 체약 당사국들 사이의 개인데이터 이전은 제한 없이 이루어져야 한다. 그러나 개정조약 제108호의 모든 체약 당사국이 EU 회원국은 아니기 때문에, EU 회원국에서 조약 제108호 체약 당사국인 제3국으로의 이전은, 그럼에도 불구하고, GDPR에서 규정된 조건을 충족하지 않는 한 가능하지 않다.

659 Explanatory Report of Modernised Convention 108, para. 102.

660 Modernised Convention 108, Art. 14 (2).

661 General Data Protection Regulation, Art. 44.

CoE법에 따르면, 개정조약 제108호의 체약 당사국들 사이에 개인데이터의 자유로운 유통이 있어야 한다. 그러나 "다른 당사국으로의 이전이 조약의 조항을 회피하게 될 실제적이고 심각한 위험"이 있거나 또는 "지역 국제기구에 속하는 국가가 공유하는 조화로운 보호규정"에 의해 한 당사국이 그렇게 할 의무가 있는 경우 이전을 금지할 수 있다.[662]

EU법에 따르면, 개인데이터 처리에 관한 자연인의 보호와 관련된 이유로 EU 회원국들 간에 개인데이터의 자유로운 이동에 대한 제한이나 금지는 금지된다.[663] 자유로운 데이터 유통의 영역은 아이슬란드, 리히텐슈타인, 노르웨이를 역내시장으로 끌어들인 유럽경제지역(EEA)에 관한 협정[664]에 의해 확장되었다.

사례 : 슬로베니아와 프랑스 등 여러 회원국에 설립된 국제적 기업그룹 계열사가 슬로베니아에서 프랑스로 개인데이터를 보내는 경우, 이러한 데이터 유통은 개인데이터 보호와 관련된 이유로 슬로베니아 국가법에 의해 제한되거나 금지되어서는 안 된다.

그러나 동일한 슬로베니아 계열사가 말레이시아의 모기업에 동일한 개인데이터를 이전하고자 하는 경우, 슬로베니아 데이터 송출자는 GDPR 제5장의 규정을 반드시 고려해야 한다. 이들 조항은 EU 관할권의 대상이 되는 데이터주체의 개인데이터를 보호하기 위한 것이다.

EU법에 따르면 범죄의 예방, 수사, 적발이나 기소 또는 형벌의 집행과 관

---

662 Modernised Convention 108, Art. 14 (1).

663 General Data Protection Regulation, Art. 1 (3).

664 Decision of the Council and the Commission of 13 December 1993 on the conclusion of the Agreement on the European Economic Area between the European Communities, their Member States and the Republic of Austria, the Republic of Finland, the Republic of Iceland, the Principality of Liechtenstein, the Kingdom of Norway, the Kingdom of Sweden and the Swiss Confederation, OJ 1994 L 1.

련된 목적으로 EEA 회원국으로의 개인데이터의 유통은 지침 2016/680[665]의 적용을 받는다. 이는 또한 데이터 보호의 이유로 관할 기관들에 의한 EU 역내에서의 개인데이터의 교환이 제한되거나 금지되지 않도록 보장한다. CoE법에 따르면, 체약 당사국들이 적용제외를 만들 수 있지만, 목적이나 행동 분야에 근거한 예외가 없는 모든 개인데이터(조약 제108호의 다른 당사국과의 국경을 넘는 유통을 포함하여)의 처리가 조약 제108호의 적용범위에 포함된다. EEA의 모든 회원국은 또한 조약 제108호의 당사국들이기도 한다.

7.3. 제3국/비당사국 또는 국제기구로의 개인데이터의 이전 (Personal data transfers to third countries/non-parties or to international organisations)

요점

- **CoE**와 **EU** 양자는 개인데이터 보호를 위한 일정한 조건이 충족될 경우 제3국 또는 국제기구로의 개인데이터 이전을 허용한다.
  - **CoE법**에 따르면, 국가나 국제기구의 법률이나 적절한 표준을 정비함으로써 적절한 보호수준을 달성할 수 있다.
  - **EU법**에 따르면, 제3국이 적절한 보호수준을 보장하거나 데이터 컨트롤러나 프로세서가 표준데이터보호조항이나 구속적 기업규칙을 통해 실행 가능한 데이터주체의 권리 및 법적 구제수단을 포함한 적절한 안전장치를 제공하는 경우 이전이 이루어질 수 있다.

665 Directive (EU) 2016/680 of the European Parliament and of the Council of 27 April 2016 on the protection of natural persons with regard to the processing of personal data by competent authorities for the purposes of the prevention, investigation, detection or prosecution of criminal offences or the execution of criminal penalties, and on the free movement of such data, and repealing Council Framework Decision 2008/977/JHA, OJ 2016 L119.

- **CoE법과 EU법** 모두 적절한 보호수준이나 적절한 안전장치가 마련되어 있지 않은 경우에도 특정한 상황에서는 개인데이터의 이전을 허용하는 특례조항을 규정하고 있다.

CoE법과 EU법 모두 제3국이나 국제기구로의 데이터 유통을 허용하지만, 서로 다른 조건을 설정하고 있다. 각 조건은 각 조직의 서로 다른 구조와 목적을 고려한다.

EU법에 따르면 제3국이나 국제기구로 개인데이터를 이전할 수 있도록 허용하는 방법에는 원칙적으로 두 가지가 있다. 개인데이터의 이전은 유럽위원회의 적합성결정[666] 또는 그러한 적합성결정이 없을 경우 컨트롤러나 프로세서가 데이터주체에 대한 실행 가능한 권리 및 법적 구제수단을 포함하여 적절한 안전장치를 제공하는 경우[667]에 기초하여 이루어질 수 있다. 적합성 결정 또는 적절한 안전장치가 없는 경우, 다수의 특례제도를 이용할 수 있다.

그러나, **CoE법**에 따르면, 비체약 당사국에로의 자유로운 데이터 이전은 다음에 근거하여 허용될 뿐이다.

- 해당 국가 또는 국제기구의 법률(적절한 안전장치를 보장하는 해당 국제조약 또는 협정을 포함)
- 이전 및 추가 처리와 관련된 자가 채택하고 이행하는 법적 구속력이 있고 집행 가능한 규범에 의해 제공되는 특별 또는 승인된 표준화된 안전장치[668]

EU법과 유사하게, 적절한 수준의 데이터 보호가 없는 경우, 다수의 특례제도를 이용할 수 있다.

---

666 General Data Protection Regulation, Art. 45.

667 *Ibid.*, Art. 46.

668 Modernised Convention 108, Art. 14 (3) (a) and (b).

7.3.1. 적합성결정에 근거한 이전 (Transfers on the basis of an adequacy decision)

EU법에 따르면, 적절한 수준의 데이터 보호를 가진 제3국으로의 개인데이터의 자유로운 유통은 GDPR 제45조에 규정되어 있다. CJEU는 "적절한 보호수준"이라는 용어는 제3국이 EU에서 법으로 보장된 보증과 "본질적으로 동등한[669]" 기본적 권리 및 자유에 대한 보호 수준을 보장할 것을 요구하고 있음을 명확히 했다. 동시에, 제3국이 이러한 수준의 보호를 위해 근거하는 수단은 EU 역내에서 채용된 것과 다를 수 있으며, 적합성 표준은 EU 규정의 완전한 복제를 요구하지 않는다.[670]

유럽위원회는 외국의 국가법과 적용 가능한 국제 의무를 검토하여 해당 국가의 데이터 보호수준을 평가한다. 특히 개인데이터의 보호와 관련하여 다자 또는 지역 시스템에 대한 국가의 참여도 또한 고려해야 한다. 유럽위원회는 제3국이나 국제기구가 적절한 수준의 보호를 보장한다고 인정하면, 구속력을 갖는 적합성결정을 내릴 수 있다.[671] 그럼에도 불구하고, CJEU는 국가 감독기관이 유럽위원회가 적절한 수준의 보호를 보장한다고 간주한 제3국으로 이전한 개인데이터의 보호에 관한 개인의 주장을 그 개인이 제3국에서 시행되고 있는 법률 및 관행이 적절한 수준의 보호를 보장하지 않는다고 다툴 경우에 심사할 수 있는 권한이 여전히 있다고 판시했다.[672]

유럽위원회는 제3국 내 영토의 적합성을 평가하거나 예를 들면 캐나다

669 CJEU, C-362/14, *Maximillian Schrems v. Data Protection Commissioner* [GC], 6 October 2015, para. 96.

670 *Ibid.*, para. 74. See also, European Commission (2017), Communication from the Commission to the European Parliament and the Council "Exchanging and Protection Personal Data in a Globalised World", COM(2017)7 final of 10 January 2017, p. 6.

671 적합성 인정을 받은 국가들의 계속적인 업데이트 목록은 유럽위원회 사법총국 홈페이지를 참조.

672 CJEU, C-362/14, *Maximilian Schrems v. Data Protection Commissioner* [GC], 6 October 2015, paras. 63 and 65-66.

의 상법의 경우처럼 특정 부문에 국한할 수도 있다.[673] EU와 제3국 간의 협약에 근거한 이전에 대해서도 또한 적합성 인정이 있다. 이러한 결정은 항공사가 EU에서 특정 해외 목적지로 비행할 때 외국 출입국관리기관에 여객이름기록(PNR)을 이전하는 것과 같은 단일 유형의 데이터 이전만을 전적으로 말한다(7.3.4 참조).

적합성결정은 지속적으로 모니터링을 받아야 한다. 유럽위원회는 적합성결정의 지위에 영향을 미칠 수 있는 진전 상황을 추적하기 위해 정기적으로 이러한 결정을 심사한다. 따라서 유럽위원회는 제3국 또는 국제기구가 더 이상 적합성결정을 정당화하는 조건을 충족하지 못한다고 인정하면, 그 결정을 개정, 보류 또는 철회할 수 있다. 유럽위원회는 또한 제3국 또는 관련 국제기구와 그 결정의 이면에 있는 문제를 해결하기 위해 협상에 들어갈 수 있다.

유럽위원회가 지침 95/46/EC에 근거하여 채택한 적합성결정은 GDPR 제45조의 규정에 따라 채택된 위원회 결정에 의해 개정, 대체 또는 철회될 때까지 유효하다.

현재까지 유럽위원회는 안도라, 아르헨티나, 캐나다(개인정보 및 전자문서법〈PIPEDA〉의 적용을 받는 상업 조직), 페로 제도, 건지(Guernsey), 맨섬(Isle of Man), 이스라엘, 저지(Jersey), 뉴질랜드, 스위스, 우루과이 등이 적절한 보호를 제공하는 것으로 인정하고 있다. 미국으로의 이전과 관련하여, 유럽위원회는 EU로부터 전송된 개인데이터의 보호와 이른바 '세이프하버 원칙[674]'의 준수를 스스로 인증한 회사로의 이전을 허용하는 적

673 European Commission (2002), Decision 2002/2/EC of 20 December 2001 pursuant to Directive 95/46/EC of the European Parliament and of the Council on the adequate protection of personal data provided by the Canadian Personal Information Protection and Electronic Documents Act, OJ 2002 L 2.

674 Commission Decision 2000/520/EC of 26 July 2000 pursuant to Directive 95/46/EC of the European Parliament and of the Council on the adequacy of the protection provided by the safe harbour privacy principles and related frequently asked questions issued by the US Department of Commerce, OJ L 215. 이 결정은 C-632/14, *Maximilian Schrems v. Data Protection Commissioner*[GC] 판결에서 CJEU에 의해

합성결정을 2000년에 채택했다. CJEU는 2015년 이 결정을 무효화하고 2016년 7월 새로운 적합성 결정이 채택되어 2016년 8월 1일 현재 기업이 가입할 수 있게 됐다.

> 사례 : *Schrems* 사건[675]에서, 오스트리아 시민인 Maximilian Schrems는 수 년 동안 페이스북 사용자였다. Mr Schrems가 페이스북에 제공한 일부 또는 전부의 데이터를 페이스북의 아일랜드 자회사에서 미국에 위치한 서버로 이전되어 처리됐다. Mr Schrems는 미국의 내부 고발자 Edward Snowden이 미국 정보기관의 감시활동과 관련해 한 폭로에 비추어 볼 때, 미국의 법률 및 실무가 미국으로 이전된 데이터에 대한 충분한 보호를 제공하지 않는다는 견해를 가지고 아일랜드 데이터보호기관에 쟁송을 제기했다. 아일랜드 기관은 2000년 7월 26일의 결정에서, 유럽위원회는 '세이프하버'제도에 따라, 미국이 이전된 개인데이터의 적절한 보호 수준을 보장한다고 간주했다는 이유로, 쟁송을 기각했다. 이 사건은 아일랜드 고등법원(Irish High Court)에 제소되었으며, 고등법원은 CJEU에 선결적 판결을 제청하였다.
>
> CJEU는 세이프하버 체계의 적합성에 대한 위원회의 결정이 무효라고 판결했다. CJEU는 먼저 적합성결정으로 세이프하버 데이터보호원칙의 적용이 국가안보, 공익이나 법집행 요건에 근거하거나 또는 미국 국내법에 근거하여 제한될 수 있다는 점에 주목했다. 따라서 이 결정은 개인데이터가 미국으로 이전되거나 이전될 수 있는 사람들의 기본권에 대한 간섭을 가능하게 했다.[676] 또한 이 결정에는 그러한 간섭을 제한하려는 미국 내 법규의 존재도 또한 그러한 간섭에 대한 실

무효 선언되었다.

675 CJEU, C-362/14, *Maximilian Schrems v. Data Protection Commissioner* [GC], 6 October 2015.

676 *Ibid.*, para. 84.

효적인 법적 보호의 존재에 대한 어떠한 판단도 포함되어 있지 않다는 점에 주목하였다.[677] CJEU는 EU 역내에서 보장되는 기본적 권리 및 자유의 보호 수준은 제7조 및 제8조를 간섭하는 입법이 조치의 범위 및 적용을 규정하고 개인데이터 보호에 관한 최소한의 안전장치, 특례 및 제한을 부과하는 명확하고도 상세한 규정을 설정할 것을 요구한다고 강조했다.[678] CJEU는 유럽위원회의 결정이 미국이 국내법이나 국제조약을 이유로 이러한 보호수준을 보장한다고 기술하지 않은 점을 고려하여, 데이터보호지침상의 관련 이전규정의 요건을 충족하지 못하여 무효라고 결정하였다.[679]

따라서 미국의 보호수준은 EU가 보장하는 기본적 권리 및 자유에 '본질적으로 동등'하지 않았다.[680] CJEU는 EU기본권헌장의 여러 조항을 위반했다고 주장했다. 첫째로, 미국법은 "공공기관이 일반화된 근거로 전자통신의 내용에 대해 액세스하도록 허용"하는 것이기 때문에, 제7조의 본질이 침해되었다. 둘째로, 개인데이터에의 액세스 또는 개인데이터의 정정이나 삭제에 관한 법적 권리구제를 개인에게 제공하지 않았기 때문에 제47조의 본질도 침해되었다. 마지막으로, 세이프하버 협정이 위의 조항들을 위반했다는 점을 고려하면 개인데이터는 더 이상 적법하게 처리되지 않아서 제8조를 위반하게 되었다.

CJEU가 세이프하버 협정이 무효라고 선언한 후, 유럽위원회와 미국은 새로운 체계인 EU-미국의 프라이버시 실드(EU-US Privacy Shield)에 합의했다. 2016년 7월 12일, 유럽위원회는 미국이 프라이버시 실드에 따라 유럽연합으로부터 미국 내 조직으로 이전된 개인데이터에 대해 적절

677 *Ibid.*, paras. 88-89.

678 *Ibid.*, paras. 91-92.

679 *Ibid.*, paras. 96-97.

680 *Ibid.*, paras. 73-74 and 96.

한 보호수준을 보장한다고 선언하는 결정을 채택했다.[681]

세이프하버 협정과 마찬가지로, EU-미국 프라이버시 실드 체계는 상업적 목적을 위해 EU에서 미국으로 이전되는 개인데이터를 보호하는 것을 목표로 한다.[682] 미국 기업은 체계의 데이터 보호기준을 충족할 것을 약속함으로써 자발적으로 프라이버시 실드 리스트에 대한 준수 여부를 자가 인증할 수 있다. 미국 관할기관은 인증된 회사가 이러한 기준을 준수하는지 모니터링하고 검증한다.

특히, 프라이버시 실드 체계는 다음을 규정한다.

- EU로부터 개인데이터를 수취하는 기업에 대한 데이터 보호의무
- 개인에 대한 보호 및 배상, 특히 옴부즈퍼슨제도의 설치. 이는 미국 정보기관으로부터 독립적이며, 자신의 개인데이터가 국가안보 분야에서 미국 기관에 의해 불법적으로 이용되었다고 믿는 개인의 쟁송을 다룬다.
- 체계의 이행을 모니터링하기 위한 연례 공동검토[683]; 첫 번째 검토는 2017년 9월에 실시되었다.[684]

---

681 Commission Implementing Decision (EU) 2016/1250 of 12 July 2016 pursuant to Directive 95/46/EC of the European Parliament and of the Council on the adequacy of the protection provided by the EU-U.S. Privacy Shield, OJ L 207. 제29조작업반은 세이프하버 결정과 비교하여 프라이버시 실드 메카니즘이 가져온 개선사항을 환영하며, EU-US 프라이버시 실드 적합성결정 초안에 관한 의견 WP238에서 나온 우려의 소리를 프라이버시 실드 문서 최종버전에서 고려한 것에 대해 유럽위원회 및 US 기관에게 찬사를 보냈다. 그럼에도 불구하고, 그것은 다수의 미해결 문제들을 부각시켰다. 보다 자세한 사항은 Article 29 Data Protection Working Party, Opinion 01/2016 on the EU-U.S. Privacy Shield draft adequacy decision, adopted on 13 April 2016, 16/EN WP 238 참조.

682 For more information, see the EU-U.S. Privacy Shield factsheet.

683 For more information, see the European Commission web page on the EU-U.S. Privacy Shield.

684 European Commission, Report from the Commission to the European Parliament and the Council on the first annual review of the functioning of the EU-U.S. Privacy Shield, COM(2017) 611 final, 18 October 2017.

미국 정부는 프라이버시 실드 결정에 수반되는 서면 약속과 보장을 가지고 있다. 이들은 미국 정부가 법집행과 국가안보 목적을 위해 개인데이터에 액세스하는 것에 대한 제한과 안전장치를 제공한다.

7.3.2. 적절한 안전장치에 따른 이전 (Transfers subject to appropriate safeguards)

EU법과 **CoE법** 모두 데이터 반출 컨트롤러(data-exporting controller)와 제3국 또는 국제기구의 수취인 간의 적절한 안전장치를 수취인에게 충분한 수준의 데이터 보호를 보장하는 가능한 수단으로 인정한다.

EU법에 따르면, 컨트롤러나 프로세서가 적절한 안전장치와 실행 가능한 권리를 제공하고 데이터주체가 실효적인 법적 구제수단을 이용할 수 있는 경우, 제3국이나 국제기구로의 개인데이터 이전이 허용된다.[685] 허용 가능한 '적절한 안전장치'의 목록은 EU 데이터보호법에서만 전적으로 규정되어 있다. 다음에 의해 적절한 안전장치를 설정할 수 있다.

- 공공 기관 또는 기구 간의 법적 구속력 있고 집행 가능한 규범
- 구속력 있는 기업규칙
- 유럽위원회이나 감독기관 중에서 채택한 표준데이터보호조항
- 행동준칙
- 인증메커니즘.[686]

EU의 컨트롤러 또는 프로세서와 제3국의 데이터 수취인 사이의 맞춤형 계약조항은 적절한 안전장치를 제공하는 또 다른 수단이다. 그러나 이러한 계약조항은 개인데이터 이전의 도구로 이용되기 전에 관할 감독기

685 General Data Protection Regulation, Art. 46.

686 General Data Protection Regulation, Art. 46 (1) (c), (d), (2) (a), (b), (e), (f) and 47.

관의 승인을 받아야 한다. 이와 유사하게, 공공기관은 감독기관이 승인한 경우에 행정협정에 포함된 데이터보호규정을 사용할 수 있다.[687]

CoE법에 따르면, 적절한 보호수준이 확보될 경우, 개정조약 제108호의 당사국이 아닌 국가 또는 국제기구로의 데이터 유통이 허용된다. 이는 다음에 의해 달성될 수 있다.

- 국가 또는 국제기구의 법률
- 법적 구속력이 있는 문서에 포함된 특별 또는 표준화된 안전장치[688]

계약조항에 따른 이전(Transfers subject to contractual clauses)

CoE법과 **EU법** 모두 데이터 반출 컨트롤러와 제3국의 수취인 사이의 계약조항을 수취인에 대한 충분한 데이터 보호수준을 보장하기 위한 가능한 수단으로 인정한다.[689]

EU 레벨에서, 유럽위원회는 제29조작업반의 도움을 받아 적절한 데이터 보호의 입증으로 위원회 결정에 의해 공식적으로 인증된 표준데이터보호조항(standard data protection clauses)을 개발했다.[690] 위원회 결정은 회원국들에서 온전히 구속력이 있으므로, 데이터 이전을 감독하는 국가기관은 절차에서 이러한 표준계약조항을 인정해야 한다.[691] 따라서 데이터 반출 컨트롤러와 제3국 수취인이 이 조항에 동의하고 서명하는 경우, 이는 적절한 안전장치가 마련되어 있다는 충분한 증거로 감독기관에게

687 *Ibid.*, Art. 46 (3).

688 Modernised Convention 108, Art. 14 (3) (b).

689 General Data Protection Directive, Art. 46 (3); Modernised Convention 108, Art. 14(3)(b).

690 *Ibid.*, Art. 46 (2) (b) and Art. 46 (5).

691 *Ibid.*, Art. 46 (3); Ad hoc Committee on Data Protection (CAHDATA), Explanatory Report of the Modernised Convention for the Protection of Individuals with regard to Automatic Processing of Personal Data, para. 105.

제공해야 한다. 그러나 *Schrems* 사건에서, CJEU는 유럽위원회가 위원회 적합성결정의 대상이 되어온 제3국으로의 개인데이터의 이전을 감독할 국가감독기관의 권한을 제한할 능력이 없다고 판결했다.[692] 따라서 예를 들어 데이터 반입자가 표준계약조항을 준수하지 않는 경우 등 EU법이나 국가데이터보호법을 위반하여 이전을 수행할 때 개인데이터의 이전을 보류하거나 금지할 수 있는 권한을 포함하여 국가감독기관이 권한을 행사하는 것을 금지하지 못한다.[693]

감독기관이 이들 조항을 승인한 이상 EU 법체계에서의 표준데이터보호조항이 존재한다고 해서 컨트롤러가 다른 특별한 개별계약조항의 작성을 금지하지는 않는다.[694] 그러나 그들은 표준데이터보호조항에서 제공하는 것과 동일한 보호수준을 보장해야 한다. 감독기관은 특별 조항을 승인할 때 EU 전체에 걸쳐 일관된 규제 액세스법을 보장하기 위해 일관성 메커니즘을 적용해야 한다.[695] 이는 관할 감독기관이 조항에 대한 결정 초안을 EDPB에 전달해야 한다는 것을 의미한다. EDPB는 이에 대한 의견을 발표할 것이며, 감독기관은 이 의견을 최대한 고려하여 결정을 진행해야 한다. 만약 감독기관이 EDPB의 의견을 따를 의사가 없다면, EDPB 내의 분쟁해결메커니즘이 발동될 것이고 EDPB는 구속력 있는 결정을 채택할 것이다.[696]

표준계약조항의 가장 중요한 특징은 다음과 같다.

---

692 CJEU, C-362/14, *Maximilian Schrems v. Data Protection Commissioner* [GC], 6 October 2015, paras. 96-98 and 102-105.

693 Schrems 사건에서의 CJEU의 입장을 고려하기 위하여, 유럽위원회는 표준계약조항에 관한 결정을 개정하였다. Commission Implementing Decision (EU) 2016/2297 of 16 December 2016 amending Decisions 2001/497/EC and 2010/87/EU on standard contractual clauses for the transfer of personal data to third countries and to processors established in such countries, under Directive 95/46/EC of the European Parliament and of the Council, OJ 2016 L344.

694 General Data Protection Regulation, Art. 46 (3) (a).

695 *Ibid.*, Art. 63 and Art. 64 (1) (e).

696 *Ibid.*, Art. 64 and Art. 65.

- 데이터주체가 계약 당사자가 아님에도 불구하고 계약상 권리를 행사할 수 있는 제3자 수혜조항
- 데이터 수취인 또는 반입자(importer)가 데이터 반출 컨트롤러의 국가감독기관 및/또는 분쟁의 경우 법원의 권한의 적용을 받기로 동의하는 경우

이제 데이터 반출 컨트롤러가 선택할 수 있는 컨트롤러 대 컨트롤러 간 이전에 사용할 수 있는 두 세트의 표준조항이 있다.[697] 컨트롤러 대 프로세서 간 이전에는 단지 하나의 표준계약조항만이 있다.[698] 그러나 이러한 표준계약조항은 현재 법적 소송의 대상이다.

사례 : CJEU가 세이프하버 결정의 무효를 선언[699]한 이후, 미국으로의 개인데이터 이전은 더 이상 그 적합성결정에 근거할 수 없었다. 미국기관과의 협상이 진행 중이고 새로운 적합성결정(2016년 7월 12일 최종 채택)[700]이 채택될 때까지 이전은 표준계약조항이나 구속력

697 Set I is contained in the Annex to the European Commission (2001), Commission Decision 2001/497/EC of 15 June 2001 on standard contractual clauses for the transfer of personal data to third countries, under Directive 95/46/EC, OJ 2001 L 181; Set II is contained in the Annex to European Commission (2004), Commission Decision 2004/915/EC of 27 December 2004 amending Decision 2001/497/EC as regards the introduction of an alternative set of standard contractual clauses for the transfer of personal data to third countries, OJ 2004 L 385.

698 European Commission (2010), Commission Decision 2010/87 of 5 February 2010 on standard contractual clauses for the transfer of personal data to processors established in third countries under Directive 95/46/EC of the European Parliament and of the Council, OJ 2010 L 39. At the time of the drafting of the handbook, the use of standard contractual clauses as a basis for transfers of personal data to the US was subject to legal proceedings before the Irish High Court.

699 CJEU, C-362/14, *Maximillian Schrems v. Data Protection Commissioner* [GC], 6 October 2015.

700 Commission Implementing Decision (EU) 2016/1250 of 12 July 2016 pursuant to Directive 95/46/EC of the European Parliament and of the Council on the adequacy of the protection provided by the EU-U.S. Privacy Shield, OJ L 207.

있는 기업규칙과 같은 다른 법적 근거에 의해서 이루어질 수 있었을 뿐이었다. 페이스북 아일랜드(세이프하버 결정의 무효화를 초래한 사건의 피고)를 포함한 몇몇 기업들은 EU-미국 간 데이터 이전을 계속하기 위해 표준계약조항으로 전환했다.

Mr Schrems는 표준계약조항에 근거하여 미국에 대한 데이터 이전을 중지할 것을 요청하는 쟁송을 아일랜드 감독기관에 제출했다. 본질적으로 자신의 개인데이터가 페이스북의 아일랜드 자회사에서 페이스북 본사로, 미국에 위치한 서버로 이전될 때, 보호될 것이라는 보장이 없다고 주장했다. 페이스북 본사는 미국 법집행기관에 개인데이터를 공개하도록 의무화할 수 있는 미국 법률에 구속되어 있으며, 유럽 개인들이 이 실무를 다툴 수 있는 사법적 구제수단이 없다.[701] 이러한 이유로, CJEU는 세이프하버 결정이 무효라고 결정했고, 재판소의 판결은 그 결정을 검토하는 것에 국한되었지만, 청구인은 이전이 계약조항에 근거할 때에도 제기된 쟁점들이 관련 있다고 간주했다. 작성 당시 이 사건은 아일랜드 고등법원에 계속 중이었다. 청구인은 그 목적이 표준계약조항에 대한 유럽위원회의 결정의 효력을 다투는 경우 CJEU에 이 소송을 가져갈 의사가 명백해 보인다. 제5장에서 설명한 바와 같이, 오직 CJEU만이 EU규범의 무효를 선언할 수 있는 능력이 있다.

구속력 있는 기업규칙에 따른 이전
(Transfers subject to binding corporate rules)

EU법은 또한 공동 경제활동의 일부인 동일한 기업그룹 내에서 이루어

701 For more information, see the revised complaint of the Irish Data Protection Commissioner against Facebook Ireland Ltd and Maximilian Schrems on 1 December 2015.

지는 국제 이전에 대해 구속력 있는 기업규칙에 근거한 개인데이터 이전을 허용한다.[702] 구속력 있는 기업규칙을 개인데이터 이전의 도구로 이용할 수 있기 전에, 관할 감독기관이 구속력 있는 기업규칙에 따라, 일관성 메커니즘을 사용하여 승인하여야 한다.

구속력 있는 기업규칙이 승인을 받기 위해서는 법적 구속력이 있어야 하며, 모든 본질적 데이터보호원칙을 포함하고 그룹의 모든 구성원에게 적용되고 집행되어야 한다. 이는 데이터주체에 대해 실행 가능한 권리를 명시적으로 부여해야 하며, 모든 본질적 데이터보호원칙을 포함해야 하며, 회사의 조직의 기술과, 이전 및 데이터보호원칙의 적용방법의 설명과 같은 일정한 공식적 요건을 준수해야 한다. 여기에는 데이터주체에게 이러한 정보를 제공하는 것이 포함된다. 구속력 있는 기업규칙은 무엇보다도 데이터주체의 권리와 규칙 위반에 대한 책임 규정을 명시해야 한다.[703] 구속력 있는 기업규칙을 승인할 때 감독기관의 협력을 위한 일관성 메커니즘(제5장에서 설명함)이 발동된다.

일관성 메커니즘에서, 주 감독기관은 제안된 구속력 있는 기업규칙안을 검토하고 결정 초안을 채택하여 EDPB에 전달한다. EDPB는 이 문제에 대한 의견을 발표하며, 주 감독기관은 EDPB의 의견을 '최대한 고려'하여 구속력 있는 기업규칙을 공식적으로 승인할 수 있다. 이 의견은 법적 구속력은 없지만 감독기관이 의견을 무시하고자 할 경우 분쟁해결 메커니즘이 발동되고 위원 3분의 2 다수결로 법적 구속력 있는 결정을 채택하기 위해 EDPB를 소집할 필요가 있다.[704]

CoE법에 따르면, 법적 구속력 있는 문서[705]에 포함된 특별 또는 표준화된 안전장치도 또한 구속력 있는 기업규칙을 포함한다.

702 General Data Protection Regulation, Art. 47.

703 For a more detailed description, see General Data Protection Regulation, Art. 47.

704 *Ibid.*, Art. 57 (1) (s), 58 (1) (j), 64 (1) (f), 65 (1) and (2)

705 Modernised Convention 108, Art. 14 (3) (b).

7.3.3. 특정한 상황에 대한 특례(Derogations for specific situations)

EU법에 따르면, 제3국으로의 개인데이터 이전은 다음과 같은 어느 하나의 상황에서는 표준계약조항이나 구속력 있는 기업규칙과 같은 적합한 결정이나 안전장치가 없는 경우에도 정당화될 수 있다.

- 데이터주체가 데이터 이전에 대한 명시적 동의를 하는 경우
- 데이터주체가 데이터를 해외로 이전해야 하는 계약관계를 체결하거나 체결 준비를 하고 있는 경우
- 데이터주체를 위하여 데이터 컨트롤러와 제3자 간의 계약을 체결하는 경우
- 중요한 공익상의 이유로
- 법적 청구권의 설정, 행사 또는 방어를 위하여
- 데이터주체의 중대한 이익을 보호하기 위해
- 공적 등록부로부터의 데이터 이전(이는 공적 등록부에 저장된 정보에 액세스할 수 있는 일반대중의 이익이 지배적인 경우).[706]

이러한 조건 중 어느 것도 적용되지 않는 경우, 그리고 이전이 적합성 결정이나 적절한 안전장치에 근거할 수 없는 경우, 이전이 반복되지 않고 제한된 수의 데이터주체와 관련이 있으며, 데이터주체의 권리가 이들 이익에 우월하지 않는다면 데이터 컨트롤러의 우월한 정당한 이익을 위하여 필요한 경우에만 이전이 이루어질 수 있다.[707] 이러한 경우, 컨트롤러는 이전을 둘러싼 상황을 평가하고 안전장치를 제공할 필요가 있다. 또한 이전 및 이를 정당화하는 정당한 이익 모두의 영향을 받는 데이터주체와 감독기관에게도 알려야 한다.

---

706 General Data Protection Regulation, Art. 49.

707 *Ibid.*

특례가 적법한 이전의 마지막 수단[708](적합성결정이 없고 다른 안전장치가 마련되어 있지 않은 경우에만 사용되는)이라는 사실은 그 예외적인 성격을 강조하며, GDPR의 주석에서 더욱 부각되고 있다. 이와 같이, 계약이나 법적 청구권과 관련하여 “이전이 간헐적이며 필요한” 경우, 특례는 동의에 근거해 “일정한 상황에서의 이전에 대한” 가능성으로서 받아들여진다.[709]

또한, 제29조작업반의 가이던스에 따르면, 일정한 상황에 대한 특례에 의존하는 것은 개별적인 경우를 기준으로 예외적인 것이어야 하며, 대규모 또는 반복적인 이전을 위해 사용될 수 없다.[710] 유럽데이터보호감독관은 또한 이러한 해결책은 ‘제한된 경우’와 ‘간헐적인 이전을 위해’ 사용되어야 한다고 언급하여, 규칙 45/2001에 따른 이전에 대해 법적 근거로써 사용되는 특례의 예외적 성격을 강조하였다.[711]

사례 : 미국에 본사를 둔 GDS(Global Distribution System)서비스회사는 전 세계 여러 항공사, 호텔, 크루즈에 온라인 예약 시스템을 제공하여 EU 내 수천만 명의 데이터를 처리한다. 미국 내 서버에 데이터를 처음 전송하기 위해 GDS 회사는 이전에 대한 합법적인 근거로서 특례를 이용하는데, 이는 계약을 체결할 필요가 있다. 따라서, 그것은 유럽에서 발원하여 미국으로 이전된 다음 전 세계의 호텔로 재분배되는(어쨌든 추가 이전에 대한 안전장치도 없다는 것을 의미한다) 개인

708 *Ibid.*, Art. 49 (1).

709 *Ibid.*

710 Article 29 Working Party (2005), *Working document on a common interpretation of Article 26 (1) of Directive 95/46/EC of 24 October 1995*, WP 114, Brussels, 25 November 2005.

711 European Data Protection Supervisor, *The transfer of personal data to third countries and international organisations by EU institutions and bodies*, Position Paper, Brussels, 14 July 2014, p. 15.

> 데이터에 대한 다른 안전장치를 제시하지 않고 있다. GDS 회사는 대규모 이전에 대한 합법적인 근거로서 특례를 이용하기 때문에 합법적인 국제 데이터 이전을 위한 GDPR 요건을 준수하고 있지 않다.

적합성결정이 시행되지 않는 한, EU 또는 회원국들은 이러한 이전을 위한 다른 조건들이 충족되었다 하더라도 중요한 공익을 이유로 특정한 범주의 개인데이터의 제3국 이전에 대한 제한을 설정할 수 있다. 이러한 제한은 예외적인 것으로 인식되어야 하며, 회원국들은 유럽위원회에 관련 조항을 전달해야 한다.[712]

CoE법은 다음과 같은 경우에 적절한 데이터 보호를 하지 않는 영토로의 데이터 유통을 허용한다.

- 데이터주체가 동의한 경우
- 데이터주체의 이익이 유통을 요구하는 경우
- 법률에 의해 규정된 우월적인 정당한 이익, 특히 중요한 공익이 있는 경우
- 민주사회에서 필수적이고 비례적인 조치를 구성하는 경우.[713]

7.3.4. 국제협정에 근거한 이전 (Transfers based on international agreements)

EU는 특정한 목적을 위한 개인데이터의 이전을 규제하는 제3국과 국제협정을 체결할 수 있다. 그러한 협정에는 해당 개인의 개인데이터 보호

---

712 See especially Article 29 Working Party (2005), *Working document on a common interpretation of Article 26 (1) of Directive 95/46/EC of 24 October 1995*, WP 114, Brussels, 25 November 2005.

713 Modernised Convention 108, Art. 14 (4).

를 보장하기 위한 적절한 안전장치가 포함되어야 한다. GDPR은 이러한 국제협정을 침해하지 않고 존재한다.[714]

회원국들은 또한 그러한 협정이 GDPR의 적용에 영향을 미치지 않는 한 개인의 기본적 권리 및 자유의 적절한 보호수준을 제공하는 제3국 또는 국제기구와 국제협정을 체결할 수 있다.

개정조약 제108호 제12조제3항제a호에도 이와 유사한 규정이 있다.

개인데이터 이전을 포함하는 국제협정의 예는 승객이름기록(PNR) 협정이다.

승객이름기록(Passenger Name Records)

PNR 데이터는 항공사가 항공 예약 과정에서 수집하며, 그 중에서도 항공승객의 이름, 주소, 신용카드 내역 및 좌석번호를 포함한다. 항공사들은 또한 자신들의 상업적 목적을 위해 이 정보를 수집한다. EU는 특정 제3국(호주, 캐나다, 미국)과 테러리스트 범죄나 심각한 초국가적 범죄를 예방, 적발, 수사, 기소하기 위한 PNR 데이터 이전에 관한 협정을 체결했다. 또한, EU는 2016년에 EU-PNR 지침[715]으로 알려진 지침(EU) 2016/861을 채택했다. 이 지침은 마찬가지로 테러리스트 범죄 및 중대범죄를 예방, 적발, 수사 또는 기소하기 위하여 EU 회원국이 다른 제3국의 관할기관에 PNR 데이터를 이전할 수 있는 법체계를 제공한다. 제3국 기관에의 PNR 이전은 각 사례별로 이루어지며, 기본권이 존중된다는 전제하에서 지침에서 명시한 목적을 위해 이전이 필요한지에 대한 개별적인 평가를 받는다.

EU와 제3국 간의 PNR 협정과 관련하여, EU기본권헌장에서 보장된 프

714 General Data Protection Regulation, Recital 102.

715 Directive (EU) 2016/681 of the European Parliament and of the Council of 27 April 2016 on the use of passenger name record (PNR) data for the prevention, detection, investigation and prosecution of terrorist offences and serious crime, OJ 2016 L 119.

라이버시 및 데이터 보호의 기본권과의 양립가능성이 다퉈졌다. 2014년 EU가 캐나다와의 협상에 따라 PNR 데이터의 이전 및 처리에 관한 협정을 체결했을 때, 유럽의회는 이 문제를 CJEU에 회부하여 협정이 EU법, 특히 헌장 제7조 및 제8조에 적법한지 여부를 평가하기로 결정했다.

사례 : CJEU는 EU-캐나다 PNR 협정의 적법성에 대한 의견[716]에서, 현재 형태로는 예상된 협정이 헌장에 의해 인정된 기본권과 양립할 수 없으므로 체결될 수 없다고 결정했다. 협정은 개인데이터 처리를 포함하고 있기 때문에, 헌장 제8조에 따라 보호되는 개인데이터보호권에 대한 간섭을 구성했다. 동시에, 전체적으로 볼 때, PNR 데이터는 여행 습관, 다른 개인들 간의 관계, 그들의 재정상황에 대한 정보, 식습관 및 건강 상황을 드러내는 방식으로 수집되고 분석될 수 있으며, 따라서 그들의 사생활을 침해한다는 점에서, 제7조에 보장된 사생활 존중권의 한계를 나타낸다.

예상된 협정이 가져온 기본권에 대한 간섭은 일반적 이익, 즉 공공의 안전과 테러 및 중대한 초국가적 범죄와의 싸움이라는 목적을 추구했다. 그러나, CJEU는 간섭이 정당화되기 위해서는, 추구된 목적을 달성하기 위해 엄격히 필요한 것으로 제한되어야 한다는 점을 상기시켰다. CJEU는 헌장의 조항들을 분석한 후 예상된 합의가 '엄격한 필요성' 기준을 충족하지 못한다고 결정했다. CJEU가 그러한 결론에 도달하기 위해 고려했던 요인으로는 다음과 같은 것들이 있다.

- 예상되는 협정은 민감데이터의 이전을 수반한다는 사실. 예상된 협정에 따라 수집된 PNR에는 인종 또는 민족적 출신, 종교적 신념 또는 탑승자의 건강상태를 나타내는 정보와 같은 민감데이터

716 CJEU, *Opinion 1/15 of the Court (Grand Chamber)*, 26 July 2017.

가 포함될 수 있다. 캐나다 기관에 의한 민감데이터의 이전 및 처리는 차별금지 원칙에 위험을 초래할 수 있으므로, 공공의 안전 및 중대범죄와의 싸움 이외의 이유에 근거하여 정확하고 확실한 정당성이 요구되었다. 예상된 협정은 그러한 정당성을 제공하지 못했다.[717]

- 캐나다에서 출발한 후에도 모든 승객의 PNR 데이터를 5년간 계속 보관하는 것도 엄격한 필요성의 한계를 초과하는 것으로 간주되었다. CJEU는 객관적 증거가 제시된 승객들이 캐나다를 떠난 후에도 공공의 안전에 위협이 될 수 있는 승객들의 데이터를 캐나다 기관이 보유하는 것은 허용될 수 있다고 판단했다. 이와는 대조적으로, 공공의 안전에 대한 위험으로 제시되는 간접적인 증거조차 없는 *모든* 승객들의 개인데이터를 저장하는 것은 정당화되지 않는다.[718]

조약 제108호 자문위원회(Consultative Committee of Convention 108)는 CoE법에 따라 PNR협정의 데이터 보호 함의에 관한 의견을 제공했다.[719]

메시징 데이터(Messaging data)

벨기에에 본사를 둔 국제은행간통신협회(SWIFT)는 유럽은행들로부터의 글로벌 송금 대부분을 처리하는 프로세서로, 미국에서 '미러(mirror)' 센터와 함께 운영되는데, 테러리스트 재정 추적 프로그램(Terrorist Finance

717 *Ibid.*, para. 165.

718 *Ibid.*, paras. 204-207.

719 Council of Europe, *Opinion on the Data protection implications of the processing of Passenger Name Records*, T-PD(2016)18rev, 19 August 2016.

Tracking Programme)에 따른 테러리스트 수사 목적으로 미국 재무부의 데이터 공개 요청에 직면했다.[720]

EU의 관점에서 보면, 단순히 SWIFT의 데이터 서비스 처리 센터 중 한 곳이 미국에 있다는 이유만으로 이러한 데이터(주로 EU에 있는 시민들에 관한)를 공개하기 위한 충분한 법적 근거가 없었다.

SWIFT 협정이라고 알려진 EU와 미국 간의 특별 협정은 필요한 법적 근거를 제공하고 적절한 데이터 보호표준을 보장하기 위해 2010년에 체결되었다.[721]

이 협정에 따라 SWIFT가 저장한 금융데이터는 테러나 테러자금 조달의 예방, 수사, 적발 또는 기소를 목적으로 미 재무부에 지속적으로 제공되고 있다. 미 재무부는 다음 사항을 조건으로 SWIFT에 금융데이터를 요청할 수 있다.

- 금융데이터를 가능한 한 명확하게 식별하는 경우
- 데이터의 필요성을 명백히 입증하는 경우
- 요청된 데이터의 양을 최소화하기 위해 가능한 한 좁게 주문된 경우
- 단일유로결제지역(SEPA)과 관련된 데이터를 요구하지 않는 경우.[722]

---

720 See, in this context, Article 29 Working Party (2011), *Opinion 14/2011 on data protection issues related to the prevention of money laundering and terrorist financing*, WP 186, Brussels, 13 June 2011; Article 29 Working Party (2006), *Opinion 10/2006 on the processing of personal data by the Society for Worldwide Interbank Financial Telecommunications (SWIFT)*, WP 128, Brussels, 22 November 2006; Belgium Commission for the protection of privacy (*Commission de la protection de la vie privée*) (2008), *'Control and recommendation procedure initiated with respect to the company SWIFT scrl'*, Decision, 9 December 2008.

721 Council Decision 2010/412/EU of 13 July 2010 on the conclusion of the Agreement between the European Union and the United States of America on the processing and transfer of Financial Messaging Data from the European Union to the United States for the purposes of the Terrorist Finance Tracking Program, OJ 2010 L 195, pp. 3 and 4. The text of the Agreement is attached to this Decision, OJ 2010 L 195, pp. 5-14.

722 *Ibid.*, Art. 4 (2).

유로폴(Europol)은 미 재무부가 요청한 각각의 사본을 받아서 SWIFT 협정의 원칙이 준수되고 있는지 여부를 확인해야 한다.[723] 이 같은 사실이 확인되면 SWIFT는 미국 재무부에 직접 금융데이터를 제공해야 한다. 재무부는 금융데이터를 테러리즘이나 그 자금조달을 수사하는 분석가만이 액세스할 수 있는 안전한 물리적 환경에서 저장해야 하며, 금융데이터는 다른 데이터베이스와 상호 연결되지 않아야 한다. 일반적으로 SWIFT로부터 받은 금융데이터는 수취 후 5년 이내에 삭제해야 한다. 특정 수사나 기소와 관련된 금융데이터는 해당 수사나 기소에 필요한 경우에만 보유할 수 있다.

미 재무부는 SWIFT로부터 받은 데이터의 정보를 테러 및 그 자금조달의 수사, 적발, 예방 또는 기소를 위해서만 미국 내외의 특정한 법집행기관, 공안기관 또는 대테러기관에 이전할 수 있다. 금융데이터의 향후 이전이 EU 회원국의 시민 또는 거주자와 관련되는 경우, 제3국의 기관과 데이터를 공유하는 것은 해당 회원국 관할기관의 사전 동의를 받아야 한다. 공공의 안전에 대한 즉각적이고 심각한 위협을 방지하기 위하여 데이터의 공유가 필수적인 경우에는 예외로 할 수 있다.

유럽위원회가 임명한 사람을 포함한 독립적 감독관은 SWIFT 협정의 원칙 준수를 감시한다. 그들은 제공된 데이터에 대한 모든 검색을 실시간으로 그리고 소급하여 검토할 수 있으며, 이러한 검색의 테러 연관성을 정당화하기 위한 추가 정보를 요청할 수 있으며, 협정서에 명시된 안전장치를 위반하는 것으로 보이는 모든 검색을 차단할 수 있는 권한을 가지고 있다.

데이터주체는 EU의 관할 감독기관으로부터 개인데이터보호권이 준수되었는지 확인을 얻을 권리가 있다. 데이터주체는 SWIFT 협정에 따라 미국 재무부가 수집·저장해 온 데이터의 정정·삭제 또는 차단에 대한 권리

723 The Joint Supervisory Body of Europol has conducted audits on Europol's activities in this area.

도 갖는다. 다만 데이터주체의 액세스권은 일정한 법적 제한을 받을 수 있다. 데이터주체는 액세스가 거부된 경우, 서면으로 거부 및 미국에서 행정적·사법적 구제를 청구할 수 있는 권리를 통지되어야 한다.

SWIFT 협정은 5년간 유효하며, 첫 유효기간은 2015년 8월까지 지속되었다. 당사국 중 일방이 적어도 6개월 전에 상대국에게 연장하지 않겠다는 의사를 통보하지 않는 한, 자동적으로 이어서 1년간 연장된다. 자동연장은 2015년, 2016년, 2017년 8월에 적용돼 적어도 2018년 8월까지 SWIFT 협정의 효력을 보장하고 있다.[724]

724 *Ibid.*; Art. 23 (2).

제8장

경찰 및 형사사법 맥락에서의 데이터 보호

EU	관련쟁점	CoE
경찰 및 형사사법기관 데이터보호지침	**일반**	개정조약 제108호
	경찰	경찰권고(Police Recommendation) 경찰 분야에서의 개인데이터 이용에 관한 실무가이드
	감시	ECtHR, *B.B. v. France*, No. 5335/06, 2009 ECtHR, *S. and Marper v. the United Kingdom* [GC], Nos. 30562/04 and 30566/04, 2008 ECtHR, *Allan v. the United Kingdom*, No. 48539/99, 2002 ECtHR, *Malone v. the United Kingdom*, No. 8691/79, 1984 ECtHR, *Klass and Others v. Germany*, No. 5029/71, 1978 ECtHR, *Szabó and Vissy v. Hungary*, No. 37138/14, 2016 ECtHR, *Vetter v. France*, No. 59842/00, 2005
	사이버범죄	사이버범죄조약
다른 특별 법규범(Other specific legal instruments)		
프륌결정(Prüm Decision)	**특별 데이터 : 지문, DNA, 훌리건, 항공승객정보, 전기통신 데이터 등**	개정조약 제108호 제6조 경찰권고, 경찰 분야에서의 개인데이터 이용에 관한 실무가이드

EU	관련쟁점	CoE
스웨덴 이니셔티브(Council Framework Decision 2006/960/JHA)	**법집행기관 간의 정보 및 기밀 교환의 단순화**	ECtHR, *S. and Marper v. the United Kingdom* [GC], Nos. 30562/04 and 30566/04, 2008
테러리스트 범죄 및 중대범죄의 예방, 적발, 수사 및 기소를 위한 승객이름기록(PNR)데이터의 이용에 관한 지침(EU) 2016/681 CJEU, Joined cases C-293/12 and C-594/12, *Digital Rights Ireland and Kärntner Landesregierung and Others*[GC], 2014 CJEU, Joined cases C-203/15 and C-698/15, *Tele2 Sverige and Home Department v. Tom Watson and Others* [GC], 2016	**개인데이터의 보유**	ECtHR, *B.B. v. France*, No. 5335/06, 2009
유로폴 규칙(Europol Regulation) 유로저스트 결정(Eurojust Decision)	**특별행정기관에 의한**	경찰권고
센겐II 결정(Schengen II Decision) VIS 규칙 유로닥 규칙(Eurodac Regulation) CIS 결정(CIS Decision)	**특별공동정보시스템에 의한**	경찰권고 ECtHR, *Dalea v. France*, No. 964/07, 2010

데이터 보호에서의 개인의 이익과 범죄와 싸우고 국가 및 공공의 안전을 보장하기 위해 데이터 수집에서의 사회의 이익을 형량하기 위해, CoE와 EU는 특별한 법규범을 제정했다. 이 장에서는 경찰 및 형사사법 문제에서의 데이터 보호와 관련하여 CoE법(8.1)과 EU법(8.2)의 개요를 제공한다.

8.1. 데이터 보호 및 국가안보, 경찰 및 형사사법 문제에 관한 CoE법 (CoE law on data protection and national security, police and criminal justice matters)

요점

- 개정조약 제108호와 CoE 경찰권고는 모든 경찰업무 영역에서의 데이터 보호에 적용된다.
- 사이버범죄 조약(부다페스트 조약)은 전자통신망에 대해, 그리고 그에 의해 저질러진 범죄를 다루는 구속력 있는 국제법규범이다. 그것은 또한 전자적 증거를 포함하는 비사이버범죄(non-cyber-crimes)의 수사와도 관련성 있다.

CoE법과 EU법 사이의 하나의 중요한 차이점은 **CoE법**은 EU법과 달리 국가안보 분야에도 적용된다는 점이다. 이는 체약 당사국들이 국가안보와 관련된 활동에 대해서도 ECHR 제8조의 범위 내에 있어야 한다는 것을 의미한다. ECtHR 판결 중에는 민감한 국가안보 법 및 실무 분야에서의 국가 활동과 관련된 것이 여러 개 있다.[725]

유럽 차원에서 경찰 및 형사사법에 관하여, 개정조약 제108호는 개인데이터 처리의 모든 분야를 포괄하고 있으며, 그 조항은 개인데이터의 처리 일반을 규제하고자 하는 것이다. 따라서, 개정조약 제108호는 경찰 및 형사사법 분야에서의 데이터 보호에 적용된다. 유전자 데이터, 범죄, 형사소송 및 유죄판결과 관련된 개인데이터와 관련된 모든 보안조치, 민감한 개인데이터는 물론 사람을 고유하게 식별하는 생체 데이터의 처리는 이러한 데이터의 처리가 데이터주체의 이익, 권리 및 기본적 자유에 대해

725 See, for example, ECtHR, *Klass and Others v. Germany*, No. 5029/71, 6 September 1978; ECtHR, *Rotaru v. Romania* [GC], No. 28341/95, 4 May 2000 and ECtHR, *Szabó and Vissy v. Hungary*, No. 37138/14, 12 January 2016.

가해질 수 있는 위험, 특히 차별의 위험에 대한 적절한 안전장치가 존재하는 경우에만 허용될 뿐이다.[726]

경찰 및 형사사법기관의 법적 임무는 개인데이터의 처리를 종종 요구하는데, 이는 관련 개인에게 심각한 결과를 초래할 수 있다. 1987년 CoE가 채택한 경찰권고는 경찰기관이 개인데이터 처리와 관련하여 CoE 회원국들이 조약 제108호의 원칙에 어떻게 영향을 주어야 하는지에 대한 지침을 제공한다.[727] 권고는 조약 제108호 자문위원회에서 채택한 경찰분야에서의 개인데이터 이용에 관한 실무가이드로 보완됐다.[728]

사례 : *D.L. v. Bulgaria* 사건[729]에서, 사회복지기관은 법원 명령에 따라 청구인을 안전한 교육기관에 배치했다. 모든 서면 서신 및 전화 통화는 기관의 포괄적이고 무차별적인 감시를 받았다. ECtHR은 해당 조치가 민주사회에서 필요하지 않다는 점에서 제8조를 위반했다고 판결했다. 이는 존엄하게 대우받을 수 있는 권리의 필수적인 부분이고 사회로의 재통합을 준비하는데 절대적으로 필수적이기 때문에 기관에 있는 미성년자들이 외부 세계와 충분히 접촉할 수 있도록 모든 조치를 취해야 한다고 재판소는 판시했다. 이는 서면 서신이나 전화 통화에 못지않게 방문에도 적용되었다. 게다가, 감시는 가족 구성원들과 아이들의 권리를 대표하는 NGO나 변호사들과의 의사소통을 구분하지 않았다. 더욱이, 통신을 도청하기로 한 결정은 각 특정 사례의 위험에 대한 개별화된 분석에 기초하지 않았다.

---

726 Modernised Convention 108, Art. 6.

727 Council of Europe, Committee of Ministers (1987), Recommendation Rec(87)15 to member states regulating the use of personal data in the police sector, 17 September 1987.

728 Council of Europe (2018), Consultative Committee of Convention 108, Practical Guide on the use of personal data in the police sector, T-PD(2018)1.

729 ECtHR, *D.L. v. Bulgaria*, No. 7472/14, 19 May 2016.

사례 : *Dragojević v. Croatia* 사건[730]에서, 청구인은 마약 밀수에 연루된 혐의를 받았다. 그는 조사 판사가 청구인의 전화를 도청하기 위해 비밀 감시조치의 사용을 승인한 후 유죄 판결을 받았다. ECtHR은 쟁송이 제기된 이번 조치가 사생활 존중 및 교신에 대한 권리 침해에 해당한다고 판결했다. 조사 판사가 내린 승인은 '다른 수단으로 수사를 할 수 없다'는 검찰기관의 진술에 근거한 것일 뿐이었다. ECtHR은 또한 형사법원이 감시조치 사용에 대한 평가를 제한했었고, 정부가 가능한 구제수단을 내놓지 않은 점에 주목했다. 따라서, 제8조를 위반하였다.

8.1.1. 경찰권고(The police recommendation)

ECtHR은 경찰이나 국가보안기관의 개인데이터 저장 및 보유가 ECHR 제8조제1항에 대한 간섭에 해당한다고 일관되게 판결해 왔다. 많은 ECtHR 판결은 이러한 간섭의 정당성을 다룬다.[731]

사례 : *B.B. v. France* 사건[732]에서, 청구인은 신탁의 지위에 있는 사람으로 15세 미성년자에 대한 성범죄를 저지른 혐의로 형을 선고 받았다. 그는 2000년에 징역형을 마쳤다. 1년 후, 그는 이 형벌에 대한 언급을 자신의 전과기록에서 삭제해 줄 것을 요청했지만, 거부되었다. 2004년, 프랑스 법률은 성범죄자에 대한 국가 사법 데이터베이스를

730 ECtHR, *Dragojević v. Croatia*, No. 68955/11, 15 January 2015.

731 See, for example, ECtHR, *Leander v. Sweden*, No. 9248/81, 26 March 1987; ECtHR, *M.M. v. the United Kingdom*, No. 24029/07, 13 November 2012; ECtHR, *M.K. v. France*, No. 19522/09, 18 April 2013, or ECtHR, *Aycaguer v. France*, No. 8806/12, 22 June 2017.

732 ECtHR, *B.B. v. France*, No. 5335/06, 17 December 2009.

구축했고 청구인은 거기에 포함되었다는 것을 알게 되었다. ECtHR은 유죄 판결을 받은 성범죄자를 국가 사법 데이터베이스에 포함시키는 것은 ECHR 제8조에 해당한다고 판결했다. 그러나 데이터주체의 데이터 삭제 요청권, 데이터 저장의 제한기간, 이러한 데이터에 대한 제한된 액세스 등 충분한 데이터 보호 안전장치가 이행되었기 때문에, 문제의 상충하는 사익과 공공 이익 사이에 공정한 형량이 이루어졌었다. 재판소는 ECHR 제8조의 위반은 없었다고 결정했다.

사례 : *S. and Marper v. the United Kingdom* 사건[733]에서, 두 청구인 모두 범죄로 기소되었지만 유죄로 인정되지는 않았다. 그럼에도 불구하고, 그들의 지문, 세포 샘플, DNA 프로필은 경찰에 의해 보관되고 저장되었다. 어떤 사람이 범죄 혐의를 받은 경우 나중에 용의자가 무죄 또는 석방되더라도 전술한 생체 데이터의 무제한 보존은 법령에 의해 허용되었다. ECtHR은 시간이 제한되지 않고 무죄가 선고된 개인이 삭제요청을 할 수 있는 가능성이 제한적인 상황에서 개인데이터의 포괄적이고 무차별적인 보존은 청구인의 사생활 존중권에 대한 부당한 간섭에 해당한다고 판결했다. 재판소는 ECHR 제8조의 위반이 있었다고 결정했다.

전자통신의 맥락에서의 중요한 문제는 공적 기관에 의한 프라이버시 및 데이터 보호의 권리에 대한 간섭이다. 도청 장치와 같은 통신의 감시 또는 도청 수단은 법률로 규정되어 있고 이것이 다음의 경우를 위해 민주사회에서 필요한 조치를 구성하는 경우에만 허용된다.

733 ECtHR, *S. and Marper v. the United Kingdom* [GC], Nos. 30562/04 and 30566/04, 4 December 2008, paras. 119 and 125.

- 국가안보 보호
- 공공의 안전
- 국가의 금전적 이익
- 형사 범죄의 억제
- 데이터주체 또는 타인의 권리 및 자유의 보호

더 많은 다수의 ECtHR 판결은 감시 수행을 통한 프라이버시권에 대한 간섭의 정당성을 다룬다.

사례 : *Allan v. the United Kingdom* 사건[734]에서, 기관은 교도소 방문 구역에서 죄수와 친구와, 그리고 감방에서 공범과의 사적 대화를 은밀히 녹음하였다. ECtHR은 청구인의 감방, 교도소 면회소에서의 그리고 동료 수감자에 대한 오디오 및 비디오 녹음장치의 사용은 청구인의 사생활권을 침해하는 것에 해당한다고 판결했다. 당시 경찰에 의한 비밀녹음장치의 사용을 규제하는 실정법제도는 없었기 때문에, 이러한 간섭은 법에 따르지 않은 것이었다. 재판소는 ECHR 제8조의 위반이 있었다고 결정했다.

사례 : *Roman Zakharov v. Russia* 사건[735]에서, 청구인은 세 곳의 이동통신사를 상대로 소송을 제기했다. 그는 연방보안청이 사전 사법적 허가 없이 그의 전화 통신을 도청할 수 있는 장비를 통신사들이 설치했기 때문에 전화 통신의 프라이버시권이 침해되었다고 주장했다. ECtHR은 통신의 도청을 규율하는 국내법조항이 자의성과 남용의 위험에 대한 적절하고 실효적인 보증을 제공하지 못했다고 판결했다. 특히, 국가법은 저장 목적을 달성한 후 저장된 데이터의 삭제를 요구

734 ECtHR, *Allan v. the United Kingdom*, No. 48539/99, 5 November 2002.
735 ECtHR, *Roman Zakharov v. Russia*, No. 47143/06, 4 December 2015.

하지 않았다. 더군다나, 사법적 허가가 필요했지만, 사법적 감시는 제한적이었다.

예: *Szabó and Vissy v. Hungary* 사건[736]에서, 청구인들은 헝가리의 법률이 충분히 상세하거나 정확하지 않기 때문에 ECHR 제8조를 위반했다고 주장했다. 게다가, 그 법률은 남용과 자의에 대한 충분한 보장을 제공하지 않았다는 주장이 제기되었다. ECtHR은 헝가리 법률은 감시가 법원의 허가 대상이 될 것을 요구하지 않았다고 판결했다. 그럼에도 불구하고, 재판소는 그것이 법무부 장관의 승인을 받기는 했지만, 이러한 감시는 매우 정치적이고 '엄격한 필요성'에 대한 요구되는 평가를 보장할 수 없다는 점에 주목했다. 게다가, 국가법은 대상자들에게 통보가 보내지지 않을 것이라는 점에서 사법심사를 규정하지도 않았다. 재판소는 ECHR 제8조에 위반이 있었다고 결정했다.

경찰기관에 의한 데이터 처리는 관계인에게 중대한 영향을 미칠 수 있기 때문에, 특히 이 분야에서의 개인데이터 처리를 위한 상세한 데이터보호규정이 필요하다. CoE 경찰권고는 경찰 업무를 위해 개인데이터가 수집되는 방법, 이 분야에서의 데이터 파일이 보관되는 방법, 외국 경찰기관에 개인데이터를 이전하는 조건을 포함하여 누가 이 파일에 액세스할 수 있도록 허용되어야 하는지, 데이터주체가 자신의 데이터보호권을 행사할 수 있는 방법, 그리고 독립적 기관에 의한 통제가 실행되는 방법에 대한 가이던스를 제공함으로써 이 문제를 해결하고자 하였다. 데이터 보호 권한을 행사하고 독립기관에 의한 제어가 구현되어야 하는 방법에 대해 설명한다. 적절한 데이터 보안을 제공할 의무도 고려되었다.

이 권고는 경찰기관의 공개적이고 무차별적인 개인데이터 수집을 규정하고 있지 않다. 그것은 경찰기관에 의한 개인데이터의 수집을 실제 위험

736 ECtHR, *Szabó and Vissy v. Hungary*, No. 37138/14, 12 January 2016.

을 방지하거나 특정한 범죄의 기소를 위해 필요한 것으로 제한한다. 추가 데이터 수집은 구체적인 국가법에 근거해야 한다. 민감데이터의 처리는 특정한 조사의 맥락에서 절대적으로 필요한 것으로 제한되어야 한다.

데이터주체가 알지 못한 채 개인데이터가 수집되는 경우, 이러한 공개가 더 이상 수사에 해를 끼치지 않는 즉시 데이터주체에게 데이터 수집을 통보해야 한다. 기술적 감시 또는 기타 자동화된 방법에 의한 데이터 수집은 특정한 법적 근거가 있어야 한다.

> 사례 : *Versini-Campinchi and Crasnianski v. France* 사건[737]에서, 변호사인 청구인은 조사 판사의 요청에 따라 전화가 도청되고 있는 의뢰인과 전화 통화를 했다. 대화 내용은 그녀가 법률 전문가 특권이 적용되는 정보를 공개했음을 보여주었다. 검사는 이 정보를 변호사협회에 보냈고, 협회는 청구인에게 벌칙을 부과했다. ECtHR은 전화가 도청된 사람뿐만 아니라 통신이 도청되고 기록된 청구인의 사생활 존중 및 교신에 대한 권리에 대한 간섭의 존재를 인정했다. 그 간섭은 법에 따라 이루어졌고, 혼란의 방지라는 정당한 목적을 추구했다. 청구인은 자신에게 내려진 징계절차의 맥락에서 전화 도청 기록의 제출의 적법성에 대한 심사를 받았었다. 비록 그녀가 전화 통화의 녹취록을 무효화하는 것을 신청할 수 없었지만, ECtHR은 쟁송 제기된 간섭을 민주사회에서 필요한 것으로 제한할 수 있는 실효적인 철저한 심사가 있었다고 간주했다. ECtHR은 녹취록에 근거한 변호사에 대한 형사소송의 가능성이 변호사와 의뢰인의 커뮤니케이션의 자유, 따라서 의뢰인의 방어권에 위축적 영향을 미칠 수 있다는 주장은 변호사 스스로 한 공개가 자신의 불법적인 행위에 이를 수 있는 경우에는 신뢰할 수 없다고 판결했다. 따라서, 제8조의 위반은 인정되지 않았다.

737 ECtHR, *Versini-Campinchi and Crasnianski v. France*, No. 49176/11, 16 June 2016.

CoE 경찰권고는 개인데이터를 저장할 때 행정 데이터와 경찰 데이터, 용의자, 유죄판결 받은 사람, 피해자 및 목격자와 같은 다양한 유형의 데이터주체의 개인데이터, 그리고 확실한 사실로 간주되는 데이터와 의혹이나 추측에 근거한 데이터 등으로 명확히 구별되어야 한다고 규정하고 있다.

경찰 데이터가 사용될 수 있는 목적은 엄격히 제한되어야 한다. 이는 제3자에게 경찰 데이터를 공개하는 것에 대해 영향을 갖는다. 즉, 경찰 부문 내에서의 이러한 데이터의 이전 또는 공개는 정보 공유에 대한 정당한 이익이 있는지 여부에 따라 좌우되어야 한다. 경찰 부문 외부로의 이러한 데이터의 이전 또는 공개는 명백한 법적 의무나 승인이 있는 경우에만 허용되어야 한다.

> 사례 : *Karabeyoğlu v. Turkey* 사건[738]에서, 판사인 청구인은 그가 소속된 것으로 의심되거나 그가 원조 및 지원을 제공하는 것으로 생각되는 불법 조직에 대한 범죄 수사의 맥락에서 자기의 전화 통화를 감시하게 했다. 불기소 결정에 따라, 범죄 수사를 담당한 검사는 문제의 녹음을 파기했다. 그러나, 그 사본은 사법 수사관들이 여전히 보유하고 있었고, 그들은 청구인에 대한 징계 조사의 맥락에서 관련 자료를 사용했다. ECtHR은 정보가 수집된 것과 다른 목적으로 사용되었고 실정법상의 기한 내에 파기되지 않았기 때문에 관련 법률에 위반되었다고 판결했다. 청구인의 사생활 존중권에 대한 간섭은 그에 대한 징계절차에 관한 한 법을 따르지 않았다.

국제적 이전 또는 공개는 심각하고 급박한 위험을 방지하기 위해 필요하지 않는 한 외국 경찰기관으로 제한되어야 하며 특별 법조항, 가능한

738 ECtHR, *Karabeyoğlu v. Turkey*, No. 30083/10, 7 June 2016.

국제협약에 근거하여야 한다.

경찰의 데이터 처리는 국내 데이터보호법의 준수를 보장하기 위해 독립적인 감독을 받아야 한다. 데이터주체는 개정조약 제108호에 포함된 모든 액세스권을 가지고 있어야 한다. 데이터주체의 액세스권이 조약 제108호 제9조에 따라 제한된 경우, 실효적인 경찰 수사와 형벌의 집행을 위하여 데이터주체는 국내법상 국가 데이터보호감독기관 또는 다른 독립기관에 대해 상소할 권리를 가져야 한다.

8.1.2. 부다페스트 사이버범죄조약 (The Budapest Convention on Cybercrime)

범죄활동이 전자데이터 처리시스템을 점점 더 많이 사용하고 영향을 미치면서, 이러한 과제에 대처하기 위해 새로운 형사법조항이 필요하다. 따라서 CoE는 전자통신망에 의해 저질러진 범죄의 문제를 해결하기 위해 부다페스트조약으로도 알려진 국제법규범인 사이버범죄조약(Convention on Cybercrime)을 채택했다.[739] 이 조약은 CoE의 비회원국들의 가입에도 개방되어 있다. 2018년 초까지, CoE 밖의 14개국[740]이 이 조약의 당사국들이었고 7개의 다른 비회원국들이 가입에 초대되었다.

사이버범죄조약은 인터넷이나 다른 정보망을 통한 법 위반을 다루는 가장 영향력 있는 국제조약으로 남아 있다. 그것은 당사국들에게 저작권 침해, 컴퓨터를 이용한 사기, 아동 포르노 및 기타 불법 사이버 활동을 포함한 해킹과 기타 보안 침해에 대한 형법을 업데이트하고 조화시킬 것을 요구한다. 이 조약은 또한 사이버범죄와의 싸움의 맥락에서 컴퓨터 네트워크의 검색과 통신의 도청을 다루는 절차적 권한을 규정한다. 마지막

739 Council of Europe, Committee of Ministers (2001), Convention on Cybercrime, CETS No. 185, Budapest, 23 November 2001, entered into force on 1 July 2004.

740 Australia, Canada, Chile, the Dominican Republic, Israel, Japan, Mauritius, Panama, Senegal, Sri Lanka, Tonga and the United States. See Chart of signatures and ratifications of Treaty 185, status as of July 2017.

으로, 그것은 실효적인 국제협력을 가능하게 한다. 이 조약의 추가 의정서는 컴퓨터 네트워크에서의 인종차별적이고 외국인 혐오적인 선전의 범죄화를 다룬다.

이 조약은 데이터 보호를 촉진하기 위한 규범은 아니지만 데이터주체의 데이터보호권을 침해할 가능성이 있는 활동을 범죄로 규정한다. 게다가, 체약 당사국들에게 그들의 국가기관이 트래픽 및 콘텐츠 데이터를 가로챌 수 있도록 법적인 조치를 채택할 것을 요구한다.[741] 또한, 체약 당사국들이 조약을 이행할 때 데이터보호권과 같이 ECHR에 따라 보장되는 권리를 포함하여 인간의 권리 및 자유에 대한 적절한 보호를 예측할 의무가 부과된다.[742] 체약 당사국들은 부다페스트 사이버범죄조약에 가입하기 위해 조약 제108호에 가입할 것이 요구되지 않는다.

8.2. 경찰 및 형사사법 문제에서의 데이터 보호에 관한 EU법 (EU law on data protection in police and criminal justice matters)

요점

- EU 역내에서 경찰 및 형사사법 분야에서의 데이터 보호는 회원국 및 EU 행위자의 경찰 및 형사사법기관에 의해 국가 및 국경을 넘는 처리의 맥락에서 규제된다.
- 회원국 레벨에서 경찰 및 형사사법기관 데이터보호지침(Data Protection Directive for Police and Criminal Justice Authorities)은 국가법으로 통합되어야 한다.
- 특별 법규범이 경찰 및 법집행의 국경을 넘는 협조, 특히 테러 및 국경을 넘는 범죄와의 싸움에서 데이터 보호를 규제한다.

741 Council of Europe, Committee of Ministers (2001), Convention on Cybercrime, CETS No. 185, Budapest, 23 November 2001, Art. 20 and 21.

742 *Ibid.*, Art. 15 (1).

- 유럽경찰청(유로폴), EU사법협력단(유로저스트), 신설된 유럽검찰청에 대한 특별 데이터보호규정이 존재하며, 이들은 국경을 넘는 법집행을 지원하고 촉진하는 EU기관들이다.
- 특별 데이터보호법령은 또한 관할 경찰 및 사법기관 간의 국경을 넘는 정보 교환을 위해 EU 레벨에서 설치된 공동정보시스템에 대해서도 존재한다. 중요한 예로는 센겐정보시스템 II(SIS II), 비자정보시스템(VIS)과 EU 회원국에 망명을 신청하는 제3국 국민 및 무국적자의 지문 데이터를 포함하는 중앙집중식 시스템인 유로닥(Eurodac)이 있다.
- EU는 경찰 및 형사사법기관 데이터보호지침의 규정을 준수하기 위해 위에서 명시된 데이터보호조항을 업데이트하는 과정에 있다.

8.2.1. 경찰 및 형사사법기관 데이터보호지침(The Data Protection Directive for Police and Criminal Justice Authorities)

범죄의 예방, 수사, 적발이나 기소 또는 형벌의 집행을 목적으로 한 관할기관의 개인데이터 처리와 관련된 자연인의 보호와 이러한 데이터의 자유로운 이동에 관한 지침 2016/680/EU(경찰 및 형사사법기관 데이터보호지침)[743]은 다음과 같은 경우에 걸치는 형사사법 목적을 위하여 수집되고 처리된 개인데이터 보호를 목적으로 한다.

- 공공의 안전 위협에 대한 보호와 그 예방을 포함한 범죄의 예방, 수사, 적발이나 기소 또는 형벌의 집행

743 Directive 2016/680/EU of the European Parliament and of the Council of 27 April 2016, on the protection of natural persons with regard to the processing of personal data by competent authorities for the purposes of the prevention, investigation, detection or prosecution of criminal offences or the execution of criminal penalties, and on the free movement of such data, and repealing Council Framework Decision 2008/977/JHA, OJ 2016 L 119, p. 89 (Data Protection Directive for Police and Criminal Justice Authorities).

- 형벌 집행
- 경찰 또는 기타의 법집행기관이 법을 유지하고 공공의 안전 및 사회의 기본권에 대해 범죄를 구성할 수 있는 위협으로부터 보호하고 이를 예방하기 위해 행위하는 경우

경찰 및 형사사법기관 데이터보호지침은 증인, 정보 제공자, 피해자, 용의자 및 공범과 같은 형사소송에 관련된 여러 범주의 개인의 개인데이터를 보호한다. 경찰 및 형사사법기관은 인적 및 물적 범위 내에서 법집행 목적을 위해 이러한 개인데이터를 처리할 때마다 이 지침의 조항을 준수할 의무가 있다.[744]

그러나 다른 목적을 위한 데이터의 이용은 또한 일정한 조건에 따라 허용된다. 수집된 목적과 다른 법집행 목적을 위한 데이터의 처리는 국가법이나 EU법에 따라 적법하고, 필요하며, 비례적인 경우에만 허용된다.[745] 다른 목적에 대해서는 GDPR 규정이 적용된다. 데이터 공유의 기록 및 문서화는 쟁송에서 발생하는 책임의 명확화를 지원하는 관할기관의 구체적인 의무 중 하나이다.

경찰 및 형사사법 분야에서 일하는 관할기관은 공공기관, 또는 국가법 및 공권력에 의해 민영 교도소와 같은 공공기관의 기능[746]을 수행하도록 권한이 위임된 기관이다.[747] 지침의 적용 가능성은 국내 수준의 데이터

744 Data Protection Directive for Police and Criminal Justice Authorities, Art. 2 (1).

745 *Ibid.*, Art. 4 (2).

746 *Ibid.*, Art. 3 (7).

747 European Commission (2016), Communication from the Commission to the European Parliament pursuant to Article 294 (6) of the Treaty on the Functioning of the European Union concerning the position of the Council on the adoption of a Directive of the European Parliament and of the Council on the protection of individuals with regard to the processing of personal data by competent authorities for the purposes of prevention, investigation, detection or prosecution of criminal offences or the execution of criminal penalties, and on the free movement of such data, and repealing Council Framework Decision 2008/977/JHA, COM(2016) 213 final, Brussels, 11 April 2016.

처리와 회원국 경찰 및 사법기관 간의 국경을 넘는 처리에까지, 그리고 관할기관의 제3국 및 국제기구에 대한 국제적 이전에까지 확대된다.[748] 그것은 EU 기관, 기구, 청 및 행정기관에 의한 국가안보나 개인데이터의 처리를 포함하지 않는다.[749]

지침은 GDPR에 포함된 원칙 및 개념정의에 크게 의존하면서, 경찰 및 형사사법 분야의 특수성을 고려한다. 감독은 GDPR에 따라 이를 행사하는 동일한 회원국 기관에 의해 수행될 수 있다. 데이터보호책임자의 임명과 데이터보호영향평가의 수행은 경찰 및 형사사법기관에 대한 새로운 의무로서 지침에 도입되었다.[750] 이들 개념은 GDPR에서 영감을 얻었지만, 지침은 경찰 및 형사사법기관의 특수성을 다루고 있다. GDPR에 의해 규제되는 상업적 목적을 위한 데이터 처리와 비교하여 보안 관련 처리에는 어느 정도의 유연성이 필요할 수 있다. 예를 들어, GDPR에 따라서 하는 것처럼 개인데이터에 대한 정보권, 액세스권 또는 삭제권의 측면에서 데이터주체에게 동일한 보호수준을 제공하면 법집행 목적을 위해 수행되는 감시작업은 법집행 측면에서 비효율적일 수 있다. 따라서 지침은 투명성 원칙을 포함하지 않는다. 마찬가지로, 개인데이터는 처리 목적과 관련하여 필요한 것으로만, 그리고 구체적이고 명시적인 목적을 위해 처리되는 것으로 제한되어야 한다는 데이터 최소화 및 목적 제한 원칙도 또한 보안 관련 처리에 유연하게 적용될 필요가 있다. 특정 사건에 대해 관할기관이 수집 및 저장한 정보는 향후 사건을 해결하는 데 매우 유용하게 사용될 수 있다.

처리와 관련되는 원칙(Principles relating to processing)

경찰 및 형사사법기관 데이터보호지침에서는 개인데이터 이용에 관한

748 Data Protection Directive for Police and Criminal Justice Authorities, Chapter V.
749 *Ibid.*, Art. 2 (3).
750 *Ibid.*, in Art. 32 and Art. 27, respectively.

몇 가지 주요 안전장치를 설정한다. 또한 이러한 데이터의 처리를 안내하는 원칙을 설명한다. 회원국들은 개인데이터가 다음과 같은지를 확인해야 한다.

- 적법하고 공정하게 처리된다.
- 구체화되고, 명시적이며, 정당한 목적을 위해 수집되며, 그러한 목적과 양립할 수 없는 방식으로 처리되지 않는다.
- 처리 목적과 관련하여 적합하고 관련성 있으며 과도하지 않다.
- 정확하고 필요한 경우 최신 정보를 유지한다. 처리 목적을 고려하여 부정확한 개인데이터는 지체 없이 삭제 또는 정정되는 것을 보장하는 모든 합리적인 조치를 취해야 한다.
- 데이터가 처리되는 목적에 필요한 것 보다 장기간 데이터주체의 식별을 허용하는 형태로 유지되지 않는다.
- 적절한 기술적 또는 조직적 조치를 사용하여 권한이 없거나 불법적인 처리와 우발적 손실, 파괴 또는 손해로부터 보호하는 것을 포함하여 개인데이터의 적절한 보안을 보장하는 방식으로 처리된다.[751]

지침에 따르면, 처리는 관련 업무를 수행하는 데 필요한 범위 내에서만 적법하다. 게다가, 이는 지침에 명시된 목적을 추구하기 위해 관할기관이 해야 하며, EU법이나 국가법에 근거해야 한다.[752] 데이터는 필요한 것보다 장기간 보관해서는 안 되며 일정한 기한 내에서 삭제하거나 정기적으로 심사되어야 한다. 관할기관에 의해 그리고 데이터가 수집되고, 전송되거나 또는 이용할 수 있도록 하기 위한 목적으로만 이용되어야 한다.

751 *Ibid.*, Art. 4 (1).
752 *Ibid.*, Art. 8.

데이터주체의 권리(Rights of the data subject)

지침은 또한 데이터주체의 권리를 규정한다. 여기에는 다음이 포함된다.

- 정보를 받을 권리. 회원국들은 데이터주체가 1) 컨트롤러의 신원 및 연락처 세부정보, 2) 데이터보호책임자의 연락처 세부정보, 3) 의도한 처리 목적, 4) 감독기관에의 쟁송 제기권 및 그 연락처 세부정보, 5) 개인데이터 액세스권, 정정권이나 삭제권과 데이터 처리제한권을 이용할 수 있도록 데이터 컨트롤러에게 의무화해야 한다.[753] 이러한 일반적인 정보요건 외에도, 지침은 특정한 경우에, 그리고 이들의 권리를 행사할 수 있도록 컨트롤러는 처리의 법적 근거와 데이터가 저장되는 기간에 대한 정보를 데이터주체에게 제공해야 한다고 규정하고 있다. 개인데이터가 제3국 또는 국제기구를 포함한 다른 수취인에게 전송되어야 하는 경우, 데이터주체에게 이러한 수취인의 범주에 대해 통지를 해야 한다. 마지막으로, 컨트롤러는 데이터가 처리되는 구체적인 상황(예: 비밀 감시 중, 즉 데이터주체가 알지 못하게 개인데이터가 수집되는 경우)을 고려하여 추가 정보를 제공해야 한다. 이는 데이터주체에 대한 공정한 처리를 보장한다.[754]
- 개인데이터 액세스권. 회원국들은 데이터주체가 자신의 개인데이터가 처리되고 있는지 여부를 알 수 있는 권리를 보장해야 한다. 이러한 경우 데이터주체는 처리 중인 데이터의 범주와 같은 일정한 정보에 액세스할 수 있어야 한다.[755] 그러나, 예를 들어, 수사 방해나 범죄 기소에 대한 악영향을 방지하거나, 공공의 안전과 타인의 권리 및 자유를 보호하기 위해 이러한 권리가 제한될 수 있다.[756]

753 *Ibid.*, Art. 13 (1).
754 *Ibid.*, Art. 13 (2).
755 *Ibid.*, Art. 14.

- 개인데이터 정정권. 회원국들은 데이터주체가 부당한 지체 없이 부정확한 개인데이터의 정정을 얻을 수 있도록 보장해야 한다. 또한, 데이터주체는 불완전한 개인데이터를 완전하게 할 권리도 가지고 있다.[757]
- 개인데이터 삭제권 및 처리제한권. 일정한 경우에 컨트롤러는 개인데이터를 삭제해야 한다. 또한, 데이터주체는 개인데이터가 불법적으로 처리되고 있을 때에만 개인데이터의 삭제를 얻을 수 있다.[758] 경우에 따라서는 개인데이터의 처리가 삭제되기 보다는 제한될 수 있다. 이는 1) 개인데이터의 정확성이 다퉈지지만, 확인할 수 없거나 또는 2) 증거를 위해 개인데이터가 필요한 경우에 발생할 수 있다.[759]

컨트롤러가 개인데이터를 정정하거나 삭제하는 것 또는 데이터 처리를 제한하는 것을 거부할 때마다 데이터주체에게 서면으로 이러한 사실을 알려야 한다. 회원국은 무엇보다도 액세스권을 제한하는 것과 같은 이유로 공공의 안전이나 타인의 권리 및 자유를 보호하기 위해 이러한 정보에 대한 권리를 제한할 수 있다.[760]

데이터주체는 일반적으로 개인데이터의 처리에 관한 정보를 받을 권리가 있으며, 액세스권, 정정권, 삭제권 또는 처리제한권이 있으며, 이들 권리를 컨트롤러에게 직접 행사할 수 있다. 만약의 경우에, 데이터 보호감독기관을 통한 데이터주체 권리의 간접적 행사도 경찰 및 형사사법기관 데이터보호지침에 따라 가능하며, 컨트롤러가 데이터주체의 권리를 제한할 때 발효된다.[761] 지침 제17조는 회원국들이 감독기관을 통해 데이터주

756 *Ibid.*, Art. 15.
757 *Ibid.*, Art. 16 (1).
758 *Ibid.*, Art. 16 (2).
759 *Ibid.*, Art. 16 (3).
760 *Ibid.*, Art. 16 (4).
761 *Ibid.*, Art. 17.

체의 권리를 행사할 수 있도록 보장하는 조치를 채택하도록 요구하고 있다. 그렇기 때문에 데이터 컨트롤러는 데이터주체에게 간접적인 액세스 가능성을 알려야 한다.

컨트롤러 및 프로세서의 의무(Obligations of the controller and processor)

경찰 및 형사사법기관 데이터보호지침의 맥락에서 데이터 컨트롤러는 개인데이터 처리의 목적과 수단을 결정하는 관할 공공기관이거나 또는 관련 공권력과 공적 권한을 가진 기타 기구이다. 지침은 법집행 목적으로 처리된 개인데이터에 대해 높은 수준의 보호를 보장하기 위해 데이터 컨트롤러에 대한 몇 가지 의무를 설정한다.

관할기관은 자동화된 처리시스템에서 수행하는 처리작업을 위해 로그를 보관해야 한다. 개인데이터의 수집, 변경, 조회, 이전을 포함한 공개, 조합 및 삭제를 포함한 공개에 대한 로그를 최소한 보관해야 한다.[762] 지침은 조회 및 공개 로그를 통해 운영 일시, 정당한 이유, 가능하다면 시스템을 조회하였거나 개인데이터를 공개한 사람의 신원과 관련 개인데이터의 수취인을 확인할 수 있어야 한다고 규정하고 있다. 로그는 자가 모니터링, 개인데이터의 무결성 및 보안 보장과 형사소송을 위하여 처리의 적법성을 검증하기 위한 목적으로만 사용해야 한다.[763] 감독기관의 요청에 따라 컨트롤러 및 프로세서는 로그를 감독기관이 사용 가능하도록 만들어야 한다.

특히, 컨트롤러는 지침에 따라 처리가 수행되는 것을 보장하고 이러한 처리의 적법성을 입증할 수 있도록 적절한 기술적 및 조직적 조치를 이행해야 할 일반적인 의무가 있다.[764] 이러한 조치들을 설계할 때, 이들은 처리의 성질, 범위, 맥락, 그리고 중요한 것은 개인의 권리 및 자유에 대한

762 *Ibid.*, Art. 25 (1).
763 *Ibid.*, Art. 25 (2).
764 *Ibid.*, Art. 19.

잠재적 위험을 고려해야 한다. 컨트롤러는 내부 정책을 채택하고 데이터보호원칙, 특히 디자인 및 디폴트에 의한 데이터보호원칙의 준수를 촉진하는 조치를 이행해야 한다.[765] 예를 들어 신기술의 사용으로 인해 처리가 개인의 권리에 큰 위험을 초래할 가능성이 있는 경우, 컨트롤러는 처리를 시작하기 전에 데이터보호영향평가를 수행해야 한다.[766] 지침은 또한 처리의 보안을 보장하기 위해 컨트롤러가 이행해야 하는 조치도 열거하고 있다. 여기에는 컨트롤러가 처리한 개인데이터에 대한 무단 액세스를 방지하고, 인가받은 사람이 자신의 액세스 권한에 포함되는 개인데이터에 대해서만 액세스하고, 처리시스템의 기능이 적절하게 수행되며, 저장된 개인데이터가 시스템의 고장으로 손상되지 않도록 하기 위한 조치가 포함된다.[767] 만일 개인데이터 침해가 발생하는 경우, 컨트롤러는 침해의 성격, 발생 가능한 결과, 관련된 개인데이터의 범주 및 영향을 받는 각 데이터주체의 대략적인 숫자를 기술하여, 3일 이내에 감독기관에 통보해야 한다. 개인데이터 침해는 또한 그 침해가 자신의 권리 및 자유에 높은 위험을 초래할 가능성이 있는 경우 "부당한 지체 없이" 데이터주체에게 전달되어야 한다.[768]

지침에는 책임 원칙이 포함되어 있으며, 컨트롤러에게 해당 원칙의 준수를 보장하기 위한 조치를 이행할 의무를 부과한다. 컨트롤러는 그 책임하에 모든 범주의 처리 활동의 기록을 보관해야 한다. 이러한 기록의 세부 내용은 지침 제24조에 명시되어 있다. 감독기관이 컨트롤러의 처리작업을 모니터링할 수 있도록 요청에 따라 기록을 사용할 수 있어야 한다. 책임성을 높이기 위한 또 다른 중요한 조치는 데이터보호책임자(DPO)의 지명이다. 비록 지침은 회원국이 법원과 다른 독립적 사법기관을 그 의무로부터 면제되도록 허용하지만 컨트롤러는 DPO를 지명해야 한다.[769]

765 *Ibid.*, Art. 20.
766 *Ibid.*, Art. 27.
767 *Ibid.*, Art. 29.
768 *Ibid.*, Art. 30 and 31.

DPO의 임무는 GDPR에 따른 것과 유사하다. DPO는 지침 준수를 모니터링하고, 정보를 제공하며, 데이터 처리를 수행하는 직원에게 데이터보호법에 따른 의무에 대해 조언한다. DPO는 또한 데이터보호영향평가를 수행해야 할 필요성에 대한 조언을 하고 감독기관과의 연락처 역할을 한다.

제3국 또는 국제기구로의 이전
(Transfers to third countries or international organisations)

GDPR과 마찬가지로, 지침은 제3국 또는 국제기구로의 개인데이터 이전을 위한 조건을 설정한다. 만약 개인데이터가 EU 관할권 밖으로 자유롭게 전송된다면, EU법에 따라 제공되는 안전장치 및 강력한 보호가 훼손될 수 있다. 그러나 조건 자체는 GDPR상의 그것들과 상당히 다르다. 다음과 같은 경우에 제3국 또는 국제기구로의 개인데이터의 이전은 허용된다.[770]

- 지침의 목적을 위해 이전이 필요하다.
- 개인데이터는 지침의 의미 내에서 제3국 또는 국제기구의 관할기관에 이전된다. 단, 개별 및 특정 사례에서 이 규정에 대한 특례가 있다.[771]
- 국가를 넘는 협력 과정에서 수취한 개인데이터의 제3국 또는 국제기구로의 이전은 긴급한 경우 적용제외가 존재하지만 데이터가 발신되는 회원국의 승인을 요구한다.
- 유럽위원회가 적합성결정을 채택했거나, 적절한 안전장치가 수립되었거나, 또는 특정한 상황에서 이전의 특례가 적용된다.
- 개인데이터를 다른 제3국 또는 국제기구로 계속적으로 이전하려면

769 *Ibid.*, Art. 32.
770 *Ibid.*, Art. 35.
771 *Ibid.*, Art. 39.

> 원래 관할기관의 사전 승인이 필요하다. 여기에는 무엇보다 두 번째 국제 이전의 목적지의 국가에서의 위반의 심각성과 데이터 보호 수준을 고려할 것이다.[772]

지침에 따르면 세 가지 조건 중 하나가 충족이 된 경우 개인데이터의 이전이 이루어질 수 있다. 첫 번째는 유럽위원회가 지침에 따라 적합성결정을 내렸을 때이다. 결정은 제3국의 전체 영토 또는 제3국의 특정 부문 또는 국제기구에 적용될 수 있다. 그러나 이는 적절한 보호수준이 보장되고 지침에 규정된 조건이 충족될 경우에만 이루어질 수 있다.[773] 이러한 경우 개인데이터의 이전은 회원국의 허가를 받지 않는다.[774] 유럽위원회는 적합성결정의 기능에 영향을 미칠 수 있는 상황의 진전을 모니터링해야 한다. 또한, 결정은 정기적인 심사 메커니즘을 포함해야 한다. 유럽위원회는 또한 이용가능한 정보가 제3국 또는 국제기구의 조건이 더 이상 적절한 보호수준을 보장하지 않는다는 것을 나타내는 경우 결정을 철회, 개정 또는 중지할 수 있다. 그러한 경우, 유럽위원회는 제3국이나 국제기구와 협의를 해야 하며, 상황을 개선하려고 노력해야 한다.

적합성결정이 없는 경우, 이전은 적절한 안전장치에 근거할 수 있다. 이는 법적 구속력 있는 규범으로 규정될 수 있거나 또는 컨트롤러가 개인데이터의 이전을 둘러싼 상황에 대한 자체 평가를 수행할 수 있고 적절한 안전장치가 존재한다고 결정할 수 있다. 자체 평가는 유로폴이나 유로저스트와 제3국 또는 국제기구 간에 체결된 가능한 협력 협정, 기밀의무의 존재, 목적 제한, 그리고 데이터가 사형을 포함하여 어떠한 형태의 잔인하고 비인간적인 취급에도 사용되지 않는다는 보장 등을 고려해야 한다.[775] 이 후자의 경우, 컨트롤러는 관할 감독기관에 이 범주에 따른 이전

---

772 *Ibid.*, Art. 35 (1).

773 *Ibid.*, Art. 36.

774 *Ibid.*, Art. 36 (1).

775 *Ibid.*, Recital 71.

의 범주를 통지하여야 한다.[776]

적합성결정이 채택되지 않았거나 적절한 안전장치가 확립되지 않은 경우, 이전은 여전히 지침에 요약된 특정한 상황에서 허용될 수 있다. 여기에는 무엇보다도 데이터주체 또는 다른 사람의 중대한 이익 보호 및 회원국 또는 제3국의 공공의 안전에 관한 급박하고 심각한 위협의 방지가 포함된다.[777]

개별적이고 특정한 경우에, 상술한 세 가지 조건 중 하나 이외에 지침 제39조에서 규정된 추가 조건을 충족한다면, 관할기관이 아닌 제3국에 설립된 수취인으로의 관할기관에 의한 이전이 발생할 수 있다. 특히, 이전은 이전하는 관할기관의 업무 수행을 위해 엄격히 필요해야 하며, 이 기관은 또한 개인의 기본적 권리나 자유가 이전을 정당화하는 공익에 우월하지 않다고 판단하는 데에도 책임을 부담한다. 이러한 이전은 문서화되어야 하며, 이전하는 관할기관은 관할 감독기관에게 통지하여야 한다.[778]

마지막으로, 제3국 및 국제기구와 관련하여, 지침은 입법의 실효적인 시행을 촉진하기 위한 국제협력 메커니즘의 개발을 요구하며, 그래서 데이터보호감독기관이 외국기관과 협력할 수 있도록 조력한다.[779]

독립적 감독과 데이터주체의 권리구제
(Independent supervision and remedies for data subjects)

각 회원국은 하나 이상의 독립적 국가감독기관이 지침에 따라 채택된 조항의 적용을 조언하고 감시할 책임이 있음을 보장해야 한다.[780] 지침의 목적을 위해 설립된 감독기관은 GDPR에 따라 설립된 감독기관과 같을

776 *Ibid.*, Art. 37 (1).
777 *Ibid.*, Art. 38 (1).
778 *Ibid.*, Art. 37 (3).
779 *Ibid.*, Art. 40.
780 *Ibid.*, Art. 41.

수 있지만, 회원국은 독립성 기준을 충족하는 경우 다른 기관을 자유롭게 지정할 수 있다. 감독기관은 또한 관할기관의 개인데이터 처리와 관련한 자신의 권리 및 자유에 관해 개인이 제기한 청구에 대해서도 심리해야 한다.

데이터주체의 권리 행사가 우월적인 이유로 거부되는 경우, 데이터주체는 관할 국가감독기관 및/또는 법원에 쟁송을 제기할 권리가 있어야 한다. 지침을 시행하는 국가법의 위반으로 인해 손해를 입는 경우, 그 사람은 컨트롤러나 회원국법에 따라 권한을 가진 다른 기관으로부터 배상을 받을 권리가 있다.[781] 일반적으로 데이터주체는 지침을 시행하는 국가법이 보장하는 권리의 침해에 대해 사법적 구제수단을 이용할 수 있어야 한다.[782]

8.3. 법집행 문제에서의 데이터 보호에 관한 기타 특별법규 (Other specific legal instruments on data protection in law enforcement matters)

경찰 및 형사사법기관 데이터보호지침 이외에도, 특정 영역에서 회원국이 보유한 정보의 교환은 다수의 법규범에 의해 규제된다. 이러한 법규범으로는 회원국 간 범죄기록에서 추출한 정보 교환의 조직 및 내용에 관한 이사회구조결정 2009/315/JHA, 정보 교환에 관한 회원국의 금융정보부서 간의 협력 협의에 관한 이사회 결정 2000/642/JHA, EU 회원국 법집행기관 간의 정보 및 기밀 교류의 단순화에 관한 2006년 12월 18일의 이사회구조결정 2006/960/JHA 등이 있다.[783]

---

781 *Ibid.*, Art. 56.

782 *Ibid.*, Art. 54.

783 Council of the European Union (2009), Council Framework Decision 2009/315/JHA of 26 February 2009 on the organisation and content of the exchange of information extracted from the criminal record between Member States, OJ 2009 L 93; Council

중요한 것은 관할기관 간의 국경을 넘는 협력[784]에 이민자 데이터의 교환이 점점 더 증가한다는 점이다. 이러한 법영역은 경찰 및 형사사법 문제의 일부로 간주되지 않지만 많은 면에서 경찰 및 사법기관의 업무와 관련이 있다. EU로 수입되거나 수출되는 상품에 대한 데이터도 마찬가지다. 센겐지역 내의 역내 국경 통제의 철폐는 사기 위험을 높였고, 회원국들은 특히 국경 간 정보 교환을 강화함으로써 국가 및 EU 세관법 위반을 보다 효과적으로 적발하고 기소할 수 있도록 협력을 강화할 필요가 생겼다. 게다가, 최근 몇 년 동안 세계는 심각하고 조직적인 범죄와 테러리즘이 증가했고, 여기에는 국제여행을 포함할 수 있고 많은 경우 경찰 및 법집행의 국경을 넘는 협력의 필요성을 보여주었다.[785]

프륌결정(The Prüm Decision)

국가 보유 데이터의 교환에 의해 제도화된 국경을 넘는 협력의 중요한 예로는 결정 2008/615/JHA와 더불어 국경을 넘는 협력의 증가, 특히 테러 및 국경을 넘는 범죄와의 싸움에서 이사회 결정 2008/615/JHA(Prüm Decision)이며, 이는 2008년 프륌조약을 EU법으로 통합했다.[786] 프륌조약

---

of the European Union (2000), Council Decision 2000/642/JHA of 17 October 2000 concerning arrangements for cooperation between financial intelligence units of the Member States in respect of exchanging information, OJ 2000 L 271; Council Framework Decision 2006/960/JHA of 18 December 2006 on simplifying the exchange of information and intelligence between law enforcement authorities of the Member States of the European Union, OJ L 386.

784 European Commission (2012), Communication from the Commission to the European Parliament and the Council – Strengthening law enforcement cooperation in the EU: the European Information Exchange Model (EIXM), COM(2012) 735 final, Brussels, 7 December 2012.

785 See European Commission (2011), Proposal for a Directive of the European Parliament and of the Council on the use of Passenger Name Record data for the prevention, detection, investigation and prosecution of terrorist offences and serious crime, COM(2011) 32 final, Brussels, 2 February 2011, p. 1.

786 Council of the European Union (2008), Council Decision 2008/615/JHA of 23 June

은 2005년 오스트리아, 벨기에, 프랑스, 독일, 룩셈부르크, 네덜란드, 스페인이 체결한 국제경찰협력조약이었다.[787]

프륌결정은 서명 회원국들이 테러, 국경을 넘는 범죄, 불법 이민의 세 가지 분야에서 범죄를 예방하고 퇴치하기 위한 목적으로 정보 공유의 개선을 돕는 것을 목적으로 한다. 이러한 목적을 위해 결정은 다음 사항에 관한 조항을 규정한다.

- DNA 프로파일, 지문 데이터 및 일정한 국가 차량등록 데이터에 대한 자동화된 액세스
- 국경을 넘는 차원을 갖는 주요 사건 관련 데이터 제공
- 테러 범죄를 예방하기 위한 정보 제공
- 국경을 넘는 경찰 협력을 강화하기 위한 기타 조치

프륌결정에 따라 사용될 수 있는 데이터베이스는 전적으로 국가법에 의해 통제되지만, 데이터의 교환은 추가로 결정에 의해 통제되며, 경찰 및 형사사법기관 데이터보호지침과의 양립가능성을 평가해야 할 것이다. 이러한 데이터 유통의 관할 감독기관은 국가 데이터보호 감독기관이다.

구조결정 2006/960/JHA - 스웨덴 이니셔티브 (Framework Decision 2006/960/JHA - the Swedish Initiative)

구조결정 2006/960/JHA(Swedish Initiative)[788]는 법집행기관이 국가 차

2008 on the stepping up of cross-border cooperation, particularly in combating terrorism and cross-border crime, OJ 2008 L 210.

787 Convention between the Kingdom of Belgium, the Federal Republic of Germany, the Kingdom of Spain, the French Republic, the Grand Duchy of Luxembourg, the Kingdom of the Netherlands and the Republic of Austria on the stepping up of cross-border cooperation, particularly in combating terrorism, cross-border crime and illegal migration.

788 Council of the European Union (2006), Council Framework Decision 2006/960/JHA

원에서 보유하고 있는 데이터의 교환과 관련하여 국경을 넘는 협력의 또 다른 예를 보여준다. 스웨덴 이니셔티브는 특히 기밀 및 정보의 교환에 초점을 맞추고 있으며, 제8조에 특별 데이터보호규칙을 규정한다.

이에 따르면, 교환되는 정보 및 기밀의 사용은 해당 회원국에서 수집된 것과 동일한 규정에 따라 정보를 수취하는 회원국의 국가 데이터보호조항의 적용을 받아야 한다. 제8조는 또한 정보 및 기밀을 제공할 때 관할 법집행기관은 수취하는 관할 법집행기관의 사용에 대하여 국가법에 따른 조건을 부과할 수 있다고 명시하고 있다. 이들 조건은 또한 범죄 수사 결과의 보고 또는 정보 및 기밀의 교환이 필요한 범죄 기밀 운영에도 적용될 수 있다. 그러나, 국가법이 사용 제한에 대한 예외를 규정하는 경우(예: 사법기관, 입법기관 등) 정보 및 기밀은 연락 회원국과 사전 협의한 후에만 사용할 수 있다.

제공된 정보 및 기밀을 다음 목적으로 사용할 수 있다.

- 공급된 목적을 위해, 또는
- 공공의 안전에 대한 즉각적이고 심각한 위협을 방지하기 위해.

다른 목적을 위한 처리는 허용될 수 있지만, 연락 회원국이 사전 승인할 때에만 허용된다.

스웨덴 이니셔티브는 나아가 처리된 개인데이터는 다음과 같은 국제규범에 따라 보호되어야 한다고 명시하고 있다.

- 개인데이터의 자동 처리에 관한 개인의 보호를 위한 유럽평의회 조약[789]

---

of 18 December 2006 on simplifying the exchange of information and intelligence between law enforcement authorities of the Member States of the European Union, OJ L 386/89 of 29 December 2006.

789 Council of Europe (1891), Convention for the Protection of Individuals with regard to Automatic Processing of Personal Data, ETS n. 108.

- 감독기관 및 국경을 넘는 데이터 유통에 관한 2001년 11월 8일의 조약 추가 의정서[790]
- 경찰 분야에서의 개인데이터 이용을 규제하는 유럽평의회권고 No. R(87) 15.[791]

EU PNR 지침(The EU PNR Directive)

승객이름기록(PNR) 데이터는 항공사의 상업적 목적을 위한 예약 및 출발 제어시스템에 의해 수집 및 보관된 항공승객에 대한 정보와 관련된다. 이들 데이터에는 여행 일자, 여행 일정, 티켓 정보, 연락처 세부내용, 항공편이 예약된 여행사, 사용된 결제수단, 좌석번호 및 수하물 정보와 같은 몇 가지 다른 유형의 정보가 포함되어 있다.[792] PNR 데이터를 처리하는 것은 법집행기관이 알려진 또는 잠재적 용의자를 식별하고 여행 패턴 및 전형적으로 범죄활동과 관련된 기타 지표를 기반으로 평가를 수행하는 데 도움이 될 수 있다. PNR 데이터를 분석하면 또한 범죄활동에 연루된 용의자의 여행 경로와 연락처를 소급 추적할 수 있게 하고, 이는 법집행기관이 범죄 네트워크를 식별할 수 있게 한다.[793] EU는 제7장에서 설명한 바와 같이, 제3국과 PNR 데이터 교환을 위한 몇 개의 협정을 체결

790 Council of Europe (2001), Additional Protocol to the Convention for the Protection of Individuals with regard to Automatic Processing of Personal Data regarding supervisory authorities and transborder data flows, ETS n. 108.

791 Council of Europe (1987), Recommendation No. R (87) 15 of the Committee of Ministers to member states regulating the use of personal data in the police sector (Adopted by the Committee of Ministers on 17 September 1987 at the 410th meeting of the Ministers' Deputies).

792 European Commission (2011), Proposal for a Directive of the European Parliament and of the Council on the use of Passenger Name Record data for the prevention, detection, investigation and prosecution of terrorist offences and serious crime, COM(2011) 32 final, Brussels, 2 February 2011, p. 1.

793 European Commission (2015), Fact Sheet Fighting terrorism at EU level, an overview of Commission's actions, measures and initiatives, Brussels, 11 January 2015.

했다. 또한, 테러리스트 범죄와 중대범죄의 예방, 적발, 수사 및 기소를 위한 PNR 데이터의 이용에 관한 지침 2016/681/EU(EU PNR지침)[794]를 통해 EU 역내에서의 PNR 데이터의 처리를 도입했다. 이 지침은 항공사가 관할기관에 PNR 데이터를 전송해야 할 의무를 규정하고, 이러한 데이터의 처리 및 수집을 위한 엄격한 데이터보호 안전장치를 설정한다. EU PNR지침은 EU를 왕래하는 국제항공편에 적용되며, 회원국이 그렇게 결정할 경우 EU 역내 항공편에도 적용된다.[795]

수집된 PNR 데이터는 EU PNR지침에서 허용하는 정보만 포함해야 한다. 그것은 각 회원국의 안전한 장소 내에 있는 단일 정보부서에 보관되어야 한다. PNR 데이터는 항공사에서 전송한 지 6개월 후에 탈개인화되어야 하며 최장 5년간 보관되어야 한다.[796] PNR 데이터는 회원국 간, 회원국과 유로폴 간, 그리고 제3국과 교환되지만 사례별로만 교환된다.

PNR 데이터의 전송 및 처리와 데이터주체에 대해 보호되는 권리는 경찰 및 형사사법기관 데이터보호지침과 일치해야 하며, 헌장, 개정조약 제108호 및 ECHR에서 요구하는 높은 수준의 프라이버시 및 개인데이터 보호를 보장해야 한다.

경찰 및 형사사법기관 데이터보호지침에 따라 권한이 있는 독립적 국가감독기관은 또한 EU PNR지침에 따라 회원국들이 채택한 조항의 적용을 조언하고 감시할 책임이 있다.

전기통신 데이터의 보존(Retention of telecommunications data)

Digital Rights Ireland 사건에서 2014년 4월 8일 무효로 선언된 데이터

794 Directive (EU) 2016/681 of the European Parliament and of the Council of 27 April 2016 on the use of passenger name record (PNR) data for the prevention, detection, investigation and prosecution of terrorist offences and serious crime, OJ 2016 L 119, p. 132.

795 PNR Directive, L 119, p. 132, Art. 1 (1) and Art. 2 (1).

796 *Ibid.*, Art. 12 (1) and Art. 12 (2).

보존지침(Data Retention Directive)[797]은 통신서비스 제공자에게 과금 목적으로 이러한 데이터가 여전히 필요한지 여부에 관계없이 6개월 이상 24개월 이하 동안 중대범죄와의 싸움이라는 특정한 목적을 위하여 메타데이터를 사용할 수 있도록 보존할 것을 또는 기술적으로 서비스를 제공할 것을 의무화했다.

전기통신 데이터의 보존은 데이터보호권을 명백히 간섭한다.[798] 이러한 간섭이 정당화되는지 여부는 EU 회원국의 여러 법정절차에서 논쟁이 되어 왔다.[799]

> 사례 : *Digital Rights Ireland and Kärntner Landesregierung and Others* 사건[800]에서, Digital Rights 그룹과 Mr. Seitlinger는 각각 아일랜드 고등법원(Irisha High Court)과 오스트리아 헌법재판소에 소송을 제기하여 전자통신 데이터의 보유를 허용하는 국가규범의 적법성을 다퉜다. Digital Rights는 아일랜드 법원에 지침 2006/24와 테러리스트 범죄와 관련된 국가 형법의 일부의 무효선언을 청구했다. 마찬가지로, Mr. Seitlinger와 11,000명 이상의 다른 청구인들은 지침

797 Directive 2006/24/EC of the European Parliament and of the Council of 15 March 2006 on the retention of data generated or processed in connection with the provision of publicly available electronic communications' services or of public communications' networks and amending Directive 2002/58/EC, OJ 2006 L 105.

798 EDPS (2011), Opinion of 31 May 2011 on the Evaluation report from the Commission to the Council and the European Parliament on the Data Retention Directive (Directive 2006/24/EC), 31 May 2011.

799 Germany, Federal Constitutional Court (Bundesverfassungsgericht), 1 BvR 256/08, 2 March 2010; Romania, Federal Constitutional Court (Curtea Constituþională a României), No. 1258, 8 October 2009; the Czech Republic, Constitutional Court (Ústavní soud České republiky), 94/2011 Coll., 22 March 2011.

800 CJEU, Joined cases C-293/12 and C-594/12, *Digital Rights Ireland Ltd v. Minister for Communications, Marine and Natural Resources and Others and Kärntner Landesregierung and Others* [GC], 8 April 2014, para. 65.

2006/24를 국내법화한 오스트리아 통신관련 법률조항의 무효를 청구했다.

CJEU는 이들 선결적 판결 제청을 처리하면서 데이터보존지침이 무효라고 선언했다. CJEU에 따르면, 지침에 따라 보유할 수 있는 데이터는 전체적으로 볼 때 개인에 대한 정확한 정보를 제공하였다. 더욱이, CJEU는 사생활 존중 및 개인데이터 보호의 기본권에 대한 간섭의 심각성을 심사했다. 보존이 공익 목적(즉 중대한 범죄와의 싸움, 따라서 공공의 안전)을 충족시킨다고 판결했다. 그럼에도 불구하고, CJEU는 EU 입법자가 지침을 채택함으로써 비례성 원칙을 위반했다고 판시했다. 지침이 요구되는 목적을 달성하는 데 적절할 수 있다 하더라도, "지침의 프라이버시 및 개인데이터 존중의 기본권에 대한 광범위하고 특히 심각한 간섭은 그러한 간섭이 엄격히 필요한 것으로 사실상 제한되는 것을 보장하도록 충분히 제한되지 않았다."

데이터 보존에 관한 구체적 법률이 없는 경우, 예방적 조치로서 지침 2002/58/EC(프라이버시 및 전자통신 지침)[801]에 따른 전기통신 데이터의 기밀성에 대한 예외로서 데이터 보존이 허용되지만, 중대범죄에 대처하기 위한 목적으로만 사용되어야 한다. 이러한 보존은 보존된 데이터의 범주, 영향 받는 통신 수단, 관계인 및 선택한 보존기간과 관련하여 엄격히 필요한 것으로 제한되어야 한다. 국가기관은 독립기관의 사전 검토를 포함하여 엄격한 조건 하에서 보존된 데이터에 액세스할 수 있다. 데이터는 EU 역내에 보관되어야 한다.

801 Directive 2002/58/EC of the European Parliament and of the Council of 12 July 2002 concerning the processing of personal data and the protection of privacy in the electronic communications' sector (Directive on privacy and electronic communications), OJ 2002 L 201.

사례 : *Digital Rights Ireland and Kärntner Landesregierung and Others* 판결[802]에 따라, 무효화된 데이터보존지침에서 요구하는 대로 스웨덴과 영국에서 부과된 전자통신서비스 제공자가 전기통신 데이터를 보존할 일반적인 의무와 관련하여, 둘 이상의 사건이 CJEU에 제기되었다. *Tele2 Sverige and Home Department v. Tom Watson and Others* 사건[803]에서, CJEU는 보존해야 하는 데이터와 공공의 안전에 대한 위협 사이의 어떠한 관계도 요구하지 않고, 그리고 어떠한 조건(예: 보존기간, 지리적 영역, 중대범죄에 연루될 가능성이 큰 사람들 그룹)도 명시하지 않고 데이터의 일반적이고 무차별적인 보존을 규정하는 국가 법률은 엄격하게 필요한 것의 한계를 초과하며, EU기본권헌장의 관점에서 해석되고 지침 2002/58/EC에서 요구하는 바와 같이 민주사회 내에서 정당화된 것으로 간주될 수 없다.

전망(Outlook)

2017년 1월, 유럽위원회는 지침 2002/58/EC를 폐지하고 대체하기 위해 전자통신에서의 개인데이터의 보호와 사생활 존중에 관한 규칙안[804]을 공표했다. 규칙안에는 데이터 보존에 관한 구체적인 조항이 포함되어 있지 않다. 그러나, 회원국은 그러한 제한이 국가안보, 방위, 공공의 안전과

802 CJEU, Joined cases C-293/12 and C-594/12, *Digital Rights Ireland Ltd v. Minister for Communications, Marine and Natural Resources and Others and Kärntner Landesregierung and Others* [GC], 8 April 2014.

803 CJEU, Joined cases C-203/15 and C-698/15, *Tele2 Sverige AB v. Post- och telestyrelsen and Secretary of State for the Home Department v. Tom Watson and Others* [GC], 21 December 2016.

804 European Commission (2017), Proposal for a Regulation of the European Parliament and of the Council concerning the respect for private life and the protection of personal data in electronic communications and repealing Directive 2002/58/EC (Regulation on Privacy and Electronic Communications), COM(2017) 10 final, Brussels, 10 January 2017.

범죄의 예방, 수사, 적발이나 기소 또는 형벌의 집행을 포함한 특정한 공익을 보호하기 위한 필요하고 비례적인 조치를 구성하는 경우 규칙에 따른 일정한 의무 및 권리를 법률에 의해 제한할 수 있다고 규정하고 있다.[805] 따라서 프레임워크가 e-Privacy 지침 및 EU기본권헌장의 해석에 관한 CJEU의 판례법을 고려하여 EU법을 준수하는 한, 회원국은 표적이 되는 보존조치를 규정하는 국가 데이터보존프레임워크를 유지하거나 만들 수 있다.[806] 본서의 초안 작성 당시, 규칙 채택에 대한 논의가 진행 중이었다.

법집행 목적으로 교환된 개인데이터의 보호에 관한 EU-미국 포괄협정 (EU-US Umbrella Agreement on the protection of personal data exchanged for law enforcement purposes)

2017년 2월 1일, 미국과의 범죄 예방, 수사, 적발 및 기소를 위한 개인데이터 처리를 위한 EU-미국 포괄협정이 발효되었다.[807] EU-미국 포괄협정은 EU와 미국 법집행기관의 협력을 강화하면서 EU 시민들을 위한 높은 수준의 데이터 보호를 보장하는 것을 목표로 하고 있다. 또한 법집행기관 간의 기존 EU-미국 및 회원국-미국 협정을 보완하는 동시에 이 분야의 향후 협정에 대해 명확하고 조화로운 데이터보호규정을 정비할 수 있도록 지원한다. 그런 점에서, 협정은 정보의 교환을 용이하게 하기 위한 지속적인 법체계를 확립하는 것을 목표로 한다.

협정은 그 자체로 개인데이터 교환을 위한 적절한 법적 근거를 제공하지 않으며, 대신 관련 개인에게 적절한 데이터보호 안전장치를 제공한다.

---

805 *Ibid.*, Recital 26.

806 See the explanatory memorandum to the Proposal for a Regulation on Privacy and Electronic Communications COM(2017) 10 final, point 1.3.

807 See Council of the EU (2016), "Enhanced data protection rights for EU citizens in law enforcement cooperation: EU and US sign 'Umbrella agreement'", Press Release 305/16, 2 June 2016.

이는 테러를 포함한 범죄의 예방, 수사, 적발 및 기소에 필요한 개인데이터의 모든 처리를 다룬다.[808]

협정에는 개인데이터가 협정에 명시된 목적으로만 사용되도록 하는 여러 가지 안전장치가 규정되어 있다. 특히 EU 시민에게 다음과 같은 보호를 제공한다.

- 데이터 이용 제한 : 개인데이터는 범죄의 예방, 수사, 적발 또는 기소를 목적으로만 이용될 수 있다.
- 자의적이고 정당하지 못한 차별에 대한 보호
- 추가 이전 : 비 미국, 비 EU 국가 또는 국제기구로의 모든 이전은 데이터를 원래 이전한 국가의 관할기관의 사전 동의를 받아야 한다.
- 데이터 품질 : 개인데이터는 정확성, 관련성, 적시성 및 완전성을 고려하여 보관되어야 한다.
- 개인데이터 침해 통보를 포함한 처리의 보안
- 민감데이터의 처리는 법에 따라 적절한 보호장치에서만 허용된다.
- 보존기간 : 개인데이터는 필요하거나 적절한 것보다 오래 보존될 수 없다.
- 액세스권 및 정정권 : 개인은 일정한 조건에 따라 개인데이터에 액세스할 수 있으며, 부정확한 경우 해당 데이터가 정정되도록 요청할 수 있다.
- 자동화된 결정은 인간의 개입을 얻을 수 있는 가능성을 포함하여 적절한 안전장치를 요구한다.

---

808 Agreement between the United States of America and the European Union on the protection of personal information relating to the prevention, investigation, detection, and prosecution of criminal offenses of 18 May 2016, (OR.en) 8557/16, Art. 3(1). See also Commission notification on the EU-US data protection agreement negotiations of 26 May 2010, MEMO/10/216 and the EU Commission Press Release (2010) on high privacy standards in EU-US data protection agreement of 26 May 2010, IP/10/609.

- EU와 미국 감독기관 간의 협력을 포함한 실효적인 감독
- 사법적 배상 및 집행 가능성 : EU 시민들은 미국 기관이 액세스 또는 정정을 거부하거나 자신의 개인데이터를 불법적으로 공개할 경우 미국 법원에 사법적 배상을 청구할 권리[809]가 있다.

또한 '포괄 협정'에 따라, 필요한 경우 영향을 받는 개인에 대해 회원국의 관할 감독기관에 통지할 수 있는 시스템이 설정되었다. 협정에 의해 제공되는 법적 안전장치는 프라이버시 침해가 있는 경우 미국에서의 EU 시민들의 동등한 대우를 보장한다.[810]

8.3.1. EU 사법 및 법집행기관에서의 데이터 보호(Data protection in EU judicial and law enforcement agencies)

유로폴(Europol)

유럽연합의 법집행기관인 유로폴은 헤이그에 본부를 두고 있으며, 각 회원국에 유로폴 국가사무소(ENUs)가 있다. 유로폴은 1998년에 설립되었으며, EU 기관으로서의 현재의 법적 지위는 유럽연합 법집행 협력기관에 관한 규칙(유로폴규칙)[811]에 기초하고 있다. 유로폴의 목적은 둘 이상

809 미국사법구제법은 2016년 2월 24일 오바마 대통령의 서명에 의해 법률로 성립되었다.

810 유럽데이터보호감독관(EDPS)은 EU-US협정에 대한 의견(Opinion)을 공표하였는데, 그 중에서도 다음의 조정사항을 권고하였다. 1) 필요하고 적절한 기간 이상의 기간보다 길지 않은 기간 동안 데이터의 보존조항에 '데이터가 이전된 구체적 목적을 위하여'를 추가할 것, 2) 민감데이터의 대량 이전을 배제할 것. See European Data Protection Supervisor, Opinion 1/2016, *Preliminary Opinion on the agreement between the United State of America and the European Union on the protection of personal information relating to the prevention, investigation, detection and prosecution of criminal offences*, § 35.

811 Regulation (EU) 2016/794 of the European Parliament and of the Council of 11 May 2016 on the European Union Agency for Law Enforcement Cooperation (Europol)

의 회원국에 영향을 미치는 유로폴규칙 부속서 I에 열거된 조직범죄, 테러 및 기타 형태의 중대범죄의 예방 및 수사를 지원하는 것이다. 정보를 교환하고 정보 분석 및 위협 평가를 제공하는 EU의 정보 허브로서의 역할을 함으로써 그렇게 한다.

유로폴은 그 목적을 달성하기 위해, 유로폴 국가사무소(ENUs)를 통해 회원국들이 범죄 기밀과 정보를 교환할 수 있는 데이터베이스를 제공하는 유로폴 정보시스템을 구축했다. 유로폴 정보시스템은 용의자나 유로폴의 관할에 속하는 범죄의 유죄판결을 받은 사람, 또는 이러한 범죄를 저지를 것이라는 사실적 징후가 있는 사람과 관련되는 데이터를 활용할 수 있도록 하는데 사용될 수 있다. 유로폴과 ENU는 유로폴 정보시스템에 직접 데이터를 입력할 수 있고, 거기에서 데이터를 검색할 수 있다. 시스템에 데이터를 입력한 당사자만이 데이터를 변경, 정정 또는 삭제할 수 있다. EU 기구, 제3국 및 국제기구도 또한 유로폴에 정보를 제공할 수 있다.

개인데이터를 포함한 정보는 또한 유로폴이 인터넷과 같이 공개적으로 이용할 수 있는 출처로부터 얻을 수 있다. EU 기구에 대한 개인데이터의 이전은 유로폴 또는 수취인 EU 기구의 임무 수행을 위해 필요한 경우에만 허용된다. 개인데이터의 제3국 또는 국제기구로의 이전은 유럽위원회가 해당 국가 또는 국제기구가 적절한 수준의 데이터 보호를 보장한다고 결정하거나('적합성결정'), 국제협정이나 또는 협력협정이 있는 경우에만 허용된다. 유로폴은 해당 국가법에 따라 ENU에 의하거나, 협력협정을 통해 확립된 협력에 의한 제3국 또는 국제기구의 연락 거점(contact point)에 의하거나, 또는 적합성결정의 적용을 받거나 EU가 국제협정을 체결한 제3국이나 국제기구의 기관에 의하여 데이터가 이전된다는 엄격한 조건하에서 민간 당사자 및 민간인으로부터 개인데이터를 수취하고 처리할

and replacing and repealing Council Decisions 2009/371/JHA, 2009/934/JHA, 2009/935/JHA, 2009/936/JHA and 2009/968/JHA, OJ 2016 L 135, p. 53.

수 있다. 모든 정보 교환은 보안정보교환네트워크앱(Secure Information Exchange Network Application ; SIENA)을 통해 이루어진다.

새로운 발전에 대응하여, 유로폴 내에 전문센터가 설립되었다. 유럽사이버범죄센터는 2013년 유로폴 내에 설립되었다.[812] 이 센터는 사이버범죄에 대한 EU 정보허브 역할을 하며, 온라인 범죄 발생 시 보다 빠른 대응에 기여하고, 디지털 포렌식 능력을 개발 및 배치하며, 사이버범죄 수사에 대한 모범사례를 제공한다. 이 센터는 다음과 같은 사이버범죄에 초점을 맞춘다.

- 온라인 사기와 같은 큰 범죄 수익을 창출하기 위해 조직된 그룹에 의해 저질러진
- 온라인 아동 성착취와 같이 피해자에게 심각한 해를 초래하는
- EU 역내의 중요 인프라 또는 정보시스템에 영향을 미치는.

유럽테러방지센터(European Counter Terrorism Centre ; ECTC)는 2016년 1월 테러 범죄와 관련된 수사에서 회원국에 대한 운영 지원을 제공하기 위해 설립되었다. 이것은 유로폴이 이미 가지고 있는 데이터와 실시간 운영 데이터를 교차 점검하여, 자금의 단서를 신속하게 밝혀내고, 테러리스트 네트워크의 체계화된 사진을 수집하는 데 지원하기 위해 모든 가능한 수사 세부정보를 분석한다.[813]

유럽이주자밀항센터(European Migrant Smuggling Centre ; EMSC)는 2015년 11월 이사회 회의에 따라 2016년 2월에 설립되었으며, 이주자 밀항과 관련된 범죄 네트워크를 표적으로 하고 해체하는 데 회원국을 지원하기 위해 설립되었다. 이것은 카타니아(이탈리아)와 피레우스(그리스)에

---

812 See also EDPS (2012), *Opinion of the Data Protection Supervisor on the Communication from the European Commission to the Council and the European Parliament on the establishment of a European Cybercrime Centre*, Brussels, 29 June 2012.

813 See Europol's webpage on the ECTC.

있는 EU 지역대책본부를 지원하는 정보허브로서의 역할을 하며, 정보 공유, 범죄 수사, 범죄인 밀항 네트워크의 기소 등 여러 분야에서 국가기관을 지원하고 있다.[814]

유로폴의 활동을 통제하는 데이터 보호체제는 강화되고 EU기관데이터보호규칙[815]의 원칙에 기초하며, 또한 경찰 및 형사사법기관 데이터보호지침, 개정조약 제108호 및 경찰권고와도 일치한다.

범죄의 피해자, 범죄에 대해 정보를 제공할 수 있는 목격자나 그밖의 사람들에 관한 또는 18세 미만의 사람에 대한 개인데이터의 처리는 유로폴의 목적에 해당하는 범죄를 예방하거나 퇴치하는 데 매우 필요하고 비례적인 경우에 허용된다.[816] 민감한 개인데이터의 처리는 유로폴의 목적에 해당하는 범죄를 예방하거나 퇴치하는 데 엄격히 필요하거나 비례적이지 않는 한, 그리고 이러한 데이터가 유로폴이 처리한 다른 개인데이터를 보완하는 경우에 금지된다.[817] 이들 두 경우 모두 유로폴만이 관련 데이터에 액세스할 수 있다.[818]

데이터의 저장은 필요하며 비례적인 기간 동안만 허용되며, 데이터 저장의 지속은 매 3년마다 심사 받아야 하고, 그렇지 않으면 데이터는 자동으로 삭제된다.[819]

유로폴은 일정한 조건에서 개인데이터를 EU 기구 또는 제3국의 기관 또는 국제기구로 직접 이전할 수 있다.[820] 데이터 침해는 그 데이터주체의 권리 및 자유에 심각한 악영향을 미칠 가능성이 높다면, 부당한 지체

814 See Europol's webpage on the EMSC.

815 Regulation (EC) No. 45/2001 of the European Parliament and of the Council of 18 December 2000 on the protection of individuals with regard to the processing of personal data by the institutions and bodies of the Community and on the free movement of such data, OJ 2001 L 8.

816 Europol Regulation, Art. 30 (1).

817 *Ibid.*, Art. 30 (2).

818 *Ibid.*, Art. 30 (3).

819 *Ibid.*, Art. 31.

820 *Ibid.*, Art. 24 and Art. 25, respectively.

없이 데이터주체에게 알려야 한다.[821] 회원국 차원에서 유로폴의 개인데이터 처리를 감시하기 위해 국가감독기관이 임명될 것이다.[822]

EDPS는 유로폴에 의한 개인데이터의 처리와 관련하여 자연인의 기본적 권리 및 자유의 보호를 감시하고 보장할 책임이 있으며, 개인데이터의 처리에 관한 모든 문제에 대해 유로폴 및 데이터주체에게 조언할 책임이 있다. 이를 위해 EDPS는 조사 및 쟁송기관으로서의 역할을 하며, 국가감독기관과 긴밀히 협조하여 행위한다.[823] EDPS와 국가감독기관은 자문 기능이 있는 협력위원회에서 일 년에 적어도 두 번 만날 것이다.[824] 회원국은 법률에 의해 감독기관을 설립할 의무가 있으며, 국가 레벨에서 유로폴로의 개인데이터의 이전과 회원국에 의한 개인데이터의 검색 및 유로폴과의 연락의 허용 여부를 감시할 수 있는 권한이 있다.[825] 회원국은 또한 국가감독기관이 유로폴규칙에 따라 직무와 의무를 수행할 때 완전히 독립적으로 행동할 수 있도록 보장해야 한다.[826] 유로폴은 데이터 처리의 적법성을 검증하고, 그 활동을 자체 모니터링하며, 데이터 무결성 및 보안을 보장하기 위해 데이터 처리활동의 로그 또는 문서를 보관한다. 이러한 로그에는 수집, 변경, 조회, 공개, 결합 및 삭제와 관련된 자동화된 처리시스템의 처리작업에 대한 정보가 포함되어 있다.[827]

EDPS의 결정에 대한 불복은 CJEU에 제기될 수 있다.[828] 불법적인 데이터 처리작업으로 손해를 입은 개인은 먼저 CJEU나 또는 다음으로 관할 국가법원에 소송을 제기하여 유로폴이나 회원국으로부터 입은 손해에 대해 배상받을 권리가 있다.[829] 또한, 국가의회와 유럽의회의 전문적인 공동

821 *Ibid.*, Art. 35.
822 Europol Regulation, Art. 42.
823 *Ibid.*, Art. 43 and Art. 44.
824 *Ibid.*, Art. 45.
825 *Ibid.*, Art. 42 (1).
826 *Ibid.*, Art. 42 (1).
827 *Ibid.*, Art. 40.
828 *Ibid.*, Art. 48.

의회조사그룹(Joint Parliamentary Scrutiny Group ; JPSG)은 유로폴의 활동을 면밀히 조사할 수 있다.[830] 모든 개인은 유로폴이 자신에 대해 보유하고 있는 개인데이터에의 액세스권이 있으며, 또한 이들 개인데이터를 확인, 정정 또는 삭제할 것을 요청할 수 있는 권리가 있다. 이들은 적용제외 및 제한의 대상이 될 수 있다.

유로저스트(Eurojust)

2002년에 설립된 유로저스트는 헤이그에 본부를 둔 EU 기구이다. 그것은 적어도 두 개 회원국에 관한 중대범죄와 관련된 수사 및 기소에서의 사법 협력을 촉진한다.[831] 유로저스트는 다음을 할 권한이 있다.

- 여러 회원국들의 관할기관 간의 수사 및 기소의 조정을 촉진하고 향상시킨다.
- 사법 협력과 관련된 요청 및 결정의 실행을 촉진한다.

유로저스트의 기능은 국가 구성원들에 의해 수행된다. 각 회원국은 판사 또는 검사 1명을 유로저스트에 파견하고, 그 지위는 국가법의 적용을 받으며, 사법 협력을 활성화하고 향상시키는 데 필요한 임무를 수행하는 데 필요한 권한이 부여된다. 게다가, 국가 구성원들은 유로저스트의 특별

---

829 *Ibid.*, Art. 50.

830 *Ibid.*, Art. 51.

831 Council of the European Union (2002), Council Decision 2002/187/JHA of 28 February 2002 setting up Eurojust with a view to reinforcing the fight against serious crime, OJ 2002 L 63; Council of the European Union (2003), Council Decision 2003/659/JHA of 18 June 2003 amending Decision 2002/187/JHA setting up Eurojust with a view to reinforcing the fight against serious crime, OJ 2003 L 44; Council of the European Union (2009), Council Decision 2009/426/JHA of 16 December 2008 on the strengthening of Eurojust and amending Decision 2002/187/JHA setting up Eurojust with a view to reinforcing the fight against serious crime, OJ 2009 L 138 (Eurojust Decisions)

임무들을 수행하기 위한 집단으로서 공동으로 행동한다.

유로저스트는 그 목적을 달성하기 위해 필요한 한 개인데이터를 처리할 수 있다. 그러나 이는 유로저스트의 권한의 대상인 범죄행위를 범했거나 거기에 가담했거나 유죄판결을 받은 것으로 의심되는 사람에 대한 특정한 정보로 제한된다.[832] 유로저스트는 또한 예외적인 상황에서 제한된 기간 동안 그러한 데이터가 진행중인 수사와 즉시 관련되는 경우 범죄의 상황과 관련되는 보다 광범위한 개인데이터를 처리할 수 있다. 유로저스트는 그 권한범위 내에서 다른 EU 기관, 기구 및 행정기관과 협력할 수 있고 개인데이터를 교환할 수 있다. 유로저스트는 또한 제3국 및 조직과 협력하고 개인데이터를 교환할 수도 있다.

유로저스트는 데이터 보호와 관련하여, 개정조약 제108호 및 후속 개정의 원칙과 최소한 동등한 수준의 보호를 보장해야 한다. 데이터 교환의 경우, 특별한 규정 및 제한이 준수되어야 하며, 이들은 유로저스트 이사회결정 및 유로저스트 데이터보호규정[833]에 따라 협력협정이나 또는 작업협약 중에 정비되어 있다.

독립적인 공동감독기구(Joint Supervisory Body ; JSB)가 유로저스트에 의해 수행된 개인데이터의 처리를 감시하는 임무를 가지고 유로저스트에 설치되었다. 개인은 개인데이터의 액세스, 정정, 차단 또는 삭제 요청에 대한 유로저스트의 결정에 만족하지 않을 경우 JSB에 불복할 수 있다. 유로저스트가 개인데이터를 불법적으로 처리하는 경우, 유로저스트는 데이터주체에게 초래된 모든 손해에 대해 본사가 위치한 네덜란드 회원국의 국가법에 따라 책임을 져야 한다.

832 Consolidated version of the Council Decision 2002/187/JHA as amended by Council Decision 2003/659/JHA and by Council Decision 2009/426/JHA, Art. 15 (2)

833 Rules of Procedure on the Processing and Protection of Personal Data at Eurojust, OJ 2005 C 68/01, 19 March 2005, p. 1.

전망(Outlook)

유럽위원회는 2013년 7월에 유로저스트 개혁을 위한 규칙안을 제출했다. 이 규칙안에는 유럽검찰청(아래 참조)을 설립하자는 제안이 수반되었다. 이 규칙은 리스본조약에 부합하는 기능과 구조를 합리화하는 것을 목표로 한다. 게다가, 개혁의 목표는 유로저스트 컬리지(Eurojust College)에 의해 수행된 유로저스트의 운영업무와 행정업무 사이의 명확한 구분을 확립하는 것이다. 이는 또한 회원국들이 운영업무에 보다 집중할 수 있게 할 것이다. 행정업무를 수행할 때 컬리지를 지원하기 위해 새로운 집행위원회(Executive Board)가 설립될 것이다.[834]

유럽검찰청(European Public Prosecutor's Office)

회원국들은 사기와 EU 예산의 부적절한 적용의 범죄를 기소하는데 독점적 권한을 가지고 있으며, 이는 또한 국경을 초월하는 잠재적 영향력을 가지고 있다. 특히 현재 진행 중인 경제 위기를 감안할 때, 그러한 범죄행위자들을 수사하고, 기소하며, 사법처리하는 것의 중요성은 더욱 커졌다.[835] 유럽위원회는 EU 재정상의 이익에 영향을 미치는 범죄행위를 퇴치하기 위한 목적으로 독립적인 유럽검찰청(European Prosecutor's Office ; EPPO)[836]의 설립에 관한 규칙을 제안했다. EPPO는 강화된 협력절차를 통해 설립될 것이며, 이 절차는 다른 EU 국가들이 관여하지 않고 최소한 9개 회원국들이 EU 구조 내에서 선진적인 협력을 확립할 수 있도록 허용

834 See the European Commission's webpage on Eurojust.

835 See European Commission (2013), Proposal for a Council Regulation on the establishment of the European Public Prosecutor's Office, COM(2013) 534 final, Brussels, 17 July 2013, p. 1 and the Commission's webpage on the EPPO.

836 European Commission (2013), Proposal for a Council Regulation on the establishment of the European Public Prosecutor's Office, COM(2013) 534 final, Brussels, 17 July 2013.

한다.[837] 벨기에, 불가리아, 크로아티아, 키프로스, 체코, 에스토니아, 핀란드, 프랑스, 독일, 그리스, 라트비아, 리투아니아, 룩셈부르크, 포르투갈, 루마니아, 슬로베니아, 스페인 등이 모두 협력 강화에 참여했고 오스트리아와 이탈리아도 참여 의사를 밝혔다.[838]

EPPO는 서로 다른 국가법질서에 걸친 수사 및 기소를 효율적으로 조정하고 자원 사용과 유럽 수준에서의 정보 교환을 개선할 목적으로 EU 재정 이익에 영향을 미치는 EU의 사기 및 기타 범죄들을 수사하고 기소할 수 있는 권한을 갖게 될 것이다.[839]

EPPO는 유럽검사 한 명이 이끌게 되며, 적어도 한 명의 유럽검사가 각 회원국에 상주하여 그 회원국에서의 수사 및 기소를 수행하는 임무를 담당하게 될 것이다.

규칙안은 국가법, EU법, EU기본권헌장에 규정된 EPPO의 수사에 관련된 사람들의 권리를 보장하기 위한 강력한 안전장치를 규정한다. 대부분 기본권을 다루는 수사조치는 국가법원의 사전 허가가 필요하다.[840] EPPO의 수사는 국가법원의 사법심사를 받게 될 것이다.[841]

EU기관데이터보호규칙[842]은 EPPO에 의해 수행되는 행정적 개인데이터의 처리에 적용될 것이다. 유로폴과 같은 운영문제와 관련된 개인데이

---

837 Treaty on the Functioning of the EU, Art. 86 (1) and Art. 329 (1).

838 See Council of the European Union (2017), "*20 member states agree on the details of creating the European Public Prosecutor's Office (EPPO)*", press release, 8 June 2017.

839 European Commission (2013), Proposal for a Council Regulation on the establishment of the European Public Prosecutor's Office, COM(2013) 534 final, Brussels, 17 July 2013, p. 1 and pp. 51–51. See also the Commission's webpage on the EPPO.

840 European Commission (2013), Proposal for a Council Regulation on the establishment of the European Public Prosecutor's Office, COM(2013) 534 final, Brussels, 17 July 2013, Art. 26 (4).

841 *Ibid.*, Art. 36.

842 Regulation (EC) No. 45/2001 of the European Parliament and of the Council of 18 December 2000 on the protection of individuals with regard to the processing of personal data by the institutions and bodies of the Community and on the free movement of such data, OJ 2001 L 8.

터의 처리를 위해, EPPO의 직무의 행사는 회원국 레벨에서 법집행 및 소추기관으로 개인데이터의 처리를 포함할 것이라는 점을 고려하면, EPPO는 유로폴 및 유로저스트의 활동을 통제하는 것과 유사한 독립형 데이터보호체제를 갖게 될 것이다. 따라서 EPPO 데이터보호규정은 경찰 및 형사사법기관 데이터보호지침의 규정과 거의 동일하다. EPPO 설립안에 따르면, 개인데이터의 처리는 적법성 및 공정성, 목적 제한, 데이터 최소화, 정확성, 무결성 및 기밀성의 원칙을 준수해야 한다. EPPO는 가능한 한 형사범죄로 유죄판결을 받은 사람, 용의자, 피해자 및 목격자와 같은 다양한 유형의 데이터주체의 개인데이터 간의 구별을 명확하게 해야 한다. 또한 처리되는 개인데이터의 품질을 검증하고 개인 평가에 근거한 개인데이터와 사실에 근거한 개인데이터를 가능한 한 구별해야 한다.

규칙안에는 데이터주체, 특히 정보권, 개인데이터에의 액세스권, 정정권, 삭제권 및 처리제한권에 관한 조항이 포함되어 있으며, 이러한 권리는 EDPS를 통해 간접적으로 행사될 수도 있음을 규정하고 있다. 그것은 또한 처리의 보안 및 책임 원칙을 구현하여, 처리 유형(예컨대, 새로운 기술의 사용을 포함하는 처리)이 개인의 권리에 대해 높은 위험을 야기할 가능성이 있는 경우 EPPO는 처리에 의해 발생하는 위험에 적절한 보안 수준을 보장하고, 모든 처리활동에 대한 기록을 보관하며, 처리 전에 데이터보호영향평가를 수행하기 위해 적절한 기술적·조직적 조치를 실행할 것을 요구한다. 마지막으로, 규칙안은 컬리지(college)가 데이터보호책임자(Data Protection Officer)를 지명할 것을 규정한다. 데이터보호책임자는 개인데이터 보호와 관련된 모든 문제에 적절히 관여하고 EPPO가 시행중인 데이터보호법을 준수하도록 보장해야 한다.

8.3.2. EU 레벨 공동정보시스템에서의 데이터 보호 (Data protection in EU-level joint information systems)

유로폴, 유로저스트, EPPO와 같이 국경을 넘는 범죄에 맞서 싸우기 위해 회원국들 간의 데이터 교환과 EU의 전문기관들의 창설 외에도, 국경 보호, 이민 및 망명과 세관 분야에서 구체적인 목적을 위하여 관할 국가기관 및 EU기관 간의 협력과 데이터 교환을 EU 수준에서 가능하게 하고 용이하게 하기 위해 몇 가지 공동정보시스템이 구축되었다. 셴겐지역은 EU법과 독립적으로 운영되는 국제협정을 통해 최초로 창설되었기 때문에, 셴겐정보시스템(Schengen Information System ; SIS)은 다자간 협정으로 발전했고, 이후 EU법으로 편입되었다. 비자정보시스템(Visa Information System ; VIS), 유로닥(Eurodac), 유로수르(Eurosur) 및 세관정보시스템(Customs Information System ; CIS)은 EU법의 통제를 받는 기구로 창설되었다.

이러한 시스템의 감독은 국가 감독기관과 EDPS 간에 공유된다. 이들 기관은 높은 보호수준을 보장하기 위해 감독조정그룹(Supervision Coordination Groups ; SCG) 내에서 협업하고 있다. SCG는 1) 유로닥(Eurodac), 2) 비자정보시스템, 3) 셴겐정보시스템, 4) 세관정보시스템 및 5) 역내시장정보시스템의 대규모 IT 시스템을 말한다.[843] SCG는 선출된 의장의 권한에 따라 보통 일 년에 두 번 회의를 열며, 지침을 채택하고, 국경을 넘는 사건을 논의하거나, 검사를 위한 공통 프레임워크를 채택한다.

2012년에 설립된 유럽대규모IT시스템청(eu-LISA)[844]은 제2세대 셴겐정보시스템(SIS II), 비자정보시스템(VIS) 및 유로닥(Eurodac)의 운영관리를 담당하고 있다. eu-LISA의 핵심 임무는 IT시스템의 효과적이고 안전하며 지속적인 운영을 보장하는 것이다. 또한 시스템의 보안과 데이터의 보안을 보장하기 위해 필요한 조치의 채택도 책임진다.

843 See the European Data Protection Supervisor's webpage on Supervision Coordination.

844 Regulation (EU) No. 1077/2011 of the European Parliament and of the Council of 25 October 2011 establishing a European Agency for the operational management of large-scale IT systems in the area of freedom, security and justice, OJ 2011 L 286.

센겐정보시스템(The Schengen Information System)

1985년, 구 유럽공동체의 몇몇 회원국들은 베네룩스 경제연합, 독일, 프랑스 사이에 그들의 공통 국경에서의 체크의 점진적인 폐지에 관한 협정을 체결하여, 센겐지역 내의 국경 통제에 의해 방해받지 않고 사람들의 자유로운 이동을 위한 지역을 창설할 것을 목표로 했다.[845] 개방된 국경에서 발생할 수 있는 공공의 안전에 대한 위협을 상쇄하기 위해, 센겐지역의 외부 국경에서의 국경통제 강화와 함께 국가 경찰 및 사법기관 간의 긴밀한 협력을 확립했다.

센겐협정에 대한 추가적인 국가 가입의 결과로, 센겐제도는 암스테르담조약[846]에 의해 마침내 EU 법체계에 통합되었다. 이 결정은 1999년에 시행되었다. 이른바 SIS II인 센겐정보시스템의 최신 버전은 2013년 4월 9일에 작동하기 시작했다. 이는 현재 대부분의 EU 회원국[847]과 아이슬란드, 리히텐슈타인, 노르웨이 및 스위스에 서비스를 제공하고 있다.[848] 유로폴과 유로저스트도 또한 SIS II에 액세스할 수 있다.

SIS II는 중앙시스템(C-SIS), 각 회원국의 국가시스템(N-SIS) 및 중앙시스템과 국가시스템 간의 통신 인프라로 구성된다. C-SIS에는 회원국들이

845 Agreement between the Governments of the States of the Benelux Economic Union, the Federal Republic of Germany and the French Republic on the gradual abolition of checks at their common borders, OJ 2000 L 239.

846 European Communities (1997), Treaty of Amsterdam amending the Treaty on European Union, the Treaties establishing the European Communities and certain related acts, OJ 1997 C 340.

847 크로아티아, 키프로스 및 아일랜드는 SIS II로 통합하기 위한 준비활동을 수행하고 있지만 아직 그 구성원이 아니다. 유럽위원회 이민·내무총국 웹사이트에서 이용할 수 있는 센겐정보시스템에 대한 정보를 참조 바람.

848 Regulation (EC) No. 1987/2006 of the European Parliament and of the Council of 20 December 2006 on the establishment, operation and use of the second generation Schengen Information System, OJ 2006 L 381 (SIS II) and Council of the European Union (2007), Council Decision 2007/533/JHA of 12 June 2007 on the establishment, operation and use of the second generation Schengen Information System, (SIS II), OJ 2007 L 205.

사람과 물체에 대해 입력한 일정한 데이터가 포함되어 있다. SIS는 셴겐 지역의 국경 통제, 경찰, 세관, 비자, 사법기관에 의해 이용된다. 각 회원국은 국가셴겐정보시스템(N-SIS)으로 알려진 C-SIS의 국가 복사본을 운영하며, 이를 지속적으로 업데이트하며, 따라서 C-SIS를 업데이트하게 된다. SIS에는 다음과 같은 다양한 유형의 경고가 있다.

- 사람은 셴겐 영토에 들어가거나 머무를 권리가 없다.
- 사람이나 물체는 사법기관이나 법집행기관(예: 유럽체포영장, 신중한 체크 요청)에 의해 조사된다.
- 사람이 실종된 것으로 보고되었다.
- 지폐, 자동차, 밴, 총기 및 신분증 문서와 같은 물품은 도난 또는 분실된 것으로 보고되었다.

경고가 있는 경우 SIRENE 부서를 통해 후속 활동을 개시해야 한다. SIS II에는 지문 및 사진 같은 생체 데이터 또는 도난 보트, 항공기, 컨테이너 또는 지불수단과 같은 새로운 범주의 경고, 사람과 물체에 대한 강화된 경고, 그리고 체포, 항복 또는 범인 인도를 원하는 사람에 대한 유럽체포영장(EAW) 사본과 같은 새로운 기능이 있다.

SIS II는 서로를 보완하는 두 개의 법령, 즉 SIS II 결정[849]과 SIS II 규칙[850]에 근거한다. EU 입법자는 결정과 규칙의 채택을 위해 서로 다른 법적 근거를 사용했다. 결정은 범죄문제에 있어서 경찰 및 사법 협조가 적용되는 목적을 위해 SIS II의 사용을 통제한다(EU의 구 제3의 기둥). 규칙은 사람의 자유로운 이동과 관련된 비자, 망명, 이민 및 기타 정책에 해당

---

849 Council Decision 2007/533/JHA of 12 June 2007 on the establishment, operation and use of the second generation Schengen Information System (SIS II), OJ L 205, 7 August 2007.

850 Regulation (EC) No. 1987/2006 of the European Parliament and of the Council of 20 December 2006 on the establishment, operation and use of the second generation Schengen Information System (SIS II), OJ L 381, 28 December 2006.

하는 경보절차에 적용된다(구 제1의 기둥). 각 기둥의 경보절차는 리스본 조약과 기둥구조의 폐지 전에 두 개의 법령이 채택된 것을 고려하면, 별개의 법령에 의해 규제되어야 했다.

두 개의 법령은 모두 데이터 보호에 대한 규정을 포함한다. SIS II 결정은 민감데이터의 처리를 금지한다.[851] 개인데이터의 처리는 개정조약 제108호의 범위로 다루어야 한다.[852] 또한 사람은 자신과 관련된 개인데이터에 액세스 할 권리가 있고, 이는 SIS II에 포함되어 있다.[853]

SIS II 규칙은 비EU시민의 입국 또는 체류 거부에 관한 경보를 입력 및 처리하기 위한 조건 및 절차를 규율한다. 또한 회원국에 입국하거나 체류할 목적에 대해 보완적·추가적 정보를 교환하기 위한 규정을 제공한다.[854] 이 규칙에는 데이터 보호에 대한 규정도 포함되어 있다. GDPR 제9조제1항에 언급된 민감한 범주의 데이터는 처리할 수 없다.[855] SIS II 규칙에는 또한 다음과 같은 데이터주체에 대한 일정한 권리가 포함되어 있다.

- 데이터주체와 관련된 개인데이터에의 액세스권[856]
- 사실상의 부정확한 데이터의 정정권[857]
- 불법적으로 저장된 데이터의 삭제권[858]
- 데이터주체에 대해 경보가 발령된 경우 이를 통지받을 권리. 정보는 서면으로 작성되어야 하며 경보를 발하기 위한 국가 결정에 대한 사본이나 참고자료를 첨부해야 한다.[859]

851 SIS II Decision, Art. 56; SIS II Regulation, Art. 40.
852 SIS II Decision, Art. 57.
853 SIS II Decision, Art. 58; SIS II Regulation, Art. 41.
854 SIS II Regulation, Art. 2.
855 *Ibid.*, Art. 40.
856 *Ibid.*, Art. 41 (1).
857 *Ibid.*, Art. 41 (5).
858 *Ibid.*, Art. 41 (5).
859 *Ibid.*, Art. 42 (1).

1) 개인데이터는 데이터주체로부터 취득되지 않았으며 정보는 불가능하거나 불비례적인 노력이 필요하다고 규정하는 경우, 2) 데이터주체가 이미 정보를 소유하고 있는 경우이거나 3) 특히 국가안보를 보호하거나 범죄 예방에 근거한 제한을 허용하는 경우 통지받을 권리는 제공되지 않아야 한다.[860]

SIS II 결정과 SIS II 규칙 모두에서, SIS II와 관련된 개인의 액세스권은 모든 회원국에서 행사될 수 있으며, 해당 회원국의 국가법에 따라 처리된다.[861]

> 사례 : *Dalea v. France* 사건[862]에서, 프랑스 기관이 센겐정보시스템(Shengen Information System)에 입국을 거부해야 한다고 보고했기 때문에, 청구인은 프랑스 방문비자를 거부당했다. 청구인은 프랑스 데이터보호위원회와 국무원(Council of State)에 데이터의 액세스 및 정정 또는 삭제를 청구했으나 기각됐다. ECtHR은 청구인에 대한 센겐정보시스템에의 보고는 법에 따라 이루어졌으며 국가안보의 보호라는 정당한 목적을 추구했다고 판결했다. 청구인은 센겐지역으로의 입국 거부로 인해 실제로 얼마나 고통을 받았는지 보여주지 않았기 때문에, 그리고 그를 자의적인 결정으로부터 보호하기 위한 충분한 조치가 마련되었기 때문에, 그의 사생활 존중권에 대한 간섭은 비례적이었다. 따라서 제8조에 따른 청구인의 쟁송은 인용될 수 없다고 선언되었다.

각 회원국의 관할 국가감독기관은 국내 N-SIS를 감독한다. 국가 감독기관은 국내 N-SIS 내의 데이터 처리운영에 대한 감사가 최소한 4년마다

860 *Ibid.*, Art. 42 (2).

861 SIS II Regulation, Art. 41 (1) and SIS II Decision, Art. 58.

862 ECtHR, *Dalea v. France*, No. 964/07, 2 February 2010.

실시되도록 보장해야 한다.[863] 국가감독기관과 EDPS는 협력하고 N-SIS의 조율된 감독을 보장하는 반면, EDPS는 C-SIS의 감독을 책임진다. 투명성을 위해 2년마다 유럽의회, 이사회 및 eu-LISA에 공동 활동보고서를 발송해야 한다. SIS II의 감독조정그룹(SCG)은 SIS의 감독 조정을 보장하도록 설립되었으며 일 년에 두 번까지 만난다. 이 그룹은 EDPS와 SIS II를 시행한 회원국들의 감독기관의 대표, 그리고 센겐의 구성원인 점에서 아이슬란드, 리히텐슈타인, 노르웨이, 스위스의 감독기관의 대표들로 구성된다.[864] 키프로스, 크로아티아 및 아일랜드는 아직 SIS II에 속하지 않으므로 SCG의 옵서버로서만 참가한다. SCG의 맥락에서, EDPS와 국가감독기관은 정보를 교환하고 감사 및 검사의 수행에 있어서 서로 지원하며, 잠재적 문제에 대한 공통적인 해결책에 대한 것과 데이터보호권의 인식향상에 있어서 조화로운 제안을 설계함으로써, 적극적으로 협력한다.[865] SIS II SCG는 또한 데이터주체를 지원하기 위한 가이드라인을 채택한다. 한 예로 데이터주체가 자신의 액세스권을 행사하는 데 도움이 되는 가이드를 들 수 있다.[866]

전망(Outlook)

2016년, 유럽위원회는 데이터주체가 SIS II에서 개인데이터에 액세스, 정정 및 삭제하거나 부정확한 데이터와 관련하여 배상을 받을 수 있도록 국가 메커니즘이 정비되었다는 것을 보여주는 SIS 평가[867]를 수행하였다.

---

863 SIS II Regulation, Art. 60 (2).

864 See the European Data Protection Supervisor's webpage on the Schengen Information System.

865 SIS II Regulation, Art. 46 and SIS II Decision, Art. 62.

866 See SIS II SCG, *The Schengen Information System. A guide for exercising the right of access*, available on the EDPS website.

867 European Commission (2016), Report from the Commission to the European Parliament and the Council on the evaluation of the second generation Schengen Information System (SIS II) in accordance with Art. 24 (5), 43 (3) and 50 (5) of Regulation (EC)

유럽위원회는 SIS II의 효율성 및 효과성을 개선하기 위해, 다음과 같은 세 개의 규칙안을 내놓았다.

- 국경 체크 분야에서 SIS의 설립, 운영 및 사용에 관한 규칙으로, 이는 SIS II 규칙을 폐지한다.
- 범죄문제에서의 경찰 협력 및 사법 협력 분야에서 SIS의 설립, 운영 및 사용에 관한 규칙으로, 이는 무엇보다도 SIS II 결정을 폐지한다.
- 불법 체류 제3국 국민의 귀환을 위한 SIS 이용에 관한 규칙

중요한 것은 이들 규칙안이 이미 현행 SIS II 체제의 일부인 사진 및 지문 외에도 다른 범주의 생체 데이터의 처리를 허용하고 있다는 점이다. 얼굴 지문, 손바닥 자국, DNA 프로파일도 SIS 데이터베이스에 저장될 것이다. 또한, SIS II 규칙과 SIS II 결정은 사람을 식별하기 위해 지문으로 검색할 수 있는 가능성을 제공했지만, 규칙안은 그 사람의 신원을 다른 방법으로 확인할 수 없는 경우 이 검색을 의무화한다. 이것이 기술적으로 가능해지면, 얼굴 이미지, 사진, 손바닥 자국 등은 시스템을 검색하고 사람을 식별하는 데 사용될 것이다. 생체 속성에 대한 새로운 규정은 개인의 권리에 특별한 위험을 제기한다. EDPS는 유럽위원회 규칙안에 대한 의견[868]에서, 생체 데이터는 매우 민감하며, 그러한 대규모 데이터베이스에 대한 도입에는 그것들을 SIS에 포함시킬 필요성에 대한 증거 기반 평가에 근거해야 한다고 언급했다. 즉, 새로운 속성 처리의 필요성이 입증되어야 한다는 것이다. EDPS는 또한 어떤 유형의 정보가 DNA 프로파일에 포함될 수 있는지를 보다 명확히 할 필요가 있다고 보았다. DNA 프로파일에는 민감한 정보가 포함될 수 있으므로(가장 주목할 만한 예는 건강

No. 1987/2006 and Art. 59 (3) and 66 (5) of Decision 2007/533/JHA, COM(2016) 880 final, Brussels, 21 December 2016.

868 EDPS (2017), EDPS Opinion on the new legal basis of the Schengen Information System, Opinion 7/2017, 2 May 2017.

문제를 나타내는 정보가 될 것이다) SIS에 저장된 DNA 프로파일에는 "실종자의 신원 확인을 위해 엄격히 필요하며 건강정보, 인종적 기원 및 기타 민감정보를 명시적으로 제외하는 최소한의 정보[869]"가 포함되어야 한다. 그러나 규칙안은 데이터의 수집 및 추가 처리를 엄격하게 필요하고 운영상 필요한 자로 제한하는 추가 안전장치를 마련하며, 액세스는 개인 데이터를 처리할 운영상 필요성이 있는 자로 제한된다.[870] 규칙안은 또한 데이터 품질을 보장하는 경보를 정기적으로 심사하기 위하여 eu-LISA가 정기적으로 회원국에 대한 데이터 품질 보고서를 작성할 수 있는 권한을 부여한다.[871]

비자정보시스템(The Visa Information System)

또한 eu-LISA에 의해 운영되는 비자정보시스템(VIS)은 공통 EU 비자 정책의 실행을 지원하기 위해 개발되었다.[872] VIS를 통해 센겐 국가들은 비유럽국가에 위치한 센겐 국가의 영사관 및 대사관을 모든 센겐 국가의 외부 국경 통과지점과 연결하는 완전히 중앙집중화된 시스템을 통해 비

869 *Ibid.*, para. 22.

870 European Commission (2016), Proposal for a Regulation of the European Parliament and of the Council on the establishment, operation and use of the Schengen Information System (SIS) in the field of police cooperation and judicial cooperation in criminal matters, amending Regulation (EU) No. 515/2014 and repealing Regulation (EC) No. 1986/2006, Council Decision 2007/533/JHA and Commission Decision 2010/261/EU, COM(2016) 883 final, Brussels, 21 December 2016.

871 *Ibid.*, p. 15.

872 Council of the European Union (2004), Council Decision 2004/512/EC of 8 June 2004 establishing the Visa Information System (VIS), OJ 2004 L 213; Regulation (EC) No. 767/2008 of the European Parliament and of the Council of 9 July 2008 concerning the Visa Information System (VIS) and the exchange of data between Member States on short-stay visas, OJ 2008 L 218 (VIS Regulation); Council of the European Union (2008), Council Decision 2008/633/JHA of June 23 2008 concerning access for consultation of the Visa Information System (VIS) by designated authorities of Member States and by Europol for the purposes of the prevention, detection and investigation of terrorist offences and of other serious criminal offences, OJ 2008 L 218.

자 신청자에 관한 데이터를 교환할 수 있다. VIS는 센겐지역을 통해 방문하거나 통과하기 위한 단기체류비자 신청에 관한 데이터를 처리한다. VIS는 국경기관이 생체적 속성, 특히 지문의 도움을 받아 비자를 제시하는 사람이 정당한 소유자인지 여부를 확인하고 서류가 없거나 가짜문서를 가진 사람을 식별할 수 있도록 한다.

비자정보시스템(VIS)과 단기비자에 관한 회원국 간의 데이터의 교환에 관한 유럽의회 및 이사회의 규칙(EC) No. 767/2008(VIS Regulation)은 단기체류비자 신청에 관한 개인데이터 이전의 조건 및 절차를 규제한다. 또한 비자 무효, 취소 또는 연장 결정을 포함하여 신청에 대해 취한 결정을 감독한다.[873] VIS 규칙은 주로 신청자, 비자, 사진, 지문, 이전 신청에의 링크, 동행자의 신청서 파일 또는 초청자에 관한 데이터를 포함한다.[874] 데이터를 입력, 수정 또는 삭제하기 위해 VIS에 대한 액세스는 오로지 비자기관으로만 제한되는 반면, 컨설팅 데이터에 대한 액세스는 비자기관과 외부 국경통과지점, 출입국 체크 및 망명에서 체크 권한이 있는 기관에게 제공된다.

일정한 조건에서, 관할 경찰기관과 유로폴은 테러 및 범죄의 예방, 적발 또는 수사를 위하여 VIS에 입력된 데이터에 대한 액세스를 요청할 수 있다.[875] VIS는 공통 비자정책의 실행을 지원하기 위한 도구로 설계되었기 때문에 3.2에서 설명한 바와 같이 개인데이터는 특정되고 명시적이며 합법적인 사람에 대해서만 처리되어야 하며 데이터의 처리 목적과 관련

873 VIS Regulation, Art. 1.

874 Art. 5 of the Regulation (EC) No. 767/2008 of the European Parliament and of the Council of 9 July 2008 concerning the Visa Information System (VIS) and the exchange of data between Member States on short-stay visas (VIS Regulation), OJ 2008 L 218.

875 Council of the European Union (2008), Council Decision 2008/633/JHA of 23 June 2008 concerning access for consultation of the Visa Information System (VIS) by designated authorities of Member States and by Europol for the purposes of the prevention, detection and investigation of terrorist offences and of other serious criminal offences, OJ 2008 L 218.

하여 적절하고 관련성 있으며 과도하지 않아야 한다는 목적 제한 원칙은 VIS가 법집행 도구로 전환될 경우 이를 위반하게 된다. 이러한 이유로, 국가 법집행기관과 유로폴은 VIS 데이터베이스에 대한 정기적인 액세스를 허용하지 않는다. 액세스는 사례별로만 허용될 수 있으며 엄격한 안전장치가 수반될 수 있다. 이들 기관의 VIS의 액세스 및 자문을 위한 조건 및 안전장치는 이사회 결정 2008/633/JHA[876]로 규제되었다.

또한 VIS 규칙은 데이터주체의 권리를 규정한다. 이들은 다음과 같다.

- 해당 회원국에서 개인데이터 처리를 담당하는 데이터 컨트롤러의 신원 및 연락처, VIS 내에서 개인데이터가 처리되는 목적, 데이터가 전송될 수 있는 사람(수취인)의 범주 및 데이터 보존기간에 대해 책임있는 회원국으로부터 통지를 받을 권리. 또한 비자 신청자는 VIS에 따른 개인데이터의 수집이 신청서 심사에 의무적이라는 사실에 대해 통지를 받아야 하며, 회원국은 또한 그들의 데이터 액세스권, 정정이나 삭제 요청권의 존재와 이들 권리를 행사할 수 있게 하는 절차에 대해 통지해야 한다.[877]
- VIS에 기록된 관련 개인데이터에의 액세스권.[878]
- 부정확한 데이터 정정권.[879]
- 불법적으로 저장된 데이터 삭제권.[880]

VIS의 감독을 보장하기 위해 VIS SCG가 설치되었다. 이는 EDPS와 국가 감독기관의 대표들로 구성되어 있으며, 1년에 두 번 만난다. 이 그룹은 28개 EU 회원국 대표들과 아이슬란드, 리히텐슈타인, 노르웨이, 스위스 대표들로 구성되어 있다.[881]

876 *Ibid.*
877 VIS Regulation, Art. 37.
878 *Ibid.*, Art. 38 (1).
879 *Ibid.*, Art. 38 (2).
880 *Ibid.*, Art. 38 (2).

유로닥(Eurodac)

유로닥은 European Dactyloscopy의 약자이다. 이는 EU 회원국 중 하나에 망명을 신청한 제3국 국민 및 무국적자의 지문 데이터를 포함하는 중앙집중식 시스템이다.[882] 이 시스템은 이사회 규칙 No. 2725/2000의 채택으로 2003년 1월부터 운영되어 왔으며, 전면개정규칙이 2015년에 적용되게 되었다. 그 목적은 주로 규칙(EC) No. 604/2013에 따른 특별망명 신청에 대한 심사를 어느 회원국이 책임져야 하는지를 결정하는 데 지원을 하는 것이다. 이 규칙은 제3국 국민 또는 무국적자가 회원국 중 하나에 제기한 국제보호 신청을 심사할 책임이 있는 회원국을 결정하기 위한 기준 및 메커니즘을 설정한다(Dublin III Regulation).[883] 유로닥의 개인데이터는 주로 더블린 III 규칙의 적용을 용이하게 하는 목적에 이바지한다.[884]

---

881 See the European Data Protection Supervisor's webpage on Eurodac.

882 Council Regulation (EC) No. 2725/2000 of 11 December 2000 concerning the establishment of Eurodac for the comparison of fingerprints for the effective application of the Dublin Convention, OJ 2000 L 316; Council Regulation (EC) No. 407/2002 of 28 February 2002 laying down certain rules to implement Regulation (EC) No. 2725/2000 concerning the establishment of Eurodac for the comparison of fingerprints for the effective application of the Dublin Convention, OJ 2002 L 62 (Eurodac Regulations), Regulation (EU) No. 603/2013 of the European Parliament and of the Council of 26 June 2013 on the establishment of 'Eurodac' for the comparison of fingerprints for the effective application of Regulation (EU) No. 604/2013 establishing the criteria and mechanisms for determining the Member State responsible for examining an application for international protection lodged in one of the Member States by a third-country national or a stateless person and on requests for the comparison with Eurodac data by Member States' law enforcement authorities and Europol for law enforcement purposes, and amending Regulation (EU) No. 1077/2011 establishing a European Agency for the operational management of large-scale IT systems in the area of freedom, security and justice, OJ 2013 L 180, p. 1 (Eurodac Recast Regulation).

883 Regulation (EU) No. 604/2013 of the European Parliament and of the Council of 26 June 2013 establishing the criteria and mechanisms for determining the Member State responsible for examining an application for international protection lodged in one of the Member States by a third-country national or a stateless person, OJ 2013 L 180 (Dublin III Regulation).

국가 법집행기관과 유로폴은 범죄 수사와 관련된 지문을 유로닥에 포함된 지문과 비교할 수 있지만, 테러리스트나 다른 심각한 범죄행위를 예방, 적발 또는 수사할 목적에 대해서만 허용된다. 유로닥은 법집행 도구가 아닌 EU의 망명정책 실행을 지원하기 위한 도구로 설계되었기 때문에, 법집행기관은 특정한 경우에만, 특정한 상황 및 엄격한 조건 하에서만 데이터베이스에 액세스할 수 있다.[885] 법집행 목적으로 데이터의 추가적인 이용에 대해서는 경찰 및 형사사법기관 데이터보호지침이 적용되는 반면, 더블린 III 규칙을 촉진하는 주된 목적으로 이용되는 데이터는 GDPR에 따라 보호된다. 회원국 또는 유로폴이 유로닥 전면개정규칙에 따라 획득한 개인데이터를 제3국, 국제기구 또는 EU 역내외에 설치된 민간단체로 추가 이전하는 것은 금지된다.[886]

유로닥은 지문을 저장하고 비교하기 위해 eu-LISA에 의해 운영되는 중앙 부서와 회원국과 중앙 데이터베이스 간의 전자데이터 전송시스템으로 구성된다. 회원국들은 자국 영토로 망명을 요청하는 14세 이상의 모든 사람과 국경의 무단 통과로 체포된 모든 14세 이상의 비EU 국민 또는 무국적자의 지문을 채취하여 전송한다. 회원국들은 또한 허가 없이 자국 영토 내에 체류한 것으로 판명된 비EU 국민이나 무국적자의 지문을 채취하여 전송할 수 있다.

어떤 회원국이든 유로닥을 조회하여 지문데이터의 비교를 요청할 수 있지만, 지문을 수집하여 중앙부서에 전송한 회원국만이 정정, 보완 또는 삭제함으로써 데이터를 수정할 권리가 있다.[887] eu-LISA는 데이터 보호를 모니터링하고 데이터 보안을 보장하기 위해 모든 데이터 처리 기록을 보관한다.[888] 국가 감독기관은 권리 행사에 관해 데이터주체들을 지원하고

884 Eurodac Recast Regulation, OJ 2013 L 180, p. 1, Art. 1 (1).

885 *Ibid.*, Art. 1 (2).

886 *Ibid.*, Art. 35.

887 *Ibid.*, Art. 27.

888 *Ibid.*, Art. 28.

조언한다.[889] 지문 데이터의 수집 및 전송은 국가 법원에 의한 사법심사를 받아야 한다.[890] EU기관데이터보호규칙[891]과 EDPS에 의한 감독은 유로닥과 관련하여 eu-LISA가 관리하는 중앙시스템(Central System)의 처리활동에 적용된다.[892] 불법적인 처리 운영의 결과로 또는 유로닥 규칙에 위배되는 행위로 손해를 입은 경우, 이 사람은 그 손해에 대해 책임을 지는 회원국으로부터 배상을 받을 자격이 있다.[893] 그러나, 망명 신청자들은 길고 위험한 여행을 자주 해 온 특히 취약한 집단이라는 것을 강조해야 한다. 그들의 취약성과 망명 신청에 대한 심사가 보류되어 있는 동안 그들이 종종 처한 불안정한 상황 때문에, 실제로는 배상권을 포함한 그들의 권리를 행사하는 것이 어려울 수도 있다.

회원국들은 법집행 목적으로 유로닥을 이용하기 위해서는 액세스 요청권이 있는 기관과 비교 요청이 적법하다는 것을 확인할 기관을 지정해야 한다.[894] 유로닥 지문데이터에 대한 국가기관과 유로폴의 액세스는 매우 엄격한 조건에 따라야 한다. 요청하는 기관은 국가 지문데이터베이스 및 VIS와 같은 다른 이용 가능한 정보시스템의 데이터와 비교한 후에만 이 유부기 전자요청서를 제출해야 한다. 비교를 비례적으로 만드는 우월적인 공공의 안전 문제가 있어야 한다. 비교는 진정으로 필요한 것이어야 하며 특정 사례와 관련되어야 하며, 비교가 특히 테러범죄나 다른 중대한 형사범죄의 용의자, 범인 또는 희생자가 유로닥시스템 내의 지문 수집의

889 *Ibid.*, Art. 29.

890 *Ibid.*, Art. 29.

891 Regulation (EC) No. 45/2001 of the European Parliament and of the Council of 18 December 2000 on the protection of individuals with regard to the processing of personal data by the institutions and bodies of the Community and on the free movement of such data, OJ 2001 L 8.

892 Eurodac Recast Regulation, OJ 2013 L 180, p. 1, Art. 31.

893 *Ibid.*, Art. 37.

894 Roots, L. (2015), 'The New EURODAC Regulation: Fingerprints as a Source of Informal Discrimination', Baltic Journal of European Studies Tallinn University of Technology, Vol. 5, No. 2, pp. 108-129.

대상이 되는 범주에 속한다는 실질적인 혐의가 있는 경우에 해당 형사범죄의 예방, 적발 또는 수사에 실질적으로 기여할 것이라고 생각할 합리적인 이유가 있어야 한다. 비교는 지문 데이터만을 사용하여 이루어져야 한다. 유로폴은 또한 지문 데이터를 수집한 회원국의 승인을 얻어야 한다.

망명 신청자와 관련된 유로닥에 저장된 개인데이터는 데이터주체가 EU 회원국의 국적을 취득하지 않는 한 지문 채취일로부터 10년간 보관된다. 이 경우 데이터는 즉시 삭제되어야 한다. 무단 국경넘기 혐의로 체포된 외국인과 관련된 데이터는 18개월 동안 저장된다. 이들 데이터는 데이터주체가 거주허가를 받거나, EU 영토를 떠나거나, 회원국의 국적을 취득하는 경우 즉시 삭제되어야 한다. 망명을 허가받은 사람들의 데이터는 3년 동안 테러리스트와 다른 중대범죄의 예방, 적발, 수사라는 맥락에서 비교가 가능한 상태로 남아 있다.

모든 EU 회원국 외에, 아이슬란드, 노르웨이, 리히텐슈타인, 스위스도 국제협정에 근거하여 유로닥을 적용한다.

유로닥 SCG는 유로닥의 감독을 보장하기 위해 설립되었다. 이는 EDPS 및 국가감독기관의 대표들로 구성되어 있으며, 1년에 두 차례 만난다. 이 그룹은 28개 EU 회원국의 대표들과 아이슬란드, 리히텐슈타인, 노르웨이, 스위스의 대표들로 구성되어 있다.[895]

전망(Outlook)

2016년 5월, 유럽위원회는 공통유럽망명제도(Common European Asylum System ; CEAS)의 기능을 개선하기 위한 개혁의 일환으로 새로운 전면개정 유로닥 규칙안을 발표했다.[896] 전면개정안은 원래 유로닥 데이터베이

895 See the European Data Protection Supervisor's webpage on Eurodac.

896 European Commission, Proposal for a Regulation of the European Parliament and of the Council on the establishment of 'Eurodac' for the comparison of fingerprints for the effective application of [Regulation (EU) No. 604/2013 establishing the criteria

스의 범위를 크게 확장하기 때문에 중요하다. 유로닥은 처음에 EU에 제기된 망명 신청에 대한 심사를 책임지고 있는 회원국의 판단을 잘 할 수 있도록 지문증거를 제공함으로써 CEAS의 이행을 지원하기 위해 만들어졌다. 전면개정안은 불법 이주자의 귀환을 촉진하기 위해 데이터베이스의 범위를 확대할 것이다.[897] 국가기관은 회원국들이 이러한 개인들을 귀환시키는 것을 지원하는 증거를 얻기 위해 EU에 불법 체류하거나 불법 입국한 제3국 국민들을 식별하기 위한 목적으로 데이터베이스를 참조할 수 있을 것이다. 또한, 현행 법제도는 지문의 수집 및 저장만을 필요로 하지만, 규칙안은 또 다른 형태의 생체 데이터인 개인의 얼굴 이미지의 수집을 도입한다.[898] 규칙안은 또한 생체 데이터를 얻을 수 있는 어린이의 최소 연령을 2013년 규정에 따른 최소 연령인 14세 대신 6세[899]로 낮출 것이다. 규칙안의 확장된 범위는 데이터베이스에 포함될 수 있는 보다 많은 개인들의 프라이버시권 및 데이터보호권에 대한 간섭을 형성한다는 것을 의미한다. 이러한 간섭을 상쇄하기 위해, 규칙안과 유럽의회의 LIBE 위원회가 제안한 개정안[900]은 데이터보호요건을 강화하려고 한다. 본서의

and mechanisms for determining the Member State responsible for examining an application for international protection lodged in one of the Member States by a third-country national or a stateless person], for identifying an illegally staying third-country national or stateless person and on requests for the comparison with Eurodac data by Member States' law enforcement authorities and Europol for law enforcement purposes (recast), COM(2016) final, 4 May 2016.

897 See the explanatory memorandum to the proposal, p. 3.

898 European Commission, Proposal for a Regulation of the European Parliament and of the Council on the establishment of 'Eurodac' for the comparison of fingerprints for the effective application of [Regulation (EU) No. 604/2013 establishing the criteria and mechanisms for determining the Member State responsible for examining an application for international protection lodged in one of the Member States by a third-country national or a stateless person], for identifying an illegally staying third-country national or stateless person and on requests for the comparison with Eurodac data by Member States' law enforcement authorities and Europol for law enforcement purposes (recast), COM(2016) final, 4 May 2016, Art. 2 (1).

899 *Ibid.*, Art. 2 (2).

900 European Parliament, Report on the proposal for a regulation of the European

원고를 작성할 당시, 유럽의회와 이사회에서 규칙안에 대한 논의가 진행 중이었다.

유로수르(Eurosur)

유럽국경감시시스템(European Border Surveillance System ; Eurosur)[901]은 불법 이민과 국경을 넘는 범죄를 적발, 예방 및 퇴치함으로써 센겐의 외부 국경통제를 강화하도록 설계되었다. 이는 국가 조정센터와 통합국경관리라는 새로운 개념을 개발하고 적용하는 것을 담당하는 EU 에이전시인 프론텍스(Frontex) 사이의 정보교환 및 운영협력을 강화하는 역할을 한다.[902] 그 일반적인 목표는 다음과 같다.

- 적발되지 않고 EU로 입국하는 불법 이주민의 숫자를 감소시키는 것
- 바다에서 보다 많은 생명을 구함으로써 불법 이주민의 사망자 숫자를 감소시키는 것

Parliament and of the Council on the establishment of 'Eurodac' for the comparison of fingerprints for the effective application of [Regulation (EU) No. 604/2013 establishing the criteria and mechanisms for determining the Member State responsible for examining an application for international protection lodged in one of the Member States by a third-country national or a stateless person], for identifying an illegally staying third-country national or stateless person and on requests for the comparison with Eurodac data by Member States' law enforcement authorities and Europol for law enforcement purposes (recast), PE 597.620v03-00, 9 June 2017.

901 Regulation (EU) No. 1052/2013 of the European Parliament and of the Council of 22 October 2013 establishing the European Border Surveillance System (Eurosur), OJ 2013 L 295.

902 Regulation (EU) No. 2916/1624 of the European Parliament and of the Council of 14 September 2016 on the European Border and Coast Guard and amending Regulation (EU) 2016/399 of the European Parliament and of the Council and repealing Regulation (EC) No. 863.2007 of the European Parliament and of the Council, Council Regulation (EC) No. 2007/2004 and Council Decision 2005/267/EC, OJ L 251.

- 국경을 넘는 범죄 예방에 기여함으로써 EU 전체의 내부 보안을 강화하는 것.[903]

유로수르는 2013년 12월 2일에 외부 국경을 가진 모든 회원국에서, 그리고 나머지 회원국들에서는 2014년 12월 1일에 그 업무를 시작했다. 규칙은 회원국들의 외부 육상, 해상 및 공중 국경의 감시에 적용된다. 회원국과 프론텍스는 선박 식별번호만 교환할 수 있기 때문에 유로수르는 개인데이터를 매우 제한적으로 교환 및 처리한다. 유로수르는 순찰 및 사고의 장소와 같은 운영정보를 교환하며, 일반적으로 교환되는 정보는 개인데이터를 포함할 수 없다.[904] 유로수르의 구조 내에서 개인데이터가 교환되고 있는 예외적인 경우, 규칙은 데이터 보호에 관한 EU의 일반적인 법체계가 완전히 적용된다고 규정하고 있다.[905]

따라서 유로수르는 개인데이터의 교환은 경찰 및 형사사법기관 데이터 보호지침과 GDPR에 의해 설정된 기준 및 안전장치를 준수해야 한다는 점을 명시함으로써 데이터보호권을 보장한다.[906]

세관정보시스템(Customs Information System)

EU 차원에서 수립된 또 다른 중요한 정보시스템은 세관정보시스템

903 See also: European Commission (2008), Communication from the Commission to the European Parliament, the Council, the European Economic and Social Committee and the Committee of the Regions: Examining the creation of a European Border Surveillance System (Eurosur), COM(2008) 68 final, Brussels, 13 February 2008; European Commission (2011), Impact Assessment accompanying the Proposal for a Regulation of the European Parliament and of the Council establishing the European Border Surveillance System (Eurosur), Staff working paper, SEC(2011) 1536 final, Brussels,12 December 2011, p. 18.

904 European Commission, *EUROSUR: Protecting the Schengen external borders – protecting migrants' lives. EUROSUR in a nutshell*, 29 November 2013.

905 Regulation 1052/2013, Recital 13 and Art. 13.

906 *Ibid.*, Recital 13 and Art. 13.

(Customs Information System ; CIS)[907]이다. 역내시장을 구축하는 과정에서 EU 영토 내에서 이동하는 상품과 관련한 모든 견제와 수속이 폐지되어 사기 위험이 높아졌다. 이러한 위험은 회원국의 세관행정 사이의 협력 강화로 상쇄되었다. CIS의 목적은 회원국들이 국가 및 EU 세관법 및 농업법 위반을 예방, 수사 및 기소하는 데 지원을 하는 것이다. CIS는 서로 다른 법적 근거로 채택된 두 개의 법령에 의해 설정된다. 즉, 이사회 규칙 (EC) No. 515/97은 관세동맹과 공통농업정책의 맥락에서 사기를 퇴치하기 위한 서로 다른 국가행정기관 간의 협력과 관련되는 반면, 이사회 결정 2009/917/JHA는 세관법의 심각한 위반에 대한 예방, 수사 및 기소를 지원하는 것을 목적으로 한다. 이는 CIS가 단지 법집행에만 관련이 있는 것은 아니라는 것을 의미한다.

CIS에 포함된 정보는 물품, 운송수단, 사업체, 사람, 물품 및 보유, 압류 또는 압수된 현금과 관련된 개인데이터로 구성된다. 처리할 수 있는 데이터의 범주는 명확하게 정의되며, 관련된 개인의 이름, 국적, 성별, 출생지 및 생년월일, 데이터가 시스템에 포함되는 이유 및 운송수단의 등록번호를 포함한다.[908] 이러한 정보는 특정 검사를 확인, 보고 또는 수행하거나 세관규정 위반 혐의가 있는 사람에 대한 전략적 또는 운영적 분석을 위해서만 이용될 수 있다.

CIS에 대한 액세스는 유로폴 및 유로저스트 뿐만 아니라 국가 관세, 세금, 농업, 공중보건 및 경찰기관에 허용된다.

개인데이터의 처리는 규칙 No. 515/97 및 이사회 결정 2009/917/JHA

---

907 Council of the European Union (1995), Council Act of 26 July 1995 drawing up the Convention on the use of information technology for customs purposes, OJ 1995 C 316, amended by Council of the European Union (2009), Regulation No. 515/97 of 13 March 1997 on mutual assistance between the administrative authorities of the Member States and cooperation between the latter and the Commission to ensure the correct application of the law on customs and agricultural matters, Council Decision 2009/917/JHA of 30 November 2009 on the use of information technology for customs purposes, OJ 2009 L 323 (CIS Decision).

908 See CIS Decision, Art. 24, 25 and 28.

에서 정한 특별규정과 GDPR, EU기관데이터보호규칙, 개정조약 제108호 및 경찰권고를 준수해야 한다. EDPS는 규칙(EC) No. 45/2001에 대한 CIS의 준수를 감독할 책임이 있다. 그것은 CIS 관련 감독이슈에 관한 관할권을 가진 모든 국가 데이터보호 감독기관과 일 년에 적어도 한 번 회의를 소집한다.

EU 정보시스템 간의 상호운용성 (Interoperability between EU information systems)

이주자 관리, EU의 외부국경의 통합국경관리, 테러 및 국경을 넘는 범죄와의 싸움은 중요한 과제를 제기하고 있으며 글로벌화 세계에서 점점 더 복잡해지고 있다. 최근 몇 년 동안, EU는 EU의 가치 및 기본적 자유를 침해하지 않고 안보를 보호하고 유지하기 위한 새로운 포괄적인 액세스 방식에 공을 들여왔다. 이러한 노력에서 국가 법집행기관 간, 그리고 회원국과 관련 EU 기관 간의 효과적인 정보교환이 핵심이다.[909] 국경 관리와 역내 보안을 위한 현행 EU 정보시스템은 각각의 목적, 기관 설립, 데이터주체 및 사용자를 가지고 있다. EU는 상호운용성의 잠재력을 탐구함으로써 SIS II, VIS 및 유로닥과 같은 서로 다른 정보시스템들 사이의 단

909 European Commission (2016), Communication from the Commission to the European Parliament and the Council: Stronger and Smarter Information Systems for Borders and Security, COM(2016) 205 final, Brussels, 6 April 2016, European Commission (2016), Communication from the Commission to the European Parliament, the European Council and the Council: Enhancing Security in a world of mobility: improved information exchange in the fight against terrorism and stronger external borders, COM(2016) 602 final, Brussels, 14 September 2016, European Commission (2016), Proposal for a Regulation of the European Parliament and of the Council on the use of the Schengen Information System for the return of illegally staying third-country nationals. See also, Communication from the Commission to the European Parliament, the European Council and the Council: Seventh progress report towards an effective and genuine Security Union, COM(2017) 261 final, Brussels, 16 May 2017.

편화된 EU 데이터 관리의 기능상의 단점을 극복하기 위해 노력하고 있다.[910] 주요목적은 경찰, 세관 및 사법기관이 프라이버시권, 데이터보호권 및 기타 기본권과 관련하여 균형을 유지하면서 직무 수행에 필요한 정보를 체계적으로 확보하도록 하는 것이다.

상호운용성은 '정보시스템이 데이터를 교환하고 정보의 공유를 가능하게 하는 능력[911]'이다. 이러한 교환은 GDPR, 경찰 및 형사사법기관 데이터보호지침, EU기본권헌장 및 기타 모든 관련규정에 대해 보장되는 액세스 및 이용에 대한 필수적으로 엄격한 규정을 훼손해서는 안 된다. 데이터 관리를 위한 통합 솔루션은 목적 제한 원칙, 디자인에 의한 데이터보호원칙 또는 디폴트에 의한 데이터보호원칙에 영향을 미치지 않아야 한다.[912]

SIS II, VIS 및 유로닥 등 세 가지 주요정보시스템의 기능 개선 이외에도, 유럽위원회는 2020년까지 시행될 것으로 예상되는 제3국 국민에 대한 네 번째 중앙집중식 국경관리시스템인 출입국시스템(Entry-Exit System ; EES)[913]의 설립을 제안했다.[914] 유럽위원회는 또한 사전 불법 이주 및 보

910 Council of the European Union (2005), The Hague Programme: Strengthening Freedom, Security and Justice in the European Union, OJ 2005 C 53, European Commission (2010), Communication from the Commission to the European Parliament and the Council: Overview of information management in the area of freedom, security and justice, COM(2010) 385 final, European Commission (2016), Communication from the Commission to the European Parliament and the Council: Stronger and Smarter Information Systems for Borders and Security, COM(2016) 205 final, Brussels, 6 April 2016, European Commission (2016), Commission Decision of 17 June 2016 setting up the High Level Expert Group on Information Systems and Interoperability, OJ 2016 C 257.

911 European Commission (2016), Communication from the Commission to the European Parliament and the Council: Stronger and Smarter Information Systems for Borders and Security, COM(2016) 205 final, Brussels, 6 April 2016, p. 14.

912 *Ibid.*, pp. 4-5.

913 European Commission (2016), Proposal for a Regulation of the European Parliament and of the Council establishing an Entry/Exit System (EES) to register entry and exit data and refusal of entry data of third country nationals crossing the external borders of the Member States of the European Union and determining the conditions for

안 체크를 허용하기 위해 무비자로 EU 여행을 하는 사람에 대한 정보를 수집하는 시스템인 유럽여행정보인가시스템(European Travel Information and Authorisation System ; ETIAS)[915]의 설립에 관한 제안을 공표했다.

---

access to the EES for law enforcement purposes and amending Regulation (EC) No. 767/2008 and Regulation (EU) No. 1077/2011, COM(2016) 194 final, Brussels, 6 April 2016.

914 European Commission (2016), Communication from the Commission to the European Parliament and the Council: Stronger and Smarter Information Systems for Borders and Security, COM(2016) 205 final, Brussels, 6 April 2016, p. 5.

915 European Commission (2016), Proposal for a Regulation of the European Parliament and of the Council establishing a European Travel Information and Authorisation System (ETIAS) and amending Regulations (EU) No. 515/2014, (EU) 2016/399, (EU) 2016/794 and (EU) 2016/1624, COM(2016) 731 final, 16 November 2016.

제9장
특정한 유형의 데이터와 관련 데이터보호법

EU	관련쟁점	CoE
GDPR 프라이버시 및 전자통신에 관한 지침	**전자통신**	개정조약 제108호 전기통신서비스권고
GDPR 제89조	**고용 관련**	개정조약 제108호 고용권고 ECtHR, *Copland v. the United Kingdom*, No. 62617/00, 2007
GDPR 제9조제2항제h,i호	**의료 데이터**	개정조약 제108호 의료데이터권고 ECtHR, *Z v. Finland*, No. 22009/93, 1997
임상시험규칙	**임상시험**	
GDPR 제6조제4항, 제89조	**통계**	개정조약 제108호 통계데이터권고
유럽통계에 관한 규칙(EC) No. 223/2009 CJEU, C-524/06, *Huber v. Bundesrepublik Deutschland* [GC], 2008	**공식 통계**	개정조약 제108호 통계데이터권고
금융상품 시장에 관한 지침 2014/65/EU OTC 파생상품, 중앙 거래처 및 무역 저장소에 관한 규칙(EU) No. 648/2012	**금융 데이터**	개정조약 제108호 결제 및 기타 관련작업에 사용되는 권고 90(19)

EU	관련쟁점	CoE
신용평가기관에 관한 규칙(EC) No. 1060/2009 역내시장 결제서비스에 관한 지침 2007/64/EC		ECtHR, *Michaud v. France*, No. 12323/11, 2012

몇몇 사례에서, 개정조약 제108호나 GDPR의 일반규정을 특정한 상황에 보다 세부적으로 적용하기 위한 특별법규범이 유럽 레벨에서 채택되어왔다.

9.1. 전자통신(Electronic communications)

요점

- 전화 서비스를 특별히 언급하는 통신 분야의 데이터 보호에 관한 특별 규정은 1995년 CoE 권고에 포함되어 있다.
- EU 레벨에서의 통신서비스 제공과 관련된 개인데이터의 처리는 프라이버시 및 전자통신 지침에서 규율된다.
- 전자통신의 기밀성은 통신 내용뿐만 아니라 누가 누구와 언제 얼마나 오랫동안 통신했는지에 대한 정보와 데이터가 발신된 위치와 같은 위치데이터와도 관련이 있다.

통신 네트워크는 그러한 네트워크에서 수행되는 통신을 듣고 조사하기 위한 강력한 기술적 가능성을 제공하기 때문에 이용자의 개인 영역에 대한 부당한 간섭의 가능성이 높아졌다. 따라서, 통신서비스 이용자의 특별한 위험을 다루기 위해 특별 데이터보호규칙이 필요하다고 판단되었다.

1995년, CoE는 특히 전화 서비스에 대한 언급과 함께 통신 분야에서의 데이터보호권고를 공표했다.[916] 이 권고에 따르면, 통신의 맥락에서 개인데이터를 수집하고 처리하는 목적은 이용자를 네트워크에 연결하고, 특정 통신서비스를 이용 가능하게 하고, 청구서 작성, 확인, 최적의 기술 운영 보장과 네트워크 및 서비스 개발로 제한되어야 한다.

또한 직접 마케팅 메시지를 보내기 위한 통신 네트워크의 이용에 특별한 관심이 주어졌다. 일반적으로 직접 마케팅 메시지는 수신을 명시적으로 거부한 가입자에게 전달될 수 없다. 사전 녹화된 광고 메시지를 전송하기 위한 자동통화장치는 가입자가 명시적 동의를 한 경우에만 이용될 수 있다. 국내법이 이 분야의 상세한 규칙을 규정해야 한다.

1997년 첫 시도 이후 **EU 법체계** 내에서 프라이버시 및 전자통신에 관한 지침이 2002년에 채택되었고 2009년에 개정되었다. 이는 이전 데이터보호지침의 조항을 통신 부문에 보완하고 맞춤화할 목적으로 이루어졌다.[917]

프라이버시 및 전자통신 지침의 적용은 공공 전자네트워크의 통신서비스로 제한된다.

프라이버시 및 전자통신 지침은 통신 중에서 생성된 데이터의 세 개의 주요 범주를 구별한다.

- 통신 중에 전송되는 메시지의 내용을 구성하는 데이터 – 이러한 데이터는 철저히 기밀이다.

916 Council of Europe, Committee of Ministers (1995), Recommendation Rec(95)4 to member states on the protection of personal data in the area of telecommunication services, with particular reference to telephone services, 7 February 1995.

917 Directive 2002/58/EC of the European Parliament and of the Council of 12 July 2002 concerning the processing of personal data and the protection of privacy in the electronic communications sector, OJ 2002 L 201 (Directive on privacy and electronic communications) as amended by Directive 2009/136/EC of the European Parliament and of the Council of 25 November 2009 amending Directive 2002/22/EC on universal service and users' rights relating to electronic communications networks and services, Directive 2002/58/EC concerning the processing of personal data and the protection of privacy in the electronic communications sector and Regulation (EC) No. 2006/2004 on cooperation between national authorities responsible for the enforcement of consumer protection laws, OJ 2009 L 337.

- 통신 설정 및 유지에 필요한 데이터 – 통신 당사자, 통신 시간 및 기간에 대한 정보 등 지침에서 "트래픽 데이터"라고 하는 이른바 메타데이터
- 메타데이터 내에는 통신장치의 위치와 구체적으로 관련된 데이터, 이른바 위치데이터가 있다. 이러한 데이터는 특히 이동통신장치의 사용자가 관련된 경우 동시에 통신장치 사용자의 위치에 대한 데이터이다.

트래픽 데이터는 서비스 제공자가 요금 청구 및 기술 제공 목적으로만 사용할 수 있다. 그러나, 데이터주체의 동의로, 이러한 데이터는 다음 지하철역이나 약국 또는 이 위치의 기상예보에 대해 사용자의 위치와 관련된 정보를 제공하는 것과 같은 부가가치 서비스를 제공하는 다른 컨트롤러에게 공개될 수 있다.

e-Privacy지침 제15조에 따르면, 전자네트워크에서의 통신에 관한 다른 데이터 액세스는 ECHR 제8조제2항에 규정되고 EU기본권헌장 제8조 및 제52조에서 확인된 데이터보호권의 정당한 간섭에 대한 요건을 충족해야 한다. 이러한 액세스는 범죄 수사를 위한 액세스를 포함할 수 있다.

프라이버시 및 전자통신 지침의 2009년 개정[918]에서는 다음 사항이 도입되었다.

- 직접 마케팅 목적을 위한 이메일 발송 제한은 짧은 메시지 서비스, 멀티미디어 메시지 서비스 및 기타 유사한 애플리케이션으로 확대되었다. 마케팅 이메일은 사전 동의를 얻지 않는 한 금지된다. 이러

918 Directive 2009/136/EC of the European Parliament and of the Council of 25 November 2009 amending Directive 2002/22/EC on universal service and users' rights relating to electronic communications networks and services, Directive 2002/58/EC concerning the processing of personal data and the protection of privacy in the electronic communications sector and Regulation (EC) No. 2006/2004 on cooperation between national authorities responsible for the enforcement of consumer protection laws, OJ 2009 L 337.

한 동의가 없으면 이메일 주소를 사용할 수 있게 하고 반대하지 않는 경우, 이전 고객에 대해서만 마케팅 이메일로 액세스할 수 있다.

- 스팸통신 금지의 위반에 대해 사법적 구제수단을 제공해야 할 의무가 회원국에게 부여되었다.[919]
- 컴퓨터 사용자의 행위를 모니터링하고 기록하는 소프트웨어인 쿠키의 설정은 컴퓨터 사용자의 동의 없이는 더 이상 허용되지 않는다. 국가법은 충분한 보호를 제공하기 위해 동의가 어떻게 표시되고 취득되어져야 하는지를 보다 상세하게 규제해야 한다.[920]

데이터의 무단 액세스, 손실 또는 파괴로 인해 데이터 침해가 발생하는 경우, 관할 감독기관에게 즉시 알려야 한다. 데이터 침해의 결과로 발생할 수 있는 손해에 대해 가입자에게 알려야 한다.[921]

데이터보존지침[922]에서는 통신서비스 제공자가 메타데이터를 보존해야 했다. 그러나 CJEU는 이 지침을 무효화했다(자세한 내용은 8.3 참조).

전망(Outlook)

2017년 1월, 유럽위원회는 기존의 e-Privacy 지침을 대체하기 위해 새로운 e-Privacy 규칙을 채택했다. 그 목적은 "전자통신서비스의 제공 및 사용에 있어 자연인 및 법인의 기본적 권리 및 자유, 특히 사생활 및 통

919 See the amended directive, Art. 13.

920 See Ibid., Art. 5; see also Article 29 Working Party (2012), *Opinion 04/2012 on cookie consent exemption*, WP 194, Brussels, 7 June 2012.

921 See also Article 29 Working Party (2011), *Working Document 01/2011 on the current EU personal data breach framework and recommendations for future policy developments*, WP 184, Brussels, 5 April 2011.

922 Directive 2006/24/EC of the European Parliament and of the Council of 15 March 2006 on the retention of data generated or processed in connection with the provision of publicly available electronic communications services or of public communications networks and amending Directive 2002/58/EC, OJ 2006 L 105.

신을 존중 받을 권리의 보호와 개인데이터의 처리와 관련하여 자연인의 보호"로 유지된다. 동시에, 새로운 규칙안은 연합 내에서 전자통신 데이터 및 전자통신 서비스의 자유로운 이동을 보장하는 것이다.[923] GDPR은 EU기본권헌장 제8조를 주로 다루지만, 규칙안은 헌장 제7조를 EU 제2차 법으로 통합시키는 것을 목표로 한다.

규칙은 이전 지침의 조항을 신기술과 시장 현실에 적응시키고, GDPR과 함께 포괄적이고 일관된 체계를 구축할 것이다. 이러한 의미에서 e-Privacy 규칙은 개인데이터를 구성하는 전자통신 데이터에 적합하도록 맞춤화하면서 GDPR의 특별법이 될 것이다. 새로운 규칙은 반드시 개인데이터만이 아닌 전자통신 콘텐츠 및 메타데이터를 포함하는 "전자통신 데이터"의 처리를 그 대상으로 한다. 영토적 적용범위는 EU에서 획득한 데이터가 외부에서 처리되는 경우를 포함하여 EU로 제한되며, OTT 통신 서비스 제공자까지로 확장된다. 이들은 네트워크 사업자 또는 인터넷 서비스 제공자(ISP)의 직접적인 개입 없이 인터넷을 통해 콘텐츠, 서비스 또는 애플리케이션을 제공하는 서비스 제공자들이다. 이러한 제공자의 예로는 Skype(음성 및 비디오 통화), WhatsApp(메시징), Google(검색), Spotify(음악) 또는 Netflix(비디오 콘텐츠)가 있다. GDPR의 시행 메커니즘은 새로운 규칙에 적용된다.

e-Privacy 규칙은 GDPR이 28개 회원국 모두에서 시행되는 2018년 5월 25일 이전에 채택될 예정이다. 그러나 이는 유럽의회와 이사회 양자의 합의에 따라 결정된다.[924]

---

923 Proposal for a Regulation of the European Parliament and of the Council concerning the respect for private life and the protection of personal data in electronic communications and repealing Directive 2002/58/EC (Regulation on Privacy and Electronic Communications) (COM(2017) 10 final), Art. 1.

924 For more information, see European Commission (2017), "Commission proposes high level of privacy rules for all electronic communications and updates data protection rules for EU institutions", press release, 10 January 2017.

9.2. 고용데이터(Employment data)

요점

- 고용관계에서의 특별 데이터보호규정은 CoE 고용데이터권고에 요약되어 있다.
- GDPR에서 고용관계는 민감데이터 처리의 맥락에서만 특정적으로 언급된다.
- 고용인과 피고용인 간의 경제적 불균형을 고려할 때, 피고용인에 대한 데이터를 처리하기 위한 법적 근거로서 자유롭게 주어졌어야 하는 동의의 효력은 의심스러울 수 있다. 동의를 둘러싼 상황은 신중하게 평가되어야 한다.

고용 맥락에서의 데이터 처리는 개인데이터 보호에 관한 일반적인 EU 법의 적용을 받는다. 그러나, 하나의 규칙[925]은 (다른 것 중에서도) 고용의 맥락에서 유럽 기관에 의한 개인데이터 처리의 보호를 특별히 다룬다. GDPR에서 고용관계는 제9조제2항에 구체적으로 언급되어 있으며, 동 조항은 고용 분야에서 컨트롤러나 데이터주체의 특정한 권리를 행사하거나 의무를 이행할 때 개인데이터를 처리할 수 있다고 규정한다.

GDPR에 따르면, 피고용인이 처리/저장에 자유롭게 동의한 데이터와 그 데이터가 저장되는 목적을 명확히 구분할 수 있도록 해야 한다. 피고용인들은 또한 동의하기 전에 자신의 권리와 데이터가 저장되는 기간을 통지받아야 한다. 자연인의 권리 및 자유에 높은 위험을 초래할 수 있는 개인데이터의 침해사실이 발생하는 경우, 고용인은 이러한 침해사실을 피고용인에게 알려야 한다. GDPR 제88조는 회원국들이 고용 맥락에서

925 Regulation (EC) No. 45/2001 of the European Parliament and of the Council of 18 December 2000 on the protection of individuals with regard to the processing of personal data by the Community institutions and bodies and on the free movement of such data, OJ 2001 L 8.

개인데이터와 관련하여 피고용인의 권리 및 자유의 보호를 보장하기 위한 보다 구체적인 규정을 제정할 수 있도록 허용하고 있다.

> 사례 : *Worten* 사건[926]에서, 데이터는 일상의 업무와 휴식기간을 포함하는 근무시간의 기록을 포함했으며, 이는 개인데이터를 구성한다. 국가법은 근로조건을 감시할 책임이 있는 국가기관이 이용할 수 있도록 근무시간 기록을 작성하도록 고용인에게 요구할 수 있다. 이로써 관련 개인데이터에 즉시 액세스할 수 있게 된다. 그러나 국가기관이 근로조건에 관한 법률을 모니터링할 수 있도록 하기 위해서는 개인데이터에 대한 액세스가 필요하다.[927]

CoE와 관련하여, 고용데이터권고가 1989년에 공표되었고 2015년에 개정되었다.[928] 권고는 민간부문과 공공부문 모두에서 고용 목적을 위한 개인데이터의 처리를 대상으로 한다. 처리는 작업장에 감시 시스템을 배치하기 전에 투명성 원칙과 피고용인 대표자와의 협의 등 일정한 원칙 및 제한을 준수해야 한다. 권고는 또한 고용인이 피고용인들의 인터넷 사용을 모니터링하는 대신 필터와 같은 예방적 조치를 적용해야 한다고 명시하고 있다.

고용 맥락에 특유한 가장 일반적인 데이터 보호문제에 대한 조사는 제29조작업반의 작업문서에서 찾을 수 있다.[929] 작업반은 고용데이터 처리

926 CJEU, C-342/12, *Worten – Equipamentos para o Lar SA v. Autoridade para as Condições de Trabalho (ACT)*, 30 May 2013, para. 19.

927 *Ibid.*, para. 43.

928 Council of Europe, Committee of Ministers (2015), Recommendation Rec(2015)5 to member states on the processing of personal data in the context of employment, April 2015.

929 Article 29 Working Party (2017), *Opinion 2/2017 on data processing at work*, WP 249, Brussels, 8 June 2017.

를 위한 법적 근거로서 동의의 중요성을 분석했다.[930] 그 분석에서 동의를 구하는 고용인과 동의를 주는 피고용인 사이의 경제적 불균형이 동의가 자유롭게 주어졌는지 여부에 대한 의심을 자주 불러일으킬 것이라는 점을 발견했다. 따라서 고용 맥락에서 동의의 효력을 평가할 때 데이터 처리를 위한 법적 근거로 동의에 의존하는 상황을 신중하게 고려해야 한다.

오늘날의 일반적인 작업환경에서 흔히 발생하는 데이터 보호문제는 직장 내에서 피고용인의 전자통신을 정당하게 모니터링하는 범위이다. 이 문제는 근무 중에 통신시설의 사적인 사용을 금지함으로써 쉽게 해결될 수 있다고 종종 주장된다. 그러나 이러한 일반적인 금지는 불비례적이고 비현실적일 수 있다. *Copland v. the United Kingdom* 사건과 *Bărbulescu v. Romania* 사건에서의 ECtHR의 판결은 이러한 맥락에서 특히 흥미롭다.

사례 : *Copland v. the United Kingdom* 사건[931]에서, 대학 직원이 개인적인 목적으로 대학 시설을 과도하게 사용하고 있는지 확인하기 위해 그녀의 전화, 이메일, 인터넷 사용이 비밀리에 모니터링되었다. ECtHR은 직장 구내에서 걸려오는 전화는 사생활 및 교신의 개념에 해당된다고 판결했다. 따라서, 업무에서 송·발신된 전화 및 이메일, 개인적인 인터넷 사용의 모니터링에서 파생된 정보는 ECHR 제8조에 의해 보호되었다. 청구인의 경우, 고용인이 직원의 전화, 이메일 및 인터넷 사용을 감시할 수 있는 상황을 규제하는 조항은 존재하지 않았다. 따라서, 간섭은 법에 따르지 않았다. 재판소는 ECHR 제8조의 위반이 있었다고 결정했다.

930 Article 29 Working Party (2005), *Working document on a common interpretation of Article 26(1) of Directive 95/46/EC of 24 October 1995*, WP 114, Brussels, 25 November 2005.

931 ECtHR, *Copland v. the United Kingdom*, No. 62617/00, 3 April 2007.

사례 : *Bărbulescu v. Romania* 사건[932]에서, 청구인은 내부규칙을 위반하여 근무시간에 직장에서 인터넷을 사용했다는 이유로 해고되었다. 고용인은 그의 통신을 모니터링했다. 이 기록들은 순전히 사적 성격의 메시지를 보여주는 것으로 국내 소송 중에 제출되었다. ECtHR은 제8조를 적용할 수 있는 것으로 판단함에 있어, 고용인의 제한적 규칙이 청구인에게 프라이버시에 대한 합리적인 기대를 남겼는지에 대한 문제를 열어두었지만, 고용인의 지시가 직장 내 사적인 사회생활을 제로로 감축시킬 수는 없다고 판결했다.

본안에 관하여, 체약 당사국들은 피고용인이 직장에서 한 비업무적 성격의 전자통신이나 기타 통신을 고용인이 규제할 수 있는 조건을 규율하는 법체계를 확립할 필요성을 평가함에 있어서 광범위한 재량의 여지가 부여되어야 했다. 그럼에도 불구하고, 국내기관은 고용인에 의한 교신 및 기타 통신을 감시하는 조치의 도입은 이러한 조치의 범위 및 기간에 관계없이, 남용에 대한 적절하고 충분한 안전장치를 수반하도록 보장해야 했다. 자의성에 대한 비례성과 절차적 보장이 필수적이었으며 ECtHR은 상황에 관련된 몇 가지 요인을 인정했다. 여기에는 무엇보다도 고용인에 의한 감시의 범위와 피고용인의 프라이버시 침해의 정도, 피고용인에 대한 영향, 그리고 적절한 안전장치가 제공되었는지 여부 등이 포함되었다. 또한, 국내기관은 통신 감시를 받은 피고용인이 최소한 실질적으로 이러한 기준이 어떻게 준수되고 해당 조치가 적법한지를 판단할 관할권을 가진 사법기관에 대해 구제를 이용할 수 있도록 보장해야 했다.

이 사건에서, ECtHR은 국내기관이 청구인의 사생활 및 교신에 대한 존중권을 적절히 보호하지 못했으며, 결과적으로 쟁점이 되는 이익 간의 공정한 형량을 하지 못했기 때문에 제8조를 위반했다고 판결했다.

932 ECtHR, *Bărbulescu v. Romania* [GC], No. 61496/08, 5 September 2017, para. 121.

CoE고용권고에 따르면, 고용 목적으로 수집된 개인데이터는 개별 피고용인으로부터 직접 취득되어야 한다.

채용을 위해 수집된 개인데이터는 지원자의 적합성과 경력 잠재력을 평가하는 데 필요한 정보로 제한되어야 한다.

권고는 또한 개별 피고용인의 성과 또는 잠재력과 관련된 판단 데이터를 구체적으로 언급한다. 판단 데이터는 공정하고 정직한 평가에 근거해야 하며, 그것이 공식화된 방식에 모욕적이어서는 안 된다. 이는 공정한 데이터 처리 및 데이터 정확성 원칙에 의해 요구된다.

고용인-피고용인 관계에서 데이터보호법의 특별한 측면은 피고용인 대표의 역할이다. 이러한 대표는 피고용인이 단체협약에 명시된 의무를 이행하거나 감독하기 위해 필요한 경우 또는 피고용인의 이익을 대표할 수 있도록 하기 위해 필요한 경우에만 피고용인의 개인데이터를 수취할 수 있다.

고용 목적으로 수집되는 민감한 개인데이터는 개별적 사례에서 그리고 국내법에 의해 규정된 안전장치에 따라서 처리될 수 있을 뿐이다. 고용인은 피고용인이나 구직자에게 건강상태에 대해 질문하거나 필요한 경우에만 의료적으로 검사할 수 있다. 이는 고용 적합성을 결정하거나 예방 의학의 요건을 충족하거나 데이터주체 또는 다른 피고용인 및 개인의 중대한 이익을 보호하거나 사회적 편익이 부여될 수 있거나 또는 사법적 요청에 응답하기 위한 것일 수 있다. 건강데이터는 명시적 및 정보에 근거한 동의를 얻거나 국가법이 이를 제공하는 경우를 제외하고는 관련 피고용인 이외의 출처에서 수집될 수 없다.

고용권고에 따르면, 피고용인은 개인데이터의 처리 목적, 수집된 개인데이터의 유형, 데이터가 정기적으로 전달되는 단체, 그리고 이러한 공개의 목적 및 법적 근거에 대해 통지를 받아야 한다. 전자통신은 보안 또는 기타 정당한 이유를 근거로 직장에서 액세스 될 수 있을 뿐이며, 이러한 액세스는 고용인이 이러한 종류의 통신에 액세스할 수 있다는 사실을 피고용인이 통지를 받은 후에만 허용된다.

피고용인은 정정권 또는 삭제권 뿐만 아니라 고용데이터에의 액세스권도 있어야 한다. 만약 판단 데이터가 처리된다면, 피고용인들은 또한 판단을 다툴 권리가 있어야 한다. 그러나 이러한 권리는 내부 조사를 목적으로 일시적으로 제한될 수 있다. 피고용인이 개인 고용데이터에의 액세스, 정정 또는 삭제가 거부되는 경우, 국가법은 이러한 거부를 다툴 수 있는 적절한 절차를 제공해야 한다.

9.3. 건강데이터(Health data)

요점

- 의료 데이터는 민감데이터이고 따라서 특별한 보호를 누린다.

데이터주체의 건강에 관한 개인데이터는 GDPR 제9조제1항 및 개정조약 제108호 제6조에 따른 민감데이터로 인정된다. 따라서 건강 관련 데이터는 민감하지 않은 데이터보다 더 엄격한 데이터 처리제도의 적용을 받는다. GDPR은 제9조제2항에 따라 승인을 받지 않으면 유전자 데이터 및 생체 데이터뿐만 아니라 "건강에 관한 개인데이터"("데이터주체의 과거, 현재 또는 미래의 신체적 또는 정신적 건강상태와 관련된 정보를 나타내는 데이터주체의 건강상태에 속하는 모든 데이터"로 이해되는)[933]의 처리를 금지한다. 두 가지 유형의 데이터가 "특별한 범주의 데이터"의 목록에 추가되었다.[934]

933 General Data Protection Regulation, Recital 35.

934 *Ibid.*, Art. 2.

> 사례 : *Z v. Finland* 사건[935]에서, HIV에 감염된 청구인의 전 남편은 수많은 성범죄를 저질렀다. 그 후 그는 고의로 희생자들을 HIV 감염 위험에 노출시켰다는 이유로 살인죄로 유죄판결을 받았다. 국가법원은 청구인의 보다 장기간의 비밀유지기간 청구에도 불구하고 판결 전문과 사건문서를 10년간 비밀로 유지하라고 명령했다. 항소심 재판부는 이러한 청구를 기각하고 판결문에는 청구인과 전 남편의 이름이 모두 포함되었다. ECtHR은 의료 데이터의 보호가 특히 많은 사회에서 HIV 감염에 대한 오명을 감안할 때 HIV 감염에 대한 정보에 관한 한, 사생활 및 가족생활에 대한 존중권을 향유하는 데 근본적으로 중요하기 때문에, 민주사회에서 간섭은 필요한 것으로 간주되지 않는다고 판결했다. 따라서 재판소는 청구인의 신원 및 의학적 상태를 기술한 항소심 판결에 대해 선고 후 10년에 열람할 수 있도록 허용하는 것은 ECHR 제8조에 위배된다고 결정했다.

EU법에 따르면, GDPR 제9조제2항제h호는 예방 의학, 의료진단, 진료나 치료의 제공 또는 의료서비스의 관리에 필요한 경우 의료 데이터를 처리할 수 있도록 허용한다. 그러나, 직업적 비밀유지의무를 부담하는 헬스케어 전문가 또는 동등한 의무를 부담하는 다른 사람이 수행하는 경우에만 처리가 허용될 수 있다.[936]

CoE법에 따르면 1997년의 CoE 의료데이터권고는 의료 분야의 데이터 처리에 보다 상세하게 조약 제108호의 원칙을 적용한다.[937] 제안된 규정

---

935 ECtHR, *Z v. Finland*, No. 22009/93, 25 February 1997, paras. 94 and 112; see also ECtHR, *M.S. v. Sweden*, No. 20837/92, 27 August 1997; ECtHR, *L.L. v. France*, No. 7508/02, 10 October 2006; ECtHR, *I v. Finland*, No. 20511/03, 17 July 2008; ECtHR, *K.H. and Others v. Slovakia*, No. 32881/04, 28 April 2009; ECtHR, *Szuluk v. the United Kingdom*, No. 36936/05, 2 June 2009.

936 See also ECtHR, *Biriuk v. Lithuania*, No. 23373/03, 25 November 2008.

937 Council of Europe, Committee of Ministers (1997), Recommendation Rec(97)5 to

은 의료 데이터 처리의 정당한 목적, 건강데이터를 이용하는 사람들의 필요한 직업적 비밀유지의무, 그리고 데이터주체의 투명성과 액세스, 정정 및 삭제에 대한 권리에 관해서는 GDPR의 그것들과 일치한다. 또한 "ECHR 제8조에 따라 보장된 사생활의 존중에 부합하지 않는 공개를 방지할 충분한 안전장치"가 제공되지 않는다면 헬스케어 전문가가 합법적으로 처리한 의료 데이터는 법집행기관으로 이전되지 않을 수 있다.[938] 국가법은 또한 "충분히 정확하게 제정되어야 하며, 자의에 대해 적절한 법적 보호를 받아야 한다."[939]

또한 의료데이터권고에는 태어나지 않은 어린이와 장애인의 의료 데이터와 유전자 데이터의 처리에 관한 특별 규정이 포함되어 있다. 과학적 연구는 일반적으로 익명화가 요구될 것이지만, 필요보다 더 오래 데이터를 보존하는 이유로서 명시적으로 인정되고 있다. 의료데이터권고 제12조는 연구자가 개인데이터를 필요로 하고 익명화된 데이터가 불충분한 상황에 대한 상세한 규정을 제시한다.

가명화는 과학적 필요를 충족시키는 동시에 관련 환자의 이익을 보호하기 위한 적절한 수단일 수 있다. 데이터 보호의 맥락에서 가명화 개념은 2.1.1.에서 보다 자세히 설명되어 있다.

유전자 검사 결과 데이터에 대한 2016 CoE 권고는 의료 분야에서의 데이터 처리에도 또한 적용된다.[940] 이 권고는 의료의 편의를 위해 ICT가 사용되는 eHealth에 매우 중요하다. 일례로는 한 헬스케어 사업자로부터 다른 사업자에로 환자의 부모 테스트 결과를 보내는 것이다. 이 권고는 개인의 건강, 신체적 무결성, 나이 또는 사망과 관련된 위험으로부터 보

member states on the protection of medical data, 13 February 1997. Note that this Recommendation is in the process of being revised.

938 ECtHR, *Avilkina and Others v. Russia*, No. 1585/09, 6 June 2013, para. 53.

939 ECtHR, *L.H. v. Latvia*, No. 52019/07, 29 April 2014, para. 59.

940 Council of Europe, Committee of Ministers (2016), Recommendation Rec(2016)8 to member states on the processing of personal health-related data for insurance purposes, including data resulting from genetic tests, 26 October 2016.

험을 들기 위해 보험 목적으로 개인데이터가 처리되는 사람들의 권리를 보호하는 것을 목적으로 한다. 보험업자는 건강 관련 데이터의 처리를 정당화해야 하며, 이는 고려중인 리스크의 성격 및 중요성과 비례해야 한다. 이런 종류의 데이터 처리는 주체의 동의에 달려있다. 보험업자는 또한 건강 관련 데이터의 저장을 위한 안전장치를 마련해야 한다.

문서화된 연구 환경에서 신약이 환자에게 미치는 영향을 평가하는 임상시험은 상당한 데이터 보호 시사점을 가지고 있다. 인체용 의약품의 임상시험은 인체용 의약품에 대한 임상시험 및 지침 2001/20/EC를 폐기하는 2014년 4월 16일 유럽의회 및 이사회 규칙(EU) No. 536/2014(임상시험규칙)[941]에 의해 규제된다. 임상시험규칙의 주요 요소는 다음과 같다.

- EU 포털을 통한 간소화된 신청절차[942]
- 임상시험 신청 평가의 마감일[943]
- 회원국법(및 관련 기간을 규정하는 EU법)에 따라 평가의 일부인 윤리위원회[944] 및
- 임상시험 및 그 결과의 투명성 개선[945]

GDPR에서는 임상시험에서의 과학적 연구활동 참여에 동의하는 목적에 대해서는 규칙(EU) No. 536/2014가 적용된다고 규정한다.[946]

건강 분야의 개인데이터에 대한 기타 많은 입법 및 기타 이니셔티브는 EU 수준에서 보류되고 있다.[947]

941 Regulation (EU) No. 536/2014 of the European Parliament and of the Council of 16 April 2014 on clinical trials on medicinal products for human use, and repealing Directive 2001/20/EC (Clinical Trials Regulation), OJ 2014 L 158.

942 Clinical Trials Regulation, Art. 5 (1).

943 *Ibid.*, Art. 5 (2)–(5).

944 *Ibid.*, Art. 2 (11).

945 *Ibid.*, Art. 9 (1) and Recital 67.

946 General Data Protection Regulation, Recitals 156 and 161.

947 EDPS (2013), *Opinion of the European Data Protection Supervisor on the*

전자건강기록(Electronic health records)

전자건강기록은 "전자적 형태로 개인의 과거 및 현재의 신체적 및 정신적 건강상태에 대한 종합적인 의료 기록 또는 유사한 문서이며, 의료 및 기타 밀접한 관련 목적을 위해 이러한 데이터를 즉시 이용할 수 있도록 제공하는 것[948]"으로 정의된다. 전자건강기록은 환자의 의료 이력에 대한 전자 버전이며 과거 의료 이력, 문제 및 조건, 의약품 및 치료, 검사 및 실험실 결과와 보고서와 같은 이들 개인과 관련된 임상 데이터를 포함할 수 있다. 이러한 전자 파일은 전체 기록에서 단순한 추출물 또는 요약에 이르기까지 다양할 수 있으며, 일반 의사, 약사 및 기타 헬스케어 전문가가 액세스할 수 있다. 'eHealth'의 개념은 또한 이러한 건강기록들을 다룬다.

사례 : A씨는 보험사인 B사의 보험에 가입했다. 후자는 A로부터 진행 중인 건강문제 또는 질병과 같은 일부 건강관련 정보를 수집할 것이다. 보험사는 A의 건강관련 개인데이터를 다른 데이터와 별도로 저장해야 한다. 보험사는 또한 건강관련 개인데이터를 다른 개인데이터와 별도로 저장해야 한다. 이는 A의 담당자만이 A의 건강관련 데이터에 액세스할 수 있음을 의미한다.

그럼에도 불구하고, 일정한 데이터 보호문제는 액세스 가능성, 적절한 저장 및 데이터주체 액세스와 같은 전자건강파일에 의해 발생한다.

Communication from the Commission on 'eHealth Action Plan 2012-2020 - Innovative healthcare for the 21st century, Brussels, 27 March 2013.

948 Commission Recommendation of 2 July 2008 on cross-border interoperability of electronic health record systems, Point 3 (c).

전자건강기록 외에도, 유럽위원회는 mHealth가 의료 서비스를 혁신하고 효율성 및 품질을 향상시킬 수 있는 잠재력을 가진 새롭게 급성장하고 있는 분야임을 고려하여 2014년 4월 10일 모바일 건강(mHealth)에 관한 녹색보고서(Green Paper)를 발간했다. 이 용어는 휴대전화, 환자 감시장치, 개인 디지털 보조장치 및 기타 무선장치뿐만 아니라 의료기기 또는 센서에 연결할 수 있는 애플리케이션(예 : 웰빙 애플리케이션)과 같은 모바일 장치에서 지원하는 의료 및 공공보건 실무를 포함한다.[949] 이 보고서는 mHealth의 개발이 초래할 수 있는 개인데이터보호권에 대한 위험을 요약하고, 건강데이터의 민감한 특성을 고려할 때, 개발에는 암호화와 같은 환자 데이터에 대한 구체적이고 적절한 보안 안전장치와 보안상의 위험을 완화하기 위한 적절한 환자 인증메커니즘이 포함되어야 한다고 규정하고 있다. mHealth 솔루션에 대한 신뢰를 구축하기 위해서는 데이터 주체에 대한 정보 제공의무, 데이터 보안 및 개인데이터의 합법적인 처리 원칙을 포함한 개인데이터보호규정을 준수하는 것이 중요하다.[950] 이를 위해 산업계는 데이터 보호, 자율 및 공동 규제, ICT 및 헬스케어에서 전문지식을 갖춘 대표가 포함된 광범위한 이해관계자의 의견수렴을 토대로 행동준칙 초안을 작성했다.[951] 본서 초고 작성 당시, 행동준칙 초안은 공식 승인을 기다리는 동안 제29조데이터보호작업반의 의견을 구하기 위해 제출되었다.

---

949 European Commission (20140), *Green paper on mobile Health ("mHealth")*, COM(2014) 219 final, Brussels, 10 April 2014.

950 *Ibid.*, p. 8.

951 Draft Code of Conduct on privacy for mobile health applications, 7 June 2016.

9.4. 연구 및 통계 목적의 데이터 처리 (Data processing for research and statistical purposes)

요점

- 통계, 과학 또는 역사 연구 목적으로 수집된 데이터는 다른 목적으로 이용될 수 없다.
- 적절한 안전장치가 갖춰져 있다면 어떤 목적으로든 정당하게 수집된 데이터는 통계, 과학 또는 역사 연구 목적을 위해 추가로 이용될 수 있다. 이러한 목적을 위해, 제3자에게 데이터를 전송하기 전에 익명화 또는 가명화가 이러한 안전장치를 제공할 수 있다.

EU법은 데이터주체의 권리 및 자유에 대한 적절한 안전장치가 마련되어 있다면 통계, 과학 또는 역사 연구 목적을 위한 데이터 처리를 허용한다. 여기에는 가명화가 포함될 수 있다.[952] EU법 또는 국가법은 이러한 권리가 연구의 정당한 목적 달성을 불가능하거나 심각하게 저해할 가능성이 있는 경우 데이터주체의 권리에 대한 일정한 특례를 규정할 수 있다.[953] 데이터주체의 액세스권, 정정권, 처리제한권, 반대권에 대한 특례가 도입될 수 있다.

컨트롤러가 어떤 목적으로든 합법적으로 수집한 데이터는 그 자신의 통계, 과학 또는 역사 연구 목적으로 이 컨트롤러에 의해 재사용될 수 있지만, 데이터주체가 그에 동의를 하지 않았거나 국가법으로 구체적으로 규정하지 않았다면 통계, 과학 또는 역사 연구 목적으로 제3자에게 전송하기 전에 문맥에 따라서 데이터는 익명화되어야 하거나 가명화와 같은 조치를 하여야 한다. 가명화된 데이터는 익명 데이터와 달리 GDPR의 적용을 받는다.[954]

952 General Data Protection Regulation, Art. 89 (1).
953 *Ibid.*, Art. 89 (2).

따라서 GDPR은 연구 개발에 대한 제한을 피하고 TFEU 제179조에서 규정된 바와 같이 유럽 연구분야의 달성이라는 목적에 부합하기 위하여 일반데이터보호규정에 관한 연구 특례를 부여한다. 그것은 기술개발 및 시연, 기초연구, 응용연구 및 민간자금지원 연구를 포함한 과학 연구를 목적으로 한 개인데이터의 처리에 대해 광범위한 해석을 규정하고 있다. 또한 연구 목적으로 레지스트리에 있는 데이터 편집의 중요성과 데이터 수집 시 과학 연구 목적을 위한 개인데이터 처리의 후속 목적을 완전히 식별하는 데 어려움이 있을 수 있음을 인정한다.[955] 이러한 이유로, GDPR은 관련 안전장치가 마련되어 있는 경우 데이터주체의 동의 없이도 이러한 목적을 위한 데이터 처리를 허용한다.

통계 목적을 위한 데이터 이용의 중요한 예로는 공식 통계에 관한 국가법 및 EU법에 따라 국가통계국 및 EU통계국이 취득한 공식 통계가 있다. 이들 법에 따르면, 시민과 기업은 보통 관련 통계기관에게 데이터를 공개할 의무가 있다. 통계국에서 근무하는 공무원은 데이터가 통계기관에게 제공될 때 필요한 높은 수준의 시민신뢰에 필수적이기 때문에 적절하게 준수해야 하는 특별한 직업상의 비밀유지의무에 구속된다.[956]

유럽통계에 관한 규칙(EC) No. 223/2009(유럽통계규칙)는 공식 통계의 맥락에서 필수적인 데이터보호규정을 포함하므로 국가 레벨에서 작성된 공식 통계에 관한 조항들과 관련이 있는 것으로 간주될 수 있다.[957] 규칙

954 *Ibid.*, Recital 26.

955 *Ibid.*, Recitals 33, 157 and 159.

956 *Ibid.*, Art. 90.

957 Regulation (EC) No. 223/2009 of the European Parliament and of the Council of 11 March 2009 on European statistics and repealing Regulation (EC, Euratom) No. 1101/2008 of the European Parliament and of the Council on the transmission of data subject to statistical confidentiality to the Statistical Office of the European Communities, Council Regulation (EC) No. 322/97 on Community Statistics, and Council Decision 89/382/EEC, Euratom establishing a Committee on the Statistical Programmes of the European Communities, OJ 2009 L 87, as amended by Regulation (EU) 2015/759 of the European Parliament and of the Council of 29 April 2015 amending Regulation (EC) No. 223/2009 on European statistics, OJ 2015 L 123.

은 공식 통계활동은 충분히 명확한 법적 근거가 필요하다는 원칙을 유지하고 있다.[958]

사례 : *Huber v. Bundesrepublik Deutschland* 사건[959]에서, 독일로 이주한 오스트리아의 한 사업가는 역시 통계 목적을 위해 독일 기관이 중앙 등록부(AZR)에 외국인 개인데이터를 수집 및 저장하는 것은 데이터보호지침에 따른 자신의 권리를 침해했다고 제소했다. CJEU는 지침 95/46이 모든 회원국에서 동등한 수준의 데이터 보호를 보장하기 위한 것임을 고려하여 EU에서 높은 수준의 보호를 보장하기 위해 제7조제e호의 필요성 개념은 회원국마다 다른 의미를 가질 수 없다고 판결했다. 따라서, 그것은 EU법에서 독자적인 의미를 갖는 개념이며, 지침 95/46의 목적을 완전히 반영하는 방식으로 해석되어야 한다. CJEU는 통계 목적을 위해서는 익명정보만을 요구해야 한다는 점에 주목하여 독일 등록부는 제7조제e호에 따른 필요성 요건에 부합하지 않는다고 판결했다.

CoE의 맥락에서, 추가적인 데이터 처리는 공익에 해당하는 경우 과학, 역사 또는 통계 목적으로 수행될 수 있으며 적절한 안전장치를 따라야 한다.[960] 또한 통계 목적으로 데이터를 처리할 때 데이터주체의 권리 및 자유를 침해할 위험을 인식할 수 없다면 그 권리는 제한될 수 있다.[961]

1997년에 공표된 통계데이터권고는 공공 및 민간 부문의 통계활동의

958 이 원칙은 유럽통계규칙 제11조에 따라 개인데이터의 사려 깊은 이용을 포함한 공식 통계 수행방법에 대한 윤리지침을 제공해야 하는 Eurostat의 실천준칙에 더 자세히 설명되어 있다.

959 CJEU, C-524/06, *Heinz Huber v. Bundesrepublik Deutschland* [GC], 16 December 2008; see especially para. 68.

960 Modernised Convention 108, Art. 5 (4) (b).

961 *Ibid.*, Art. 11 (2).

성과를 그 대상으로 한다.[962]

컨트롤러가 통계 목적으로 수집한 데이터는 다른 목적으로 이용할 수 없다. 비통계 목적으로 수집된 데이터는 향후 통계 용도로 사용할 수 있어야 한다. 통계데이터권고는 통계 목적으로만 사용되는 경우 제3자에게 데이터를 전달하는 것을 허용한다. 이러한 경우 당사자들은 정당한 추가적인 통계 이용의 범위를 합의하고 기록해야 한다. 이는 데이터주체의 동의를 대체할 수 없기 때문에 (필요한 경우) 공개하기 전에 데이터를 익명화 또는 가명화할 의무와 같이 개인데이터 오용의 위험을 최소화하기 위한 적절한 안전장치를 국가법에 규정하여야 한다.

통계조사 전문가는 국가법에 따라 통상 공식 통계의 경우와 같이 전문적인 비밀유지의무의 구속을 받아야 한다. 이는 데이터주체나 다른 사람으로부터 데이터를 수집하는데 채용된 경우 인터뷰어 및 기타 개인데이터 수집자에게도 또한 확대되어야 한다.

개인데이터를 이용하는 통계조사가 법으로 허가되지 않은 경우, 데이터주체는 합법화하기 위해 자신의 데이터 이용에 동의해야 할 수도 있고, 반대할 기회가 주어져야 할 수도 있다. 인터뷰어가 통계 목적으로 개인데이터를 수집할 경우 데이터 제공이 국가법상 의무인지 여부를 명확히 알려야 한다.

익명데이터를 이용하여 통계조사를 실시할 수 없고, 개인데이터가 필요한 경우에는 이러한 목적으로 수집된 데이터는 가능한 한 빨리 익명화되어야 한다. 통계조사 결과는 명백히 위험이 없는 것이 아닌 한 최소한 데이터주체의 식별을 허용해서는 안 된다.

통계분석이 완료된 후, 이용된 개인데이터는 삭제되거나 익명화되어야 한다. 이와 같은 경우, 통계데이터권고에서는 식별 데이터를 다른 개인데이터와 별도로 저장해야 한다고 조언한다. 예를 들어, 이는 암호화키 또

962 Council of Europe, Committee of Ministers (1997), Recommendation Rec(97)18 to member states on the protection of personal data collected and processed for statistical purposes, 30 September 1997.

는 식별 동의어가 포함된 목록을 다른 데이터에 별도로 저장해야 함을 의미한다.

9.5. 금융데이터(Financial data)

요점

- 금융데이터는 개정조약 제108호 또는 GDPR에 따라 민감데이터로 간주되지 않지만, 이러한 데이터의 처리에는 정확성 및 데이터 보안을 보장하기 위한 특별한 안전장치가 필요하다.
- 전자결제시스템은 특히 기본 제공 데이터 보호, 즉 디자인 및 디폴트에 의한 프라이버시 또는 데이터 보호를 필요로 한다.
- 적절한 인증메커니즘을 마련할 필요성 때문에 특정 데이터 보호문제가 이 분야에서 발생할 수 있다.

사례 : *Michaud v. France* 사건[963]에서, 프랑스 변호사인 청구인은 의뢰인들의 돈세탁 가능성에 대한 혐의를 프랑스법에 따라 보고해야 하는 의무에 대해 제소했다. ECtHR은 변호사가 직업적 교류를 통해 소유하게 된 타인에 관한 정보를 행정기관에게 보고하도록 요구하는 것은 그 개념이 직업적 또는 사업적 성질의 활동을 포함하기 때문에 ECHR 제8조에 따른 변호사의 교신 및 사생활 존중권을 간섭하는 것에 해당하는 것으로 보았다. 그러나, 그 간섭은 법에 따라 이루어졌고, 무질서 및 범죄의 예방이라는 정당한 목적을 추구했다. ECtHR은

963 ECtHR, *Michaud v. France*, No. 12323/11, 6 December 2012. See also ECtHR, *Niemietz v. Germany*, No. 13710/88, 16 December 1992, para. 29, and ECtHR, *Halford v. the United Kingdom*, No. 20605/92, 25 June 1997, para. 42.

변호사가 매우 특정한 상황에서만 의심스러운 활동을 보고할 의무가 있다는 점을 감안하여, 이러한 의무는 비례적이라고 판결했다. 제8조의 위반이 없었다고 결정했다.

사례 : *M.N. and Others v. San Marino* 사건[964]에서, 이탈리아 시민인 청구인은 수사 중인 회사와 신탁계약을 체결했다. 이는 그 회사가 (전자)문서 사본의 압수·수색의 대상이 된다는 것을 의미했다. 청구인은 자신과 혐의를 받고 있는 범죄 사이에 아무런 연관성이 없다고 산마리노 법원에 제소했다. 그러나 법원은 그가 '이해관계 있는 당사자'가 아니기 때문에 그의 제소는 허용될 수 없다고 선언했다. ECtHR은 청구인이 "이해 당사자"에 비해 사법적 보호와 관련하여 상당한 불이익을 받았지만 그의 데이터는 여전히 압수·수색 작업의 대상이라고 판단했다. 따라서, 제8조를 위반했다고 재판소는 판결했다.

사례 : *G.S.B. v. Switzerland* 사건[965]에서, 청구인의 은행계좌 내역이 스위스와 미국 간의 행정협력협정에 근거하여 미국 세무기관에 보내졌다. ECtHR은 청구인의 프라이버시권에 대한 간섭이 법으로 규정되어 있고, 정당한 목적을 추구했으며, 계쟁의 공익에 비례하기 때문에 전송은 ECHR 제8조에 위반되지 않는다고 판결했다.

일반데이터보호법체계(조약 제108호에서 명시된 대로)를 결제 맥락에 적용하는 것은 1990년 권고 Rec(90)19[966]에서 CoE에 의해 개발되었다.

---

964 ECtHR, *M.N. and Others v. San Marino*, No. 28005/12, 7 July 2015.

965 ECtHR, *G.S.B. v. Switzerland*, No. 28601/11 22 December 2015.

966 Council of Europe, Committee of Ministers (1990), Recommendation No. R(90)19 on the protection of personal data used for payment and other related operations, 13 September 1990.

이 권고는 특히 결제카드를 통한 결제의 맥락에서 데이터를 합법적으로 수집하고 이용하는 범위를 명확히 한다. 또한 제3자에게 결제데이터를 공개하기 위한 규정, 데이터 보존 시간제한, 투명성, 데이터 보안 및 국경을 넘는 데이터 유통, 그리고 감독 및 구제수단에 대한 상세한 권고를 국내 입법자들에게 제공한다. CoE는 또한 세금 데이터의 이전을 처리할 때 고려해야 할 권고 및 쟁점을 제공하는 세금 데이터 이전에 대한 의견[967]을 전개했다.

ECtHR은 법률로 규정되어 있고 정당한 목적을 추구하며, 계쟁 공익에 비례적인 경우 ECHR 제8조에 따른 금융데이터, 특히 개인의 은행계좌내역의 전송을 허용한다.[968]

EU법의 관점에서, 개인데이터의 처리를 수반하는 전자결제시스템은 GDPR을 준수해야 한다. 따라서 이러한 시스템은 디자인 및 디폴트에 의한 데이터 보호를 보장해야 한다. 디자인에 의한 데이터 보호는 데이터보호원칙을 구현하기 위해 컨트롤러가 적절한 기술적·조직적 조치를 취해야 할 의무를 부과한다. 디폴트에 의한 데이터 보호는 컨트롤러가 특정 목적에 필요한 개인데이터만 디폴트에 의해 처리되도록 해야 함을 의미한다(4.4 참조). CJEU는 금융데이터에 대해서 이전된 세금 데이터는 개인데이터를 구성할 수 있다고 판결했다.[969] 제29조데이터보호작업반은 자동화된 수단으로 세금 목적의 개인데이터를 자동으로 교환할 때 데이터보호규정의 준수를 보장하는 기준을 포함하여 회원국을 위한 관련 가이드라인을 공표했다.[970] 또한, 금융시장과 신용기관 및 투자회사의 활동

967 Council of Europe, Consultative Committee of Convention 108 (2014), Opinion on the implication for data protection of mechanisms for automatic inter-state exchanges of data for administrative and tax purposes, 4 June 2014.

968 ECtHR, *G.S.B. v. Switzerland*, No. 28601/11, 22 December 2015.

969 CJEU, C-201/14, *Smaranda Bara and Others v. Casa Naţională de Asigurări de Sănătate and Others*, 1 October 2015, para. 29.

970 Article 29 Data Protection Working Party (2015), Statement of the WP29 on automatic inter-state exchanges of personal data for tax purposes, 14/EN WP 230.

을 규제하기 위해 많은 법규범이 제정되었다.[971] 다른 법규범은 내부자 거래 및 시장 조작과 싸우는 데 도움이 된다.[972] 데이터 보호에 영향을 미치는 주요 영역은 다음과 같다.

- 금융거래 기록의 보존
- 개인데이터의 제3국 이전
- 전화 및 데이터 트래픽 기록을 요청할 수 있는 관할기관의 권한을 포함한 전화 통화 또는 전자통신의 기록
- 제재 공고를 포함한 개인정보의 공개
- 현장검사 및 문서 압류를 위한 사유시설 진입을 포함한 관할기관의 감독 및 조사 권한
- 위반 보고 메커니즘(예 : 내부고발제도)
- 회원국의 관할기관과 유럽증권시장감독청(European Securities and Markets Authority ; ESMA) 간의 협력.

불가피하게 개인데이터의 유통으로 이어지는 데이터주체의 재무상태[973] 또는 은행송금을 통한 국경을 넘는 결제에 관한 데이터 수집을 포

971 Directive 2014/65/EU of the European Parliament and of the Council of 15 May 2014 on markets in financial instruments and amending Directive 2002/92/EC and Directive 2011/61/EU, OJ 2014 L 173; Regulation (EU) No. 600/2014 of the European Parliament and of the Council of 15 May 2014 on markets in financial instruments and amending Regulation (EU) No. 648/2012, OJ 2014 L 173; Directive 2013/36/EU of the European Parliament and of the Council of 26 June 2013 on access to the activity of credit institutions and the prudential supervision of credit institutions and investment firms, amending Directive 2002/87/EC and repealing Directives 2006/48/EC and 2006/49/EC, OJ 2013 L 176.

972 Regulation (EU) No. 596/2014 of the European Parliament and of the Council of 16 April 2014 on market abuse (market abuse regulation) and repealing Directive 2003/6/EC of the European Parliament and of the Council and Commission Directives 2003/124/EC, 2003/125/EC and 2004/72/EC, OJ 2014 L 173.

973 Regulation (EC) No. 1060/2009 of the European Parliament and of the Council of 16 September 2009 on credit rating agencies, OJ 2009 L 302, and most recently

함하여, 이들 영역의 다른 쟁점도 또한 구체적으로 다루어진다.[974]

---

amended by Directive 2014/51/EU of the European Parliament and of the Council of 16 April 2014 amending Directives 2003/71/EC and 2009/138/EC and Regulations (EC) No. 1060/2009, (EU) No. 1094/2010 and (EU) No. 1095/2010 with respect to the powers of the European Supervisory Authority (European Insurance and Occupational Pensions Authority) and the European Supervisory Authority (European Securities and Markets Authority), OJ 2014 L 153; Regulation (EU) No. 462/2013 of the European Parliament and of the Council of 21 May 2013 amending Regulation (EC) No. 1060/2009 on credit rating agencies, OJ 2013 L 146.

974 Directive 2007/64/EC of the European Parliament and of the Council of 13 November 2007 on payment services in the internal market amending Directives 97/7/EC, 2002/65/EC, 2005/60/EC and 2006/48/EC and repealing Directive 97/5/EC, OJ 2007 L 319, as amended by Directive 2009/111/EC of the European Parliament and of the Council of 16 September 2009 amending Directives 2006/48/EC, 2006/49/EC and 2007/64/EC regarding banks that are affiliated to central institutions, certain ownfunds items, large exposures, supervisory arrangements, and crisis management, OJ 2009 L 302.

제10장 개인데이터 보호의 현대적 과제

디지털 시대 또는 정보기술 시대는 컴퓨터, 인터넷 및 디지털기술의 광범위한 사용으로 특징지어진다. 여기에는 개인데이터를 포함한 방대한 양의 데이터의 수집 및 처리가 포함된다. 글로벌화 경제에서 개인데이터의 수집 및 처리는 국경을 넘는 데이터 유통이 수적으로 증가하고 있음을 의미한다. 이러한 처리는 일상생활에서 중요하고 가시적인 편익을 가져다 줄 수 있다. 검색엔진은 많은 양의 정보와 지식에 액세스를 용이하게 하고, SNS는 전 세계 사람들이 사회적, 환경적, 정치적 명분을 위하여 소통을 하고, 의견을 표현하며, 지원을 동원할 수 있게 하는 반면, 기업과 소비자들은 경제를 활성화시키는 효과적이고 효율적인 마케팅 기술로부터 이익을 얻는다. 기술과 개인데이터 처리는 또한 국가기관이 범죄 및 테러와의 싸움에서 필수적인 도구이다. 마찬가지로, 패턴을 식별하고 행동을 예측하기 위한 대량의 정보를 수집, 저장 및 분석하는 빅데이터도 "생산성, 공공부문 성과 및 사회참여를 높이는 사회의 중요한 가치의 원천이 될 수 있다".[975]

여러 가지 편익에도 불구하고, 엄청난 양의 개인정보가 점점 더 복잡하고 불투명한 방식으로 수집 및 처리되고 있기 때문에, 디지털 시대는 또

975 Council of Europe, Consultative Committee of Convention 108, *Guidelines on the protection of individuals with regard to the processing of personal data in a world of big data*, T-PD(2017)01, Strasbourg, 23 January 2017.

한 프라이버시와 데이터 보호에 과제를 제기한다. 기술 진보는 패턴이나 또는 알고리즘에 기반한 결정의 채택을 찾기 위해 쉽게 교차검사되고 추가로 분석될 수 있는 대규모 데이터 세트의 개발로 이어졌으며, 이는 인간의 행동과 사생활에 대한 전례 없는 통찰력을 제공할 수 있다.[976]

신기술은 강력하며 잘못된 손에 들어가면 특히 위험할 수 있다. 이러한 기술을 활용할 수 있는 대규모 감시활동을 수행하는 국가기관은 이러한 기술이 개인의 권리에 미칠 수 있는 중대한 영향을 보여주는 한 예이다. 2013년 일부 국가에서 정보기관에 의한 대규모 인터넷 및 전화 감시프로그램의 운영에 대한 에드워드 스노든의 폭로로 인해 감시활동이 프라이버시, 민주적 통치 및 표현의 자유에 초래하는 위험에 대한 상당한 우려를 불러일으켰다. 글로벌화된 개인정보의 저장 및 처리와 대량의 데이터 액세스를 허용하는 대규모 감시 및 기술은 프라이버시권의 본질을 침해할 수 있다.[977] 또한, 이들은 정치 문화에 부정적인 영향을 미칠 수 있고 민주주의, 창의성 및 혁신에 위축 효과를 미칠 수 있다.[978] 국가가 시민들의 행태와 행위를 지속적으로 추적하고 분석하는 것에 대한 두려움만이 그들이 특정한 문제에 대한 자신들의 견해를 표현하는 것을 단념시키고 경계심과 신중함을 낳을 수 있다.[979] 이러한 과제들은 다수의 공공기관, 연구센터, 시민사회단체들이 신기술이 사회에 미칠 수 있는 영향을 분석하도록 촉발했다. 2015년, 유럽데이터보호감독관(European Data Protection

976 European Parliament (2017), Resolution on fundamental rights implications of big data: privacy, data protection, non-discrimination, security and law enforcement (P8_TA-PROV(2017)0076, Strasbourg, 14 March 2017.

977 See UN, General Assembly, *Report of the Special Rapporteur on the promotion and protection of human rights and fundamental freedoms while countering terrorism*, Ben Emmerson, A/69/397, 23 September 2014, para. 59. See also ECtHR, *Factsheet on Mass surveillance*, July 2017.

978 EDPS (2015), *Meeting the challenges of big data*, Opinion 7/2015, Brussels, 19 November 2015.

979 See notably CJEU, Joined cases C-293/12 and C-594/12, *Digital Rights Ireland Ltd v. Minister for Communications, Marine and Natural Resources and Others and Kärntner Landesregierung and Others* [GC], 8 April 2014, para. 37.

Supervisor)은 빅데이터 및 사물인터넷이 윤리에 미치는 영향을 평가하는 것을 목적으로 하는 몇 가지 이니셔티브를 개시했다. 특히, EDPS는 "EU가 사회를 위한 기술의 편익과 경제를 이해할 수 있게 하고 동시에 개인의 권리 및 자유, 특히 프라이버시권 및 데이터보호권을 강화하는 디지털 윤리에 대한 공개적이고 정보에 입각한 논의[980]"를 촉진하는 것을 목표로 하는 윤리자문그룹(Ethics Advisory Group)을 설립하였다.

개인데이터 처리는 또한 기업의 수중에 있는 강력한 도구이다. 오늘날, 이는 개인의 건강이나 금융 상황에 대한 상세한 정보를, 그리고 개인에게 적용되는 건강보험료나 신용도와 같이 개인에 대해 중요한 결정을 내리는 데 사용하는 정보를 드러낼 수 있다. 데이터 처리기법은 또한 예를 들어 유권자 커뮤니케이션의 "마이크로 타겟팅(micro-targeting)"을 통해 정치인이나 기업이 선거에 영향을 미치기 위해 사용할 때 민주적 프로세스에 영향을 미칠 수 있다. 다시 말해, 프라이버시는 처음에 공공기관에 의한 부당한 간섭으로부터 개인을 보호하는 권리로 인식되었지만, 현대에는 사적 행위자들(private actors)의 권력에 의해서도 위협을 받을 수 있다. 이는 개인의 일상생활에 영향을 미치는 의사결정에 있어서의 기술의 사용과 예측 분석에 대한 의문을 제기하고, 개인데이터의 처리가 기본권 요건을 존중하도록 보장할 필요성을 강화한다.

데이터 보호는 본질적으로 기술적, 사회적, 정치적 변화와 연결된다. 따라서 포괄적인 미래 과제의 목록을 고안해내기는 불가능할 것이다. 이 장에서는 빅데이터, 인터넷 소셜 네트워크 및 EU의 디지털 단일시장(EU's Digital Single Market)에 관한 선별된 분야를 살펴본다. 이는 데이터 보호의 관점에서 이들 분야를 철저히 평가하는 것이 아니라, 새로운 또는 수정된 인간 활동과 데이터 보호 사이의 가능한 많은 상호작용을 강조한다.

---

980 EDPS, Decision of 3 December 2015 establishing an external advisory group on the ethical dimensions of data protection ('the Ethics Advisory Group'), 3 December 2015, Recital 5.

10.1. 빅데이터, 알고리즘 및 인공지능 (Big data, algorithms and artificial intelligence)

요점

- ICT에서의 파괴적 혁신은 사회적 관계, 비즈니스, 사적 및 공적 서비스가 디지털 방식으로 상호 연결되는 새로운 생활방식을 형성하고 있으며, 이로 인해 점점 더 많은 양의 데이터가 생성되고 있고, 그 중 대부분은 개인데이터이다.
- 정부, 기업 및 시민들은 점점 더 많이 데이터기반 경제에서 활동하며, 여기에서는 데이터 자체가 귀중한 자산이 되었다.
- 빅데이터의 개념은 데이터 및 그 분석을 모두 의미한다.
- 빅데이터 분석을 통해 처리된 개인데이터는 EU 및 CoE 입법에 따른다.
- 데이터보호규정 및 권리의 특례는 권리의 실행이 불가능한 것으로 되거나 또는 데이터 컨트롤러에 의한 불비례적 노력이 필요한 선택된 권리와 특정한 상황으로 제한된다.
- 특정한 경우를 제외하고 완전 자동화된 의사결정은 일반적으로 금지된다.
- 개인 간의 인식과 그에 의한 통제는 권리 실행 보장의 핵심이다.

점점 더 디지털화되어 가는 세계에서, 모든 활동은 수집, 처리 및 평가 또는 분석될 수 있는 디지털 흔적을 남긴다. 새로운 정보통신기술로 점점 더 많은 데이터가 수집되고 기록된다.[981] 최근까지 어떤 기술도 많은 데이터를 분석하거나 평가하거나 또는 유용한 결론을 도출할 수 없었다. 데이터가 단지 너무 많아서 평가할 수 없었고, 너무 복잡하고, 체계적이지

---

981 European Commission, Communication from the Commission to the European Parliament, the Council, the European Economic and Social Committee and the Committee of the Regions towards a thriving data economy COM(2014) 442 final, Brussels, 2 July 2014.

못했으며, 빠르게 움직여서 추세 및 습관을 식별할 수 없었다.

10.1.1. 빅데이터, 알고리즘 및 인공지능 정의 (Defining big data, algorithms and artificial intelligence)

빅데이터(Big data)

"빅데이터"라는 용어는 문맥에 따라 몇 가지 개념을 나타낼 수 있는 유행어이다. 공통적으로 "대단히 많은 양, 속도 및 다양한 데이터에서 프로세스를 수집하고 새롭고 예측 가능한 지식을 추출할 수 있는 기술 능력의 증가[982]"를 포함한다. 따라서 빅데이터의 개념은 데이터 자체와 데이터 분석을 모두 포함한다.

데이터의 **출처**는 다양한 유형이 있으며, 사람과 개인데이터, 기계 또는 센서, 기후 정보, 위성 이미지, 디지털 사진 및 비디오 또는 GPS 신호를 포함한다. 그러나 수많은 데이터 및 정보는 이름, 사진, 이메일 주소, 은행 세부정보, GPS 추적데이터, 소셜 네트워킹 웹사이트상의 게시물, 의료정보 또는 컴퓨터의 IP주소 등 개인데이터이다.[983]

빅데이터는 또한 대량의 데이터 및 이용 가능한 정보의 **처리**, 분석 및 평가, 즉 빅데이터 분석을 위한 유용한 정보를 얻는 것을 말한다. 이는

---

982 Council of Europe, Consultative Committee of Convention 108, Guidelines on the protection of individuals with regard to the processing of personal data in a world of Big Data, 23 January 2017, p. 2; European Commission, Communication from the Commission to the European Parliament, the Council, the European Economic and Social Committee and the Committee of the Regions towards a thriving data economy COM(2014) 442 final, Brussels, 2 July 2014, p. 4; International Telecommunications Union(2015), Recommendation Y.3600. Big Data – Cloud computing based requirements and capabilities.

983 EU Commission Fact Sheet on The EU Data Protection Reform and Big Data; Council of Europe, Consultative Committee of Convention 108 Guidelines on the protection of individuals with regard to the processing of personal data in a world of Big Data, 23 January 2017, p. 2.

수집된 데이터 및 정보가 통계 동향 또는 광고와 같은 보다 맞춤형 서비스와 같은 원래 의도했던 것과 다른 목적으로 이용될 수 있음을 의미한다. 실제로 빅데이터를 수집, 처리 및 평가하기 위한 기술이 존재하는 경우 금융거래, 신용도, 의료, 개인 소비, 직업활동, 추적 및 경로, 인터넷 사용, 전자카드 및 스마트폰, 비디오 또는 통신 모니터링 등 모든 종류의 정보를 결합하고 재평가할 수 있다. 빅데이터 분석은 데이터의 새로운 정량적 차원을 가져오며, 이는 예를 들어 소비자에게 맞춤형 서비스를 제공하기 위해 실시간으로 평가하고 이용할 수 있다.

알고리즘 및 인공지능(Algorithms and artificial intelligence)

인공지능(AI)은 "지능형 에이전트" 역할을 하는 기계의 지능을 말한다. 지능형 에이전트로서 일정한 기기는 소프트웨어의 지원으로 환경을 인식하고 알고리즘에 따라 행동을 취할 수 있다. AI라는 용어는 기계가 일반적으로 자연인과 연관되는 학습 및 문제 해결과 같은 "인지적" 기능을 모방할 때 적용된다.[984] 현대 기술 및 소프트웨어는 의사결정을 흉내 내기 위해 기기가 "자동화된 의사결정"에 사용하는 알고리즘을 사용한다. 알고리즘은 계산, 데이터 처리, 평가 및 자동화된 추론과 의사결정을 위한 단계별 절차로 가장 잘 설명된다.

빅데이터 분석과 마찬가지로, AI 및 AI가 생성하는 자동화된 의사결정은 대량의 데이터를 컴파일하고 처리해야 한다. 이러한 데이터는 기기 자체(브레이크 열, 연료 등) 또는 주변 환경에서 얻을 수 있다. 예를 들어, 프로파일링은 미리 결정된 패턴이나 요인에 따라 자동화된 의사결정에 의존할 수 있는 프로세스이다.

984 Stuart Russel and Peter Norvig, *Artificial Intelligence: A Modern Approach (2nd ed.)*, 2003, Upper Saddle River, New Jersey: Prentice Hall, pp. 27, 32-58, 968-972; Stuart Russel and Peter Norvig, *Artificial Intelligence: A Modern Approach (3rd ed.)*, 2009, Upper Saddle River, New Jersey: Prentice Hall, p. 2.

사례 : 프로파일링 및 표적 광고

빅데이터를 기반으로 한 프로파일링에는 "개성 유형의 특징"을 반영하는 패턴을 찾는 것이 포함된다. 예를 들어 온라인 쇼핑회사가 이전에 고객이 장바구니에 넣은 제품에서 수집된 정보를 기반으로 "당신도 좋아할 수 있는" 제품을 제안할 때 그렇다. 데이터가 많을수록 모자이크가 선명해진다. 예를 들어, 스마트폰은 개인들이 의식적으로나 무의식적으로 매번 사용할 때마다 완료되는 강력한 설문지이다.

성격 연구의 학문인 현대 심리학은 OCEAN 방법을 사용하여, 그에 근거하여 다루는 성격의 유형을 결정한다. '빅 파이브' 성격 차원은 개방성(그 사람은 얼마나 새로운 것에 개방적인가), 성실성(그 사람은 얼마나 완벽주의자인가), 외향성(그 사람은 얼마나 사교적인가), 친화성(그 사람은 얼마나 친화적인가), 신경증(그 사람은 얼마나 상처받기 쉬운가)과 관련이 있다. 이 정보는 문제의 인물, 그들의 필요와 두려움, 그들이 어떻게 행동할 것인가 등을 프로파일링한다. 그런 다음, 그것은 데이터 브로커, 소셜 네트워크(게시판의 "좋아요" 및 게시된 사진 포함)에서부터 온라인으로 청취되는 음악 또는 GPS 및 추적 데이터에 이르기까지 모든 이용 가능한 출처에서 얻은 그 사람에 관한 다른 정보로 보완된다.

이어서 빅데이터 분석기법을 통해 생성되는 대량의 프로파일을 비교하여 유사한 패턴을 식별하고 성격 군집을 해석한다. 그러므로 일정한 성격의 행동 및 태도에 대한 정보는 거꾸로 되어 있다. 빅데이터에 대한 액세스와 그 사용에 따라 성격 테스트가 바뀌게 되며, 이제 개인의 성격을 설명하는 데 행동 및 태도에 대한 정보가 사용된다. 소셜 네트워크에서의 "좋아요", 데이터 추적, 청취되는 음악 또는 시청한 영화에 대한 정보를 결합함으로써 개인의 성격을 명확히 파악할 수 있으며, 사업자는 그 사람의 "성격"에 따라 맞춤형 광고 및/또는

> 정보를 전달할 수 있다. 무엇보다도, 이 정보는 실시간으로 처리될 수 있다.[985]

10.1.2. 빅데이터의 편익 및 위험의 형량 (Balancing the benefits and risks of big data)

현대의 처리기법은 대량의 데이터를 처리하고, 새로운 데이터를 신속하게 가져오며, 짧은 응답시간(복잡한 요청의 경우에도)으로 정보를 실시간으로 처리할 수 있으며, 다중 및 동시 요청 가능성을 제공하며, 다양한 유형의 정보(사진, 텍스트 또는 숫자)를 분석할 수 있다. 이러한 기술혁신을 통해 대량의 데이터 및 정보를 실시간으로 구조화할 수 있고, 처리할 수 있으며, 평가할 수 있다.[986] 사용 가능하고 분석된 데이터의 양을 기하급수적으로 늘림으로써 소규모 분석에서는 불가능한 결과를 지금은 달성할 수 있다. 빅데이터는 기업과 소비자 모두에게 새로운 서비스가 등장할 수 있는 새로운 비즈니스 분야를 개발하는 데 도움이 되었다. EU 시민의 개인데이터의 가치는 2020년까지 연간 거의 1조 유로로 성장할 수 있는 잠재력을 가지고 있다.[987] 따라서, 빅데이터는 기업 및 정부뿐만 아니라

985 처리기술과 새로운 소프트웨어는 사람이 좋아하고, 온라인 쇼핑시 보거나 온라인 쇼핑카트에 추가하는 것에 대한 정보를 실시간으로 평가하고 수집된 정보를 기반으로 관심이 있을 수 있는 "제품"을 제안 할 수 있다.

986 빅데이터 처리를 위한 소프트웨어 개발은 아직 초기단계에 있다. 그럼에도 불구하고, 특히 개인의 활동과 관련된 대량의 데이터 및 정보를 실시간으로 분석하기 위한 분석 프로그램이 최근 개발되었다. 빅데이터를 구조화된 방식으로 분석하고 처리 할 수 있는 가능성은 새로운 프로파일링 및 타겟광고 수단을 제공했다. European Commission, Communication from the Commission to the European Parliament, the Council, the European Economic and Social Committee and the Committee of the Regions towards a thriving data economy COM(2014) 442 final, Brussels, 2 July 2014; EU Commission Fact Sheet on The EU Data Protection Reform and Big Data and Council of Europe, Guidelines on the protection of individuals with regard to the processing of personal data in a world of Big Data, 23 January 2017, p. 2.

987 EU Commission Fact Sheet on EU Data Protection Reform and Big Data.

개인에게도 이익이 될 수 있는 새로운 사회적, 경제적 또는 과학적 통찰력을 위한 대량의 데이터의 평가에서 비롯되는 새로운 **기회**를 제공할 수 있다.[988]

빅데이터 분석은 서로 다른 출처와 데이터 세트 간의 패턴을 밝혀내어 과학 및 의료와 같은 분야에서 유용한 통찰력을 제공할 수 있다. 예를 들어, 건강, 식품 보안, 지능형 교통시스템, 에너지 효율 또는 도시계획과 같은 분야의 경우가 이에 해당한다. 이러한 실시간 정보 분석은 구현된 시스템을 개선하는 데 사용될 수 있다. 연구에서 특히 오늘날까지 많은 데이터가 수동으로만 평가된 분야에서 대량의 데이터와 통계 평가를 결합함으로써 새로운 통찰력을 얻을 수 있다. 이용 가능한 대량의 정보와 비교하여 개별 환자에 맞게 새로운 치료법을 개발할 수 있다. 기업들은 빅데이터 분석을 통해 경쟁우위를 확보하고 잠재적인 비용 절감을 창출하며 직접적이고 개별화된 고객 서비스를 통해 새로운 비즈니스 영역을 창출할 수 있기를 바란다. 정부기관들은 형사 사법의 개선을 달성하기를 바라고 있다. 유럽위원회의 유럽 디지털단일시장전략(Digital Single Market Strategy for Europe)은 EU의 경제성장, 혁신 및 디지털화의 촉매 역할을 할 데이터 기반 기술, 서비스 및 빅데이터의 잠재력을 인정하고 있다.[989]

그러나 빅데이터는 처리되는 데이터의 양(volume), 속도(velocity) 및 다

988 International Conference of Data Protection and Privacy Commissioners (2014), Resolution on Big Data and European Commission, Communication from the Commission to the European Parliament, the Council, the European Economic and Social Committee and the Committee of the Regions towards a thriving data economy COM(2014) 442 final, Brussels, 2 July 2014, p. 2; EU Commission Fact Sheet on EU Data Protection Reform and Big Data and Council of Europe, Guidelines on the protection of individuals with regard to the processing of personal data in a world of Big Data, 23 January 2017, p. 1.

989 European Parliament resolution of 14 March 2017 on fundamental rights implications of Big Data: privacy, data protection, non-discrimination, security and law-enforcement (2016/2225 (INI)).

양성(variety)이라는 "3 Vs" 특성과 일반적으로 관련된 **위험**도 또한 수반한다. 볼륨은 처리된 데이터의 양을, 다양성(variety)은 데이터 유형의 수 및 다양성(diversity)을 의미하는 반면, 속도(velocity)는 데이터 처리의 속도(speed)를 의미한다. 데이터 보호에 대한 구체적인 고려사항은 개인 및/또는 그룹에 관한 의사결정 목적을 위해 새롭고 예측 가능한 지식을 추출하기 위해 대규모 데이터 세트에 빅데이터 분석을 사용할 때 특히 발생한다.[990] 빅데이터와 관련된 데이터 보호 및 프라이버시에 대한 위험은 EDPS 및 제29조작업반의 의견, 유럽의회의 결의 및 유럽평의회의 정책문서에서 강조되어 왔다.[991]

위험에는 개인 또는 사회의 특정 그룹에 대한 조작, 차별 또는 억압을 통해 대량의 정보에 액세스할 수 있는 사람들이 빅데이터를 잘못 취급하는 것이 포함될 수 있다.[992] 개인데이터 또는 개인행동에 대한 정보가 대량으로 수집, 처리 및 평가되는 경우, 이들의 오용은 프라이버시권을 넘어서는 기본적인 권리 및 자유에 대한 중대한 침해로 이어질 수 있다. 프라이버시 및 개인데이터가 영향을 받을 수 있는 정도를 정확하게 측정하는 것은 불가능하다. 유럽의회는 빅데이터의 총 영향에 대한 증거 기반 평가를 수행할 수 있는 방법론이 없음을 확인했지만, 빅데이터 분석이 공공 부문과 민간 부문 모두에 걸쳐 상당한 수평적 영향을 미칠 수 있음을

---

990 Council of Europe, Consultative Committee of Convention 108, Guidelines on the protection of individuals with regard to the processing of personal data in a world of Big Data, 23 January 2017, p. 2.

991 See, for example, EDPS (2015), *Meeting the Challenges of big data*, Opinion 7/2015, 19 November 2015; EDPS (2016), *Coherent enforcement of fundamental rights in the age of Big Data*, Opinion 8/2016, 23 September 2016; European Parliament (2016), Resolution on fundamental rights implications of Big Data: privacy, data protection, non-discrimination, security and law enforcement, P8_TA(2017)0076, Strasbourg, 14 March 2017; Council of Europe, Consultative Committee of Convention 108, Guidelines on the protection of individuals with regard to the processing of personal data in a world of Big Data, T-PD(2017)01, Strasbourg, 23 January 2017.

992 International Conference of Data Protection & Privacy Commissioners (2014), Resolution on Big Data.

시사하는 증거가 있다.[993]

GDPR에는 프로파일링을 포함하여 자동화된 의사결정에 따르지 않을 권리에 대한 규정이 포함되어 있다.[994] 프라이버시 문제는 반대권을 행사하는 데 사람의 개입이 필요한 경우 발생하며, 데이터주체가 자신의 견해를 밝히고 결정을 다툴 수 있게 한다.[995] 예를 들어 사람의 개입이 불가능하거나 알고리즘이 너무 복잡하고 관련 데이터의 양이 너무 커서 개인에게 일정한 의사결정에 대한 정당성 및/또는 동의를 얻기 위한 사전 정보를 제공할 수 없는 경우 개인데이터에 대한 적절한 수준의 보호를 보장하는 데 어려움이 발생할 수 있다. AI 및 자동화된 의사결정의 사용의 예로는 주택담보대출 신청 또는 모집과정에서의 최근 발전에서 찾을 수 있다. 신청자가 미리 정해진 매개변수나 요소를 충족하지 못한다는 사실에 근거하여 신청이 거부되거나 기각된다.

10.1.3. 데이터 보호 관련문제(Data protection-related issues)

데이터 보호 측면에서 주요 이슈는 한편으로 처리되는 개인데이터의 양 및 다양성, 그리고 다른 한편으로는 처리 및 그 결과와 관련된다. 의사결정 목적으로 대량의 데이터를 자원(resource)으로 변환하기 위한 복잡한 알고리즘 및 소프트웨어의 도입은 특히 프로파일링이나 라벨링의 경우에 개인 및 그룹에 영향을 미치며 궁극적으로 많은 데이터 보호문제를 제기한다.[996]

---

993 European Parliament resolution of 14 March 2017 on fundamental rights implications of Big Data: privacy, data protection, non-discrimination, security and law-enforcement (2016/2225(INI)).

994 General Data Protection Regulation, Art. 22.

995 *Ibid.*, Art. 22 (3).

996 Council of Europe, Consultative Committee of Convention 108, Guidelines on the protection of individuals with regard to the processing of personal data in a world of Big Data, 23 January 2017, p. 2.

컨트롤러 및 프로세서의 식별과 그 책임
(The identification of controllers and processors, and their liability)

빅데이터 및 AI는 컨트롤러와 프로세서의 식별 및 책임과 관련하여 몇 가지 문제를 제기한다. 즉, 이처럼 대량의 데이터가 수집 및 처리될 때 데이터의 소유자는 누구인가? 인텔리전스 머신 및 소프트웨어로 데이터를 처리할 때 컨트롤러는 누구일까? 이 처리에서 각 행위자의 정확한 책임은 무엇인가? 그리고 빅데이터는 어떤 목적으로 사용될 수 있을까?

AI가 스스로 개발한 데이터 처리를 바탕으로 결정을 내릴 때 AI의 맥락에서 책임에 대한 문제는 더욱 어려워질 것이다. GDPR은 데이터 컨트롤러 및 프로세서의 책임에 대한 법적 프레임워크를 제공한다. 개인데이터의 불법 처리는 데이터 컨트롤러 및 데이터 프로세서에 대한 책임을 야기한다.[997] 처리된 데이터의 복잡성 및 양으로 인해 그 책임을 확실하게 귀속시킬 수 없는 경우 데이터주체의 프라이버시에 영향을 미치는 침해에 대해 누가 책임이 있는지에 대한 문제를 인공지능 및 자동화된 의사결정은 제기한다. AI 및 알고리즘이 제품으로 간주되는 경우, 이는 GDPR에 따라 규제되는 개인책임과 그렇지 않은 제품책임 사이에 문제를 제기한다.[998] 이를 위해서는 예를 들어 자동화된 의사결정을 포함하여 로봇 및 AI에 대한 개인책임과 제품책임 사이의 간극을 메우는 책임에 대한 규정이 필요할 것이다.[999]

997 General Data Protection Regulation, Art. 77-79 and Art. 82.

998 European Parliament, European Civil Law Rules in Robotics, Directorate-General for Internal Policies, (October 2016), p. 14.

999 Speech of Roberto Viola at the Media seminar on European Law on Robotics at the European Parliament. (SPEECH 16/02/2017); European Parliament announcement on the request to the Commission for a proposal on Civil liability Rules for robotics and AI.

데이터보호원칙에 미치는 영향(Impact on data protection principles)

위에서 설명한 빅데이터의 특성, 분석 및 사용은 유럽데이터보호법의 일부 전통적이고 기본적인 원칙의 적용에 도전한다.[1000] 이러한 과제는 주로 적법성, 데이터 최소화, 목적 제한 및 투명성 원칙과 관련이 있다.

데이터 최소화 원칙은 개인데이터가 적절하고, 관련성이 있으며, 처리 목적에 필요한 것으로 제한될 것을 요구한다. 그러나 빅데이터의 비즈니스 모델은 종종 특정되지 않은 목적으로 점점 보다 많은 데이터를 요구하기 때문에 데이터 최소화와는 정반대일 수 있다.

이는 데이터가 특정 목적을 위해 처리되어야 하며, 데이터주체의 동의-이에 국한되는 것은 아니지만-와 같은 법적 근거에 기초하지 않는 한, 초기 수집 목적과 양립할 수 없는 목적을 위해 사용될 수 없다는 목적 제한 원칙에도 마찬가지로 적용된다(4.1.1 참조).

마지막으로, 빅데이터 앱은 수집된 데이터의 정확성을 확인 및/또는 유지할 수 없는 상태에서 다양한 소스로 부터 데이터를 수집하는 경향이 있기 때문에, 빅데이터는 또한 데이터 정확성 원칙에 도전한다.[1001]

특별한 규정 및 권리(Specific rules and rights)

일반적인 규칙은 빅데이터 분석을 통해 처리되는 개인데이터가 데이터보호법의 범위에 속한다는 것이다. 그럼에도 불구하고, 알고리즘 복합 데이터 처리와 관련된 특정 사례에 대한 특정한 규정이나 특례는 EU법 및 CoE법에 도입되었다.

CoE법에서 개정조약 제108호는 빅데이터 시대에 개인데이터를 보다

1000 Council of Europe, *Guidelines on the protection of individuals with regard to the processing of personal data in a world of Big Data*, T-PD (2017) 01, Strasbourg, 23 January 2017.

1001 EDPS (2016), *Coherent enforcement of fundamental rights in the age of Big Data*, Opinion 8/2016, 23 September 2016, p. 8.

효과적으로 제어할 수 있도록 데이터주체에게 새로운 권리를 부여한다. 예를 들어 개정조약 제1조제a,c,d호의 경우, 자신의 견해를 고려받지 않고 오직 데이터의 자동화된 처리에만 근거하여 자신에게 중대한 영향을 미치는 결정을 받지 않을 권리가 정확히 그러하다. 즉, 요청에 따라, 그러한 처리의 결과가 자신에게 적용되는 경우 데이터 처리의 근거를 이루는 추론에 대한 지식을 얻을 권리와 반대권이다. 특히 투명성 및 추가 의무에 관한 개정조약 제108호의 다른 조항들은 디지털 과제를 해결하기 위해 개정조약 제108호로 설정된 보호메커니즘의 보완요소이다.

EU법에서는 GDPR 제23조에 열거된 사유를 제외하고 개인데이터의 모든 처리에 대해 **투명성**이 보장되어야 한다. 투명성은 의사결정을 위한 알고리즘의 사용과 같은 인터넷 서비스 및 기타 복잡한 자동화된 데이터 처리와 관련하여 특히 중요하다. 여기서, 데이터 처리시스템의 기능은 데이터주체가 자신의 데이터에서 무슨 일이 일어나고 있는지 실제로 이해할 수 있도록 해야 한다. GDPR은 공정하고 투명한 처리를 보장하기 위해, 컨트롤러가 프로파일링을 포함하여 자동화된 의사결정에 관련된 로직에 대한 의미 있는 정보를 데이터주체에게 제공하도록 요구한다.[1002] 유럽평의회 각료위원회(Committee of Ministers of the Council of Europe)는 망 중립성과 관련하여 표현의 자유권 및 사생활권의 보호 및 증진에 관한 권고에서 인터넷 서비스 제공자들은 “사용자들의 컨텐츠, 앱 또는 서비스 액세스 및 배포에 영향을 미칠 수 있는 모든 트래픽 관리실무와 관련하여 명확하고 완전하며 공개적으로 이용 가능한 정보를 제공할 것”을 권고했다.[1003] 모든 회원국의 관할기관이 작성한 인터넷 트래픽 관리 실무에 관한 보고서는 공개적이고 투명한 방식으로 작성되어야 하며 일

1002 General Data Protection Regulation, Art. 13 (2) (f).

1003 Council of Europe, Committee of Ministers (2016), Recommendation CM/Rec(2016)1 of the Committee of Ministers to the member states on protecting and promoting the right to freedom of expression and the right to private life with regard to network neutrality, 13 January 2016, para. 5.1.

반인이 무료로 이용할 수 있도록 해야 한다.[1004]

데이터 컨트롤러는 데이터주체에게 – 데이터가 데이터주체로부터 수집되었을 때 또는 그들로부터 수집되지 않았을 때 – 수집된 데이터 및 예상되는 처리(6.1.1 참조)에 대한 특정 정보뿐만 아니라 관련이 있는 경우 자동화된 의사결정 프로세스의 존재에 대해서도 **알려야 하며**, "관련 로직에 대한 의미 있는 정보[1005]", 이러한 처리의 목적 및 잠재적 결과를 제공하여야 한다. GDPR은 또한 (개인데이터가 데이터주체로부터 취득되지 않은 경우에만) "해당 정보의 제공이 불가능하거나 비례적이지 않은 노력을 수반하는" 경우 컨트롤러는 데이터주체에게 그러한 정보를 제공할 의무가 없음을 명확히 한다.[1006] 그러나, 규칙 2016/679(GDPR)의 목적을 위한 자동화된 개별 의사결정 및 프로파일링에 관한 가이드라인에서 제29조작업반이 강조한 바와 같이, 처리의 복잡성으로 인해 데이터 컨트롤러가 데이터 처리에 사용된 목적 및 분석에 대한 명확한 설명을 제공하는 것을 방해해서는 안 된다.[1007]

데이터주체의 개인데이터 **액세스**, **정정** 및 **삭제**권과 처리**제한**권은 유사한 적용제외를 포함하지 않는다. 그러나, 데이터 컨트롤러가 개인데이터의 정정 또는 삭제를 데이터주체에게 통지해야 하는 의무(6.1.4 참조)는 또한 그러한 통지가 "불가능하거나 비례적이지 않은 노력을 수반하는" 경우 폐지될 수도 있다.[1008]

데이터주체는 또한 GDPR 제21조(6.1.6 참조)에 따라 빅데이터 분석의 경우를 포함하여 개인데이터의 처리를 반대할 권리가 있다. 데이터 컨트롤러는 우월적인 정당한 이익을 입증할 수 있다면 이러한 의무는 적용제외될 수 있지만, 직접 마케팅 목적을 위한 처리에서 그러한 적용제외를

1004 *Ibid.*, para. 5.2.

1005 General Data Protection Regulation, Art. 13 (2) f and 14 (2) g.

1006 *Ibid.*, Art. 14 (5) b.

1007 Article 29 Working Party, *Guidelines on automated individual decision-making and profiling for the purposes of Regulation 2016/679*, wp251, 3 October 2017, p. 14.

1008 General Data Protection Regulation, Art. 19.

누리지 못할 수도 있다.

또한 공익상의 자료보존 목적, 과학이나 역사 연구 목적 또는 통계 목적으로 개인데이터를 처리할 때 이들 권리에 대한 특례가 데이터 컨트롤러에 의해 제기될 수 있다.[1009]

프로파일링 및 자동화된 의사결정과 관련하여, GDPR은 다음과 같은 특별 규정을 도입했다. 즉, 데이터주체는 "자신과 관련된 법적 효력을 발생하는 자동화된 처리만을 근거로 한 결정을 따르지 않을 권리를 가진다"고 제22조제1항은 규정하고 있다. 제29조작업반 가이드라인에서 강조한 바와 같이, 이 조항은 완전 자동화된 의사결정에 대한 일반적인 금지를 명시하고 있다.[1010] 데이터 컨트롤러는 세 가지 특정한 경우에만 그러한 금지가 면제될 수 있다. 1) 데이터주체와 컨트롤러 간의 계약 이행에 필요한 경우, 2) EU법이나 국가법에 의해 허용된 경우, 또는 3) 명시적 동의에 근거한 경우.[1011]

개별 통제(Individual control)

빅데이터 분석의 복잡성과 투명성 부족으로 인해 개인데이터의 개별 통제에 대한 아이디어를 재고해야 할 수도 있다. 이는 개인에의 지식 부족을 고려하여 주어진 사회적, 기술적 맥락에 맞게 조정되어야 한다. 따라서 빅데이터와 관련된 데이터 보호는 데이터 이용에 대한 통제라는 보다 광범위한 개념을 채택해야 하며, 이에 따라 개별 통제는 데이터 이용과 관련된 위험에 대한 다중 영향평가의 보다 복잡한 프로세스로 발전한다.[1012]

1009 *Ibid.*, Art. 89 (2) and (3).

1010 Article 29 Working Party, *Guidelines on automated individual decision-making and profiling for the purposes of Regulation 2016/679*, wp251, 3 October 2017, p. 9.

1011 General Data Protection Regulation, Art. 22 (2).

1012 Council of Europe, Consultative Committee of Convention 108, *Guidelines on the protection of individuals with regard to the processing of personal data in a world*

빅데이터 앱의 우수성은 테스트 개인(또는 소비자)의 욕망이나 행동을 얼마나 잘 예측할 수 있는지에 따라 달라진다. 빅데이터 분석을 기반으로 하는 현재의 예측 모델은 지속적으로 개선되고 있다. 최근의 발전에는 데이터를 사용하여 성격(즉, 행동 및 태도)을 분류하는 것뿐만 아니라 음성 패턴 및 메시지 입력 강도 또는 체온 분석을 통한 행동을 분석하는 것이 포함된다. 예를 들어, 은행 대표와의 회의 중에 신용도를 평가하기 위해 빅데이터 평가에서 도출한 지식과 비교하여 이 모든 정보를 실시간으로 이용할 수 있다. 평가는 신용을 신청하는 개인의 장점이 아니라 빅데이터 정보의 분석 및 평가에서 도출된 행동 특성(예: 후보자가 강한 음성이나 아첨하는 목소리, 신체 언어 또는 체온)에 따라 이루어진다.

프로파일링 및 표적 광고는 자신들이 맞춤형 광고의 대상이라는 것을 개인들이 **알고** 있다면 반드시 문제가 되지 않을 수도 있다. 프로파일링은 개인을 조작하는 데 사용될 때, 즉 정치적 캠페인을 위해 특정 개인이나 사람들의 그룹을 검색하는 데 사용될 때 문제가 된다. 예를 들어, 부동표의 집단은 그들의 "성격" 및 태도에 맞춘 정치적 메시지를 통해 다루어질 수 있다. 또 다른 문제는 특정 개인에 대한 재화 및 서비스 액세스를 거부하기 위해 그러한 프로파일링을 사용할 수 있을 것이다. 빅데이터 및 개인정보의 남용에 대한 보호를 제공할 수 있는 하나의 안전장치는 가명화이다(2.1.1 참조).[1013] 개인데이터가 실제로 익명화되는 경우, 즉 데이터주체에 연결된 흔적을 남기는 정보가 없는 경우, 이러한 사례는 GDPR의 적용범위에 속하지 않는다. 빅데이터 처리에 있어 데이터주체 및 개인의 동의는 데이터보호법의 과제를 제시한다. 여기에는 "고객 경험"을 이유로 정당화될 수 있는 맞춤형 광고 및 프로파일링의 대상이 되는 것에 대한 동의와 정보 기반의 분석 도구를 개선하고 개발하기 위한 대량의 개인데이터 이용에 대한 동의가 포함된다. 빅데이터 처리가 알고리즘에 따

of Big Data, T-PD(2017)01, Strasbourg, 23 January 2017.

1013 *Ibid.*, p. 2.

라 가명 및 익명 정보 모두에 의존할 수 있다는 점을 감안할 때 빅데이터 처리에 대한 인식 또는 인식의 부재는 데이터주체가 자신의 권리를 행사할 수 있는 수단과 관련하여 몇 가지 문제를 제기한다. 가명 데이터는 GDPR에 속하지만, GDPR은 익명 데이터에는 적용되지 않는다. 빅데이터 분석에 있어서 개인데이터 처리에 대한 개별적 통제 및 인식은 매우 중요하다. 즉, 빅데이터 분석 없이는 데이터 컨트롤러 또는 프로세서가 누구인지 명확하게 파악하지 못하기 때문에 자신의 권리를 효과적으로 행사할 수 없다.

10.2. 웹 2.0 및 3.0 : 소셜 네트워크와 사물인터넷
(The webs 2.0 and 3.0 : social networks and Internet of Things)

요점

- 소셜 네트워킹 서비스(SNS)는 개인들이 같은 생각을 가진 사용자들의 네트워크에 참여하거나 네트워크를 만들 수 있도록 하는 온라인 통신 플랫폼이다.
- 사물인터넷은 사물과 인터넷의 연결이며 그 중에서도 사물들 간의 상호 연결이다.
- 데이터주체의 동의는 소셜 네트워크 상의 데이터 컨트롤러에 의한 합법적인 데이터 처리를 위한 가장 일반적인 법적 근거이다.
- 소셜 네트워크 사용자는 일반적으로 "가사 면제(household exemption)"에 의해 보호되지만, 이러한 특례는 특별한 상황에서 폐지될 수 있다.
- 소셜 네트워크 제공자는 "가사 면제"에 의해 보호되지 않는다.
- 디자인 및 디폴트에 의한 프라이버시는 이 분야의 데이터 보안을 보장하기 위해 매우 중요하다.

10.2.1. 웹 2.0 및 3.0 개념정의(Defining webs 2.0 and 3.0)

소셜 네트워킹 서비스(Social Networking Services)

처음에 인터넷은 컴퓨터를 상호 연결하고 데이터를 교환할 수 있는 제한된 능력을 가진 메시지를 전송하는 네트워크로 간주되었고, 웹사이트는 개인이 자신의 콘텐츠를 수동적으로 볼 수 있는 가능성만을 제공했을 뿐이었다.[1014] 웹 2.0 시대에 인터넷은 사용자들이 상호작용하고, 협업하며, 입력을 생성하는 포럼으로 변환되었다. 이 시대는 주목할 만한 성공과 소셜 네트워킹 서비스의 광범위한 사용으로 특징지어지는데, 이 서비스는 현재 수백만 명의 일상생활에서 필수적인 부분이다.

소셜 네트워킹 서비스(SNS) 또는 "소셜 미디어"는 "개인이 같은 생각을 가진 사용자들의 네트워크에 가입하거나 이를 만들 수 있는 온라인 통신 플랫폼"으로 광범위하게 정의될 수 있다.[1015] 개인은 네트워크에 가입하거나 만들기 위해 개인데이터를 제공하고 프로필을 생성하도록 초대된다. SNS는 사용자들이 디지털 "콘텐츠"를 생성해서 사진과 영상에서부터 신문 링크와 개인적인 게시물에 이르기까지 자신의 견해를 표현할 수 있게 해준다. 이러한 온라인 통신 플랫폼을 통해 사용자는 여러 다른 사용자와 상호작용하고 통신할 수 있다. 중요한 것은, 대부분의 인기 있는 SNS는 어떠한 등록비도 요구하지 않는다는 것이다. SNS 제공자들은 사용자들이 네트워크에 가입하기 위해 돈을 지불하도록 요구하기 보다는, 타깃 광고로부터 수익의 대부분을 창출한다. 광고주들은 이 사이트들에서 매일 드러나는 개인정보로부터 큰 이익을 얻을 수 있다. 사용자의 나이, 성별, 위치 및 관심사에 대한 정보를 보유하면 광고를 통해 "올바른

1014 European Commission (2016), *Advancing the Internet of Things in Europe*, SWD(2016) 110 final.

1015 Article 29 Working Party (2009), *Opinion 5/2009 on online social networking*, WP 163, 12 June 2009, p. 4.

(right)" 사람들에게 다가갈 수 있다.

유럽평의회 각료위원회(Committee of Ministers of the Council of Europe)는 소셜 네트워킹 서비스에 관한 인권 보호에 대한 권고[1016]를 채택했으며, 이는 특정 섹션에서 데이터 보호를 다루고 있으며, 인터넷 중개자의 역할 및 책임에 관한 또 다른 권고[1017]에 의해 2018년에 보완되었다.

> 사례 : 노라는 그녀의 파트너가 청혼을 했기 때문에 매우 행복하다. 그녀는 친구 및 가족과 좋은 소식을 공유하고 싶어서, 자신의 기쁨을 표현하는 감성적인 게시물을 SNS에 작성하고, 자신의 관계 상태를 "약혼"으로 변경하기로 결정한다. 다음 날, 노라는 자신의 계정에 로그인할 때, 웨딩드레스 및 꽃 가게에 관한 광고를 본다. 왜 그럴까?
>
> 페이스북에 광고를 만들 때, 웨딩드레스 및 꽃 회사들은 노라와 같은 사람들에게 도달할 수 있도록 일정한 매개변수들을 선택했다. 노라의 프로필에 자신이 파리에 살고 있는 약혼녀이며, 광고를 게재하는 옷과 꽃 가게가 위치한 지역 가까이에 살고 있는 것으로 나타나자, 노라는 즉시 그 광고를 보게 된다.

사물인터넷(The Internet of Things)

사물인터넷(IoT)은 인터넷 발전의 다음 단계인 웹 3.0 시대를 나타낸다. IoT로, 기기는 인터넷을 통해 다른 기기와 연결되고 상호작용할 수 있다. 이를 통해 개체와 사람이 통신 네트워크를 통해 상호 연결되고, 개체 상

1016 Council of Europe, Committee of Ministers, Recommendation CM/Rec(2012)4 of the Committee of Ministers to member states on the protection of human rights with regard to social networking services, 4 April 2012.

1017 Council of Europe, Committee of Ministers, Recommendation CM/Rec(2018)2 of the Committee of Ministers to member states on the roles and responsibilities of internet intermediaries, 7 March 2018.

태 및/또는 주변 환경의 상태에 대해 보고할 수 있다.[1018] IoT와 연결된 기기들은 이미 현실이고 스마트 시티, 스마트 홈, 스마트 비즈니스 창출로 이어질 스마트 기기의 창출 및 추가적인 발전과 함께 향후 몇 년 내에 크게 성장할 것으로 기대된다.

사례 : IoT는 의료 서비스에 특히 도움이 될 수 있다. 기업들은 환자의 건강을 모니터링할 수 있는 기기, 센서 및 앱을 이미 개발했다. 웨어러블 알람 버튼과 집 주변의 다른 무선 센서들을 사용함으로써, 독거노인들의 일상생활을 추적하고 그들의 일상 스케줄에 심각한 이상이 감지될 경우 경보를 발할 수 있다. 예를 들어, 낙상 감지 센서는 노인들이 널리 사용한다. 이러한 센서는 낙상을 정확하게 감지하여 낙상에 대해 의사 및/또는 가족에게 알릴 수 있다.

사례 : 바르셀로나는 스마트 시티의 가장 잘 알려진 사례 중 하나이다. 2012년부터, 시는 공공교통, 폐기물 관리, 주차 및 가로등의 스마트 시스템 구축을 목표로 혁신적 기술의 사용을 실행하고 있다. 예를 들어, 시는 폐기물 관리를 개선하기 위해 스마트 쓰레기통을 사용한다. 이를 통해 폐기물 수준을 모니터링하여 수거 경로를 최적화할 수 있다. 쓰레기통이 거의 가득 차면, 이동통신 네트워크를 통해 신호를 전송하고, 이 신호는 폐기물 관리회사가 사용하는 소프트웨어 앱으로 보내진다. 따라서 회사는 폐기물 수집, 우선순위 지정 및/또는 실제로 비워야 하는 쓰레기통의 픽업만을 위한 최적의 경로를 계획할 수 있다.

1018 European Commission, Commission Staff Working Document, *Advancing the Internet of Things in Europe*, SWD(2016) 110, 19 April 2016.

10.2.2. 편익 및 위험의 형량(Balancing benefits and risks)

지난 10년 동안 SNS의 엄청난 확장 및 성공은 SNS가 **상당한 편익**을 가지고 있다는 것을 암시한다. 예를 들어, (강조된 예에서 설명한 대로) 표적 광고는 기업들이 보다 구체적인 시장을 제공하면서 대중에게 다가갈 수 있는 특히 혁신적인 방법이다. 그것은 또한 보다 관련성 있고 흥미로운 광고를 고객에게 제공하게 하는 것이 소비자의 이익이 될 수 있다. 하지만 보다 중요한 것은, 소셜 네트워킹 서비스 및 소셜 미디어는 사회와 변화 구현에 긍정적인 영향을 미칠 수 있다는 점이다. 이들은 사용자가 자신에게 영향을 미치는 문제에 대해 그룹 및 이벤트를 전달하고, 상호작용하며, 조직할 수 있게 해준다.

마찬가지로, IoT는 경제에 상당한 편익을 가져다 줄 것으로 기대되며, 디지털단일시장(Digital Single Market)을 발전시키기 위한 EU 전략의 일부이다. EU 역내에서는 2020년에 IoT 접속 숫자가 60억으로 증가할 것으로 추산된다. 이러한 접속성 확장은 혁신적인 서비스 및 앱의 개발, 보다 나은 의료 서비스, 소비자의 수요에 대한 보다 나은 이해와 효율성 증대를 통해 중요한 경제적 편익을 가져올 것으로 기대된다.

동시에 소셜 미디어 사용자가 생성하고 서비스 제공자가 처리하는 엄청난 양의 개인정보를 고려할 때 SNS의 확장은 프라이버시 및 개인데이터를 보호 할 수 있는 방법에 대한 우려가 커지게 한다. SNS는 사생활권과 표현의 자유권을 위협할 수 있다. 이러한 위협에는 다음이 포함될 수 있다. "사용자의 배제로 이어질 수 있는 프로세스를 둘러싼 법적·절차적 안전장치의 결여, 유해한 콘텐츠나 행동에 대한 어린이 및 젊은이들에 대한 부적절한 보호, 타인의 권리에 대한 존중의 결여, 프라이버시 친화적 디폴트 설정의 결여, 개인데이터 수집 및 처리 목적에 대한 투명성의 결여".[1019] 유럽데이터보호법은 소셜 미디어에 의해 야기된 프라이버시/데

1019 Council of Europe, Recommendation Rec(2012)4 to member states on the protection

이터 보호 과제에 대응하려고 노력해 왔다. 동의, 디자인 및 디폴트에 의한 프라이버시/데이터 보호, 그리고 개인의 권리와 같은 원칙은 소셜 미디어 및 네트워킹 서비스의 맥락에서 특히 중요하다.

IoT의 맥락에서, 다양한 상호연결 기기에서 생성되는 방대한 양의 개인데이터는 또한 프라이버시 및 데이터 보호에 대한 위험도 야기한다. 투명성은 유럽데이터보호법의 중요한 원칙이지만, 다수의 연결된 기기로 인해 IoT 기기에서 수집한 데이터를 누가 수집, 액세스 및 이용할 수 있는지는 항상 명확하지만은 않다.[1020] 그러나 EU법 및 CoE법에 따르면 투명성 원칙은 컨트롤러가 데이터주체에게 자신의 데이터가 어떻게 사용되고 있는지에 대해 명확하고 쉬운 언어로 계속 정보를 제공해야 할 의무를 설정한다. 개인데이터의 처리와 관련된 위험, 규정, 안전장치 및 권리는 관련 개인에게 명확히 되어야 한다. IoT 연결기기와 관련된 다중 처리작업 및 데이터는 동의에 근거하는 경우 또한 데이터 처리에 대한 명확하고 정보에 입각한 동의 요건을 다툴 수 있다. 개인은 종종 이러한 처리의 기술적 기능에 대한 이해가 부족하고, 따라서 동의의 결과에 대한 이해도 부족하다.

연결된 기기가 보안 위험에 특히 취약하다는 점을 고려할 때, 또 다른 주요 우려사항은 보안이다. 연결된 기기에는 다양한 보안수준이 있다. 이들은 표준 IT 인프라를 넘어 운영되기 때문에 보안 소프트웨어를 호스팅하거나 사용자의 개인정보를 보호하기 위해 암호화, 가명화 또는 익명화와 같은 기술을 채택할 수 있는 적절한 처리능력과 저장기능이 부족할 수 있다.

---

of human rights with regard to social networking services, 4 April 2012.

1020 European Data Protection Supervisor (2017), *Understanding the Internet of Things.*

사례 : 독일에서, 규제기관은 장난감이 아이들의 사생활 존중에 미치는 영향에 대한 강한 우려에 따라 인터넷에 연결된 장난감을 금지하기로 결정했다. 규제기관은 카일라라는 이름의 인터넷 연결 인형이 사실상 숨겨진 스파이 기기를 구성하는 것으로 간주했다. 이 인형은 아이가 가지고 노는 오디오 문제를 디지털 기기에 있는 앱으로 보내는 기능을 했는데, 이 앱은 이를 텍스트로 번역하고 인터넷에서 답을 찾아냈다. 그리고 나서 앱은 그 인형에게 응답을 보냈고, 그 인형은 그 아이에게 목소리를 냈다. 이 인형을 통해 아이의 커뮤니케이션 뿐만 아니라 주변 어른들의 커뮤니케이션도 녹음해 앱으로 전송할 수 있었다. 인형 제조업자들이 적절한 보안조치를 취하지 않았다면, 그 인형은 대화를 듣기 위해 누구라도 이용할 수 있었을 것이다.

10.2.3. 데이터 보호 관련문제(Data protection-related issues)

동의(Consent)

유럽에서 개인데이터의 처리는 유럽데이터보호법에 따라 허용되는 경우에만 적법하다. SNS 제공자들에게, 데이터주체의 동의는 일반적으로 데이터 처리를 위한 적법한 근거를 제공한다. 동의는 자유롭게 주어져야 하고, 구체적이며, 정보에 입각하고 모호하지 않아야 한다(4.1.1 참조).[1021] '자유롭게 주어진(freely given)'다는 것은 본질적으로 데이터주체가 실재적이고 진정한 선택을 행사할 수 있는 능력을 가져야 한다는 것을 의미한다. 동의는 데이터 처리의 전체 범위, 목적 및 결과를 명확하고 정확하게 참조하는 경우에 '구체적(specific)'이며 '정보가 주어진(informed)' 것이다.

1021 General Data Protection Regulation, Art. 4 and Art. 7; Modernised Convention 108, Art. 5.

소셜 미디어의 맥락에서, SNS 운영자 및 제3자가 수행하는 모든 유형의 처리에 대해 동의가 자유롭고, 구체적이며, 정보에 의해 이루어지는지 여부에 대해 의문을 제기할 수 있다.

사례 : 개인들은 SNS에 가입하고 액세스하기 위해서 종종 필요한 사양이나 대체적 선택권을 제공받지 않고서 서로 다른 종류의 개인데이터의 처리에 동의해야 하는 경우가 종종 있다. 예를 들어 SNS에 등록하려면 행동광고 수신에 동의해야 한다. 제29조작업반은 동의의 정의에 대한 의견에서 "일부 소셜 네트워크가 획득한 중요성을 고려할 때 일부 범주의 사용자(예 : 청소년)는 사회적 상호작용에서 부분적으로 제외되는 위험을 피하기 위해 행동광고 수신을 수락할 것이다. 사용자는 소셜 네트워크 서비스에 대한 액세스와 관계없이 행동광고 수신에 대해 자유롭고 구체적인 동의를 할 수 있는 위치에 있어야 한다."[1022]

GDPR에 따르면, 16세 미만의 아동의 개인데이터는 원칙적으로 동의에 근거하여 처리할 수 없다.[1023] 처리에 대한 동의가 필요한 경우, 어린이의 부모 또는 보호자가 동의해야 한다. 아동은 데이터 처리에 수반되는 위험 및 결과에 대해 잘 알지 못할 수 있기 때문에 특정한 보호를 받을 가치가 있다. 이는 소셜 미디어의 맥락에서 매우 중요한데, 아동들은 이러한 매체의 사용이 야기할 수 있는 사이버 불링, 온라인 스토킹 또는 ID 도난과 같은 일부 부정적인 영향에 보다 취약하기 때문이다.

1022 Article 29 Working Party (2011), *Opinion 15/2011 on the definition of consent*, WP 187, 13 July 2011, p. 18.

1023 See General Data Protection Regulation, Art. 8. EU 회원국들은 13세 미만이 아니라면 법률 보다 낮은 연령을 규정할 수 있다.

보안과 디자인 및 디폴트에 의한 프라이버시/데이터 보호 (Security and privacy/data protection by design and by default)

처리된 개인데이터의 우발적이거나 불법적인 파괴, 손실, 변경, 무단 액세스 또는 공개로 이어지는 보안 침해의 지속적인 가능성을 감안할 때 개인데이터의 처리는 본질적으로 보안 위험을 수반한다. 유럽데이터보호법에 따르면, 컨트롤러 및 프로세서는 데이터 처리작업에 대한 권한 없는 간섭을 방지하기 위해 적절한 기술적·조직적 조치를 이행해야 한다. 유럽 데이터보호규정의 범위에 속하는 소셜 네트워킹 서비스 제공자도 또한 이러한 의무를 준수해야 한다.

디자인 및 디폴트에 의한 프라이버시/데이터 보호의 원칙은 컨트롤러에게 제품 설계 시 보안을 유지하고 적절한 프라이버시 및 데이터 보호 설정을 자동으로 적용할 것을 요구한다. 이는 어떤 사람이 소셜 네트워크에 가입하기로 결정할 때, 서비스 제공자는 새로운 서비스 사용자에 대한 모든 정보를 모든 사용자가 자동적으로 이용할 수 있게 하지 않을 수도 있다는 것을 의미한다. 서비스에 가입할 때, 디폴트 프라이버시 및 데이터 보호 설정은 개인이 선택한 연락처에만 정보를 사용할 수 있도록 해야 한다. 사용자가 디폴트 프라이버시 및 데이터 보호 설정을 수동으로 변경한 후에만 해당 목록 이외의 사람에로의 액세스를 확장할 수 있다. 이는 보안조치를 취했음에도 불구하고 데이터 침해가 발생하는 경우에도 영향을 미칠 수 있다. 이러한 경우, 서비스 제공자는 데이터주체의 권리 및 자유에 대한 높은 위험을 초래할 가능성이 있는 경우 영향을 받는 사용자에게 통지해야 한다.[1024]

디자인 및 디폴트에 의한 프라이버시/데이터 보호는 SNS의 맥락에서 특히 중요하다. 대부분의 처리 유형에 관련된 권한 없는 액세스의 위험 이외에도 소셜 미디어에서 개인정보를 공유하면 추가적인 보안 위험이

1024 *Ibid.*, Art. 34.

있기 때문이다. 이는 종종 누가 자신의 정보에 액세스할 수 있는지, 그리고 이 사람들이 정보를 어떻게 사용하는지에 대한 개인의 이해 부족 때문이다. 소셜 미디어의 광범위한 사용으로, ID 도용 사건들 및 희생자들의 숫자가 증가했다.

사례 : ID 도용은 다른 사람(피해자)에게 속한 정보, 데이터 또는 문서를 얻은 다음 이 정보를 사용하여 피해자를 사칭하여 피해자 명의로 재화 및 서비스를 얻는 현상이다. 소셜 미디어 웹사이트에 계정을 가진 Paul을 예로 들어보자. Paul은 교사이며 커뮤니티의 활동적인 회원이며, 매우 외향적이고 그의 소셜 미디어 계정의 프라이버시 및 데이터 보호 설정에 대해 특별히 걱정하지 않는다. 그는 많은 연락처들을 가지고 있는데, 때로는 그가 개인적으로 꼭 알지 못하는 사람들을 포함한다. 그는 큰 학교에서 일하고 있고, 학교 축구팀을 지도하는 데 꽤 인기가 있었기 때문에, 그는 이 사람들이 학부모이거나 친구일 가능성이 높다고 생각한다. Paul의 이메일 주소 및 생일은 그의 소셜 미디어 계정에 표시된다. 또한, Paul은 정기적으로 "아침 달리기에서 나와 Toby"와 같은 글과 함께 그의 개 Toby의 사진을 포스팅한다. Paul은 이메일이나 휴대폰 계정을 보호하기 위한 가장 인기 있는 보안 질문 중 하나가 "애완동물의 이름은 무엇인가"라는 것을 알지 못했다. Nick은 Paul의 소셜 미디어 프로필에 있는 정보를 이용하여 Paul의 계정을 쉽게 해킹할 수 있다.

개인의 권리(Rights of individuals)

SNS 제공자들은 처리의 목적과 개인데이터가 직접 마케팅 목적으로 사용될 수 있는 방법에 대해 알 수 있는 권리를 포함하여 개인의 권리를 존중해야 한다(6.1 참조). 개인에게는 또한 소셜 네트워킹 플랫폼에서 생성한 개인데이터에 액세스하고 삭제를 요청할 수 있는 권리가 주어져야 한다. 사람들이 개인데이터 처리에 동의하고 온라인에 정보를 올린 경우에도 소셜 네트워크 서비스를 더 이상 받기를 원하지 않는다면 "잊혀질 것"을 요구할 수 있어야 한다. 데이터이동권은 사용자가 소셜 네트워킹 서비스 제공자에게 제공한 개인데이터의 사본을 구조화되고, 일반적으로 사용되며, 기계가 판독할 수 있는 형식으로 받을 수 있게 하며, 자신의 데이터를 한 소셜 네트워킹 서비스 제공자에서 다른 제공자로 전송할 수 있게 한다.[1025]

컨트롤러(Controllers)

소셜 미디어의 맥락에서 자주 발생하는 어려운 문제는 컨트롤러가 누구인가의 문제인데, 이는 누가 데이터보호규정을 준수해야 할 의무 및 책임이 있는 사람인가를 의미한다. 소셜 네트워킹 서비스 제공자는 유럽데이터보호법에 따라 컨트롤러로 간주된다. "컨트롤러"의 광의의 개념정의와 이들 서비스 제공자가 개인이 공유하는 개인데이터의 처리 목적 및 수단을 결정한다는 사실을 감안할 때 이는 명백하다. EU법에 따르면, EU의 데이터주체에게 서비스를 제공하는 경우, 컨트롤러는 EU에 설립되지 않았더라도 GDPR의 조항을 준수해야 한다.

그러나 소셜 네트워킹 서비스의 사용자도 또한 컨트롤러로 간주될 수 있는가? 개인이 "순전히 사적 또는 가사 활동 중에" 개인데이터를 처리하는 경우에는 데이터보호규정이 적용되지 않는다. 이는 유럽데이터보호법에서 "가사 면제"로 알려져 있다. 그러나 경우에 따라서는 소셜 네트워킹 서비스 사용자는 가사 면제에 포함되지 않을 수도 있다.

사용자들은 자신의 개인정보를 온라인상에서 자발적으로 공유한다. 그러나 온라인에서 공유되는 정보는 종종 다른 개인의 개인정보를 포함한다.

1025 General Data Protection Regulation, Art. 21.

사례 : Paul은 매우 인기 있는 소셜 네트워킹 플랫폼에 계정을 가지고 있다. Paul은 배우가 되려고 노력하고 있고 자신의 계정을 이용하여 자신의 예술에 대한 열정을 설명하는 사진, 비디오 및 게시물을 포스팅한다. 인기는 그의 미래를 위해 중요하다. 따라서 그는 자신의 프로필이 그의 가까운 연락처 목록뿐만 아니라 그들이 네트워크의 회원이든 아니든 모든 인터넷 사용자들에게 이용 가능해야 한다고 결정했다. Paul은 그의 친구 Sarah와 함께 찍은 그의 사진과 비디오를 그녀의 동의 없이 포스팅할 수 있을까? 초등학교 교사로서, Sarah는 그녀의 고용인, 학생들, 그리고 학부모들로부터 사생활을 멀리하려고 노력한다. 소셜 네트워크를 사용하지 않는 Sarah가 그들의 공통된 친구 Nick으로부터 그녀가 Paul과 함께 파티에서 찍은 사진이 온라인에 포스팅되었다는 것을 알게 된 경우를 상상해 보라. 이러한 경우, Paul의 데이터 처리는 "가사 면제"의 적용 대상이 되기 때문에 EU법의 적용을 받지 않게 될 것이다.

그러나 다른 개인에 대한 정보를 동의 없이 업로드하는 것은 이들 개인의 프라이버시권 및 데이터보호권을 침해할 수 있다는 것을 사용자가 인식하고 있고 염두에 두고 있다는 것이 여전히 중요하다. 가사 면제가 적용되는 경우에도(예 : 사용자가 선택한 연락처 목록에 대해서만 공개되는 프로필이 있는 경우) 다른 사람들에 대한 개인정보의 공개는 여전히 사용자에게 책임을 지게 할 수 있다. 가사 면제가 적용되는 경우에는 데이터보호규정이 적용되지 않지만, 명예훼손 또는 인격 침해와 같이 다른 국가규정의 적용으로 인해 책임이 발생할 수 있다. 마지막으로, SNS 사용자들만이 가사 면제에 의해 보호된다. 이러한 사적 처리를 위한 수단을 제공하는 컨트롤러 및 프로세서는 EU데이터보호법의 적용을 받는다.[1026]

1026 *Ibid.*, Recital 18.

프라이버시 및 전자통신에 관한 지침의 개혁과 함께, 현행 법체계 하에서 전기통신서비스 제공자들에게 적용되는 데이터 보호, 프라이버시 및 보안규정들은 예를 들어 OTT 서비스를 포함하여 M2M 통신 및 전자통신 서비스에도 또한 적용될 것이다.

참고문헌(Further reading)

제1장

Araceli Mangas, M. (ed.) (2008), *Carta de los derechos fundamentales de la Unión Europea*, Bilbao, Fundación BBVA.

Berka, W. (2012), *Das Grundrecht auf Datenschutz im Spannungsfeld zwischen Freiheit und Sicherheit*, Vienna, Manzsche Verlags- und Universitätsbuchhandlung.

Docksey, C. 'Four fundamental rights: finding the balance', *International Data Privacy Law*, Vol. 6, No. 3, pp. 195-209.

González Fuster, G. and Gellert, G. (2012), 'The fundamental right of data protection in the European Union: in search of an uncharted right', *International Review of Law, Computers and Technology*, Vol. 26 (1), pp. 73-82.

Gutwirth, S., Poullet, Y., de Hert, P., de Terwange, C. and Nouwt, S. (Eds.) (2009), *Reinventing Data Protection*, Springer.

Hijmans, H. (2016), *The European Union as Guardian of Internet Privacy - the Story of Art 16 TFEU*, Springer.

Hustinx, P. (2016), 'EU Data Protection Law: the review of Directive 95/46/EC and the Proposed General Data Protection Regulation'.

Kranenborg, H. (2015), 'Google and the Right to be Forgotten', *European Data Protection Law Review*, Vol. 1, No. 1, pp. 70-79.

Lynskey, O. (2014), 'Deconstructing data protection: the 'added-value' of a right to data protection in the EU legal order', *International and Comparative Law Quarterly*, Vol. 63, No. 3, pp. 569-597.

Lynskey, O. (2015), The Foundations of EU Data Protection Law, Oxford, Oxford University Press.

Kokott, J. and Sobotta, C. (2013), 'The distinction between privacy and data protection in the case law of the CJEU and the ECtHR', *International Data Privacy Law*, Vol. 3, No. 4, pp. 222-228.

EDRi, *An introduction to data protection*, Brussels.

Frowein, J. and Peukert, W. (2009), *Europäische Menschenrechtskonvention*, Berlin, N. P. Engel Verlag.

Grabenwarter, C. and Pabel, K. (2012), *Europäische Menschenrechtskonvention*, Munich, C. H. Beck.

Harris, D., O'Boyle, M., Warbrick, C. and Bates, E. (2009), *Law of the European Convention on Human Rights*, Oxford, Oxford University Press.

Jarass, H. (2010), *Charta der Grundrechte der Europäischen Union*, Munich, C. H. Beck.

Mayer, J. (2011), *Charta der Grundrechte der Europäischen Union*, Baden-Baden, Nomos.

Mowbray, A. (2012), *Cases, materials, and commentary on the European Convention on Human Rights*, Oxford, Oxford University Press.

Nowak, M., Januszewski, K. and Hofstätter, T. (2012), *All human rights for all - Vienna manual on human rights*, Antwerp, intersentia N. V., Neuer Wissenschaftlicher Verlag.

Picharel, C. and Coutron, L. (2010), *Charte des droits fondamentaux de l'Union européenne et convention européenne des droits de l'homme*, Brussels, Emile Bruylant.

Simitis, S. (1997), 'Die EU-Datenschutz-Richtlinie – Stillstand oder Anreiz?', *Neue Juristische Wochenschrift*, No. 5, pp. 281-288.

Warren, S. and Brandeis, L. (1890), 'The right to privacy', *Harvard Law Review*, Vol. 4, No. 5, pp. 193-220.

White, R. and Ovey, C. (2010), *The European Convention on Human Rights*, Oxford, Oxford University Press.

제2장

Acquisty, A., and Gross R. (2009), 'Predicting Social Security numbers from public data', *Proceedings of the National Academy of Science*, 7 July 2009.

Carey, P. (2009), *Data protection: A practical guide to UK and EU law*, Oxford, Oxford University Press.

Delgado, L. (2008), *Vida privada y protección de datos en la Unión Europea*, Madrid, Dykinson S. L.

de Montjoye, Y.-A., Hidalgo, C. A., Verleysen, M., and Blondel V. D. (2013), 'Unique in the Crowd: the Privacy Bounds of Human Mobility', *Nature Scientific Reports*, Vol. 3, 2013.

Desgens-Pasanau, G. (2012), *La protection des données à caractère personnel*, Paris, LexisNexis.

Di Martino, A. (2005), *Datenschutz im europäischen Recht*, Baden-Baden, Nomos.

González Fuster, G. (2014), *The Emergence of Personal Data Protection as a Fundamental Right in the EU*, Springer.

Morgan, R. and Boardman, R. (2012), *Data protection strategy: Implementing data protection compliance*, London, Sweet & Maxwell.

Ohm, P. (2010), 'Broken promises of privacy: Responding to the surprising failure of anonymization', *UCLA Law Review*, Vol. 57, No. 6, pp. 1701–1777.

Samarati, P. and Sweeney, L. (1998), 'Protecting Privacy when Disclosing Information: k-Anonymity and Its Enforcement through Generalization and Suppression', Technical Report SRI-CSL-98-04.

Sweeney, L. (2002), 'K-Anonymity: A Model for Protecting Privacy' *International Journal of Uncertainty, Fuzziness and Knowledge-based Systems*, Vol. 10, No. 5, pp. 557–570.

Tinnefeld, M., Buchner, B. and Petri, T. (2012), *Einführung in das Datenschutzrecht: Datenschutz und Informationsfreiheit in europäischer Sicht*, Munich, Oldenbourg Wissenschaftsverlag.

United Kingdom Information Commissioner's Office (2012), *Anonymisation: managing data protection risk. Code of practice.*

제3-6장

Brühann, U. (2012), 'Richtlinie 95/46/EG zum Schutz natürlicher Personen bei der Verarbeitung personenbezogener Daten und zum freien Datenverkehr' in: Grabitz, E., Hilf, M. and Nettesheim, M. (eds.), *Das Recht der Europäischen Union*, Band IV, A. 30, Munich, C. H. Beck.

Conde Ortiz, C. (2008), *La protección de datos personales*, Cadiz, Dykinson.

Coudray, L. (2010), *La protection des données personnelles dans l'Union européenne*, Saarbrucken, Éditions universitaires européennes.

Curren, L. and Kaye, J. (2010), 'Revoking consent: a 'blind spot' in data protection law?', *Computer Law & Security Review*, Vol. 26, No. 3

pp. 273-283.

Dammann, U. and Simitis, S. (1997), *EG-Datenschutzrichtlinie*, Baden-Baden, Nomos.

De Hert, P. and Papakonstantinou, V. (2012), 'The Police and Criminal Justice Data Protection Directive: Comment and Analysis', *Computers & Law Magazine of SCL*, Vol. 22, No. 6, pp. 1-5.

De Hert, P. and Papakonstantinou, V. (2012), 'The proposed data protection Regulation replacing Directive 95/46/EC: A sound system for the protection of individuals', *Computer Law & Security Review*, Vol. 28, No. 2, pp. 130-142.

Feretti, Federico (2012), 'A European perspective on data processing consent through the re-conceptualization of European data protection's looking glass after the Lisbon treaty: Taking rights seriously', *European Review of Private Law*, Vol. 20, No. 2, pp. 473-506.

FRA (European Union Agency for Fundamental Rights) (2010), *Data Protection in the European Union: the role of National Supervisory authorities (Strengthening the fundamental rights architecture in the EU II)*, Luxembourg, Publications Office of the European Union (Publications Office).

FRA (2010), *Developing indicators for the protection, respect and promotion of the rights of the child in the European Union* (Conference edition), Vienna, FRA.

FRA (2011), *Access to justice in Europe: an overview of challenges and opportunities*, Luxembourg, Publications Office.

Irish Health Information and Quality Authority (2010), Guidance on Privacy Impact Assessment in Health and Social Care.

Kierkegaard, S., Waters, N., Greenleaf, G., Bygrave, L. A., Lloyd, I. and Saxby, S. (2011), '30 years on - The review of the Council of Europe Data

Protection Convention 108', *Computer Law & Security Review*, Vol. 27, No. 3, pp. 223-231.

Simitis, S. (2011), *Bundesdatenschutzgesetz*, Baden-Baden, Nomos.

United Kingdom Information Commissioner's Office, *Privacy Impact Assessment.*

제7장

European Data Protection Supervisor (2014), Position paper on transfer of personal data to third countries and international organisations by EU institutions and bodies.

Gutwirth, S., Poullet, Y., De Hert, P., De Terwangne, C. and Nouwt, S. (2009), *Reinventing data protection?*, Berlin, Springer.

Kuner, C. (2007), *European data protection law*, Oxford, Oxford University Press.

Kuner, C. (2013), *Transborder data flow regulation and data privacy law*, Oxford, Oxford University Press.

Article 29 Working Party (2005), *Working document on a common interpretation of Article 26(1) of Directive 95/46/EC of 24 October 1995.*

제8장

Blasi Casagran, C. (2016) *Global Data Protection in the Field of Law Enforcement, an EU Perspective*, London, Routledge.

Boehm, F. (2012), *Information Sharing and Data Protection in the Area of Freedom, Security and Justice. Towards Harmonised Data Protection Principles for Information Exchange at EU-level*, Berlin, Springer.

Europol (2012), *Data Protection at Europol*, Luxembourg, Publications Office.

Eurojust, *Data protection at Eurojust: A robust, effective and tailor-made regime*, The Hague, Eurojust.

De Hert, P. and Papakonstantinou, V. (2012), 'The Police and Criminal Justice Data Protection Directive: Comment and Analysis', *Computers & Law Magazine of SCL*, Vol. 22, No. 6, pp. 1-5.

Drewer, D. and Ellermann, J. (2012), 'Europol's data protection framework as an asset in the fight against cybercrime', *ERA Forum*, Vol. 13, No. 3, pp. 381-395.

Gutiérrez Zarza, A. (2015), *Exchange of Information and Data Protection in Cross-border Criminal Proceedings in Europe*, Berlin, Springer.

Gutwirth, S., Poullet, Y. and De Hert, P. (2010), *Data protection in a profiled world*, Dordrecht, Springer.

Gutwirth, S., Poullet, Y., De Hert, P. and Leenes, R. (2011), *Computers, privacy and data protection: An element of choice*, Dordrecht, Springer.

Konstadinides, T. (2011), 'Destroying democracy on the ground of defending it? The Data Retention Directive, the surveillance state and our constitutional ecosystem', *European Law Review*, Vol. 36, No. 5, pp. 722-776.

Santos Vara, J. (2013), *The role of the European Parliament in the conclusion of the Transatlantic Agreements on the transfer of personal data after Lisbon*, Centre for the Law of External Relations, CLEER Working Papers 2013/2.

제9장

Büllesbach, A., Gijrath, S., Poullet, Y. and Hacon, R. (2010), *Concise European IT law*, Amsterdam, Kluwer Law International.

Gutwirth, S., Leenes, R., De Hert, P. and Poullet, Y. (2012), *European data protection: In good health?*, Dordrecht, Springer.

Gutwirth, S., Poullet, Y. and De Hert, P. (2010), *Data protection in a profiled world*, Dordrecht, Springer.

Gutwirth, S., Poullet, Y., De Hert, P. and Leenes, R. (2011), *Computers, privacy and data protection: An element of choice*, Dordrecht, Springer.

Konstadinides, T. (2011), 'Destroying democracy on the ground of defending it? The Data Retention Directive, the surveillance state and our constitutional ecosystem', *European Law Review*, Vol. 36, No. 5, pp. 722-776.

Rosemary, J. and Hamilton, A. (2012), *Data protection law and practice*, London, Sweet & Maxwell.

제10장

El Emam, K. and Álvarez, C. (2015), 'A critical appraisal of the Article 29 Working Party Opinion 05/2014 on data anonymization techniques', *International Data Privacy Law*, Vol. 5, No. 1, pp. 73-87.

Mayer-Schönberger, V. and Cate, F. (2013), 'Notice and consent in a world of Big Data', *International Data Privacy Law*, Vol. 3, No. 2, pp. 67-73.

Rubistein, I. (2013), 'Big Data: The End of Privacy or a New Beginning?', *International Data Privacy Law*, Vol. 3, No. 2, pp. 74-87.

판례(Case law)

유럽인권재판소 판례선

개인데이터 액세스

Gaskin v. the United Kingdom, No. 10454/83, 7 July 1989
Godelli v. Italy, No. 33783/09, 25 September 2012
K.H. and Others v. Slovakia, No. 32881/04, 28 April 2009
Leander v. Sweden, No. 9248/81, 26 March 1987
M.K. v. France, No. 19522/09, 18 April 2013
Odièvre v. France [GC], No. 42326/98, 13 February 2003

데이터 보호와 표현의 자유 및 정보권의 형량

Axel Springer AG v. Germany [GC], No. 39954/08, 7 February 2012
Bohlen v. Germany, No. 53495/09, 19 February 2015
Coudec and Hachette Filipacchi Associés v. France [GC], No. 40454/07, 10 November 2015
Magyar Helsinki Bizottság v. Hungary [GC], No. 18030/11, 8 November 2016
Müller and Others v. Switzerland, No. 10737/84, 24 May 1988
Vereinigung bildender Künstler v. Austria, No. 68345/01, 25 January 2007

Von Hannover v. Germany (No. 2) [GC], Nos. 40660/08 and 60641/08, 7 February 2012
Satakunnan Markkinapörssi Oy and Satamedia Oy v. Finland, No. 931/13, 27 June 2017

데이터 보호와 종교의 자유의 형량

Sinan Iş ı k v. Turkey, No. 21924/05, 2 February 2010

온라인 데이터 보호의 과제

K.U. v. Finland, No. 2872/02, 2 December 2008

데이터주체의 동의

Elberte v. Latvia, No. 61243/08, 13 January 2015
Sinan Iş ı k v. Turkey, No. 21924/05, 2 February 2010
Y v. Turkey, No. 648/10, 17 February 2015

교신(Correspondence)

Amann v. Switzerland [GC], No. 27798/95, 16 February 2000
Association for European Integration and Human Rights and Ekimdzhiev v. Bulgaria, No. 62540/00, 28 June 2007
Bernh Larsen Holding AS and Others v. Norway, No. 24117/08, 14 March 2013
Cemalettin Canli v. Turkey, No. 22427/04, 18 November 2008
D.L. v. Bulgaria, No. 7472/14, 19 May 2016
Dalea v. France, No. 964/07, 2 February 2010
Gaskin v. the United Kingdom, No. 10454/83, 7 July 1989
Haralambie v. Romania, No. 21737/03, 27 October 2009
Khelili v. Switzerland, No. 16188/07, 18 October 2011

Leander v. Sweden, No. 9248/81, 26 March 1987
Malone v. the United Kingdom, No. 8691/79, 2 August 1984
Rotaru v. Romania [GC], No. 28341/95, 4 May 2000
S. and Marper v. the United Kingdom [GC], Nos. 30562/04 and 30566/04, 4 December 2008
Shimovolos v. Russia, No. 30194/09, 21 June 2011
Silver and Others v. the United Kingdom, Nos. 5947/72, 6205/73, 7052/75, 7061/75, 7107/75, 7113/75, 25 March 1983
The Sunday Times v. the United Kingdom, No. 6538/74, 26 April 1979

형사기록 데이터베이스

Aycaguer v. France, No. 8806/12, 22 June 2017
B.B. v. France, No. 5335/06, 17 December 2009
Brunet v. France, No. 21010/10, 18 September 2014
M.K. v. France, No. 19522/09, 18 April 2013
M.M. v. the United Kingdom, No. 24029/07, 13 November 2012

데이터 보안

Haralambie v. Romania, No. 21737/03, 27 October 2009
K.H. and Others v. Slovakia, No. 32881/04, 28 April 2009

DNA 데이터베이스

S. and Marper v. the United Kingdom [GC], Nos. 30562/04 and 30566/04, 4 December 2008

GPS 데이터

Uzun v. Germany, No. 35623/05, 2 September 2010

건강데이터

Avilkina and Others v. Russia, No. 1585/09, 6 June 2013
Biriuk v. Lithuania, No. 23373/03, 25 November 2008
I v. Finland, No. 20511/03, 17 July 2008
L.H. v. Latvia, No. 52019/07, 29 April 2014
L.L. v. France, No. 7508/02, 10 October 2006
M.S. v. Sweden, No. 20837/92, 27 August 1997
Szuluk v. the United Kingdom, No. 36936/05, 2 June 2009
Y v. Turkey, No. 648/10, 17 February 2015
Z v. Finland, No. 22009/93, 25 February 1997

신원(Identity)

Ciubotaru v. Moldova, No. 27138/04, 27 April 2010
Godelli v. Italy, No. 33783/09, 25 September 2012
Odièvre v. France [GC], No. 42326/98, 13 February 2003

전문적 활동에 관한 정보(Information concerning professional activities)

G.S.B. v. Switzerland, No. 28601/11, 22 December 2015
M.N. and Others v. San Marino, No. 28005/12, 7 July 2015
Michaud v. France, No. 12323/11, 6 December 2012
Niemietz v. Germany, No. 13710/88, 16 December 1992

통신 도청(Interception of communication)

Amann v. Switzerland [GC], No. 27798/95, 16 February 2000
Brito Ferrinho Bexiga Villa-Nova v. Portugal, No. 69436/10, 1 December 2015
Copland v. the United Kingdom, No. 62617/00, 3 April 2007
Halford v. the United Kingdom, No. 20605/92, 25 June 1997

Iordachi and Others v. Moldova, No. 25198/02, 10 February 2009
Kopp v. Switzerland, No. 23224/94, 25 March 1998
Liberty and Others v. the United Kingdom, No. 58243/00, 1 July 2008
Malone v. the United Kingdom, No. 8691/79, 2 August 1984
Mustafa Sezgin Tanr ı kulu v. Turkey, No. 27473/06, 18 July 2017
Pruteanu v. Romania, No. 30181/05, 3 February 2015
Szuluk v. the United Kingdom, No. 36936/05, 2 June 2009

임무 부담자의 의무(Obligations for duty bearers)

B.B. v. France, No. 5335/06, 17 December 2009
I v. Finland, No. 20511/03, 17 July 2008
Mosley v. the United Kingdom, No. 48009/08, 10 May 2011

개인데이터

Amann v. Switzerland [GC], No. 27798/95, 16 February 2000
Uzun v. Germany, No. 35623/05, 2010
Bernh Larsen Holding AS and Others v. Norway, No. 24117/08, 14 March 2013

사진

Sciacca v. Italy, No. 50774/99, 11 January 2005
Von Hannover v. Germany, No. 59320/00, 24 June 2004

잊혀질 권리

Segerstedt-Wiberg and Others v. Sweden, No. 62332/00, 6 June 2006
Satakunnan Markkinapörssi Oy and Satamedia Oy v. Finland, No. 931/13, 27 June 2017

반대권

Leander v. Sweden, No. 9248/81, 26 March 1987
M.S. v. Sweden, No. 20837/92, 27 August 1997
Mosley v. the United Kingdom, No. 48009/08, 10 May 2011
Rotaru v. Romania [GC], No. 28341/95, 4 May 2000
Sinan Işık v. Turkey, No. 21924/05, 2 February 2010

민감한 범주의 데이터(Sensitive categories of data)

Brunet v. France, No. 21010/10, 18 September 2014
I v. Finland, No. 20511/03, 17 July 2008
Michaud v. France, No. 12323/11, 6 December 2012
S. and Marper v. the United Kingdom [GC], Nos. 30562/04 and 30566/04, 4 December 2008

감독과 집행(감독기관을 포함한 서로 다른 행위자들의 역할)

I v. Finland, No. 20511/03, 17 July 2008
K.U. v. Finland, No. 2872/02, 2 December 2008
Von Hannover v. Germany, No. 59320/00, 24 June 2004
Von Hannover v. Germany (No. 2) [GC], Nos. 40660/08 and 60641/08, 7 February 2012

감시 방법(Surveillance methods)

Allan v. the United Kingdom, No. 48539/99, 5 November 2002
Association for European Integration and Human Rights and Ekimdzhiev v. Bulgaria, No. 62540/00, 28 June 2007
Bărbulescu v. Romania [GC], No. 61496/08, 5 September 2017
D.L. v. Bulgaria, No. 7472/14, 19 May 2016
Dragojević v. Croatia, No. 68955/11, 15 January 2015

Karabeyoğlu v. Turkey, No. 30083/10, 7 June 2016
Klass and Others v. Germany, No. 5029/71, 6 September 1978
Rotaru v. Romania [GC], No. 28341/95, 4 May 2000
Szabó and Vissy v. Hungary, No. 37138/14, 12 January 2016
Taylor-Sabori v. the United Kingdom, No. 47114/99, 22 October 2002
Uzun v. Germany, No. 35623/05, 2 September 2010
Versini-Campinchi and Crasnianski v. France, No. 49176/11, 16 June 2016
Vetter v. France, No. 59842/00, 31 May 2005
Vukota-Bojić v. Switzerland, No. 61838/10, 18 October 2016
Roman Zakharov v. Russia [GC], No. 47143/06, 4 December 2015

비디오 감시(Video surveillance)

Köpke v. Germany, No. 420/07, 5 October 2010
Peck v. the United Kingdom, No. 44647/98, 28 January 2003

음성 샘플(Voice samples)

Wisse v. France, No. 71611/01, 20 December 2005
P.G. and J.H. v. the United Kingdom, No. 44787/98, 25 September 2001

EU사법재판소 판례선

데이터보호지침 관련 판례

C-13/16, *Valsts policijas Rīgas reģiona pārvaldes Kārtības policijas pārvalde v. Rīgas pašvaldības SIA 'Rīgas satiksme'*, 4 May 2017

[Lawful processing principle: legitimate interest pursued by a third party]

C-398/15, *Camera di Commercio, Industria, Artigianato e Agricoltura di Lecce v. Salvatore Manni*, 9 March 2017

[Right to erasure of personal data; right to object to processing]

Joined cases C-203/15 and C-698/15, *Tele2 Sverige AB v. Post- och telestryrelsen and Secretary of State for the Home Department v. Tom Watson and Others* [GC], 21 December 2016

[Confidentiality of electronic communications; providers of electronic communications services; obligation relating to the general and indiscriminate retention of traffic and location data; no prior review by a court or independent administrative authority; Charter of Fundamental Rights of the European Union; compatibility with EU law]

C-582/14, *Patrick Breyer v. Bundesrepublik Deutschland*, 19 October 2016

[Definition of 'personal data'; Internet protocol addresses; storage of data by an online media services provider; national legislation not permitting the legitimate interest pursued by the controller to be taken into account]

C-362/14, *Maximilian Schrems v. Data Protection Commissioner* [GC], 6 October 2015

[Lawful processing principle; fundamental rights; invalidity of the Safe Harbour Decision; powers of the independent supervisory authorities]

C-230/14, *Weltimmo s. r. o. v. Nemzeti Adatvédelmi és Információszabadság Hatóság*, 1 October 2015

[Powers of national supervisory authorities]

C-201/14, *Smaranda Bara and Others v. Casa Naţională de Asigurări de Sănătate and Others*, 1 October 2015

[Right to be informed about processing of personal data]

C-212/13, *František Ryneš v. Úřad pro ochranu osobních údajů*, 11 December 2014

[Concept of "data processing" and "controller"]

C-473/12, *Institut professionnel des agents immobiliers (IPI) v. Geoffrey Englebert and Others*, 7 November 2013

[Right to be informed about processing of personal data]

T-462/12 R, *Pilkington Group Ltd v. European Commission*, Order of the President of the General Court, 11 March 2013

C-342/12, *Worten – Equipamentos para o Lar SA v. Autoridade para as Condições de Trabalho (ACT)*, 30 May 2013

[Concept of 'personal data'; record of working time; principles relating to data quality and criteria for making data processing legitimate; access by the national authority responsible for monitoring working conditions; employer's obligation to make available the record of working time so as to allow its immediate consultation]

Joined cases C-293/12 and C-594/12, *Digital Rights Ireland Ltd v. Minister for Communications, Marine and Natural Resources and Others and Kärntner Landesregierung and Others* [GC], 8 April 2014

[Violation of EU primary law by the Data Retention Directive; lawful processing; purpose and storage limitation]

C-288/12, *European Commission v. Hungary* [GC], 8 April 2014

[Legitimacy of removal of office of the national data protection supervisor]

Joined cases C-141/12 and C-372/12, *YS v. Minister voor Immigratie,*

Integratie en Asiel and Minister voor Immigratie, Integratie en Asiel v. M and S, 17 July 2014

[Scope of the right of access of a data subject; protection of individuals with regard to the processing of personal data; concept of 'personal data'; data relating to the applicant for a residence permit and legal analysis contained in an administrative document preparatory to the decision; Charter of Fundamental Rights of the European Union]

C-131/12, *Google Spain SL, Google Inc. v. Agencia Española de Protección de Datos (AEPD), Mario Costeja González* [GC], 13 May 2014

[Obligations of search engine providers to refrain, on request of the data subject, from showing personal data in the search results; applicability of the Data Protection Directive; concept of "data processing"; meaning of "controllers"; balancing data protection with freedom of expression; the right to be forgotten]

C-614/10, *European Commission v. Republic of Austria* [GC], 16 October 2012

[Independence of a national supervisory authority]

Joined cases C-468/10 and C-469/10, *Asociación Nacional de Establecimientos Financieros de Crédito (ASNEF) and Federación de Comercio Electrónico y Marketing Directo (FECEMD) v. Administración del Estado*, 24 November 2011

[Correct implementation of Article 7 (f) of the Data Protection Directive - "legitimate interests of others" - in national law]

C-360/10, *Belgische Vereniging van Auteurs, Componisten en Uitgevers CVBA (SABAM) v. Netlog NV*, 16 February 2012

[Obligation of social network providers to prevent unlawful use of musical and audiovisual works by network users]

C-70/10, *Scarlet Extended SA v. Société belge des auteurs, compositeurs et éditeurs SCRL (SABAM)*, 24 November 2011

[Information society; copyright; internet; 'peer-to-peer' software; Internet service providers; installation of a system for filtering electronic communications to prevent file sharing which infringes copyright; no general obligation to monitor information transmitted]

C-543/09, *Deutsche Telekom AG v. Bundesrepublik Deutschland*, 5 May 2011

[Necessity of renewed consent]

Joined cases C-92/09 and C-93/09, *Volker und Markus Schecke GbR and Hartmut Eifert v. Land Hessen* [GC], 9 November 2010

[Concept of "personal data"; proportionality of the legal obligation to publish personal data about the beneficiaries of certain EU agricultural funds]

C-553/07, *College van burgemeester en wethouders van Rotterdam v. M. E. E. Rijkeboer*, 7 May 2009

[Right of access of the data subject]

C-518/07, *European Commission v. Federal Republic of Germany* [GC], 9 March 2010

[Independence of a national supervisory authority]

C-73/07, *Tietosuojavaltuutettu v. Satakunnan Markkinapörssi Oy and Satamedia Oy* [GC], 16 December 2008

[Concept of 'journalistic activities' within the meaning of Article 9 Data Protection Directive]

C-524/06, *Heinz Huber v. Bundesrepublik Deutschland* [GC], 16 December 2008

[Legitimacy of holding data on foreigners in a statistical register]

C-275/06, *Productores de Música de España (Promusicae) v. Telefónica de España SAU* [GC], 29 January 2008

[Concept of "personal data"; obligation of internet access providers to disclose identity of users of KaZaA file exchange programmes to intellectual property protection association]

C-101/01, *Criminal proceedings against Bodil Lindqvist*, 6 November 2003
[Special categories of personal data]

Joined cases C-465/00, C-138/01 and C-139/01, *Rechnungshof v. Österreichischer Rundfunk and Others and Christa Neukomm and Jospeh Lauermann v. Österreichischer Rundfunk*, 20 May 2003
[Proportionality of legal obligation to publish personal data about salaries of employees of certain categories of public sector related institutions]

C434/16, *Peter Nowak v. Data Protection Commissioner, Opinion of the Advocate General Kokott*, 20 July 2017
[Concept of personal data; access to one's own examination script; examiner's corrections]

C-291/12, *Michael Schwarz v. Stadt Bochum*, 17 October 2013
[Reference for a preliminary ruling; area of freedom, security and justice; biometric passport; fingerprints; legal basis; proportionality]

지침 2016/681 관련 판례

Opinion 1/15 of the Court (Grand Chamber), 26 July 2017
[Legal basis; draft agreement between Canada and the European Union on the transfer and processing of Passenger Name Record data; compatibility of the draft agreement with Article 16 TFEU and Articles 7 and 8 and Article 52 (1) of the Charter of Fundamental Rights of the European Union]

EU기관데이터보호규칙 관련 판례

C-615/13 *P, ClientEarth, Pesticide Action Network Europe (PAN Europe) v. European Food Safety Authority (EFSA), European Commission*, 16 July 2015

[Access to documents]

C-28/08 P, *European Commission v. The Bavarian Lager Co. Ltd.* [GC], 29 June 2010

[Access to documents]

지침 2002/58/EC 관련 판례

C-536/15, *Tele2 (Netherlands) BV and Others v. Autoriteit Consument en Markt (AMC)*, 15 March 2017

[Principle of non-discrimination; making available personal data concerning subscribers for the purposes of the provision of publicly available directory enquiry services and directories; subscriber's consent; distinction on the basis of the Member State in which publicly available directory enquiry services and directories are provided]

Joined cases C-203/15 and C-698/15, *Tele2 Sverige AB v. Post- och telestryrelsen and Secretary of State for the Home Department v. Tom Watson and Others* [GC], 21 December 2016

[Confidentiality of electronic communications; providers of electronic communications services; obligation relating to the general and indiscriminate retention of traffic and location data; no prior review by a court or independent administrative authority; Charter of Fundamental Rights of the European Union; compatibility with EU law]

C-70/10, *Scarlet Extended SA v. Société belge des auteurs, compositeurs et éditeurs SCRL (SABAM)*, 24 November 2011

[Information society; copyright; internet; 'peer-to-peer' software; internet service providers; installation of a system for filtering electronic communications to prevent file sharing which infringes copyright; no general obligation to monitor information transmitted]

C-461/10, *Bonnier Audio AB, Earbooks AB, Norstedts Förlagsgrupp AB, Piratförlaget AB, Storyside AB v. Perfect Communication Sweden AB*, 19 April 2012

[Copyright and related rights; processing of data by internet; infringement of an exclusive right; audio books made available via an FTP server via internet by an IP address supplied by an internet service provider; injunction issued against the internet service provider ordering it to provide the name and address of the user of the IP address]

색인(Index)

EU사법재판소 판례

유럽인권재판소 판례

국가법원의 판례